KB233179

神聖世界

새 시대를 위한
禮記 4

神聖世界

새 시대를 위한

禮記 4

서정기 譯註

한국학술정보㈜

머리말

어이쿠, 예절은 천리(天理)를 밝혀 만물의 조리질서를 세워서 진리의 세계를 구현하며, 성리(性理)를 밝혀 인간의 심리(心理)체계를 바로잡아 지선(至善)의 인격을 완성하며, 윤리(倫理)를 밝혀 사회의 화합규범을 제정하여 아름다운 풍속을 건설하는 원리이다.

그러므로 성인(聖人)이 예절을 제정함에, 첫째는 태극(太極)의 대통일원리를 본체(本體)로 하며, 하늘과 땅을 만물의 근본으로 하며, 음양(陰陽)을 운동의 발단으로 하며, 4시(四時)를 경영의 시기로 하며, 일시(日時)를 작업의 시간으로 하며, 달[月]을 공적 평가의 기간으로 하며, 귀신(鬼神)을 수호사도(守護使徒)로 하며, 5행(五行)을 본질속성으로 하여 천도(天道)의 공명정대(公明正大)함을 본받아 확연대공(廓然大公)의 자연질서를 구현하였으니 이것이 예절의 근본이념이다.

둘째는 인간성(人間性)의 지극히 착한 인의예지(仁義禮智)를 본성(本性)으로 하고, 총명예지(聰明睿知)한 지각(知覺)을 인식(認識)의 주체(主體)로 하며, 측은(惻隱), 수오(羞惡), 사양(辭讓), 시비(是非)의 4단(四端)을 양지양능(良知良能)으로 하며, 희로애구애오욕(喜怒哀懼愛惡欲)의 7정(七情)을 삶의 정서(情緒)로 하여 천덕(天德)의 중정화평(中正和平)함을 본받아 거룩하고 신성(神聖)한 인격 주체를 확립하였으니 이것이 예절의 자체 성능이다.

셋째는 천하국가사회의 안녕을 보장하고 억조만민의 융성(隆盛)한 생활터전을 개척하며, 부자(父子), 군신(君臣), 부부(夫婦), 장유(長幼), 붕우(朋友)의 5륜(五倫)을 밝히며, 생로병사(生老病死)에 서로 경조(慶弔)하며, 우주만상이 쾌활하게 하며, 만물을 일체로 사랑하며, 봉린용귀(鳳麟龍龜)가 노는 복지낙원(福祉樂園)의 대동세계(大同世界)를 건설하여 천륜(天倫)의 정체(正體)와 인륜(人倫)의 주체(主體)가 순조롭게 계승 발전토록 하나니 이것이 예절의 역할과 기능이다.

그리하여 예절의 범위는 천계(天界)와 신계(神界)와 인계(人界)와 물계(物界)에 두루 미치지 않은 곳이 없어 그 광대(廣大)함을 다하였고, 예절의 종류는 길례(吉禮), 흉례(凶禮), 빈례(賓禮), 군례(軍禮), 가례(嘉禮)의 5례(五禮)를 갖추었으니 그 미세(微細)함을 다하였다. 주례(周禮) 춘관(春官) 태종백(大宗伯)에 말하기를 길례(吉禮)는 천지신명(天地神明)과 조상신(祖上神)에게 제사 지내는 제례(祭禮)요, 흉례(凶禮)는 초상 치고 장사 지내는 상례(喪禮)요, 빈례(賓禮)는 빈객(賓客)을 대접하는 조근(朝覲), 회동(會同), 사상견례(士相見禮), 빙례(聘禮)요, 군례(軍禮)는 군진(軍陣)의 의례(儀禮)를 갖추는 예절이요, 가례(嘉禮)는 경사스러운 일에 친목하는 사관례(士冠禮), 사혼례(士昏禮), 향음주례(鄕飮酒禮), 향사례(鄕射禮), 대사(大射), 연례(燕禮), 공사대부례(公食大夫禮)라고 하였으니 가정에서 거행하는 관혼상제(冠婚喪祭)를 가례(家禮)라 하며, 사회에서 거행하는 사상견례(士相見禮)와 향음주례(鄕飮酒禮), 향사례(鄕射禮)를 향례(鄕禮)라 하며, 나라에서 거행하는 것을 국례(國禮)라 하며, 천하에서 거행하는 것을 천하례(天下禮)라고 하였다.

일찍이 요(堯)임금과 순(舜)임금이 예절과 음악으로 인민을 가르쳐 어진 정치를 베풀어 봉황이 노래하는 태평성대(太平聖代)를 건설하였으니 하(夏)나라의 우(禹)임금과 은(殷)나라의 탕(湯)임금 및 주(周)나라의 문왕(文王)과 무왕(武王)이 거듭 이어받아 인정(仁政)을 베풀고 예치(禮治)를 숭상하여 정치적 대통(大統)과 학문적 도통(道統)을 계승하여 인륜도덕을 준수하는 사회제도를 정착시키고, 청렴정직을 숭상하는 정치제도를 수립하고, 예의염치를 지키는 교육제도를 구비하여 소강사회(小康社會)를 통해서 대동세계(大同世界)로 들어가는 길을 활짝 열었다.

이에 주공(周公)이 정한 의례(儀禮)와 주례(周禮)에서는 예절의 등급을 나누어 천자례(天子禮), 제후례(諸侯禮), 대부례(大夫禮), 사례(士禮)로 분류하였으니 모두 자율규범으로 인격의 향상에 따라 더욱 아름다운 규범을 갖추도록 배려한 것이다. 무릇 서민대중은 타율규범인 국법(國法)의 질서를 지키되 향상 발전의 길로 인도하기 위하여 서민례(庶民禮)는 만들지 않고, 가능하면 힘써 사례(士禮)를 거행하게 하였으니 이것은 서민을 낮추지 않고, 모두 선비가 되도록 권장하기 위함이다. 그리고 선비는 초급지식인으로서 하급관료의 신분이고, 또한 나이가 젊은 세대인 까닭에 활달하고 번듯한 생활예절과 인류의 보편적인 의례(儀禮)를 따르게 하니 상례(喪禮)의 5복(五服)을 시마(緦麻)까지 모두 입게 하였다. 따라서 인간은 태어나면서부터 고귀한 사람이 없으므로 관혼(冠昏)은 오로지 사관례(士冠禮), 사혼례(士昏禮)뿐이요, 왕세자관례(王世子冠禮)나 제후혼례(諸侯昏禮)는 아예 없었는데 후세에 전제군주(專制君主)가 속임수로 날조한 것이다.

대부례(大夫禮)는 고급지식을 체득한 군자(君子)로서 고급관료의 신분이고 또한 나이를 먹고 경험이 풍부한 까닭에 가지런하고 엄숙한 생활예절과 사회의 지도자적인 의례(儀禮)를 실천하게 하였다. 따라서 상복(喪服)도 자최(齊衰)까지만 입고 대공(大功) 이하는 면제하였으니 국사(國事)에 전념토록 배려함이며, 특히 향음주례(鄕飮酒禮)와 향사례(鄕射禮)를 거행하도록 하였는바 지역문화발전에 기여할 사명이 있는 까닭이다.

제후례(諸侯禮)는 나라를 지도하는 어진 이로서 위로 천자(天子)를 받들고 아래로 민심(民心)의 공론(公論)에 따라 일백 관료를 거느리고 나라를 다스리는 까닭에 성대하고 훌륭한 생활예절과 나라의 모범적인 의례(儀禮)를 실천하게 하였다. 따라서 상복(喪服)도 3년복(三年服)만 입고 1년복(一年服) 이하는 입지 않도록 하였으니 임금의 직무에 전념토록 배려함이며 특히 연례(燕禮), 제후대사(諸侯大射), 빙례(聘禮), 공사대부례(公食大夫禮), 근례(覲禮)를 부지런히 거행하여 국가문화 발전에 기여하면서 국제교류 협력에 힘쓰도록 하였다.

천자례(天子禮)는 천하를 다스리는 신성(神聖)한 자리에 올라 위로 천명(天命)을 받들고 아래로 억조만민(億兆萬民)을 다스림에 인류의 사표(師表)가 되고 정치의 모범을 보여야 하는 까닭에 그윽하고 거룩한 생활예절과 천하의 모범적인 의례(儀禮)를 실천하게 하였다. 따라서 상복(喪服)도 3년복만 입고 1년복 이하는 입지 않도록 하였으니 천자의 직무에 전념토록 배려함이며, 특히 예악사어서수(禮樂射御書數)의 국민교육을 장려하여 문덕(文德)과 무예(武藝)와 기술(技術)을 진작(振作)하고, 5례(五禮)를 아름답게 다듬어 문명(文明)을 널리 보급하여, 병기(兵器)를 쓰지 않고도 세계평화를 길이 보장하고, 형벌(刑罰)을 쓰지 않고도 사회안녕을 널리 보장함으로써 상서(祥瑞)로운 기운이 우주에 가득하며 지평천성(地平天成)의 새 시대를 창조하도록 하였다.

공자(孔子)는 춘추(春秋)의 어지러운 시대에 성인(聖人)의 예악정치(禮樂政治)가 무너지고 난신적자(亂臣賊子)가 횡행(橫行)하므로 고례(古禮)를 찾아 세상을 바로잡기 위하여 예절의 대의(大義)를 밝히고 제자들에게 가르쳤으니 제자들이 그 기록을 모아서 예기(禮記)를 편집하였다.

아, 예기(禮記)는 49편이 남아서 2,500년의 긴 세월 동안 전해 오거니와 그 뜻이 깊고 그 말이 간결하여 파악하기 어려운데다가 전제군주(專制君主) 시대에 왕권신성화(王權神聖化)작업에 함몰한 지성(知性)의 몰락으로 착각 오인한 내용이 적지 않고 또한 어리석은 사람들이 자의적으로 해석까지 하여 그 실체를 발견하기 쉽지 않았다.

이에 내가 평생 동안 쉬지 않고, 세계 속의 한국문화를 연구하여 주역(周易), 춘추(春秋), 시경(詩經), 서경(書經)을 역주(譯註)한 경험을 쌓아 마침내 6년을 집필하여 『새 시대를 위한 예기(禮記)』를 빠짐없이 역주하였으니 예기(禮記)의 대동세계를 건설하는 위대한 가치가 태양처럼 빛나도다.

단기 4343년 1월 17일
동양문화연구소장 대구 서정기 삼가 씀

새 시대를 위한 예기(禮記)

차 례

제1권

제2권

제3권

제5권

일러두기

1. 이 책은 명(明)나라 한림원에서 칙찬(勅纂)한 예기집설대전(禮記集說大全)을 대본으로 하였다.

2. 원문 앞에 고유번호를 넣었는데 앞자리의 수는 편을 나타내고, 가운데 자리의 수는 장을 나타내고, 끝자리의 수는 절을 나타내서 찾아보기 쉽게 했다. 다만 편의 분류는 원전을 따랐고 장절의 분류는 내가 처음 나누었으나 원문의 순서를 그대로 따랐다.

3. 현토(懸吐)와 구두법은 우리나라 민족문화추진회에서 국역연수원의 교재로 영인한 『예기집설대전』에 옛사람이 구결(口訣)로 토를 달아 놓았기 때문에 참고하고 문법에 어긋난 것은 내가 바로잡았다.

4. 원문의 한글번역은 『 』표기 안에 간명하게 직역하였으며 성인의 말씀이므로 옛 말투를 그대로 살려 두었다.

5. 주해는 ☯ 표를 넣어 역주자의 『새 시대를 위한 예기』임을 밝히고 원칙적으로 한글로만 설명하고 고유명사나 꼭 필요한 곳에만 괄호 속에 한자를 넣어서 한글세대가 알기 쉽게 하였다.

6. 『예기집설대전』의 49편 가운데 대학(大學)과 중용(中庸)은 주자(朱子)가 이미 분리 독립하여 사서(四書)로 표창하였고 예운(禮運)은 내가 역주하여 분리 독립해서 『새 시대를 위한 大學·中庸·禮運』(한국학술정보(주) 刊, 2006)을 단행본으로 출간

하였음을 알린다.

7. 이 책은 먼저 원문을 읽고 경전의 진수를 음미할 수 있도록 한글 음을 붙였으니 한자는 뜻에 따라 음이 다른 것이 있으므로 바르게 읽도록 돕기 위함이고, 또한 한문을 몰라도 쉽게 읽을 수 있게 함이다.

8. 원문을 존중한다는 뜻에서 원문을 먼저 넣고 번역문을 뒤로 넣었으나 한글세대는 번역문과 주해를 먼저 읽고 글의 뜻을 파악한 다음에 원문을 읽으면 암기하기 쉬울 것이다.

새 시대를 위한 禮記

제 4 권

란도(鸞刀): 난새의 소리가 나는 방울이 칼의 머리와 중간과 끝에 달려 있어 칼을 쓸 때 상단부와 중간부와 하단부가 모두 같은 소리를 내어 일을 결단하여 착수하고 끝냄을 상징. 민주적인 화합 경영을 하라는 뜻

18. 학기(學記)

학(學)은 태학(太學)이요, 기(記)는 기록이다. 학기(學記) 편은 대학교육의 중요한 내용을 기록하였으니 학교를 설립하는 목적과 인재를 양성하는 방법 및 교육자의 기능과 역할을 구체적으로 밝혀서 바른 학풍을 조성하고 사도(師道)를 높이는 계발(啓發) 교육의 길을 제시하였다.

무릇 태학은 가장 착한 인간성을 기르고 가장 순수한 원기(元氣)를 모으는 곳이므로 인민을 교화하고 풍속을 아름답게 만들기 위해서는 반드시 태학을 크게 진흥하여 도덕과 윤리와 예절이 유행하는 원천으로 삼아야 되는 이유를 여기에서 살필지어다.

18-1-1 ────────────────────

『깊이 생각하여 근본원칙을 개발하며, 착하고 어진 사람을 찾음은 족히 작은 명성을 얻을지라도 민중을 감동시키기에는 부족하며』

◉ 이 장은 태학(太學)의 교육적 기능과 역할이 대단함을 기술하였으니 여기에서는 개인 영웅주의의 한계를 지적하였다.

발(發)은 자기계발이요, 려(慮)는 깊이 생각함이며, 헌(憲)은 국가 사회의 근본원칙이고, 선량(善良)은 착하고 어진 인물이다. 소(謏)는 소(少)와 같고, 문(聞)은 성문(聲聞)이니 명성이며, 동(動)은 감동시 킴이요, 중(衆)은 일반대중이다. 자고로 개인의 능력과 권위는 개인 의 명예에 그치고 민중과 함께 공유하지 못하였다.

18-1-2 ──────────────── 就賢하며 體遠은 足以動衆이라도
未足以化民하니

『어진 이에게 나아가며, 먼 사람을 몸처럼 사랑함은 족히 민중을 감동시킬지라도 인민을 교화하기에는 부족하니』

◑ 이 절은 정치로만 모든 문제를 해결하려는 정치 만능주의의 한 계를 기술하였다.

취현(就賢)은 어진 이를 찾아가서 협조를 구하여 도덕정치의 체제 를 갖추고 인정(仁政)을 베푸는 것이고, 체(體)는 체휼(體恤)이니 자 기의 몸처럼 사랑하여 구원하는 것이며, 원(遠)은 먼 지방에 거주하 는 인민이요, 화민(化民)은 국민을 새롭게 떨치고 일어나도록 교화 (敎化)함이다. 자고로 좋은 정치는 민중을 구원하여 안락한 삶을 누 리게 하였지만 그 인격을 높여서 문화인으로 변화시키지는 못하였다.

5-1-3 ──────────────── 君子가 如欲化民成俗이어든
其必由學乎인저.

『군자가 인민을 교화하고, 풍속을 이룩하려고 하거든 그 반드시 태학을 말미암을진저.』

◑ 이 절은 정치지도자가 인민을 새롭게 변화시켜서 문명한 사회를 건설함에는 반드시 태학(太學)에서 인재를 교육해야 됨을 기술하였다.

군자(君子)는 정치지도자이고, 성속(成俗)은 인심이 두텁고 예절을 숭상하며 자연을 보호하는 아름다운 풍속을 이루어 문명한 사회규범을 정착하는 것이며, 유학(由學)은 태학(太學)을 설립하여 인재를 양성하고 학술을 진흥하여 교육풍토를 조성하는 것으로부터 시작하는 것이다. 좋은 정치로 국민의 삶의 질을 높이기 위해서는 반드시 좋은 교육으로 국민의 의식수준을 높이지 않으면 안 된다.

18-2-1 ─────────────────── 玉不琢이면 不成器하고 人不學이면
不知道하나니 是故로 古之王者가
建國君民하시고 敎學으로 爲先하시니
兌命에 曰念終始典于學이라 하니 其此之謂乎인저.

『옥을 쪼지 않으면 그릇을 이루지 못하고, 사람이 배우지 않으면 도리를 알지 못하나니 이런 까닭으로 옛날의 왕이 나라를 세우고, 인민을 다스리는 임금을 봉하시고, 교육기관과 태학으로 먼저 하시니 열명에 말하기를 "생각의 끝과 시작을 배우는 데 일삼는다"라고 하니 그 이것을 일컬음인저.』

◑ 이 장은 교육을 진흥하고 학술을 장려하는 정책의 중요성을 기술하였다.

탁(琢)은 쪼아서 조각함이요, 도(道)는 도리이며, 군(君)은 군림(君臨)이니 군민(君民)은 인민을 다스리는 제후(諸侯)를 봉(封)하는 것이다. 교(敎)는 국민의 교육을 담당하는 교육기관으로 사도(司徒)와 전악(典樂)이요, 학(學)은 태학이며, 선(先)은 선무(先務)이고, 열(兌)은 열(說)이니 열명(說命)은 서경(書經)의 편명인데 내가 역주한 『새 시대를 위한 서경(書經)』 상권 열명하 3-14-5를 참조하라. 대저 사람은 배워야만 안목이 높아지고 안목이 높아져야 인격이 높아지는 것이다.

18-2-2 ────────── 雖有嘉肴라도 弗食이면 不知其旨也요
雖有至道라도 弗學이면 不知其善也니
是故로 學然後에 知不足하고 敎然後에 知困이니
知不足然後에 能自反也하고 知困然後에 能自强也니
故로 敎學相長也니 兌命에
曰斅는 學半이라 하니 其此之謂乎인저.

『비록 아름다운 안주가 있어도 먹지 않으면 그 맛을 알지 못하고, 비록 지극한 도리가 있어도 배우지 않으면 그 착함을 알지 못하니, 이런 까닭으로 배운 다음에 부족함을 알고, 가르친 다음에 곤란함을 아나니 부족함을 안 뒤에 능히 스스로 반성하고, 곤란함을 안 뒤에 능히 스스로 힘쓰나니 그러므로 가르침과 배움이 서로 성장하는 것이니 열명에 말하기를 "가르침은 배움이 반이라"고 하니 곧 이것을

일컬음인저.』

　◉ 이 절은 배움과 가르침은 서로 발전하므로 배운 사람은 반드시 가르치는 일에 힘써 국가사회에 배우고 가르치는 풍속이 일어나야 됨을 기술하였다.

　가효(嘉肴)는 고기안주이고, 지도(至道)는 충효절의(忠孝節義)의 지고지순(至高至純)한 도리이며, 부족(不足)은 자기의 실력이 부족함이요, 곤(困)은 질문에 충분히 응답할 능력이 없는 것이다. 자반(自反)은 스스로 돌이켜 반성해서 더욱 열심히 배우는 것이고, 자강(自强)은 스스로 힘써 분발 노력하여 공부함이다. 상장(相長)은 서로 더불어 성장(成長)함이요, 효(斅)는 교(敎)와 같으니 본받아 감화하도록 가르치는 것이며, 학반(學半)은 배움의 전체 과정 가운데서 절반에 해당한다는 뜻이다.

18-3-1 ──────────────────────────── 古之敎者는 家有塾하며 黨有庠하며
術有序하며 國有學하니 比年에 入學이어든
中年에 考校하야 一年엔 視離經辨志하고
三年엔 視敬業樂群하고 五年엔 視博習親師하고
七年엔 視論學取友하나니 謂之小成이요
九年엔 知類通達하야 强立而不反이니 謂之大成이니라.

『옛날에 가르치던 학교는 마을에 숙학교가 있으며, 향촌에 상학교가 있으며, 읍내에는 서학교가 있으며, 도읍에는 대학교가 있으니 해마다 학교에 들어가거든 중간 해에 고시를 보아 학력을 평가하여 1

학년에는 경서의 구절을 떼는 법과 낱말의 뜻을 분별함을 견주고, 3
학년에는 학업을 공경함과 무리를 좋아함을 견주고, 5학년에는 학습
분야를 넓힘과 스승을 친근히 함을 견주고, 7학년에는 학문을 토론함
과 벗을 선택함을 견주나니 이러함을 일컬어 학문을 조금 이루었다
고 하는 것이요, 9학년에 사물의 종류와 체계를 알아서 두루 통달하
여 강건하게 사상을 확립하여 이치에 어긋나지 아니함이니 일컬어
학문을 크게 완성하였다고 하니라.』

　◐ 이 장은 학교의 규모와 제도 그리고 학제의 연차교육과정과 고
시평가기준을 자세히 기술하여 학문의 소성(小成)과 대성(大成)을
밝혔다.

　가(家)는 마을이니 옛날에 25집으로 마을을 삼고 마을에는 골목이
있으며 그 골목 앞에는 마을 문이 있는데 마을 문 옆에 학교를 세워
서 어린이를 교육하였다. 숙(熟)은 초등학생을 가르치는 소학교(小學
校)로 의무교육기관이며 당(黨)은 500집이 사는 향촌(鄕村)이요, 상
(庠)은 중등학생을 가르치는 중학교로 숙(塾)에서 진학한 학생이 들
어간다.

　술(術)은 주(州) 또는 읍의 중앙로인즉, 곧 읍내(邑內)이고 서(序)
는 고등학생을 가르치는 고등학교로 상(庠)에서 진학한 학생이 들어
가며 국(國)은 국도(國都)이니 도읍(都邑)이요, 학(學)은 태학(太學)
으로 서(序)에서 진학한 학생이 들어가나니 앞에 5-15-5를 참조하
라. 중년(中年)은 중간의 해이고 고교(考校)는 고시(考試)를 시행하
여 학력을 비교 평가함이며 1년(一年)은 1학년이니 아래도 모두 같
다. 시(視)는 전체적으로 학점을 비교해서 견주어 보는 것이요, 이경
(離經)은 경서의 문장을 문법적으로 분리하여 읽는 것이고, 변지(辨

志)는 낱말의 뜻을 분별하여 문장의 내용을 터득함이며, 경업(敬業)은 수업시간에 공부를 열심히 함이고, 요군(樂群)은 학우들과의 집단활동에 적극 동참함이며, 박습(博習)은 학습 분야를 넓혀 다재다능함이요, 친사(親師)는 스승에게 묻기를 좋아함이다. 논학(論學)은 학문을 토론하여 깊이 연구함이고, 취우(取友)는 좋은 벗을 선택하여 사귐이며, 소성(小成)은 학문을 조금 이룩함이니 한 분야의 전문가가 된 것이다. 지류(知類)는 사물의 종류와 체계를 아는 것이니 태극(太極)의 통일원리와 음양(陰陽)의 상대원리와 5행(五行)의 생성원리가 만물의 본질속성임을 아는 것이요, 통달(通達)은 천리(天理)와 성리(性理)와 윤리(倫理)에 정통하여 알지 못하는 것이 없는 것이다. 강립(强立)은 강건하게 사상을 확립하여 진리의 주체가 되는 것이고, 반(反)은 사물의 이치에 어긋남이니 불반(不反)은 사리에 어긋나거나 인정에 거슬리거나 사회규범을 해치지 아니함이며, 대성(大成)은 학문을 크게 완성하여 위대한 학자가 되는 것이다.

 학교교육의 목표가 이와 같이 학문의 대성을 기약하였으니 학자는 명심할지어다.

18-3-2 ——————————————— 夫然後에야 足以化民易俗하야
近者가 說服하고 而遠者가 懷之하나니
此가 大學之道也라 記에
曰蛾子時術之라 하니 其此之謂乎인저.

『대저 그런 다음에야 족히 인민을 교화하여 습속을 바꾸어 가까운

사람이 열복하고, 먼 사람이 사모하나니 이것이 태학의 교육이념이니
라. 옛날 기록에 말하기를 개미새끼가 때로 기술을 배운다고 하니 곧
이것을 일컬음인저.』

◐ 이 절은 태학(太學)의 교육이념이 위대한 인격을 수양하여 인
민을 교화(敎化)하고 사회의 풍속을 개량하여 문명국을 건설해서 세
계문화 발전에 이바지할 수 있음을 기술하였다.

부연후(夫然後)는 학문을 대성(大成)한 다음이고, 역속(易俗)은
사악하고 음란한 퇴폐습속을 변혁하여 순수하고 방정(方正)한 습속
으로 개량하는 것이다. 근자(近者)는 국민이요, 원자(遠者)는 세계인
류이며, 회(懷)는 사모하여 그리워함이고, 태학(太學)은 학문과 인격
을 대성(大成)한 사람을 양성하는 최고학부요, 도(道)는 궁극적인 목
표로 삼는 이념(理念)이다. 기(記)는 고기(古記)이고 아자(蛾子)는
개미새끼이며 시술지(時術之)는 개미새끼가 어렸을 때에 그 어미개미
의 하는 것을 본받아서 끊임없이 흙을 물어 날라 드디어 개미 둑을
만드는 기술을 익힌다는 것이다. 사람도 성현(聖賢)을 본받아 지식과
덕성을 닦아 대성(大成)하도록 하는 것이 교육의 목표인 것이다.

18-3-3 ———————————————————————— 大學始敎에 皮弁하고
祭菜함은 示敬道也요.

『태학에서 처음 가르침에 가죽고깔을 쓰고, 나물로 제사 지냄은
태학의 이념을 공경함을 보이는 것이오.』

◉ 이 절은 역사적으로 천자(天子)가 태학의 교육이념을 지극히 존중한 사실을 증언하였다.

시교(始敎)는 입학(入學)하여 공부하는 시초이고, 피변(皮弁)은 가죽고깔이니 천자(天子)의 집무복인 피변복(皮弁服)에 쓰는 관으로 천자가 직접 태학의 입학식에 참여하는 것을 뜻한다. 채(菜)는 미나리와 무청과 부추 등을 제물로 올리는 것이니 곧 석전(釋奠), 석채(釋采)이며, 도(道)는 태학지도(大學之道)인 학덕(學德)의 대성(大成)이다.

18-3-4 ──────────────────────────── <ruby>宵雅<rt>소 아</rt></ruby><ruby>肄<rt>이</rt></ruby><ruby>三<rt>삼</rt></ruby>은 <ruby>官<rt>관</rt></ruby><ruby>其<rt>기</rt></ruby><ruby>始<rt>시</rt></ruby><ruby>也<rt>야</rt></ruby>요.

『소아의 세 시를 익힘은 벼슬의 직책이 그 시작하는 것이오.』

◉ 이 절은 소아(小雅)의 시(詩) 가운데 3편을 골라서 태학생에게 익히도록 하는 이유를 밝혔다.

소아(宵雅)는 소아(小雅)이니 천하만민이 소규모의 집단행사에서 널리 연주한 정악(正樂)으로 천하인류의 심성을 바로잡고 풍속을 순화하여 문명사회를 건설하기 위하여 주(周)나라 무왕(武王)이 개국 초기에 주공(周公)으로 하여금 예법을 제정하고 음악을 창작하게 하여 성왕(成王)이 적극 보급한 노래이다. 이(肄)는 익혀서 배우는 것이고, 3(三)은 세 가지의 노래인데 『시경(詩經)』의 소아는 모두 80편으로 어느 편을 지적하는지 정확히 알 수 없으나 녹명(鹿鳴)과 사모(四牡)와 황황자화(皇皇者華) 3편이 가장 첫머리에 있는 까닭에 이

것으로 추정하였으니 모두 학문과 인격의 모범을 보여서 사회를 교화하고 나라에 충성하며 천하에 예절을 밝히는 노래인바 내가 역주한 『새 시대를 위한 시경(詩經)』 상권을 참조하기 바란다. 관(官)은 관직(官職)이고 시(始)는 비롯하여 시작함이니 태학생은 이미 나라의 선비로 신빌하였으므로 국가기관인 태학생의 역할과 책임이 있다는 뜻이다.

18-3-5 ──────────────────────── 入^입學^학鼓^고篋^협은 孫^손其^기業^업也^야요.

『태학에 들어감에 북을 쳐서 학생을 모으고, 상자를 열어 책을 꺼냄은 그 학업을 공손히 따르는 것이오.』

☯ 이 절은 태학의 학과수업을 일과표에 따라 공동으로 함께 진행하는 교칙(校則)이 있음을 기술하였다.

고(鼓)는 북을 쳐서 수업시간을 알리면 학생이 집합하는 것이고 협(篋)은 상자를 열어 책을 꺼내서 공부를 시작하는 것이며, 손(孫)은 손순(遜順)이니 공손히 교수(敎授)의 지도를 따르는 것이요, 업(業)은 수업(修業)이다. 학생이 수업시간을 엄격히 지키고 열심히 학문과 예술을 닦는 것은 당연한 직분이다.

18-3-6 ──────────────────────── 夏^가楚^초二^이物^물은 收^수其^기威^위也^야요.

『싸리나무와 가시나무 두 가지 물건은 그 거동을 가지런히 바로잡
는 것이다.』

  ☯ 이 절은 교수가 회초리를 들고 학생을 단속하는 이유는 학생의
거동을 단정하게 정돈하기 위함임을 지적하였다.
  가(夏)는 가(榎)이니 싸리나무이고, 초(楚)는 가시나무이며, 2물
(二物)은 두 가지 회초리요, 수(收)는 정돈(整頓)이며, 위(威)는 위
의(威儀)이다.

18-3-7 ──────────────────── 未卜禘하면 不視學은 游其志也요.

『천자가 태묘에서 체제 지낼 날을 점치지 아니하면 태학을 시찰하
지 않음은 그 뜻을 편안하고 한가롭게 하는 것이오.』

  ☯ 이 절은 태학생에게 학문의 자유분위기를 보장하여 창의력을
기르게 함을 기술하였다.
  복(卜)은 거북점을 쳐서 제일(祭日)을 받는 것이고, 체(禘)는 앞
에 5-12-2에서 이미 해설하였으며, 시학(視學)은 천자(天子)가 태
학을 시찰하여 선사(先師)에게 석전(釋奠)하고, 학생에게 과거(科擧)
를 보게 하는 것이다. 유(游)는 우유(優游)요, 기지(其志)는 학생의
의지(意志)니 학생의 의지를 편안하고 한가롭게 해서 충분히 생각하
여 창의력을 발휘하게 함이다. 여기에서 태학교육은 과거공부만 하는
곳이 아니고 또한 학술을 창의적으로 연구하는 곳임을 알 것이다.

18-3-8 ──────────────────── 時觀하되 而弗語는 存其心也요.

『때로 구경하되 토론을 아니 함은 그 마음을 간직하게 하는 것이오.』

☯ 이 절은 태학생에게 사물에 대한 시각을 넓혀서 스스로 판단하는 능력을 기르게 함을 기술하였다.

시관(時觀)은 특정한 때에 집단적으로 관람(觀覽)함이고, 불어(弗語)는 토론의 주제를 제시하여 합의된 결론을 도출하지 않는 것이니 곧 사상을 통제하지 않음이다. 존기심(存其心)은 학생이 각각 느끼는 생각을 스스로 간직하게 하는 것으로 학생의 자율적인 판단능력을 존중함이다.

18-3-9 ──────────────────── 幼者가 聽而不問은 學不躐等也니
此七者는 敎之大倫也라 記에 曰凡學에 官先事요
士先志라 하니 其此之謂乎인저.

『어린 사람이 청강하되 질문하지 아니함은 배움에 등급을 뛰어넘지 못하게 하는 것이니 이 일곱 가지는 교육의 중대한 조리체계이다. 옛날 기록에 말하기를 "무릇 배움에 관리는 일을 먼저 배우고, 선비는 뜻을 먼저 배우니라"고 하니 그 이것을 일컬음인저.』

☯ 이 절은 학문의 진도에 따라 착실하게 성장 발전해서 속성(速成)을 추구하지 말고, 대성(大成)을 기약할 것을 기술하였다.

유자(幼者)는 태학의 신입생이고, 청(聽)은 청강(聽講)이며, 문(問)은 질문함이요, 엽등(躐等)은 학과과정의 등급을 뛰어넘어 월반(越班)함이다. 7자(七者)는 시경도(示敬道), 관기시(官其始), 손기업(孫其業), 수기위(收其威), 유기지(游其志), 존기심(存其心), 학불렵등(學不躐等)이고 대륜(大倫)은 중대한 조리체계니 한 가지라도 부족하면 학문을 원만하게 대성(大成)할 수 없는 것이다. 사(事)는 정치사업과 행정실무이고, 지(志)는 천리(天理)를 밝히고 인심(人心)을 바로잡아 지선(至善)의 세계를 건설하려는 뜻이다. 모름지기 대학생은 교육이념을 존중하고 학생의 본분을 지키며 열심히 학문과 예술을 닦아서 그 거동을 가지런히 바로잡되 뜻을 편안하고 한가롭게 하여 창의력과 판단능력을 길러서 점점 향상 발전함으로써 대성(大成)을 기약하는 것이 학문의 정도(正道)임을 깨달을지어다.

18-3-10 ——————————————————————

大學之敎也는 時敎야 必有正業하며
退息하되 必有居學하니 不學操縵이면
不能安弦이요 不學博依면 不能安詩요
不學雜服이면 不能安禮요 不興其藝면
不能樂學이니 故로 君子之於學也에
藏焉하며 脩焉하며 息焉하며 游焉이니라.

『태학의 교육과정은 시간표에 의한 교과목으로 반드시 정식수업을 이수함이 있으며, 강의가 끝나면 물러가서 휴식하되 반드시 학습생활을 지킴이 있나니 거문고와 비파의 현을 다루는 것을 배우지 않으면 현악기를 편안히 연주할 수 없고, 널리 비유하는 법을 배우지 않으면 시를 편안히 노래할 수 없고, 여러 가지 의복을 배우지 않으면 예절을 편안하게 거행할 수 없고, 그 재주를 일으키지 않으면 배우기를 좋아할 수 없나니 그러므로 군자는 학생에게 간직하게 하며, 닦게 하며, 쉬게 하며, 놀게 하니라.』

　◐ 이 절은 태학의 교육과정을 정식수업시간과 자율학습시간으로 나누되 기본교양과목인 음악, 시가(詩歌), 예절 그리고 전공학문은 반드시 이수해야 됨을 밝혔다.

　태학지교(大學之敎)는 태학의 교육과정이고 시교(時敎)는 시간표에 의거한 교과목시간에 가르친 것이며, 정업(正業)은 정식수업이요, 퇴식(退息)은 방과 후에 물러가서 휴식함이다. 거학(居學)은 학습활동을 지킴이니 배운 것을 복습하거나 배울 것을 예습하며 잘하지 못하는 과목을 부지런히 갈고닦는 것이다. 조만(操縵)은 금슬(琴瑟)의 현(弦)을 다루는 것이고, 안(安)은 익숙해서 편안함이며, 박의(博依)는 널리 사물에 의탁(依託)하며 감정을 비유해서 표현하는 방법이요, 잡복(雜服)은 여러 가지 색깔과 모양과 무늬로 만든 의복인데 이것으로 사람의 신분과 사업의 성격을 나타내는 것이다. 예(藝)는 재주이니 곧 전공학문이요, 요(樂)는 좋아함이며, 장(藏)은 장수(藏守)로 간직하여 지키게 함인데 곧 학생을 태학의 기숙사에 거주하며 학칙을 지키도록 함이고, 수(修)는 수업(修業)이니 학업을 닦게 함이며, 식(息)은 휴식시간에 쉬게 함이요, 유(游)는 유람(游覽)하며 감상하는 것으로 장(藏)과 수(脩)는 시교(時敎)이고, 식(息)과 유(游)는 퇴식(退息)이다.

夫然故로 安其學而親其師하며
樂其友而信其道라 是以로
雖離師輔라도 而不反也니 兌命에 曰敬孫務時敏이면
厥脩乃來라 하니 其此之謂乎인저.

『대저 그런 까닭으로 그 배움을 편안히 하고, 그 스승을 친하며, 그 벗을 즐거워하고, 그 도덕을 믿으므로 이래서 비록 스승과 조교를 떠나더라도 어기지 아니하는 것이니 열명에 말하기를 "공경하고 겸손하게 힘써 늘 민첩하게 실천하면 그 닦음이 이에 오리라" 하니 곧 이것을 말함인저.』

☯ 이 절은 앞 절에 이어 태학의 계발식(啓發式) 교수법(教授法)의 중요성을 변증하였다.

안(安)은 안정(安定)함이니 『대학(大學)』에서 지선(至善)에 멈춤을 알면 뜻을 고정(固定)하고, 마음이 평정(平靜)하며 몸이 편안하여야 생각을 깊이 해서 능히 자득(自得)한다고 하였으니 인간의 도덕심을 계발하는 계발교육(啓發教育)의 기본조건이다. 보(輔)는 조교(助教)이고, 반(反)은 위반(違反)이며, 경손(敬孫)은 『서경(書經)』에 손지(遜志)라고 하였으니 같은 뜻이요, 민(敏)은 민첩하게 실천하는 것이며, 수(脩)는 수양이고, 래(來)는 스스로 오는 것이다.

今之教者는 呻其佔畢하고 多其訊하여
言及于數하며 進而不顧其安하니
使人不由其誠하고 教人不盡其材라

其施之也가 悖하며 其求之也가 佛하나니
夫然故로 隱其學而疾其師하며 苦其難而不知其益也라
雖終其業이나 其去之必速하나니 敎之不刑이 其此之由乎인저.

『오늘날의 교육이라는 것은 그 엿본 책을 소리 내어 읽고, 그 질문을 많이 하여 말이 책망하는 데 미치며, 진도만 나아가서 그 편안함을 돌아보지 않으니 사람으로 하여금 그 정성을 말미암지 못하게 하고, 사람으로 하여금 그 재주를 다하지 못하게 하므로 그 교육을 베푸는 것이 어그러지고, 그 배움을 추구한 것이 어긋나나니 대저 그런 까닭으로 그 배움을 걱정하고, 그 스승을 싫어하며, 그 어려움에 고생하면서도 그 보탬이 된 것을 느끼지 못하므로 비록 그 학업을 마쳤으나 그 버림을 반드시 빨리 하나니 교육이 성공하지 못함이 곧 이것을 말미암음인저.』

◉ 이 절은 춘추시대에 태학교육을 실패한 원인이 암기(暗記) 위주의 주입교육(注入敎育)에 있음을 기술하였다.

금(今)은 춘추(春秋)시대를 지칭하고, 신(呻)은 시나 노래를 읊는 소리이며, 점(佔)은 엿보는 것이요, 필(畢)은 책이니 글을 읽기만 하고 그 뜻을 모르는 것이다. 신(訊)은 스승이 학생에게 대답을 요구하는 질문이니 학생의 실력을 평가하기 위한 시험지의 출제항목들이요, 수(數)는 책망하여 꾸짖음이며, 교(敎)는 '하여금', 시(施)는 교육을 실시함이고, 구(求)는 배움을 추구함이며, 불(佛)은 어긋남이다. 은(隱)은 속으로 걱정함이고, 고(苦)는 고생함이며, 거(去)는 버리는 것이고, 형(刑)은 성공함이다.

살피건대 도덕정신과 역사의식과 정치사상이 없는 잡다한 지식의

암기만을 위주로 하는 대학교육은 성실성도 창의력도 기대할 수 없
으므로 사회교화능력을 상실할 뿐만 아니라 오로지 이익만을 추구하
는 경쟁풍조를 확산한다.

18-4-1 ──────────────────── 大學之法은 禁於未發之謂豫요
當其可之謂時요 不陵節而施之謂孫이요
相觀而善之謂摩니 此四者가 敎之所由興也라.

『태학의 교수방법은 아직 나타나지 않을 때에 금지함을 일컬어 예
방교수법이라고 하고, 그 해낼 수 있을 때에 감당함을 일컬어 때맞춘
교수법이라고 하고, 절차를 넘어가지 아니하고 교육을 베푸는 것을 일
컬어 순서교수법이라 하고, 서로 보면서 착해지는 것을 일컬어 연마교
수법이라고 하니, 이 네 가지가 교육이 말미암아 일어나는 것이니라.』

☯ 이 장은 교육이 일어나는 교수법과 교육이 몰락하는 교수법을
기술하였으니 여기에서는 대학교육이 흥성하는 교수법을 밝혔다.
  법(法)은 교수방법(敎授方法)이요, 미발(未發)은 마음속에 사욕
(私慾)이 일어나지 않는 때이며, 예(豫)는 예방교수법이니 학교의 환
경을 깨끗하게 정비하고 먼저 건전한 학풍을 조성함이다. 당(當)은
감당(堪當)함이고, 가(可)는 가당(可當)이니 학생이 해낼 수 있을 때
에 감당하게 함이며, 시(時)는 때맞춘 교수법으로 빠르거나 늦게 함
이 없는 것이다. 릉(陵)은 넘어감이고, 절(節)은 절차(節次)이며, 손
(孫)은 순서(順序)를 지키는 교수법으로 학문의 이론적 체계와 교육

적 절차를 뛰어넘지 않고 순서에 따라서 단계적으로 학과의 진도를 점점 높여 나아가는 것이다. 상관(相觀)은 학생이 서로의 장점을 보는 것이고, 선(善)은 착해지는 것이며, 마(摩)는 연마(研磨)교수법으로 다양한 성격의 학생이 서로 더불어 사귀는 집단교육을 통해 원만한 인격으로 성장하도록 함이다. 4자(四者)는 예(豫)와 시(時)와 손(孫)과 마(摩)인데 모두 학생의 능력을 단계적으로 계발해서 자율인격을 배양하는 길이다.

18-4-2 ──────── 發然後에 禁하면 則扞格而不勝이요
時過然後에 學하면 則勤苦而難成이요
雜施而不孫하면 則壞亂而不脩요
獨學而無友하면 孤陋而寡聞이요
燕朋하면 逆其師요 燕辟하면
廢其學이니 此六者는 敎之所由廢也라.

『나타난 뒤에 금지하면 완강히 거절하여 막으므로 감당하지 못하고, 때가 지난 뒤에 배우면 부지런히 고생하여도 성공하기 어렵고, 잡다하게 가르치면서 순서를 따르지 않으면 무너지고 어지러워 닦이지 아니하고, 홀로 배우며 벗이 없으면 외톨이로 속이 좁으며 견문이 적고, 무리를 지어 편안히 놀게 하면 그 스승을 거역하고, 편안히 놀며 간사하면 그 학업을 폐지하니 이 여섯 가지는 교육이 말미암아 폐지하는 것이니라.』

◉ 이 절에서는 대학교육이 무너지는 교수법을 기술하였으니 앞

절과 정반대이다.

한(扞)은 완강하게 거절함이고, 락(格)은 반발하여 막는 것이며, 승(勝)은 감당함이다. 근고(勤苦)는 부지런히 노력하여 고생을 함이요, 고(孤)는 외톨이이며, 루(陋)는 속이 좁아 고집이 센 것이고, 연(燕)은 편안히 노는 것이며, 붕(朋)은 붕비(朋比)로 무리를 지어 자기편을 두둔하는 것이다. 역(逆)은 거역함이고, 벽(辟)은 간사함이며, 폐(廢)는 중도에 폐지함이요, 6자(六者)는 발금(發禁), 과학(過學), 잡시(雜施), 독학(獨學), 연붕(燕朋), 연벽(燕辟)인데 모두 앞 절에서 말한 예(豫), 시(時), 손(孫), 마(摩) 교수법을 어긴 것이다.

18-4-3 —————————————————————— 君子는 旣知敎之所由興하고
又知敎之所由廢하나니 然後에야
可以爲人師也라 故로 君子之敎喩也는
道而不牽하며 强而不抑하며 開而不達하니
道而不牽則和하고 强而不抑則易하며
開而不達則思하니 和易而思면 可謂善喩矣라.

『군자는 이미 교육이 말미암아 흥하는 바를 알고, 또 교육이 말미암아 폐지하는 바를 아나니 그런 뒤에야 인류의 스승이 될 수 있는 것이다. 그러므로 군자가 가르쳐서 깨우치는 방법은 인도하되 끌어당기지는 않으며, 힘써 노력하게 하되 억압하지는 않으며, 열어 주되 도달하게는 않으니 인도하되 끌어당기지 않으면 화순하고, 힘쓰게 하되 억압하지 않으면 쉽게 여기고, 열어 주되 도달하게 않으면 생각하니, 화순하고 쉽게 여기면서 생각하게 하면 잘 깨우친다고 말할 것이니라.』

　◑　이 절은 계발교육(啓發敎育)에 있어서 자득학습(自得學習)의 중요성을 기술하였다.

　인사(人師)는 경전(經傳)의 글자만을 가르치는 경사(經師)가 아니라 인생의 도덕을 몸소 실천하여 인류의 사표(師表)가 되는 인류의 스승이다. 교유(敎喩)는 기르쳐서 깨우치는 계발(啓發) 교육이고, 도(道)는 도(導)와 같으니 인도(引導)하여 안내함이며, 견(牽)은 견인(牽引)이니 끌어당기는 것이다. 강(强)은 힘써 분발 노력함이요, 억(抑)은 억압(抑壓)하여 통제함이며, 개(開)는 개시(開示)로 속에 있는 것을 열어서 보이는 것이고, 달(達)은 도달(到達)함이다. 화(和)는 화순(和順)함이요, 이(易)는 이간(易簡)이며, 사(思)는 사유(思惟)인데 학생이 스승의 가르침에 화순한 자세를 취하고, 공부를 쉽고 재미나게 여기며, 깊이 사유하여 자득(自得)하게 되면 반드시 학문을 대성(大成)할 것이다.

18-4-4 ──────────────── 學者는 有四失하니 敎者가 必知之니라
人之學也에 或失則多하며 或失則寡하며
或失則易하며 或失則止하나니
此四者는 心之莫同也라 知其心然後에야
能救其失也니 敎也者는 長善而救其失者也니라.

『배우는 사람은 네 가지 실패가 있으니 가르치는 사람이 반드시 알아야 하니라. 사람이 배움에 어떤 사람은 곧 학습의 분량이 많은 데서 실패하며, 어떤 사람은 곧 학습의 분량이 적은 데서 실패하며, 어떤 사람은 곧 학습의 내용이 쉬운 데서 실패하고, 어떤 사람은 곧

학습의 내용이 어려워 멈추는 데서 실패하나니 이 네 가지는 심리상
태가 똑같지 않은 것이므로 그 심리상태를 알아낸 뒤에야 능히 그
실패를 바로잡을 것이니 가르치는 것은 장점을 길러 주고, 그 실패를
바로잡는 것이니라.』

　☯ 이 절은 계발교육에 있어서 학생의 수준에 알맞은 학습 분량과
내용으로 낙오자가 없게 해야 됨을 기술하였다.

　실(失)은 실패하여 소기의 목적을 거두지 못함이요, 즉(則)은 '곧'
이며, 다(多)는 학습의 분량이 많아서 감당하지 못함이고, 과(寡)는
학습의 분량이 적어서 소득이 없음이다. 이(易)는 학습의 내용이 평
이하여 학문의 욕구를 충족하지 못함이고, 지(止)는 학습의 내용이
너무 어려워서 도저히 따라가지 못하여 중지함이며, 심(心)은 심리상
태로 학습의 이해도와 학과의 난이도에 따라 좋아하고 싫어함과 부
지런하고 게으름의 반응이 나타나는 심리상태이다. 막동(莫同)은 각
각 달라서 동일하지 않음이며, 구(救)는 바로잡는 것이고, 장선(長
善)은 착한 면을 길러 주는 것이니 곧 배우는 사람의 수준과 취향에
부응하여 계발학습을 시행하는 것이니 마치 의사가 질병에 따라 처
방이 다른 것과 같다.

18-4-5 ──────────────────────────── 善歌者는 使人繼其聲하고
善敎者는 使人繼其志하나니
其言也가 約而達하고 微而臧하고
罕譬而喩면 可謂繼志矣니라.

『노래를 잘 부르는 악사는 사람으로 하여금 그 소리를 계승하게 하고, 교육을 잘 베푸는 스승은 사람으로 하여금 그 뜻을 계승하게 하나니 그 말이 간략하면서도 이치를 전달하고, 은미하면서도 착하고, 비유함이 적으면서도 깨우치면 뜻을 계승케 한다고 말할 수 있을 것이다.』

☯ 이 절은 계발교육의 강의법을 음악가에 비교하여 사람에게 깊은 감동을 주어서 스스로 따라 배우도록 해야 됨을 강조하였다.

선가자(善歌者)는 노래를 잘 부르는 악사(樂師)이고, 계(繼)는 계승(繼承)하는 것이며, 성(聲)은 소리니 곧 성악(聲樂)의 곡조이다. 기지(其志)는 스승이 가르치는 교육의 목적이요, 기언(其言)은 스승이 가르치는 강의(講義)의 내용이며, 약(約)은 집약하여 간략하게 표현함이고, 달(達)은 전달한 뜻을 통달함이며, 미(微)는 은미(隱微)한 내용을 암시적으로 지적하는 것이고 장(臧)은 마음으로 느껴서 착함을 간직하는 것이다. 한비(罕譬)는 사소하고 비근한 사물로 비유하여 설명함이요, 유(喩)는 명백하게 깨달아 알게 함이다.

살펴건대 주입식(注入式) 교육은 많은 지식을 전달하여 기억하게 하므로 자연히 말이 많고 설명이 길고 비교가 다양하지만 계발식(啓發式) 교육은 지혜의 샘을 계발하여 스스로 터득하게 하므로 자연히 요점만 말하고 암시적으로 지적하여 비근한 사물로 비유할 뿐이니 전달받은 지식을 기억함에는 한계가 있지만 지혜의 샘을 계발한 사유역량은 무한하여 능히 대성(大成)할 수 있는 것이다. 그러므로 옛날 태학에서 학생을 교육함에는 반드시 계발식 교육을 선택하여 사유력과 창의력을 높이려고 하였던 것이다.

君子는 知至學之難易하야
而知其美惡然後에야 能博喩하고 能博喩然後에야
能爲師하나니 能爲師然後에야 能爲長하며
能爲長然後에야 能爲君하나니
故로 師也者는 所以學爲君也라 是故로 擇師는 不可不愼也니
記에 曰三王四代가 唯其師라 하니 其此之謂乎인저.

『군자는 학문에 이르기가 어렵고 쉬움을 알아서 그 아름다운 자질과 조악한 자질을 알아낸 뒤에야 능히 널리 깨우치고, 능히 널리 깨우친 뒤에야 능히 스승이 되나니 능히 스승이 된 뒤에야 능히 어른이 되며, 능히 어른이 된 뒤에야 능히 임금이 되나니 그러므로 스승이라는 것은 임금이 되는 것을 배우는 길이므로 이런 까닭으로 스승을 선택함을 신중하지 않을 수 없는 것이니 기록에 말하기를 "3왕의 4대가 오직 그 스승뿐이라"고 하니 그 이것을 일컬음인저.』

☯ 이 장은 사도(師道)의 중요성을 기술하였으니 여기에서는 왕도정치(王道政治)에 있어서 반드시 위대한 도통(道統)을 계승한 성현으로 스승을 삼아야 됨을 밝혔다.

지학(至學)은 학문에 이르러 감이니 학문을 통하여 도덕이 높아지는 것인데 학문에 뜻을 세우고 분발하면 이르기가 쉽고, 학문에 뜻이 없고 게을리하면 이르기가 어려운 것이며, 학생의 자질이 아름다우면 학문을 크게 이루고, 자질이 조잡하고 사나우면 학문을 크게 이루지 못하는 것이다. 박유(博喩)는 여러 분야를 널리 깨우치는 것이니 곧 자연과학과 인문과학 그리고 사회과학 및 예술 분야에 이르기까지 인생의 모든 활동 분야를 깨우치는 것이다. 사(師)는 인사(人師)이고,

장(長)은 정부의 책임자인 장관(長官)이며, 군(君)은 천자(天子)와 제
후(諸侯)요, 택사(擇師)는 스승으로 선택하여 임명함이다. 3왕(三王)
은 우(禹), 탕(湯), 문무(文武)이고 4대(四代)는 우(虞), 하(夏), 상
(商), 주(周) 네 왕조이니 모두 요(堯) 임금의 대통(大統)을 계승하여
천덕왕도(天德王道)로 다스려서 예절문화를 꽃피운 시대이며, 유기사
(唯其師)는 순(舜) 임금의 도통(道統)을 계승하여 도심(道心)을 한결
같이 간직하는 성현(聖賢)을 스승으로 받들었을 따름이라는 뜻이다.

18-5-2 ─────────────── 凡學之道는 嚴師爲難이니 嚴師然後에야
道尊하고 道尊然後에야 民知敬學하나니
是故로 君之所不臣於其臣者가 二니
當其爲尸하면 則不臣也하며 當其爲師하면 則不臣也하나니
大學之禮에 雖詔於天子하여도 無北面은 所以尊師也니라.

『무릇 배움의 길은 엄격한 스승을 선택함이 어려운 것이니 스승을
엄격하게 여긴 뒤에야 도덕이 존엄하고, 도덕이 존엄한 뒤에야 민중
이 학문을 공경할 줄을 아나니 이런 까닭으로 임금이 그 신하에게
신하로 대하지 않는 바가 두 가지이니 그 시동이 된 사람을 만나면
신하로 대하지 아니하며, 그 스승이 된 사람을 만나면 신하로 대하지
아니하나니 태학의 예절에 비록 천자에게 명령을 받음에도 북쪽으로
향함이 없는 것은 스승을 높이는 원리인 것이다.』

  ◑ 이 절은 학교에 엄격한 스승이 있어야만 학생이 도덕을 존중하

고, 민중이 학문을 공경하게 되는 역사적 사실을 기술하였다.

엄사위난(嚴師爲難)은 엄격한 스승을 찾아서 태학(太學)의 스승으로 임명하기가 어려운 것이니 앞 절에서 말한 택사(擇師)의 신중성이다. 엄사연후(嚴師然後)는 학생이 스승을 엄격하게 대한 다음이며, 도존(道尊)은 도덕이 존엄하고 신성함이요, 경학(敬學)은 학문을 공경함이다. 당(當)은 만나는 것이고, 조(詔)는 조령(詔令)이니 임금의 명령을 받은 것이며, 북면(北面)은 얼굴을 북쪽으로 향함이니 신하가 임금을 대하는 자세인데 태학에서는 비록 천자의 조령(詔令)을 발표하더라도 학생만 북향하여 서고, 스승은 남향하여 서는 것이 예절이다.

18-5-3 ——————————— 善學者는 師逸而功倍하고 又從而庸之하며
不善學者는 師勤而功半하고 又從而怨之하니라
善問者는 如攻堅木이라 先其易者하고 後其節目하야
及其久也에 相說以解하며 不善問者는 反此하니라
善待問者는 如撞鐘이라 叩之以小者면
則小鳴하고 叩之以大者면 則大鳴하야 待其從容然後에라야
盡其聲이요 不善答問者는 反此니 此皆進學之道也라.

『잘 배우는 사람은 스승이 한가롭게 가르쳐도 학습효과는 배로 늘고 또한 좇아서 떳떳하게 실천하며, 잘 배우지 않은 사람은 스승이 부지런히 가르쳐도 학습효과는 반으로 떨어지고 또한 좇아서 원망하니라. 잘 묻는 사람은 굳은 나무를 다듬듯이 하므로 그 쉬운 것을 먼저 묻고, 그 구체적인 조목을 뒤에 물어서 그 오래됨에 미쳐 서로 설명하여 이해하며, 잘 질문하지 못하는 사람은 이와 반대로 하니라.

묻기를 잘 기다리는 사람은 종을 치듯이 하므로 작은 것으로 치면 작게 울리고, 큰 것으로 치면 크게 울려서 그 조용하기를 기다린 뒤에야 그 소리를 마치고, 질문에 대답을 잘하지 못하는 사람은 이와 반대로 하니 이것이 학업을 높이는 길이니라.』

◑ 이 절은 계발교육에 있어서 학습효과의 성공방법으로 자율학습을 존중하되 의문점을 체계적으로 제기하여 함께 연구 토론해서 자체적으로 해결하게 하고, 마침내 스스로 해결하지 못하여 스승에게 질문하면 명확하게 가르쳐 주는 것임을 기술하였다.

선학자(善學者)는 학문에 뜻을 세우고 스스로 분발 노력하는 학생이요, 사일(師逸)은 앞에 18-4-3에서처럼 화순(和順)하고 평이(平易)하고 사유(思惟)하도록 가르치는 까닭에 스승이 한가로운 것이다. 공(功)은 공효(功效)니 학습의 효과이고, 용(庸)은 떳떳하게 실용(實用)하는 것이며, 사근(師勤)은 앞에 18-3-12에서같이 암송(暗誦)하고 신문(訊問)하며 책망하면서 진도만 나아가기 때문에 수고로운 것이요, 원(怨)은 학생이 스승을 원망하는 것이다. 선문자(善問者)는 의문점을 체계적으로 제기하여 대체적이고 쉬운 문제로부터 시작해서 점점 구체적이고 어려운 문제로 들어가는 사람이며, 공(攻)은 전공(專攻)하여 다스리는 것이요, 이(易)는 대체적이고 쉬운 문제이며, 절목(節目)은 구체적인 조목이다. 구(久)는 연구하고 토론하는 시간이고, 상설(相說)은 학생들끼리 서로 토론하여 설득함이며, 해(解)는 자체적으로 문제를 풀어서 해답을 얻는 것이요, 선대문자(善待問者)는 스승이 먼저 학생에게 문제를 내 주지 않고 학생이 의문점을 찾아내서 스승에게 질문을 할 때까지 기다리는 것이다. 당(撞)은 종을 치는 것이고, 고(叩)는 두드리는 것이며, 종용(從容)은 조용함이니

더 이상 종을 치지 않는 것이요, 진(盡)은 종료(終了)하여 끝냄으로
더 이상 응답하지 아니함이며, 진학(進學)은 학업을 높여 학년이 올
라감이다.

18-5-4 ── 記問之學은 不足以爲人師니
必也其聽語乎인저 力不能問然後에야 語之니
語之而不知면 雖舍之라도 可也니라.

『질문에 응답하기 위하여 단순히 옛글을 기록하고 외우기만 하는
학습은 인류의 스승이 되기에 부족하니 반드시 그 학생들에게 주제
를 주고 토론하는 것을 들을진저! 힘써 질문을 잘 하지 못한 뒤에야
주제를 주고 토론하게 하나니 주제를 주고 토론을 하여도 알지 못하
면 비록 버려두어도 괜찮으니라.』

☯ 이 절은 학생들의 창의력을 계발하기 위한 학술토론의 중요성
을 시술하였다.

기문지학(記問之學)은 질문에 응답하기 위하여 옛 글을 기록하고
암송하는 학습법이고, 인사(人師)는 앞에 18-4-3에서 이미 해설하
였으며, 청어(聽語)는 어떤 주제(主題)를 주고 학생들이 스스로 연구
토론하게 하면서 스승은 듣기만 하는 것이니 학생들로 하여금 사물
을 논리적으로 분석하고 객관적으로 비교하여 실용적으로 판단하는
가운데 사물에 대한 인식력을 넓히고 발표력을 기르며 창의력을 높
이는 것이다. 불능문(不能問)은 학생들이 문제점을 파악하지 못하여

스승에게 학습내용에 대하여 질문을 잘 하지 못한 것이요, 어지(語之)는 스승이 학생들에게 주제(主題)를 주고 집단적으로 연구 토론하도록 학습시간을 배정함이며, 부지(不知)는 학생들이 연구토론을 하면서도 그 주제(主題)의 내용을 파악하여 창의적인 해결책을 이끌어 내지 못한 것이고, 사지(舍之)는 미해결의 과제로 남겨 두고 토론을 마치는 것이니 스승이 해답을 가르쳐 주지 아니함은 학생들의 창의력을 계발하기 위함이다.

18-5-5 ——————————————————— 良冶之子는 必學爲裘하며
良弓之子는 必學爲箕하며 始駕馬者는 反之하야
車在馬前하나니 君子가 必察於此三者하면 可以有志於學矣니라.

『어진 대장장이의 아들은 반드시 가죽옷 만드는 법을 배우며, 어진 활 만드는 사람의 아들은 반드시 키를 만드는 법을 배우며, 처음으로 말에 멍에를 씌우는 사람은 망아지를 돌려다가 수레가 망아지의 앞에 있게 하나니 군자가 반드시 이 세 가지에서 살피면 배움에 뜻을 두게 할 것이다.』

◉ 이 절은 기술을 배움에 먼저 익혀야 되는 과정이 있는 것으로 배움에도 먼저 배려해야 되는 사항이 있음을 강조하였다.

양(良)은 어질고 유능함이고, 야(冶)는 대장장이이며, 구(裘)는 가죽옷이니 대장장이는 뜨거운 쇠를 다루기 때문에 가죽옷을 입어야 몸을 보호하므로 대장장이의 아들은 가업을 승계하려면 반드시 먼저

가죽옷을 만들어 입어야 된다. 궁(弓)은 궁사(弓師), 궁인(弓人)이요, 기(箕)는 키인데 활을 만드는 사람은 여러 가지 자재를 풀칠하여 말리는 과정을 반복하기 때문에 그 아들이 가업을 계승하려면 반드시 먼저 키를 만들어 자재를 말리는 그릇을 갖추어야 되는 것이다. 시가마자(始駕馬者)는 새끼 말에게 처음으로 멍에를 씌워 수레를 끌게 하는 사람이고, 반지(反之)는 새끼 망아지를 어미 말에게서 떼어 수레의 뒤로 돌아감이며, 거재마전(車在馬前)은 새끼 망아지를 수레의 뒤에서 따라가게 함이니 새끼 망아지에게 수레의 운행을 익히게 하여 놀라지 않도록 배려함이다.

이것은 모두 미리미리 자기의 몸을 보호하고, 필요한 도구를 갖추며, 가까이 따르며 보고 배우게 함인즉, 안전하고 쉽고 재미가 나므로 저절로 배우려는 뜻을 가지게 되는 것이다. 따라서 스승은 모름지기 학교의 환경을 쾌적하게 만들고, 학습도구를 두루 갖추어서 스스로 모범을 보여야하는 것이다.

18-5-6 ————————————————— 古之學者는 比物醜類하나니
鼓無當於五聲이나 五聲이 弗得이면
不和하며 水無當於五色이나
五色이 弗得이면 不章하며 學無當於五官이나
五官이 弗得이면 不治하며 師無當於五服이나
五服이 弗得이면 不親하니라.

『옛날에 배우는 사람은 다른 사물과 비교하여 같은 종류를 분별하

나니 북은 5성에 해당함이 없으나 5성이 북소리를 얻지 않으면 화합하지 못하며, 물은 5색에 해당함이 없으나 5색이 물을 얻지 못하면 문채를 내지 못하며, 학문은 5관에 해당함이 없으나 5관이 학문을 얻지 않으면 감정을 다스리지 못하며, 스승은 5복에 해당함이 없으나 5복이 스승을 얻지 않으면 친하지 못하니라.』

☯ 이 절은 배움에 있어서 다른 사물과 비교하여 같은 종류를 분별하는 인식방법을 기술하였다.

비물(比物)은 다른 사물과 비교하여 분석함이고 추류(醜類)는 같은 종류를 분별하여 인식함이니 차이점을 비교하여 동질성을 확인하는 자연과학적 진리탐구 방법이다. 당(當)은 해당함이니 북에는 5성에 해당하는 소리가 없지만 5성의 가락이 북을 치는 장단의 음절이 없으면 협화음(協和音)을 이루지 못한다. 물은 무색(無色)이지만 5색이 물에 혼합하지 않으면 채색을 그리지 못하고, 학문은 사상과 정신이지만 5관이 학문수양이 아니면 감정을 통제하지 못하며, 스승은 상복(喪服)이 없지만 5복을 입는 사람이 스승의 가르침을 얻지 않으면 유복친(有服親)임을 알지 못하는 것이다. 5관(五官)은 인간의 감각기관으로 시각(視覺), 청각(聽覺), 취각(臭覺), 미각(味覺), 촉각(觸覺)이다.

18-5-7 ──────────────────────── 君子가 曰大德은 不官하고
大道는 不器하고 大信은 不約하고
大時는 不齊니 察於此四者면 可以有志於本矣니라.

『군자가 말하기를 큰 덕은 벼슬로 부리지 아니하고, 큰 도는 그릇으로 쓰이지 아니하고, 큰 믿음은 말로 약속하지 아니하고, 큰 때는 재계하지 아니하니 이 네 가지에서 살피면 근본에 뜻을 두게 할 것이니라.』

◑ 이 절은 태학의 교육이념이 인사(人師) 배출에 있으므로 반드시 성인(聖人)을 배우게 하고, 절대로 제도교육에 안주하거나 출세공부로 전락해서는 안 됨을 지적하였다.

군자(君子)는 옛날의 어진 스승이고, 대덕(大德)은 천재(天才)가 천덕(天德)을 밝힌 성인(聖人)이며, 관(官)은 벼슬의 직책을 주어서 부리는 것이다. 대도(大道)는 천재(天才)가 천도(天道)를 밝힌 공도(公道)이고, 기(器)는 한 가지 용도로 만들어 사용하는 그릇이며, 대신(大信)은 자연의 순리(順理)를 따라서 어그러짐이 없는 것이요, 약(約)은 말로 다짐하여 약속함이다. 대시(大時)는 크게 성공할 수 있는 적합한 시기로 연월일시(年月日時)가 모두 길한 좋은 때요, 재(齊)는 재계(齊戒)로 몸을 깨끗이 하고 정신을 가다듬어 부정(不淨)한 것을 피하는 일이며, 본(本)은 근본(根本)이니 인간의 본성을 함양(涵養)하여 학문의 근원(根源)을 조성하는 일이다.

살피건대 위대한 성인(聖人)은 위대한 도덕으로 인류를 감화하여 새 시대를 창조하는 것이므로 국가의 교육제도를 초월하여 그 학문연구를 지원하여야 된다.

18-5-8 ──────────────────── 三王之祭川也에 皆先河而後海하시니
或源也요 或委也일새니 此之謂務本이니라.

『3왕이 시내에 제사 지냄에 모두 물귀신을 먼저 지내고 바다 신을 뒤에 지내시니 아마도 근원이기 때문이고 아마도 끝이기 때문이었으니 이것을 일컬어 근본에 힘쓴다고 하니라.』

◑ 이 절은 앞 절에 이어 태학교육에 있어서 인간됨의 근본을 확립하는 것이 실용적인 기술을 익히는 것보다 먼저 힘써야 됨을 논증하였다.

3왕(三王)은 앞에 18-5-1에서 이미 해설하였고 하(河)는 하백(河伯)으로 물귀신이고, 해(海)는 해신(海神)이며, 혹(或)은 '아마도'이니 추측하는 말이요, 위(委)는 끝이며 무본(務本)은 근본을 바로 세우는 일에 힘쓰는 것이다.

살피건대 진리의 근본이 인간의 천부적 본성에 있는 학문을 정학(正學)이라고 하고, 이와 반대로 진리의 근본원리가 인간의 천부적인 본성을 말미암지 않고 다른 데서 찾는 것을 이단(異端)이라고 하는 것이며, 또한 자연과학과 인문과학과 사회과학을 종합적으로 배우는 것을 유학(儒學)이라고 하고, 자연과학과 사회과학은 배우되 인문과학은 배우지 않는 것을 기술학이라고 하나니 정학(正學)인 유학(儒學)은 성인(聖人)이 되는 학문이므로 성학(聖學)이라고 하며, 하늘땅의 도덕심(道德心)을 밝히므로 도학(道學) 또는 심학(心學) 그리고 의리학(義理學), 성리학(性理學)이라고 하여 오랜 전통을 가지고 있으므로 학자는 항상 학문의 연원(淵源)을 분명히 살필지어다.

19. 악기(樂記)

　악(樂)은 음악(音樂)으로 성악(聲樂)과 기악(器樂)이 있는데, 궁(宮), 상(商), 각(角), 치(徵), 우(羽) 5성(五聲)과 6률6려(六律六呂)로 8음(八音)의 금(金), 석(石), 사(絲), 죽(竹), 포(匏), 토(土), 혁(革), 목(木)의 소리를 배합 조절하여 음률(音律)과 음조(音調)로 이루어진 음의 연속을 가지고 사람의 사상과 감정을 표현하는 예술의 한 형태이다.

　음악은 사람의 마음을 감동시켜서 정서(情緒)를 순화하는 기능이 있고 또 가사(歌辭)와 가곡(歌曲)을 통해 뜻을 전달할 뿐만 아니라 마침내 감흥이 나면 저절로 손발이 춤을 추는 경지에 이르기 때문에 상고시대로부터 인민대중을 교화하기 위하여 음악교육을 중시하였으니 순(舜) 임금은 정부에 전악(典樂)부를 설치하여 2세 교육에 힘썼다는 기록이 『서경(書經)』 순전(舜典)에 보인다.

　이 악기(樂記) 편은 음악에 대한 이론과 기술(技術)을 깊이 연구했던 내용을 모아서 기록한 것이니 유교(儒敎)의 음악이론과 음악교육의 목적을 여기에서 확인할 수 있다.

19-1-1 ──────────────────────── 凡音之起는 由人心生也요
人心之動은 物使之然也니 感於物而動故로
形於聲하고 聲相應故로 生變하나니 變成方을 謂之音이요
比音而樂之干戚羽旄를 謂之樂이라 하니라.

『무릇 음률이 일어남은 사람의 마음을 말미암아 생기는 것이요, 사람의 마음이 움직임은 사물이 마음으로 하여금 그렇게 움직이도록 한 것이니 사물에 감응하여 움직이는 까닭으로 소리에 나타나고, 소리가 서로 화응하므로 변화가 생기나니 변화가 방법을 이루는 것을 일컬어 음률이라 하고, 음률을 따리서 악기를 연주하며 방패와 도끼를 들고 춤추며 꿩의 깃과 소꼬리기를 들고 춤추는 것을 일컬어 풍류라고 하니라.』

◉ 이 장은 음악의 기본원리를 기술하였으니 여기에서는 사람의 마음이 사물에 감동함으로써 소리가 나타나고, 소리가 서로 화응(和應)해서 변화함으로써 음률(音律)이 생기며, 음률을 좇아 여러 가지 악기를 연주하면서 춤추는 것이 악(樂)이라고 정의하였다.

음(音)은 음률(音律)이니 가락 또는 곡조인데 곧 5음6률(五音六律)의 길이와 높낮이가 어울림이고, 인심(人心)은 사람이 하늘로부터 얻은 허령(虛靈)한 지각(知覺)인데 여러 가지 이치를 구비하여 만사에 감응하는 한 몸의 주재자이다. 물(物)은 사람이 인식한 사물이고 감(感)은 5관(五官)을 통하여 외물에 접촉하여 느끼는 것이고, 동(動)은 마음이 스스로 지각(知覺)하여 움직이는 것이며, 형(形)은 나타남이요, 성(聲)은 사람의 목소리이며, 응(應)은 화응(和應)이다. 변(變)은 소리의 고저(高低), 장단(長短), 강약(强弱)의 변화이고, 성방(成方)은 기술적 방법을 이룩한 것이니 소리의 고저, 장단, 강약을 일정한 순열(順列)로 조화 결합시켜 사상과 감정을 잘 나타내는 것이다. 비(比)는 좇는 것이요, 악지(樂之)는 성악(聲樂)을 부르고 기악(器樂)을 연주함이며, 간척(干戚)은 무무(武舞)이고, 우모(羽旄)는 문무(文舞)이며, 악(樂)은 풍류(風流)인데 인간의 정상적인 심리상태로 사물을 노래하는 정악(正樂) 또는 아악(雅樂)을 지칭한다.

　살피건대 악(樂)은 타령이나 사설 같은 창(唱)이나 민요 같은 잡가(雜歌)가 아니라 내용과 형식에 있어서 속되지 않은 정통 음악을 지칭하니 속악(俗樂)으로 착각하지 말지어다.

19-1-2 ──────────────────────── 樂者는 音之所由生也니

其本은 在人心之感於物也니라

是故로 其哀心感者는 其聲이 噍以殺하고

其樂心感者는 其聲이 嘽以緩하고

其喜心感者는 其聲이 發以散하고

其怒心感者는 其聲이 粗以厲하고

其敬心感者는 其聲이 直以廉하고

其愛心感者는 其聲이 和以柔하나니

六者는 非性也라 感於物而后에 動하느니라.

『풍류는 음률이 말미암은 바에서 생기는 것이니 그 근본은 사람의 마음이 사물에서 느낌에 있는 것이다. 그 슬픈 마음이 느끼는 것은 그 소리가 급격하여 낮아지고, 그 즐거운 마음이 느끼는 것은 화평하여 한가롭고, 그 기쁜 마음이 느끼는 것은 그 소리가 높이 드날려서 퍼지고, 그 노여운 마음이 느끼는 것은 그 소리가 거칠어 사납고, 그 공경하는 마음이 느끼는 것은 그 소리가 곧아서 맑고, 그 사랑하는 마음이 느끼는 것은 그 소리가 온화하여 부드러우니 여섯 가지 마음은 본성이 아니고 사물에서 느낀 다음에 움직임이니라.』

　☯ 이 절은 음악이란 인간의 심리적인 정서(情緒)에 기초하여 나

타난 예술세계임을 기술하여 먼저 인간의 심리적인 정서가 순수해야
음률이 고상하고 음률이 고상해야 악무(樂舞)가 아름다움을 밝혔다.

　악(樂)은 악성(樂聲)으로 풍류소리이며, 음(音)은 음률이니 노랫가
락이요, 소유(所由)는 말미암은 바인즉, 곧 마음이 사물에서 느끼는
징서이다. 초(噍)는 급박한 외마디 소리이고, 쇄(殺)는 소리가 점점
낮아지는 것이며, 천(嘽)은 가락이 화평함이요, 완(緩)은 한가로움이
며, 발(發)은 높이 드날리는 소리이고, 산(散)은 퍼지는 것이다. 추
(粗)는 크고 거친 소리이고, 려(厲)는 사나운 것이며, 직(直)은 우물
쭈물하지 않고 정직한 소리요, 렴(廉)은 청아(淸雅)하여 맑은 소리이
며, 화(和)는 온화(溫和)함이고, 유(柔)는 부드러운 가락이다. 6자(六
者)는 애(哀), 락(樂), 희(喜), 노(怒), 경(敬), 애(愛)의 마음이 느끼
는 것으로 모두 마음이 감동하여 나타난 정(情)이며, 성(性)은 사람이
타고난 본성(本性)으로 아직 발동하여 희로애락(喜怒哀樂)의 정(情)
으로 나타나지 않은 적연부동(寂然不動)한 본연(本然)의 성(性)이다.

　살피건대 성왕(聖王)의 음악은 감정의 선천적 반응에 의하여 나타
나는 소리나 가락이 아니라 사물의 이치를 달관하고 인간의 심성(心
性)을 온전하게 밝혀 물아일체(物我一體)의 경지에서 하늘과 귀신과
사람과 만물이 보편적으로 감응하여 나타난 소리요, 가락임을 여기에
서 확인할지어다.

19-1-3 ──────────────────── 是故로 先王이 愼所以感之者하나니
故로 禮以道其志하고 樂以和其聲하고
政以一其行하고 刑以防其姦하니
禮樂刑政이 其極은 一也니 所以同民心而出治道也니라.

『이런 까닭으로 선왕이 감정으로 느끼는 원리를 신중하게 하나니 그러므로 예절로써 그 뜻을 인도하고, 풍악으로써 그 소리를 화합하고, 정치로써 그 행동을 통일하고, 형벌로써 그 간사함을 방지하니 예절과 풍악과 형벌과 정치가 그 궁극적 목적은 하나인 것이니 민심을 같게 하여 잘 다스리는 길로 나아가게 하는 원리인 것이다.』

☯ 이 절은 선왕(先王)이 인간의 정서(情緒)를 순화(醇化)하여 민심을 화합하고, 자율자치(自律自治)의 정치제도를 정착한 역사적 사실을 변증하였다.

선왕(先王)은 요(堯), 순(舜), 우(禹), 탕(湯), 문무(文武)이고, 신(愼)은 신중하게 다스림이니 정밀하게 살피고 한결같이 닦음이며, 소이(所以)는 원래, 까닭, 동기요, 감지자(感之者)는 사물에 부딪쳐서 일어나는 온갖 감정이나 생각에 따라 일어나는 현상으로 기쁨, 노여움, 슬픔, 즐거움 등등의 것이니 곧 정서가 일어나는 동기(動機)를 신중하게 다스리는 것이다. 따라서 예절을 본받아 분수를 지키고, 풍악을 익혀 소리를 화합하며, 정치에 따라 행실을 통일하고, 형벌을 두려워하여 간사함을 멀리하면 자연히 정서(情緒)가 순화(醇化)되어 마침내 그 느끼는 바에 지나침이나 모자람이 없고, 어그러짐이나 간사함이 없어서 공명정대한 보편적 타당성을 얻게 되는 것이다. 이러한 감정의 보편적 타당성은 민심을 화합하게 하여 인민자치(人民自治)의 대도(大道)로 나아가게 하는 기본 토대이다.

19-2-1 ——————————————————————— 凡音者는 生人心者也라
情動於中故로 形於聲하나니

聲成文을 謂之音이니라 是故로 治世之音은 安以樂하니

其政이 和요 亂世之音은 怨以怒하니

其政이 乖요 亡國之音은 哀以思하니

其民이 困일새 聲音之道가 與政通矣니라.

『무릇 음률이라는 것은 사람의 마음에서 생기는 것이다. 정이 속에서 움직이는 까닭에 소리에서 나타나니 소리가 무늬를 이루는 것을 일컬어 음률이라고 하니라. 이런 까닭으로 잘 다스려진 세상의 음률은 편안하여 즐거우니 그 정치가 화평함이요, 어지러운 세상의 음률은 원망하여 분노하니 그 정치가 어그러짐이요, 망하는 나라의 음률은 슬퍼하여 사모하니 그 민중이 곤궁함일새 소리가락의 길은 정치와 더불어 통하는 것이니라.』

◎ 이 장은 악(樂)의 기본적 구성요소인 음률(音律)의 본질속성을 분해하여 치세(治世)의 성음(聲音)은 악(樂)을 만들 수 있으나 난세(亂世)의 음률이나 망국(亡國)의 음률은 결코 악(樂)이 될 수 없음을 기술하였다.

정(情)은 앞에 19-1-2에서 말한 6자(六者)로 본성(本性)의 작용으로 마음속에서 감동하는 희로애락경애(喜怒哀樂敬愛)이고, 중(中)도 역시 앞에서 말한 성(性)이니 희로애락(喜怒哀樂)이 미발(未發)한 상태의 본성이며, 성(聲)은 5성(五聲)이요, 성성문(聲成文)은 앞에 19-1-1에서 말한 성상응(聲相應)하야 변성방(變成方)과 같은 뜻으로 단순한 소리가 협화음(協和音)을 이루어 아름답게 변화하면서 사상과 감정을 잘 나타내는 것이다. 화(和)는 화평함이요, 괴(乖)

는 어그러짐이며, 곤(困)은 곤궁(困窮)함이니 정치가 화평하면 소리
가락이 안락하고, 정치가 어그러지면 소리가락이 원망하여 분노하며,
민생이 곤궁하면 소리가락이 애상조를 띠는 것이므로 소리가락의 변
화는 정치의 변화와 한통속이다.

19-2-2 ──────────────────── 宮爲君이요 商爲臣이요 角爲民이요
徵爲事요 羽爲物이니
五者가 不亂이면 則無怗懘之音矣니라.

『궁은 임금을 상징하고, 상은 신하를 상징하고, 각은 민중을 상징
하고, 치는 일을 상징하고, 우는 물건을 상징하니 다섯 가지가 어지
럽지 아니하면 불협화음이 없는 것이니라.』

  ☯ 이 절은 치세(治世)의 5음체계를 기술하여 전체적으로 질서와
조화가 있음을 밝혔다.
  궁(宮), 상(商), 각(角), 치(徵), 우(羽) 5성(五聲)은 소리의 고저
장단(高低長短)과 청탁경중(淸濁輕重)의 차이로 분류한 5음계인데
내가 이미 『새 시대를 위한 서경(書經)』의 순전(舜典 1-2-8)과
또 앞에 (9-6-6)에서 자세히 해설하였으니 참고하기 바란다. 대
체로 궁성(宮聲)은 음계가 가장 낮고 길고 탁하고 무거우며, 우성
(羽聲)은 음계가 가장 높고 짧고 맑고 가벼우니 각성(角聲)은 궁성
과 우성의 중간 음계이고, 상성(商聲)은 궁성과 각성의 중간 음계
이며, 치성(徵聲)은 각성과 우성의 중간 음계이다. 그 순서가 궁·

상·각·치·우인즉, 임금은 중앙에서 너그럽게 포용하므로 궁성(宮聲)에 해당하고, 신하는 임금의 다음으로 고위하므로 상성(商聲)에 해당하며, 민중은 신하의 다음으로 고귀하므로 각성(角聲)에 해당하며, 사업은 민중의 다음으로 중요하기 때문에 치성(徵聲)에 해당하며, 물건은 사업의 다음으로 중요하기 때문에 우성(羽聲)에 해당하는 것이다. 5자(五者)는 임금과 신하와 민중과 사업과 물건이고, 불란(不亂)은 조리질서가 있어서 전체적으로 화합하는 것이며, 첩(帖)은 소리가 겹침이고, 체(懘)는 목쉰 소리니 모두 불협화음이다.

살펴건대 물건을 만드는 소리는 겨울의 물소리로 가장 높고, 일을 하는 소리는 여름의 불소리로 그다음이요, 민중의 소리는 봄의 나무소리로 보통이고, 신하의 소리는 가을의 쇳소리 그보다 낮으며, 임금의 소리는 중앙의 흙 소리로 가장 낮으니 이것이 치세의 정상적인 소리이고 만일 임금이나 신하나 민중의 소리가 일하는 소리나 물건을 만드는 소리보다 높고 크다면 난세의 비정상적인 소리인즉 결단코 아악(雅樂)이 될 수 없는 것이다.

19-2-3 ─────────────── 宮亂則荒하나니 其君이 驕하고
商亂則陂하나니 其臣이 壞하고 角亂則憂하나니
其民이 怨하고 徵亂則哀하나니
其事가 勤하고 羽亂則危하나니
其財가 匱하니 五者가 皆亂하야 迭相陵을 謂之慢이니
如此면 則國之滅亡이 無日矣니라.

『궁이 어지러우면 흩어지나니 그 임금이 교만함이요, 상이 어지러우면 기울어지나니 그 신하가 허물어 버림이요, 각이 어지러우면 근심하나니 그 민중이 원망함이요, 치가 어지러우면 슬프나니 그 일이 수고롭기 때문이요, 우가 어지러우면 위태하나니 그 재물이 모자라기 때문이니 다섯 가지가 모두 어지러워서 교대로 서로 침탈함을 일컬어 아무렇게나 한다고 하나니 이와 같으면 나라의 멸망이 하루도 없는 것이니라.』

  ☯ 이 절은 5성(五聲)의 질서와 조화를 잃어 황(荒), 피(陂), 우(憂), 애(哀), 위(危)의 소리가 생기면 도저히 아악(雅樂)이 될 수 없음을 다시 강조하였다.

  황(荒)은 황산(荒散)이니 소리가 거칠게 흩어짐이요, 피(陂)는 기울어짐이며, 괴(壞)는 무너지는 것이고, 근(勤)은 근로(勤勞)하여 수고스러움이다. 궤(匱)는 다하여 모자람이고, 5자(五者)는 임금과 신하와 민중과 일과 물건이며, 질(迭)은 교대함이요, 릉(陵)은 침범하여 짓밟는 것이며, 만(慢)은 아무렇게나 마음 내키는 대로 함이고, 무일(無日)은 하루의 시간도 지탱할 수 없다는 뜻이다.

19-2-4 ─────────────────────────── 鄭衛之音은 亂世之音也니
比於慢矣하며 桑間濮上之音은 亡國之音也니
其政이 散하며 其民이 流하야
誣上行私로되 而不可止也니라.

『정나라와 위나라의 음률은 난세의 음률이니 아무렇게나 하는 데에 가까운 것이며, 상림의 사이와 복수의 상류지역의 음률은 멸망한 나라의 음률인 것이니 그 정치가 흩어지며 그 민중이 떠돌아 헤매므로 신하들이 임금을 속이고 사사로운 생각을 집행하되 금지할 수 없는 것이니라.』

◐ 이 절은 난세의 음란한 노랫가락과 망국(亡國)의 애상조(哀想調)를 구체적으로 열거하면서 도저히 그 정치를 바로잡고 그 민심을 수습할 수 없는 형세임을 지적하였다.

정위지음(鄭衛之音)은 음란 사치한 노랫가락이다. 정(鄭)나라는 춘추시대에 신생국으로 전통예절을 보급하기보다는 현실적인 실용성을 추구하여 능률을 숭상하였고, 위(衛)나라는 오랜 역사를 가지고 있었으나 춘추시대에 이르러 임금의 자리를 다투는 권력쟁탈전이 일어나서 실리주의를 숭상하였다. 이리하여 부귀권세(富貴權勢)를 장악한 무리들이 음란 사치하게 되었으니 그러한 노래를 정성(鄭聲), 위성(衛聲)이라고 하였다. 비(比)는 가까운 것이요, 만(慢)은 앞 절에서 말한 만(慢) 자를 승계한 것이며, 상간(桑間)과 복상(濮上)은 위(衛)나라의 땅인데 복수(濮水)는 옛날 하남성(河南省) 봉구현(封丘縣)에 있었는데 황하의 줄기가 옮겨지면서 없어졌으니 곧 복수(濮水)의 상류로부터 상림(桑林)의 사이에 있는 지역인바 상림(桑林)은 옛날 탕(湯) 임금이 기우제(祈雨祭)를 지냈던 곳이다. 상간복상지음(桑間濮上之音)을 전배들은 주(紂)의 음탕한 소리가락이 라고 하였으나 옳지 않다. 왜냐하면 앞 절에서 망국지음(亡國之音)은 애이사(哀以思)하니 기민곤(其民困)이라고 하였거늘 곤궁한 민중이 옛날 치세(治世)의 성덕(盛德)을 그리워하며 현실의 곤궁함을 원망하고 분노하는 소리로 보아야 마땅한 것이다. 따라서 이것은 주(紂)가 망한 뒤에 무경(武庚)이 다스렸던 은읍(殷邑)과 관숙(管叔)과 채숙(蔡叔)이 관할한 지역에 살았던 민중의 소리로 보아야 되는 것이다.

산(散)은 크게 실망한 결과 정치적 무관심으로 변하여 민심이 흩어진 것이고, 유(流)는 유리(流離)니 정처 없이 떠돌아 헤매는 것이며, 무상(誣上)은 상관(上官)을 불신하여 속이는 것이요, 행사(行私)는 사사로운 생각을 집행하는 것이며, 지(止)는 금지(禁止)함이다.

살피건대 예절을 지키지 않고 능률과 실리(實利)만을 숭상하는 음란 사치한 소리가락이나 실망하고 좌절해서 신세타령 속에 넋두리나 하는 소리가락으로는 절대로 도덕과 윤리와 예절을 일으키는 정치를 도모할 수 없고 역시 아악(雅樂)도 제작할 수 없음을 여기에서 확인해야 된다.

19-3-1 ──────────────────────── 凡音者는 生於人心者也요
樂者는 通倫理者也니 是故로
知聲而不知音者는 禽獸가 是也요
知音而不知樂者는 衆庶가 是也니 唯君子이어야
爲能知樂하나니 是故로 審聲以知音하고
審音以知樂하고 審樂以知政하야 而治道가 備矣니라
是故로 不知聲者는 不可與言音이요
不知音者는 不可與言樂이니 知樂則幾於禮矣니라
禮樂이 皆得을 謂之有德이니 德者는 得也니라.

『무릇 음률이라는 것은 사람의 마음에서 생기는 것이고, 풍악이라

는 것은 사회화합의 윤리를 통달한 것이니 이런 까닭으로 소리를 알
면서도 가락을 알지 못하는 것은 날짐승과 들짐승이 이것이고, 가락
을 알면서도 풍악을 알지 못하는 것은 서민대중이 이것이니 오직 군
자이어야 능히 풍악을 알게 되나니 이런 까닭으로 소리를 살펴서 가
락을 알고, 가락을 살펴서 풍악을 알고, 풍악을 살펴서 정치를 알아
그 정치의 도의를 갖추는 것이니라. 이런 까닭으로 소리를 알지 못하
는 사람은 더불어 가락을 말할 수 없고, 가락을 알지 못하는 사람은
더불어 풍악을 말할 수 없나니 풍악을 알면 예절에 가까운 것이니라.
예절과 풍악이 모두 잘 함을 일컬어 덕이 있다고 하나니 덕이라는
것은 서로 잘 어울리는 것이니라.』

  ◑ 이 장은 악(樂)의 개념을 구체적으로 규정하였으니 첫째, 풍악
은 지성인의 산물이고, 둘째, 풍악은 윤리와 도덕을 통달한 예술이며,
셋째, 풍악은 지선(至善)의 정치를 구현하는 필수도구요, 넷째, 풍악
은 인도주의(人道主義)를 교육하는 학문임을 변증하였다.

  통(通)은 통달함이고, 윤리(倫理)는 사회과학적 합리주의(合理主
義)로 천륜(天倫)관계의 도리(道理)와 인륜(人倫)관계의 의리(義理)
를 포괄하는 인류사회의 화합질서이다. 이러한 윤리의식은 자연과학
적 합리주의에 철저하여 천리(天理)의 진실성을 확인하고, 또 인문과
학적 합리주의에 철저하여 성리(性理)의 성실성을 체득한 다음에야
비로소 인식되는 것이므로 지성인(知性人)이 아니면 알기 어려운 것
이다. 지성(知聲)은 자연법칙의 조건반사 하는 소리를 아는 것이니
짐승도 아는 것이요, 지음(知音)은 인간심성의 정서(情緖)에서 나타
나는 가락이니 서민대중도 아는 것이며, 지악(知樂)은 자유롭고 평등
한 사회화합의 윤리정신을 아름답게 표현하는 음악예술이니 군자(君

子)가 아니면 알 수 없는 것이다. 따라서 군자는 조건반사적인 5성(聲)을 살펴서 그 생활환경을 파악하고, 또한 정서적인 6률6려(六律六呂)를 살펴서 그 사람의 심리적 정상(情狀)을 추리하며, 그리고 악장(樂章)과 여러 가지 악기(樂器)로 연주하는 풍류를 살펴서 그 사람의 윤리정신과 예술문화의 수준을 판단하는 것이다. 지정(知政)은 정치적 이념과 행정의 목적을 아는 것이고, 치도(治道)는 치국(治國), 평천하(平天下)를 이룩하기 위한 실천적 의무사항이며, 기(幾)는 가까움이요, 개득(皆得)은 모두 잘함이며, 유덕(有德)은 인간화합을 이룩하는 탁월한 지도력이 있는 사람이고, 득야(得也)는 상득(相得)이니 인간관계에서 서로 잘 어울리는 것으로 곧 때와 장소와 일에 알맞게 처리하여 모두가 쾌족한 마음을 얻은 것이다.

19-3-2 ─────────────────────────

是故로 樂之隆이 非極音也요
食饗之禮가 非致味也라 淸廟之瑟은 朱絃而疏越이라
壹倡而三歎하야 有遺音者矣요
大饗之禮는 尙玄酒而俎腥魚하고
大羹은 不和하야 有遺味者矣니
是故로 先王之制禮樂也는 非以極口腹耳目之欲也라
將以敎民平好惡而反人道之正也니라.

『이런 까닭으로 풍악의 융숭함이 소리가락을 극단적으로 아름답게 함이 아니고, 밥과 술을 드리는 예절이 맛을 극진히 함이 아니므로 깨끗한 사당을 노래하는 비파는 붉은 줄에 구멍이 넓은 울림통이라 한 사람이 부르면 세 사람이 합창하여 남은 소리가락이 있는 것이요,

큰 술잔치의 예절은 물을 숭상하면서 날고기와 생선을 도마제기에 차리고, 큰 희생의 국은 조미료로 간을 맞추지 아니하여 맛을 남김이 있는 것이니 이런 까닭으로 선왕이 예절과 음악을 제정한 것은 입과 배와 귀와 눈의 욕망을 극단적으로 추구함이 아니라 장차 민중에게 좋음과 싫음을 공평하게 함을 가르쳐서 인류(人倫) 도덕의 올바른 풍속을 돌이키려고 하는 것이니라.』

　◐ 이 절은 선왕(先王)이 본래 예절을 제정하고 음악을 창작한 목적이 지선(至善)의 세계를 개벽하여 인도주의의 바른 풍속을 건설하는 데 있었으므로 인간의 편벽된 욕망을 절제해서 천리(天理)의 도덕심을 회복하는 것이 예악(禮樂)의 본의임을 강조하였다.

　융(隆)은 융숭(隆崇)함이고, 극(極)은 극단(極端)이며, 사향(食饗)은 밥을 대접하는 사례(食禮)와 술을 드리는 향례(饗禮)를 통틀어 일컬음이다. 치(致)는 극진히 함이요, 청묘(淸廟)는 깨끗한 사당의 제향에서 분향 강신할 때에 연주한 악곡(樂曲)인데 『새 시대를 위한 시경(詩經)』하권 주송(周頌)의 청묘지십(淸廟之什)에서 자세히 해설하였으니 참고하기 바란다. 주현(朱絃)은 명주실을 삶아서 붉은 물을 들인 비파줄이니 생사(生絲)로 만든 것보다는 소리가 낮으며, 소(疏)는 구멍이 넓은 것이요, 월(越)은 비파의 울림통이니 구멍이 넓은 울림통은 소리가 느리고 길다. 일창(壹倡)은 한 사람이 노래를 부르는 것이고, 3탄(三歎)은 세 사람이 합창하여 따라 부르는 것인데 곧 2중 합창이며, 유음(遺音)은 남겨 둔 가락이니 2중합창은 끝났어도 비파의 음향(音響)만 남아서 울리고 있는 것이다. 대향(大饗)은 국가에서 공식적으로 성대한 잔치를 베풀고 특정인물이나 조상신 및 하느님께 술을 드리는 향례(饗禮)이고, 대갱(大羹)은 큰 희생(犧牲)을 잡아 삶은 국이며, 화(和)는 간을 맞추어 조리함이요, 유미(遺味)는 맛을 다 내지 않고 다시 조미(調味)할 수 있도록 여지를 남긴 것이다. 이극(以極)은 위극(爲極)과 같으니 극단적으로 추구함이고, 욕(欲)은 하고자 하는 욕망이며, 평(平)은 치우쳐서 편벽되지 않고 객관적·보편적 공감대를 형성하여 균평(均平), 공정(公正)함이요, 반(反)은 돌이키는 것이다. 인도(人道)는 사람으로서 지켜야 하는 도리니 곧 5륜(五倫)의 길이요, 정(正)은 정속(正俗)이니 떳떳하고 올바른 풍속이다.

19-3-3 ─────────────────────────── 人生而靜은 天之性也요
感於物而動은 性之欲也니 物至에 知知하나니
然後에 好惡가 形焉이니라.

『사람이 태어나서 고요함은 하늘의 본성이요, 사물에서 느끼어 움직임은 본성의 하고자 함이니 사물이 이름에 마음의 지각이 주재하나니 그런 뒤에 좋음과 싫음이 나타나니라.』

◉ 이 절은 인간의 내부구조를 분해하여 마음이 본성(本性)과 감정(感情)을 통어(統御)함을 밝히고, 사람은 천리(天理)의 순선무악(純善無惡)한 본성을 타고나서 인정(人情)의 순수한 감각을 가지고 있으므로 사물이 이름에 스스로 바르게 인식할 수 있는 마음의 지각(知覺)능력이 있는 존재임을 확인하였다.

생(生)은 부모로부터 혈기(血氣)를 받아 사람으로 태어남에 시각(視覺), 청각(聽覺), 취각(臭覺), 미각(味覺), 촉각(觸覺) 등이 살아 있는 5관(五官)의 감각기능이고, 정(靜)은 5관(五官)이 감각활동을

정지한 상태에서 천부적(天賦的)으로 타고난 인(仁), 의(義), 예(禮), 지(智) 본성을 충실히 간직하고 있는 때이며, 천지성(天之性)은 하늘이 천리(天理)로 명(命)한 만인 공통의 본성이니 순선무악(純善無惡)한 감각기관의 본체이다. 감(感)은 5관(五官)의 감각기관이 활동을 개시하여 보고, 듣고, 냄새 맡고, 맛보고, 더듬어서 외부의 자극이나 인상을 감각 신경에 의해서 받아들이는 것이요, 물(物)은 사물이며, 동(動)은 외부의 자극이나 인상에 대하여 자연적으로 일어나는 신체의 운동과 의식의 작용이고, 성지욕(性之欲)은 본성에서 말미암은 능동적 의지의 활동으로 곧 선천적(先天的)으로 반응(反應)하는 의욕(意欲)이다. 물지(物至)는 사물이 이르러 옴이니 사람이 사물과 접촉함이고, 지지(知知)의 앞에 지(知) 자는 주어로 마음의 지각(知覺)능력이며, 뒤에 지(知) 자는 술어로 주재(主宰)하는 것인데 마음의 지각(知覺)기능은 5관(五官)을 통하여 받아들인 다양한 외부의 자극이나 인상에 대하여 통합적으로 판단해서 객관적·보편적으로 중정공명(中正公明)하게 반응하는 능력이니 이른바 맹자(孟子)가 말한 양지양능(良知量能)이요, 순(舜) 임금이 말한 도심(道心)이니 모름지기 지지(知知)는 도심(道心)이 사람의 성(性)과 정(情)을 통일 주재하는 한 몸의 주재자(主宰者)라는 뜻이다. 호오(好惡)는 앞 절에서 말한 평호오(平好惡)이고, 형(形)도 앞 절에서 말한 인도(人道)의 정방형(正方形)이 밖으로 나타나서 5륜(五倫)의 도덕사회가 형성되는 것이다.

19-3-4 ─────────────────────── 好惡를 無節於內하야 知誘物外라도
不能反躬하면 天理滅矣라 夫物之感人이 無窮이어늘

而人之好惡를 無節하면 則是物至而人化物也니
人化物也者는 滅天理而窮人欲者也라
於是에 有悖逆詐僞之心하며 有淫洙作亂之事하나니
是故로 强者가 脅弱하며 衆者가 暴寡하며 知者가 詐愚하며
勇者가 苦怯하며 疾病을 不養하야
老幼孤獨이 不得其所하나니 此는 大亂之道也니라.

『좋음과 싫음을 속에서 절제함이 없어서 지각이 사물을 좇아 밖으로 나아가더라도 능히 몸으로 돌아오게 하지 못하면 천리가 사라지는 것이다. 대저 사물이 사람을 감동함이 끝이 없거늘 사람의 좋음과 싫음을 절제함이 없으면 이 사물이 이름에 사람이 사물로 변화되는 것이니 사람이 사물로 변화된 것은 천리를 멸식하고 인욕을 다하는 것이므로 이에 어그러지고, 거역하고, 속이고, 거짓으로 하는 마음이 있으며, 음란하고 방탕하고 작란하는 일이 있나니 이런 까닭으로 강한 사람이 약한 사람을 위협하며, 많은 사람이 적은 사람을 포악하게 하며, 지혜로운 사람이 어리석은 사람을 속이며, 용감한 사람이 겁쟁이를 괴롭히며, 질병을 앓는 사람을 부양하지 아니하여 늙은이와 어린이, 고아와 자식 없는 독거노인이 그 살 곳을 얻지 못하나니 이것은 크게 어지러운 세상으로 가는 길이니라.』

☯ 이 절은 사람이 천리(天理)의 도덕심을 지키지 않고, 인욕(人欲)의 사심(私心)을 품었을 때에 인간성 상실로 인한 사회적 폐단을 기술하였으니 앞 절의 지성인과 비교하여 정반대의 속물(俗物)로 전락하게 되는 배경이 모두 호오(好惡)의 공평성을 잃은 편벽에서 파

생함을 밝혔다.

  내(內)는 마음속이니 곧 다양한 외부의 자극이나 인상에 대하여 통합적으로 생각하는 의(意)와 려(慮)의 단계로 대개 사람이 기억하고 셈하고 비교하고 추리하고 판단하는 마음의 작용이다. 지(知)는 지각(知覺)이니 곧 마음의 중심적 기능(機能)인데 주자(朱子)가 마음을 허령지각(虛靈知覺)으로 정의하였으며, 유(誘)는 진출(進出)하여 나아감이요, 물(物)은 사물, 물건, 물질이며, 외(外)는 몸 밖이니 지유물외(知誘物外)는 한 몸의 주재자(主宰者)인 마음의 지각능력이 물질계(物質界)를 좇아 몸 밖으로 빠져 나아간 것인즉, 이미 몸 안에는 주인이 없고, 비참하게도 그 몸의 주인은 이제 물질의 노예로 전락한 상태라는 뜻이다. 반(反)은 돌아오게 함이고 궁(躬)은 몸이니 반궁(反躬)은 물질을 좇아 밖으로 나아간 마음의 지각(知覺) 능력을 다시 몸 안으로 돌아오게 함인즉, 곧 동심(動心)하고 방심(放心)했던 것을 반성하며 정신을 차려서 마음을 가다듬어 허령지각(虛靈知覺)을 회복하고 마음에 주장(主張)이 있게 하는 것이다. 천리멸(天理滅)은 천성(天性)을 상실하여 인격(人格)이 타락함이고, 인화물(人化物)은 인간이 물건으로 변화하여 물건과 같은 존재가 된 것이니 이미 만물의 영장(靈長)으로서의 존엄성을 잃었다는 뜻이다. 궁(窮)은 끝까지 추구함이고, 인욕(人欲)은 인간의 육체적 기분과 체질에서 생기는 욕망인데 이러한 인간적 욕망은 도덕적 양심(良心)과 배합하면 착하고 아름다움 행실로 발전하는 것이다. 그러나 만일 도덕적 양심을 버리고 오로지 인간적 욕망을 끝까지 추구하게 되면 반드시 악랄하고 추악한 사욕(私欲)으로 전락하여 포악한 마귀(魔鬼)가 되는 것이다.

是故로 先王之制禮樂에 人爲之節하시니
衰麻哭泣은 所以節喪紀也요 鍾鼓干戚은
所以和安樂也요 昏姻冠笄는 所以別男女也요
射御食饗은 所以正交接也라 禮節民心하고
樂和民聲하나니 政以行之하며 刑以防之하야
禮樂刑政이 四達而不悖하면 則王道가 備矣니라.

『이런 까닭으로 선왕이 예절과 음악을 제정함에 사람이 그것을 인연하여 조절하게 하시니 상복 입고 삼띠 매고 곡하고 흐느끼는 예절은 초상집의 기강을 조절하는 원리요, 종 치고 북 치고 방패와 도끼를 들고 춤추는 예절과 음악은 편안하고 즐겁게 화합하는 원리요, 혼인하고 관 쓰고 비녀 찌르는 예절은 남자와 여자를 분별하는 원리요, 활 쏘고 말 타고 밥 먹이고 술 드리는 예절은 교제하여 접대함을 바르게 하는 예절이라. 예절은 민중의 마음을 조절하고 음악은 민중의 소리를 화합하나니 정치로써 그것을 실행토록 하며 형벌로써 그것을 방지토록 하여 예절과 음악과 형벌과 정치가 사방으로 이르러 가서 어기지 아니하면 왕도정치가 이루어지는 것이니라.』

◉ 이 절은 선왕(先王)이 예악(禮樂)을 제정한 목적을 기술하였으니 예절로써 민심(民心)을 조절하고, 음악(音樂)으로써 민성(民聲)을 화합하여 대동지치(大同至治)의 왕도정치(王道政治)를 실현하기 위함임을 밝혔다.

위(爲)는 인연(因緣)하여 표준으로 삼음이고, 상기(喪紀)는 초상집의 질서를 세우는 기강이며, 별(別)은 분별(分別)이니 직분(職分)의 의무와 도리를 나누어 가짐이요, 행(行)은 예절과 음악을 실행하

게 함이며, 방(防)은 예절과 음악을 지나치게 하거나 미치지 못하게
함을 방지함이다. 왕도(王道)는 천하의 대도(大道)로 다스리는 대동
지치(大同至治)로 지선(至善)의 세계를 건설하는 정치이념이고, 비
(備)는 성공적으로 완성함이다.

19-4-1 ──────────────────────── 樂者는 爲同이요 禮者는 爲異니
同則相親하고 異則相敬하나니 樂勝則流하고
禮勝則離라 合情飾貌者가 禮樂之事也라
禮義立하면 則貴賤이 等矣요 樂文同하면
則上下가 和矣요 好惡著하면 則賢不肖가 別矣요
刑禁暴하고 爵擧賢하면 則政均矣라 仁以愛之하고
義以正之하나니 如此하면 則民治行矣니라.

『음악은 한가지로 하고 예절은 다르게 하니 한가지로 하면 서로
친하고, 다르게 하면 서로 공경하나니 음악만 가지고 하면 추종하여
끝없이 흘러 내려가고, 예절만 가지고 하면 간격이 벌어져 떠나가므
로 정서를 합치고 용모를 수식하는 것이 예절과 음악의 일이다. 예의
가 서면 귀천이 가지런하고, 음악의 문채가 같으면 상하가 화합하고,
좋음과 싫음이 나타나면 어진 이와 같잖은 이가 나누어지고, 형벌은
포악을 금지하고, 관작은 어진 이를 선거하면 정치가 군평하므로 인
민이 어진 마음으로 국가를 사랑하고, 인민이 정의심으로 정부를 바
로잡나니 이와 같이 하면 민중의 정치가 실행되는 것이니라.』

◐ 이 장은 예절과 음악이 민중정치의 필수적 도구임을 기술하였

으니 음악의 화합기능과 예절의 공경기능을 적절히 배합하여 추종(追從)과 방종을 경계하고, 이탈과 분열을 방지해서 어진 이를 선거하여 인애(仁愛)와 정의(正義)를 숭상해야 민중의 자치(自治)가 실현될 수 있음을 밝혔다.

위동(爲同)은 한가지로 모두 함께 부르고 춤추게 만드는 것이니 상류층의 음악과 하류층의 음악을 나누어 만들지 아니함이요, 위이(爲異)는 다르게 만드는 것이니 예절에는 천자의 예절과 제후의 예절과 대부(大夫)의 예절과 선비의 예절로 나누어 각각 신분에 알맞게 제정한 것이다. 승(勝)은 임(任)과 지(持)의 뜻이니 책임을 가지게 함이고, 류(流)는 끝없이 아래로 흘러 내려가는 것으로 곧 평등사회를 형성하여 추종하고 서로 이무럽게 대함으로써 인격이 독립한 지성사회를 이루지 못함이며, 리(離)는 이탈(離脫)하여 분열하는 것으로 곧 계급사회를 형성하여 대립하고 서로 배척함으로써 전체가 협력하는 화합사회를 이루지 못함이다. 합정(合情)은 인정(人情)을 두텁게 화합함이니 음악의 기능이요, 식모(飾貌)는 인격(人格)을 단정하게 보이도록 외모를 치장함이니 예절의 기능이며, 등(等)은 가지런하여 질서와 조화가 있는 것이고, 저(著)는 현저하게 밖으로 나타남이다. 작(爵)은 관작(官爵)이니 국가의 정치기구와 정부의 행정기관을 맡아 다스리는 고위직급이고, 거(擧)는 추천에 의하여 선거(選擧)해서 발탁 등용하는 것이며, 정균(政均)은 두 가지 뜻이 있는데 하나는 정치권력이 균등해서 입법(立法), 행정(行政), 사법(司法), 감찰(監察)의 권력을 균등하게 분립(分立)하여 상호 견제와 협력을 이루게 함이고, 또 하나는 인민생활의 안녕을 보장하는 정책이 균평하여 정치, 경제, 교육, 문화, 국방, 납세, 환경 등의 혜택을 골고루 누리게 함이다. 인이애지(仁以愛之)와 의이정지(義以正之)는 인민이 어진 마음으로 정부를 사랑하고 인민이 정의심으로 정책을 바로잡는 것이니 지(之)는 앞에 정균(政均)을 지칭하는 대명사 목적어로 쓰인 것이다. 여차(如此)는 민간사회에 예의를 지키는 기강이 확립되어서 귀천이 가지런하고 상하가 화합하며 어진 이와 같잖은 이가 식별될 뿐만 아니라 형벌로 포악을 엄금하고 관직에 어진 이를 선출하여 정치권력이 균등하고 정책이 균평하면 인민이 국가를 사랑하는 애국심이 일어남과 인민이 정부를 바로잡는 민권(民權)이 신장(伸張)함이다. 민치(民治)는 민중의 정치 또는 민간인의 정치인데 인민자치(人民自治)도 여기에 들어간다.

대저 민중민주주의(民衆民主主義)가 성공하기 위해서는 첫째, 인민이 자체적으로 화합질서를 지킬 수 있는 능력을 개발해야 하고, 둘째, 인민이 스스로 시비(是非)와 선악(善惡)을 판단할 수 있는 지성을 길러야 되며, 셋째, 공명선거를 실천할 수 있는 용기를 가져야 되는 것이다.

따라서 성인(聖人)은 인민이 자체적으로 화합질서를 지키도록 예절과 음악을 보급했으니 만일 예절과 음악이 아닌 다른 것으로 화합질서를 추구한다면 그것은 아마도 피동적·강제적·유혹적인 것이라 필경 오래 가지 못할 것이고, 만일 맹목적으로 추종하여 따르기만 하면 간사하고 아첨하는 풍조가 일어나서 시비선악을 분별하지 않고 이해득실(利害得失)만 계산하여 공명선거도 실천하지 못하게 되는 것이므로 민중민주주의는 그 아름다운 이상(理想)을 입으로만 외치다가 끝내 간교한 술수에 이용당하거나 권력을 움켜쥔 무리들의 하수인으로 전락하고 마는 것인즉, 민중민주주의자는 이 점을 명심하여 혁명은 폭력으로 해도 되지만 정치는 모름지기 예악(禮樂)으로 하기를 간절히 바라노라.

일찍이 은(殷)나라 성탕(成湯)과 주(周)나라 무왕(武王)이 폭력혁명을 성공해서 즉각 예치(禮治)를 단행하여 소강(小康)사회를 건설했던 기록이 서경(書經)과 예운(禮運)에 있으니 자세하게 연구하라.

19-4-2 ─────────────────────────────── 樂由中出하고 禮自外作하나니

樂由中出故로 靜하고 禮自外作故로 文하니

大樂은 必易하고 大禮는 必簡하니

樂至則無怨하고 禮至則不爭이라 揖讓而治天下者가

禮樂之謂也라 暴民이 不作하며 諸侯가 賓服하야

兵革을 不試하고 五刑을 不用하면 百姓은 無患하고

天子는 不怒하나니 如此면 則樂達矣요

合父子之親하며 明長幼之序하야 以敬四海之內하나니

天子가 如此시면 禮行矣니라.

『음악은 마음속을 말미암아 나오고, 예절은 몸 밖으로부터 일어나나니 음악은 마음속에서 나오므로 마음바탕이 고요해야 하고, 예절은 몸 밖으로부터 일어나므로 몸치장이 아름다워야 하니 위대한 음악은 반드시 쉽게 하고, 위대한 예절은 반드시 간소하게 하니 음악이 지극하면 원망이 없고, 예절이 지극하면 다투지 아니하므로 공경하고 사양하면서 천하를 잘 다스렸다는 것은 예절과 음악으로 다스렸다는 말인 것이니라. 포악한 민중이 나오지 아니하며, 제후가 천자에게 손님으로 복무하여 병기와 갑옷을 시험하지 아니하고, 5형을 사용하지 아니하면 백성은 근심이 없고, 천자는 분노하지 아니하시나니 이와 같으면 풍악이 이루어질 것이고, 아버지와 아들의 친함이 있음을 합

치며 어른과 어린이의 차례가 있음을 밝혀서 사방의 바다 안에 사는 사람을 공경하나니 천자가 이와 같으면 예절이 행하여질 것이니라.』

● 이 절은 음악과 예절의 기본원리와 그 극치적 효과를 기술하여 민중정치의 이상세계를 구체적으로 밝혔다.

중(中)은 마음속이요, 출(出)은 감흥이 나타남이며, 외(外)는 몸밖이고 작(作)은 동작이 시작함이다. 정(靜)은 앞에 19-3-3에서 자세히 해설하였으니 마음의 바탕이 고요하여 평정(平靜) 상태를 유지하고 있는 것이고, 문(文)은 몸치장을 갖추어 아름다운 인격의 품위를 유지하고 있는 것인데 마음바탕이 편벽되면 정악(正樂)이 될 수 없고, 몸의 치장이 괴이하면 선비의 예절을 거행할 수 없는 것이다. 대악(大樂)은 위대한 음악으로 천하의 만인이 함께 노래하고 춤추는 보편적인 음악이고, 이(易)는 쉬운 것이니 듣기 쉽고 부르기 편하여 남녀노소가 다 할 수 있는 것이며, 대례(大禮)는 위대한 예절로 천하의 만민이 함께 거행하는 예절과 격식이요, 간(簡)은 간소한 것이니 절차가 간단하고 예물이 질박하여 빈부귀천이 모두 거행할 수 있는 것이다. 악지(樂至)는 음악이 지극함이니 그 정신이 숭고하고 그 소리가 장엄하여 모든 사람이 감동할 뿐만 아니라 천지가 감동하고 귀신이 감격하며 나아가 생물과 무생물까지 감응하는 것이고, 무원(無怨)은 모두 같이 화락(和樂)하므로 원망이 없는 것이며, 예지(禮至)는 예절이 지극함이니 그 정성이 지극하고 그 예물이 정결하여 서로 사양하고 서로 감사하는 것이요, 부쟁(不爭)은 모두 같이 공경(恭敬)하여 사양하므로 다툼이 없는 것이다. 악달(樂達)은 대악(大樂)의 보급을 달성(達成)하여 천하만민의 화합이 이루어진 것이고, 례행(禮行)은 대례(大禮)의 풍속을 일으켜 민중이 실행함으로써 천하국가의 사회질서가 확립된 것이다.

　살피건대 음악은 인간의 정서를 순화하고, 예절은 인간의 행동을 번듯하게 하므로 반드시 쉽고 간소하게 만들어야 모든 민중에게 보급할 수 있는 것이다. 따라서 민중정치를 구현하기 위해서는 먼저 천자(天子)가 민중의 의식주(衣食住)를 해결하는 민생경제안정을 도모하여 걱정 없이 살게 해야 정악(正樂)을 노래할 수 있는 것이요, 또한 민중에게 효도와 우애(友愛)를 가르쳐서 인류를 공경하는 정신을 가지게 해야만 관혼상제(冠昏喪祭)를 실천할 수 있는 것이니 민중의 정치를 주장하는 사람은 여기에서 요령을 체득할지어다.

19-4-3 ——————————————————— 大樂은 與天地同和하고 大禮는
與天地同節하니 和故로 百物不失하고
節故로 祀天祭地하야 明則有禮樂하고
幽則有鬼神하나니 如此면 則四海之內가
合敬同愛矣라 禮者는 殊事合敬者也요
樂者는 異文合愛者也니 禮樂之情이 同이라
故로 明王이 以相沿也하시니
故로 事與時並하며 名與功偕니라.

『위대한 음악은 하늘땅과 더불어 한가지로 화합하고, 위대한 예절은 하늘땅과 더불어 한가지로 절제하니 화합하므로 일백 사물이 어그러지지 아니하고, 절제하므로 하늘과 땅에 제사 지내어 이승에는 곧 예절과 음악이 있고, 저승에는 귀신이 있나니 이와 같으면 사방의 바다 안에 사는 사람이 공경을 함께하고, 사랑을 같이하는 것이다. 예절

은 하는 일은 달라도 공경을 함께 하는 것이고, 음악은 문채는 달라
도 사랑을 같이 하는 것이니 예절과 음악의 뜻이 같은 것이다. 그러
므로 밝은 왕은 서로 좇아 이어받게 하는 것이니 그러므로 예절행사
는 시대와 더불어 나란히 하며, 음악의 이름은 공적과 함께하니라.』

　● 이 절은 대악(大樂)과 대례(大禮)는 전체 민중이 스스로 화합
하고 절제하여 태평성대(太平聖代)를 이룩해서 천하의 모든 사람이
함께 사랑하고, 서로 공경하는 지선(至善)의 사회가 됨을 기술하였으
니 마침내 그러한 역사를 창조한 왕에게 예절에 알맞게 제사 지내고
공적에 합당한 음악의 이름으로 찬송하는 것임을 밝혔다.

　화(和)는 화합(和合)함이요, 절(節)은 절제(節制)함이니 알맞게
한정함이며, 실(失)은 어그러지는 것이고, 명(明)은 현세(現世)이고
유(幽)는 저승이다. 합경(合敬)은 공경을 함께 함이요, 동애(同愛)는
사랑을 같이함이며, 수사(殊事)는 예절을 행함에 일을 하는 역할이나
방식이 다른 것이고, 이문(異文)은 음악을 연주함에 가사와 곡조 그
리고 악기와 의상 및 춤사위가 다른 것이며, 합애(合愛)는 동애(同
愛)와 같다. 상연(相沿)은 서로 좇아서 이어받는 것이니 예절과 음악
을 교대로 진작함이고, 사여시병(事與時並)은 선왕(先王)을 추모하는
예절행사는 선왕이 창조한 시대발전에 비례하여 거행하도록 제정함
이고, 명여공해(名與功偕)는 선왕을 찬양하는 음악의 이름은 선왕이
세운 공적에 비례하여 부치도록 제정함이다.

　살피건대 대례(大禮)로 추모식을 거행하고, 대악(大樂)으로 찬송
가를 연주하는 것은 반드시 민치(民治)를 실현하여 군정(軍政)이나
관치(官治)의 독재를 청산하고, 민중이 걱정 없이 사는 새 시대를 건
설하여 민중에게 길이 잊지 못하는 공적을 세운 세계적 정치지도자

가 그 대상이 됨을 여기에서 확인할지어다.

19-4-4 ──────────────── 故로 鍾鼓管磬과 羽籥干戚은 樂之器也요
屈伸俯仰과 綴兆舒疾은 樂之文也며 簠簋俎豆와
制度文章은 禮之器也요 升降上下와
周還裼襲은 禮之文也라 故로 知禮樂之情者는
能作하고 識禮樂之文者는 能述하나니
作者之謂聖이요 述者之謂明이니 明聖者는 述作之謂也니라.

『그러므로 종, 북, 쌍피리, 경쇠와 꿩 깃기, 피리, 방패, 창은 음악의 도구요, 굽히고 펴며 구부리고 우러름과 춤추는 대열 및 그 공간, 느리며 빠름은 음악의 문채이며, 대나무제기, 도마제기, 나무제기와 법제, 도수, 무늬, 장식은 예절의 도구요, 오르고 내리며, 올리고 내림과 옆으로 돌고, 뒤로 돌아가고, 저고리를 벗고, 옷을 겹쳐 입음은 예절의 문채이다. 그러므로 예절과 음악의 뜻을 아는 사람은 능히 새로 만들고, 예절과 음악의 문채를 아는 사람은 능히 계승하나니 새로 만든 사람을 일컬어 성왕이라고 하고, 계승하는 사람을 일컬어 밝은 임금이라고 하나니 밝은 임금과 성왕은 계승하고 창작함을 일컬은 것이니라.』

☯ 이 절은 대악(大樂)과 대례(大禮)를 창작(創作)하고, 계승(繼承)하는 자격을 기술하였으니 성왕(聖王)이어야 능히 창작할 수 있고, 명군(明君)이어야 능히 계승할 수 있음을 밝혔다.

철(綴)은 일무(佾舞)의 대열이고, 조(兆)는 춤추는 공간이며, 주

(周)는 좌향 앞으로 감이나 우향 앞으로 감이요, 선(還)은 뒤로 돌아가는 것이다. 작(作)은 창작(創作)이고, 술(述)은 계속(繼續)함이며 성(聖)은 성왕(聖王)이요, 명(明)은 명군(明君)이다.

살피건대 예악(禮樂)의 정(情)은 예절과 음악의 본의(本義)에 알맞게 하여 넘치거나 부족함이 없게 하는 것이고, 예악의 문(文)은 예절과 음악의 격식(格式)에 알맞게 하여 보태거나 빼지 않는 것이니 성왕이어야 예절과 음악의 본의를 뚜렷이 밝힐 수 있고, 밝은 임금이어야 예절과 음악의 전통을 오래 지켜서 지선(至善)에 멈추는 것이다. 공자는 왕위에 오르지 못하셨기 때문에 예절과 음악을 창작하지 않으시고, 주례(周禮)를 계승하여 지키려고 하였으니 유학자(儒學者)는 함부로 음악과 예절을 개변(改變)하지 말지어다.

19-4-5 ──────────────────────── 樂者는 天地之和也요 禮者는
天地之序也니 和故로 百物이 皆化하고
序故로 群物이 皆別하니라 樂由天作하고
禮以地制하니 過制則亂하고 過作則暴하나니
明於天地然後에야 能興禮樂하니라.

『음악은 하늘땅의 화합이요, 예절은 하늘땅의 질서니 화합하는 까닭으로 일백 사물이 모두 변화하고, 질서가 있는 까닭으로 많은 사물이 모두 분별하니라. 음악은 하늘을 말미암아 창작하고, 예절은 땅으로써 제정하니 지나치게 제정하면 혼란스럽고, 지나치게 창작하면 사납나니 하늘땅에 밝은 뒤에야 능히 예절과 음악을 일으키니라.』

◐ 이 절은 시대성에 알맞게 음악을 창작하고, 지역성에 알맞게 예절을 제정하는 보편적 절도를 기술하였으니 허구적으로 지나치게 미화(美化)한 예절과 음악은 민중이 따르지 않음을 밝혔다.

유천(由天)은 천시(天時)를 말미암은 것이니 정치적 시대상황에 의거함이요, 이지(以地)는 지방의 생활현실에 근거함이며, 과(過)는 보편적 기준을 지나치게 뛰어넘어 과도하게 미화(美化)한 것이고, 란(亂)은 질서를 어긴 것이며, 포(暴)는 화합을 파괴한 것이다.

19-4-6 ──────────────────────── 論倫無患은 樂之情也요 欣喜歡愛는
樂之官也요 中正無邪는 禮之質也요
莊敬恭順은 禮之制也라 若夫禮樂之施於金石하며
越於聲音하야 用於宗廟社稷하며
事乎山川鬼神인댄 則此所與民同也니라.

『노랫말이 논리적이고 가락이 협화음이라 부담이 없음은 음악의 감정이요, 유쾌하고 기쁘고 즐겁고 사랑스러움은 음악의 기능이요, 때를 맞추고 장소에 바르게 하여 사악함이 없음은 예절의 바탕이요, 씩씩하고 경건하고 공손하고 온순함은 예절의 모양이다. 만약 저 예절과 음악을 쇠와 돌에 베풀어 목소리와 악기소리에 울리게 하여 종묘와 사직에서 쓰고, 산천과 귀신에게 제사 지내는 행사를 할진댄 곧 이 자리에서는 민중과 같이 하는 것이니라.』

◐ 이 절은 음악의 감정과 기능 및 예절의 바탕과 모양은 모두 민

중이 알게 되는 것이므로 지나치게 미화하고 찬양하는 예절과 음악은 민중으로부터 외면당하는 것을 밝혔다.

론(論)은 시가(詩歌)의 노랫말이 논리적인 타당성을 가지는 것이고, 륜(倫)은 앞에 19-3-1에서 이미 해설하였으며, 환(患)은 부담스러운 거부감이요, 관(官)은 기능이며, 제(制)는 모양이다. 금석(金石)은 종과 경쇠 등의 악기를 뜻하고, 월(越)은 울려 퍼지는 것이며, 성(聲)은 목소리, 음(音)은 악기소리이다.

살피건대 예절과 음악은 반드시 공개적인 행사에서 쓰이는 것이므로 모든 인민이 보고 듣는 바이기 때문에 은밀하게 사용할 수 없는 것인즉, 민중이 공감하는 수준을 넘어가면 안 된다.

19-4-7 ──────────────────── 王者가 功成이어야 作樂하고
治定이어야 制禮하나니 其功이 大者는
其樂이 備하고 其治가 辯者는 其禮가 具하니
干戚之舞가 非備樂也며 孰亨而祀가 非達禮也라
五帝는 殊時라 不相沿樂하시고 三王은 異世라
不相襲禮하시니 樂極則憂하고 禮粗則偏矣니
及夫敦樂而無憂하고 禮備而不偏者는 其唯大聖乎인저.

『왕이 공적을 이루어야 음악을 창작하고, 정치가 안정하여야 예절을 제정하나니 그 공적이 큰 것은 그 음악이 고루 갖추고, 그 정치가 밝게 분별난 것은 그 예절이 두루 갖추니 방패와 창을 들고 춤추는 것이 고루 갖춘 음악이 아니며, 희생을 삶아 익혀서 제사 지냄이 두루 통달한 예절이 아니다. 5제는 시대를 달리하므로 서로 음악을 승

계하지 아니하시고, 3왕은 세상을 달리하므로 서로 예절을 인습하지 아니하시니 음악이 다하면 걱정하고, 예절이 조잡하면 편벽한 것이니 저 음악을 돈독하게 하되 걱정이 없고, 예절을 고루 갖추어 편벽하지 않음에 미치는 것은 그 오직 큰 성인인저.』

　☯ 이 절은 새로운 시대를 개척하여 문명한 정치사회를 건설한 천왕(天王)만이 음악과 예절은 창제할 수 있음을 기술하였다.

　왕자(王者)는 도덕으로 다스리는 왕도정치(王道政治)의 최고지도자로 곧 천왕(天王)이며, 공성(功成)은 새 시대를 창조하여 천리(天理)를 밝히고 인심(人心)을 바로잡는 것이요, 치정(治定)은 국체(國體)와 정체(政體)와 사체(事體)를 뚜렷이 확립하여 명랑하고 쾌활한 화합사회가 이루어진 것이다. 대자(大者)는 천하의 인류를 구원한 것이고, 변자(辯者)는 사물의 이해득실(利害得失)과 시비선악(是非善惡)을 밝게 분별하여 정체(正體)를 뚜렷이 함이며, 간척지무(干戚之舞)는 음악의 형식과 도구요, 비악(備樂)은 음악의 감정과 기능을 갖춤이니 한갓 형식과 도구만으로는 감정과 기능을 구성하지 못하는 것이다. 숙(孰)은 숙(熟)이요, 팽(亨)은 팽(烹)이니 희생을 삶아 익힌 제물(祭物)이고, 달례(達禮)는 보편적 최고의 예절로 모든 사람이 숙달한 것이니 한갓 예물(禮物)만으로는 예절의 본질과 모양을 인정하지 못하는 것이다. 5제(五帝)는 복희씨(伏犧氏), 신농씨(神農氏), 황제씨(黃帝氏), 요(堯), 순(舜)이고 수시(殊時)는 시대를 달리함이니 복희씨는 유목시대요, 신농씨는 농경시대요, 황제씨는 의복시대요, 요 임금은 유사시대(有史時代)요, 순 임금은 교육시대이다. 상연(相沿)은 서로 이어받아 계승함이고, 이세(異世)는 세상을 달리함이니 곧 세력(歲曆)을 개정하여 기원(紀元)을 새로 정함이며, 상습(相襲)

은 서로 인습(因襲)하여 계속 사용하는 것이다. 극(極)은 궁진(窮盡)
이니 음악을 극도로 다하면 끝내 즐거움이 다하고 슬픔이 생기기 때
문에 걱정스러운 것이며, 조(粗)는 조잡함이니 내용이 없고 형식만
갖추는 것이요, 편(偏)은 편벽됨이니 허례허식(虛禮虛飾)으로 전락하
는 것이며, 대성(大聖)은 도덕이 하늘과 같이 높은 거룩한 성인이다.

19-5-1 ──────────────── 天高地下하야 萬物이 散殊하니
而禮制가 行矣요 流而不息하야 合同而化하니
而樂이 興焉이라 春作夏長은 仁也요
秋斂冬藏은 義也라 仁近於樂하고 義近於禮하나니
樂者는 敦和하야 率神而從天하고 禮者는 別宜하야
居鬼而從地하나라 故로 聖人이 作樂以應天하고
制禮以配地하시니 禮樂은 明備天地官矣니라.

『하늘은 높고 땅은 낮으니 만물이 각각 다르므로 예절제도가 행하는
것이요, 흘러서 그치지 아니하여 한가지로 합쳐서 변화하므로 음악이
일어나니라. 봄이 경작하고 여름이 자라게 함은 사랑인 것이요, 가을이
거두고 겨울이 저장함은 정의인 것이라. 사랑은 음악에 가깝고 정의는
예절에 가까우니 음악은 화합을 두텁게 하여 신을 따르면서 하늘을 좇
고 예절은 의당함을 분별하여 귀를 지키면서 땅을 좇느니라. 그러므로
성인은 음악을 창작하여 하늘에 순응하고 예절을 제정하여 땅에 짝하
시니 예절과 음악은 하늘과 땅의 직분을 밝게 갖추는 것이니라.』

● 이 장은 성인(聖人)의 예절과 음악이 본래 하늘과 땅의 구조와

기능을 본받아 모두 갖추었기 때문에 다양한 존재 질서 속에 통일적인 변화의 체계가 있음을 기술하였으니 여기에서는 예절과 음악에는 천지(天地)와 음양(陰陽)과 4시(四時)와 귀신(鬼神)의 원리가 있음을 밝혔다.

천고(天高)는 하늘이 높아 만물을 덮어 감싸 주지 않음이 없는 것이요, 지하(地下)는 땅은 낮아 만물을 실어 북돋아 주지 않음이 없는 것이며, 산수(散殊)는 음양(陰陽)으로 짝을 지어 상대적으로 흩어져서 서로 다르게 존재하는 성능이 있는 것이고, 유이불식(流而不息)은 네 철이 돌고 돌아 생성 발전을 끝없이 계속하는 것이며, 합동이화(合同而化)는 모두 한가지로 합쳐서 신성하게 변화하는 것이다. 봄과 여름에는 양기(陽氣)가 발산하므로 인(仁)이요, 음악은 감정이 발동하여 나타나기 때문에 인(仁)은 음악에 가까운 것이며, 가을과 겨울은 음기(陰氣)가 수축하므로 의(義)요, 예절은 정신을 수렴하여 간직하기 때문에 의(義)는 예절에 가까운 것이다. 신(神)은 양기(陽氣)의 정상(精爽)으로 두루 퍼지는 신명(神明)이고, 귀(鬼)는 음기(陰氣)의 정상(精爽)으로 한곳에 응결하는 귀령(鬼靈)이니 음악은 화합을 두텁게 하여 두루 퍼지는 신명을 따르고, 예절은 의당함을 분별하여 한곳에 응결하는 귀령(鬼靈)을 지키는 것이다. 종천(從天)은 천시(天時)의 보편적 공통성(共通性)을 좇는 것이니 함께 화합(和合)하는 것이요, 종지(從地)는 지역(地域)의 특수적 차이성(差異性)을 좇는 것이니 각각 분수(分數)를 지키는 것이다. 관(官)은 주관하는 직분(職分)인데 예절과 음악은 하늘땅이 이 세상을 경영하는 모든 직분을 분명하게 갖추는 것이라는 뜻이다. 따라서 예절과 음악은 천연(天然)의 질서를 갖추어 천연의 화합을 이룩하는 성왕(聖王)의 정치도구이다.

天尊地卑하니 君臣이 定矣요
卑高以陳하니 貴賤이 位矣요 動靜有常하니
小大가 殊矣요 方以類聚하고 物以群分하니
則性命이 不同矣라 在天成象하고 在地成形하니
如此면 則禮者가 天地之別也니라.

『하늘은 높고 땅은 낮으니 임금과 신하가 정해지고, 낮은 데와 높은 데가 벌려 있으니 귀한 것과 천한 것이 제자리를 얻고, 움직임과 고요함은 항상 됨이 있으니 작은 것과 큰 것이 다르고, 성질은 같은 것끼리 모이고, 만물은 무리 지어 나뉘니 곧 본성과 천명이 같지 아니하니라. 하늘에 있어 모양을 이루고 땅에 있어 꼴을 이루니 이와 같으면 예절은 하늘땅의 분별인 것이니라.』

◐ 이 절은 하늘땅의 존재질서를 분해하여 하늘과 땅의 차별상을 서술하였으니 다양한 사물의 이질적 성질을 분별하여 나누는 것이 예절의 기본체계임을 밝혔는데 이 경문(經文)의 내용은 『주역(周易)』 계사전(繫辭傳) 수장(首章)과 매우 비슷하므로 내가 역주한 『새 시대를 위한 주역(周易)』 하경(下經) 계사상(繫辭上)을 참고하기 바란다.

존(尊)은 절대적 권능으로 다스리는 독립 주체이고, 비(卑)는 상대적 권능으로 경영하는 종속자이며, 정(定)은 기능과 역할이 고정(固定)된 것이니 임금은 나라의 통치권을 가지고 신하를 부리는 지도자요, 신하는 임금의 명령을 받아 나라를 경영하는 책임자의 직분을 가진다. 진(陳)은 진열(陳列)함이니 만물이 상대적으로 짝을 지어 분포(分布)함이고, 귀(貴)는 재질이 고귀하여 가치가 많은 것이며, 천(賤)은 재질이 비천하여 가치가 적은 것이니 위(位)는 위상(位相)

으로 고귀한 것이 상위(上位)에 있고, 비천한 것이 하위(下位)에 있는 것이다. 동정유상(動靜有常)은 운동법칙(運動法則)이 있음이니 음양(陰陽)이 순환(循環)하면서 동(動)하고 정(靜)함에 양강(陽剛)한 것은 역동적으로 기능하지만 음유(陰柔)한 것은 활동기능이 미약한 까닭에 작은 것과 큰 것의 능력과 기능이 다른 것이다. 방(方)은 생활방법이니 곧 만물의 생리(生理) 또는 성질이요, 류(類)는 동류(同類)로 같은 부류이며, 물(物)은 만물의 형태이고, 군(群)은 군집(群集)이니 만물을 종합적으로 분류함에 있어서 그 생활방식이나 성질을 비교하여 같은 종류끼리 모으고, 또한 만물의 형태를 비교하여 다른 군집(群集)끼리 나누면 만물의 실체를 정확히 판단할 수 있는 것이다. 성(性)은 본성(本性)이요, 명(命)은 천명(天命)이요, 상(象)은 원상(原象)이니 대체적으로 골격만 갖춘 상징물이고, 형(形)은 형체이니 구체적으로 형색을 갖춘 온전한 실체이다. 무릇 만물의 본성과 천명(天命)은 보이지 않으나 하늘에 있어서는 기상(氣象)으로 나타나고, 땅에 있어서는 형체로 나타나기 때문에 그 현상과 형체로 만물의 동일하지 않은 성명(性命)을 분별하는 것이니 예절은 이와 같은 분류체계로 사물의 존재질서를 밝히기 때문에 예절은 곧 하늘땅을 분별하는 원리이다.

19-5-3 ──────────────────────── 地氣上齊하고 天氣下降하며 陰陽이
相摩하고 天地가 相蕩하야鼓之以雷霆하며
奮之以風雨하며 動之以四時하며 煖之以日月하야
而百化가 興焉하나니 如此면 則樂者가 天地之和也니라.

『땅의 기운은 위로 올라가고 하늘의 기운은 아래로 내려오며, 음과 양이 서로 닿아서 비비고, 하늘과 땅이 서로 밀치고 부딪치어 우레와 번개로써 신바람을 나게 하며, 비와 바람으로써 떨치고 일어나게 하며, 네 철로써 움직이게 하며, 해와 달로써 따뜻하게 하여 일백 가지 변화가 일어나게 하나니 이와 같으면 음악은 하늘과 땅의 화합이니라.』

☯ 이 절은 하늘땅의 변화체계를 해부하여 하늘과 땅의 화합상을 서술하였으니 다양한 사물의 이질적인 성능을 종합하여 화합하는 것이 음악의 기본체계임을 밝혔다.

제(齊)는 제(躋)이니 위로 올라감이고, 마(摩)는 서로 닿아서 비비는 밀착교감이며, 탕(蕩)은 서로 밀치어 부딪치는 위치변동이니 마탕(摩蕩)은 사물이 자전(自轉)운동을 하면서 공전(公轉)운동을 하는 현상이다. 고(鼓)는 고무(鼓舞)하여 격려함이고, 분(奮)은 분발해서 떨치고 일어나게 함이며, 동(動)은 생동하게 함이요, 난(煖)은 따뜻하게 함이니 모두 하늘이 자연의 현상 변화를 통해 사물을 대동 화합하여 약동하게 하는 것이다. 백화(百化)는 일백 가지 변화인즉 곧 천지만물의 신비로운 변화 발전이다. 따라서 음악이 천지만물을 대동 화합하여 쾌활하게 변화 발전시킨다면 음악은 곧 하늘과 땅을 화합하는 원리이다.

19-5-4 ──────────────────── 化不時면 則不生하고 男女無辨이면
則亂升하나니 天地之情也라.

『변화함이 알맞은 때가 아니면 생겨나지 아니하고, 남자와 여자가

분별이 없으면 난잡하게 되나니 하늘과 땅의 감정이니라.』

　☯ 이 절은 자연변화의 법칙이 어그러지면 만물이 살지 못하고, 사회질서의 체계가 어긋나면 혼란이 벌어짐을 기술하여 예절과 음악은 하늘땅의 정상(情狀)에 철저해야 됨을 밝혔다.

　화(化)는 자연변화이고, 불시(不時)는 알맞은 때가 아닌 것이니 갑자기 함이며 불생(不生)은 생육(生育)하지 못하고 사망(死亡)함이다. 난승(亂升)은 난잡함이 이루어짐이요, 정(情)은 정상(情狀)이니 감정으로 나타나는 현상이다. 무릇 천질(天秩)과 천서(天叙)에 순응하면 생영(生榮)하고, 천질과 천서를 거역하면 멸망하는 것이니 이것은 하늘땅의 뜻이다.

19-5-5　及夫禮樂之極乎天하야 而蟠乎地하며
行乎陰陽하야 而通乎鬼神하며 窮高極遠하야
而測深厚한댄 樂著太始하고 而禮居成物하니
著不息者는 天也요 著不動者는 地也요 一動一靜者는
天地之間也라 故로 聖人이 曰禮樂云이라 하니라.

『대저 예절과 음악은 하늘에서 다함에 미쳐 땅에 서리며, 음양에서 행하여 귀신을 통하며, 높음을 다하고 먼 데를 다하여 헤아림이 깊고 두터운댄 음악은 우주의 시원에 접착하고, 예절은 만물을 완성함에 머무르니 접착하여 그치지 않는 것은 하늘이요, 접착하여 움직이지 않는 것은 땅이요, 한 번 움직이고 한 번 정지하는 것은 하늘과

땅의 사이인 것이라. 그러므로 성인이 말씀하시기를 예절과 음악을
일컬을 뿐이라고 하니라.』

　◐ 이 절은 예절과 음악의 극치에 이르면 하늘과 땅을 모두 포괄
하고, 음양(陰陽)을 운행(運行)하여 귀신을 통해서 시간과 공간을 초
월하여 만물을 영원히 성공하게 하는 원리임을 기술하였다.

　극(極)은 극진(極盡)함이고, 반(蟠)은 서리는 것이니 휘감아 엎드리
는 모양이며, 착(著)은 접착(接着)하여 붙은 것이요, 태시(太始)는 태
초(太初) 또는 태일(太一)과 비슷하니 태일(太一)은 태극(太極)의 통
일원리요, 태시(太始)는 하늘과 땅이 최초에 열리기 전에 담일청허(湛
一淸虛)한 하나의 기운이 비로소 생기기 시작한 것이며, 태초(太初)는
천지가 처음 개벽(開闢)하여 음과 양이 갈라져서 만물이 처음으로 생
기기 시작한 때이다. 따라서 태시(太始)는 혼후(混厚)한 하나의 기운
뿐이요, 태초(太初)는 음기(陰氣)와 양기(陽氣) 두 기운이 있는 것이
다. 거(居)는 거처(居處)니 위치함이고, 성물(成物)은 만물을 완성함
이니 현상의 구체적 사물로 완성된 것이며, 착불식(著不息)은 태시(太
始)의 혼후한 하나의 기운에 접착하여 영원히 그치지 아니함이고, 착
부동(著不動)은 태시의 혼후한 하나의 기운에 접착하여 영원히 움직
이지 아니함이니 하늘과 땅은 본래 태시의 혼후한 하나의 기운에서
생겼기 때문에 도저히 그치거나 움직일 수 없는 것이다. 간(間)은 사
이이니 하늘과 땅의 사이에 있는 만물은 음양(陰陽)의 동정(動靜)원
리에 따라 한 번 움직이고 한 번 고요한 운동을 반복하면서 만물이
완성하는 것이므로 성인(聖人)은 이러한 대자연의 장엄한 천연적인
질서와 화합을 이룩하는 원리를 예절과 음악이라고 말할 뿐이다.

昔者에 舜이 作五絃之琴하사
以歌南風하신대 夔가 始制樂하야
以賞諸侯하니 故로 天子之爲樂也는
以賞諸侯之有德者也니 德盛而敎尊하며
五穀이 時熟然後에 賞之以樂하니라
故로 其治民이 勞者는 其舞行綴이 遠하고
其治民이 逸者는 其舞行綴이 短하나니
故로 觀其舞에 知其德하며 聞其謚에 知其行也니라.

『옛날에 순 임금이 다섯 줄의 거문고를 만들어 남풍의 시를 노래하신대 기가 비로소 음악을 제정하여 제후에게 상을 주니 그러므로 천자가 음악을 노래하는 것은 제후의 공덕이 있는 사람에게 상을 주려는 것이니 성대하고 가르침이 높으며 5곡이 제 철에 익은 다음에 음악으로 상을 주는 것이니라. 그러므로 그 민중을 다스림이 수고로운 사람은 그 춤추는 항오와 대열이 길고, 그 민중을 다스림이 안일한 사람은 그 춤추는 항오와 대열이 짧으니 그러므로 그 춤을 봄에 그 덕을 알며, 그 시호를 들음에 그 행실을 아는 것이니라.』

☯ 이 장은 예절과 음악을 제정하는 준칙(準則)을 기술하였으니 여기에서는 천자(天子)가 정치적 성공을 거두어야만 제후에게 음악을 상(賞)으로 내릴 수 있음을 밝혔다.

남풍(南風)은 순(舜) 임금이 천하의 만민이 안락함을 노래한 시로 순 임금이 정치적 성공을 거두어 풍년이 들고 인민이 안락하여 태평성대가 되니 이에 거문고를 만들어 노래를 부르면서 인민들에게도 행복을 노래하도록 권장한 것이다. 기(夔)는 순 임금 시대에 음악부

장관의 이름이요, 상제후(賞諸侯)는 제후의 공덕(功德)을 표창하여
상을 주는 것이며, 위악(爲樂)은 음악을 노래하고 춤추는 것이고 로
자(勞者)는 노력을 많이 하여 애쓰는 사람이요, 무항철(舞行綴)은 춤
추는 사람의 항오(行伍)와 대열(隊列)이며, 원(遠)은 길고 많은 것이
다. 일(逸)은 안일(安逸)이니 노력을 하지 않고 게올리하여 태만히
함이요, 단(短)은 적고 짧은 것이며, 관기무(觀其舞)는 종묘(宗廟)에
서 제향을 지낼 때에 악공(樂工)과 무인(舞人)의 대열을 관찰하는
것이고, 시(諡)는 시호(諡號)로 생전의 공덕을 평가하여 죽은 사람에
게 천자가 내리는 이름이다.

19-6-2 ─────────────────────── 大章은 章之也요 咸池는 備矣요
韶는 繼也요 夏는 大也요 殷周之樂은 盡矣니라.

『대장은 밝게 나타내는 것이요, 함지는 온전히 갖춘 것이요, 소는
이은 것이요, 하는 큰 것이요, 은나라와 주나라의 음악은 다한 것이
니라.』

◉ 이 절은 음악의 이름으로 정치적인 성공의 내용을 평가한 역사
적 사례를 기술하였다.

　대장(大章)은 요(堯) 임금의 음악이름이요, 장(章)은 밝고 뚜렷하
게 나타남이니 요 임금은 정치를 통해 사물의 실상을 뚜렷하게 나타
내서 문명사회를 개척했다는 뜻이다. 함지(咸池)는 황제(黃帝)라는
임금의 음악이름인데 함(咸)은 모두, 지(池)는 못이니 모든 것이 못

에 모이는 저수지(貯水池)와 같은 뜻이고, 비(備)는 구비(具備)하여
갖춤인즉, 황제(黃帝)라는 임금은 정치를 통해 의식주(衣食住)에 필
요한 것을 모두 갖추게 하였음을 찬양한 것이다. 소(韶)는 순(舜) 임
금의 음악이름이고, 계(繼)는 계승함이니 곧 요(堯) 임금의 도덕정치
문화를 계승 발전시켰다는 뜻이요, 하(夏)는 우(禹) 임금의 음악이름
으로 곧 대하(大夏)인데 대(大)는 광대(光大)함이니 우 임금이 요순
(堯舜)의 도덕정치문화를 더욱 크게 넓혔다는 뜻이다. 은주지악(殷周
之樂)은 탕(湯) 임금의 음악인 대호(大濩)와 무왕(武王)의 음악인
대무(大武)이고, 진(盡)은 아름다움을 다한 것이니 탕 임금과 무왕은
혁명을 하여 폭군을 제거하고 인민을 도탄에서 해방하였기 때문에
인류문화의 아름다움을 다한 것이다.

19-6-3 ──────────────────────── 天地之道는 寒暑가 不時則疾하고
風雨가 不節則饑하나니 敎者는 民之寒暑也라
敎不時則傷世하고 事者는 民之風雨也라
事不節則無功하나니 然則先王之爲樂也는 以法治也니
善則行이 象德矣니라.

『하늘땅의 길은 추위와 더위가 알맞은 때로 아니 하면 질병을 앓
고, 바람과 비가 절기로 아니 하면 굶주리나니 교육은 인민의 추위와
더위인 것이므로 교육을 알맞은 때로 아니 하면 세상을 해치고, 사업
은 인민의 바람과 비인 것이므로 사업을 계절로 아니 하면 공적이
없나니 그래서 곧 선왕이 음악을 노래하는 것은 본받아서 다스리는

것이니 착하면 행실이 덕을 본뜨는 것이니라.』

◑ 이 절은 선왕(先王)의 음악이 시절(時節)에 부합하였음을 기술하였으니 하늘땅의 원리를 본받아 천하를 다스렸기 때문에 인민도 임금의 덕을 본뜨게 되었음을 밝혔다.

시(時)는 4시(四時)이고, 절(節)은 24절기(節期)이며, 상세(傷世)는 세상의 풍속문화를 타락시켜 발전을 해치는 것이요, 선(善)은 선정(善政)이니 교육과 정치사업이 성공한 것이며, 행(行)은 인민의 행실이고, 상덕(象德)은 임금의 덕을 본뜨는 것이다.

살피건대 천시(天時)의 변화에 따라 인류문명을 개발하여 시대와 함께 진보하는 정치문화는 인간의 삶을 쾌활하게 하여 음악을 노래하는 시대를 만드는 것인즉 음악을 노래하는 임금은 위대하도다.

19-6-4 ──────────────────────── 夫豢豕爲酒는 非以爲禍也로되
而獄訟이 益繁인댄 則酒之流가 生禍也라
是故로 先王이 因爲酒禮하되 壹獻之禮에
賓主百拜하야 終日飮酒而不得醉焉하시니
此는 先王之所以備酒禍也라 故로 酒食者는 所以合歡也요
樂者는 所以象德也요 禮者는 所以綴淫也니
是故로 先王이 有大事어든 必有禮以哀之하고
有大福이어든 必有禮以樂之하시니 哀樂之分을
皆以禮終하니 樂也者는 聖人之所樂也니
而可以善民心이라 其感人이 深하야
其移風易俗하니 故로 先王이 著其敎焉하시니라.

『무릇 돼지를 기르고 술을 담그는 것은 재앙을 일으키려는 것이
아니로되 재판사건이 더욱 빈번할진댄 곧 술자리의 끝에 재앙이 생
기는 것이다. 이런 까닭으로 선왕이 인연하여 주례를 만들되 한 잔의
술을 올리는 예절에 주인과 손님이 백 번 절하게 하여 종일 동안 술
을 마셔도 취하지 않게 하시니 이것은 선왕이 술의 재앙에 대비하는
원리인 것이니라. 그러므로 술과 밥은 기쁨을 합치는 원리요, 음악은
덕을 본뜨는 원리요, 예절은 음란함을 그치게 하는 원리니 이런 까닭
으로 선왕이 큰 사고가 있거든 반드시 예절로써 슬퍼함이 있고, 큰
행복이 있거든 반드시 예절로써 즐거워함이 있으시니 슬픔과 즐거움
의 분수를 모두 예절로써 마치나니 음악은 성인이 즐거워하는 바이
니 민심을 착하게 할 수 있는지라. 그 사람을 감동함이 깊게 하여 그
덕풍을 옮기고 세속을 바꾸니 그러므로 선왕이 그 교육을 밝혀 뚜렷
하게 하시니라.』

　　◉ 이 절은 음악을 노래함에도 반드시 예절이 있어야 됨을 기술하
였으니 예절이 없는 음악은 그 폐해가 막심하게 됨을 밝혔다.
　　환(豢)은 기르는 것이고, 류(流)는 말류(末流)니 말단으로 흘러내
려감이며, 주례(酒禮)는 술을 대접하는 향음주례(鄕飮酒禮)요, 백배
(百拜)는 절을 많이 한다는 뜻이지 꼭 100번 절함이 아니다. 철(綴)
은 그치는 것이고, 대사(大事)는 큰 사건 사고로 사람이 죽는 일이
며, 대복(大福)은 큰 행복으로 제사 지내는 일이고, 이풍(移風)은 덕
풍(德風)을 옮겨서 진작함이요, 역속(易俗)은 습속(習俗)을 바꾸어
아름답게 함이며, 저(著)는 밝혀서 뚜렷하게 함이다.

夫民^{부민}이 有血氣心知之性^{유혈기심지지성}하고
而無哀樂喜怒之常^{이무애락희노지상}하야
應感起物而動然後^{응감기물이동연후}에 心術^{심술}이 形焉^{형언}하나니
是故^{시고}로 志微噍殺之音^{지미초쇄지음}이 作^작하면 而民^{이민}이 思憂^{사우}하고

『무릇 민중이 혈기와 마음과 지각의 성능이 있고, 슬픔과 즐거움과 기쁨과 분노의 항상 됨이 없이 반응하고 감각하여 사물을 떠올려서 움직인 다음에 마음을 쓰는 방향이 나타나나니 이런 까닭으로 아리송하게 슬프고 낮은 가락이 일어나면 그 민중이 생각이 많고 근심하며』

◉ 이 장은 가락의 종류에 따라 민중의 마음이 달라지는 것을 기술하였으니 선입관이나 망상이나 편견이 없는 중정공평(中正公平)한 마음이어야 마음을 쓰는 방향이 정직하게 나타나므로 소리와 가락으로 마음을 흔들거나 방종케 해서는 안 됨을 밝히고, 이어 민중이 생각하고 걱정하게 되는 가락을 지적하였다.

성(性)은 성능(性能)이요, 상(常)은 일상적으로 항구적인 관념이며, 응(應)은 내응(內應)이고, 감(感)은 외감(外感)이며, 기물(起物)은 사물을 생각 속에 떠올리는 것이다. 동(動)은 의식(意識)의 활동이니 기억하고 셈하고 비교하고 추리하고 판단하는 것이며, 심술(心術)은 마음을 쓰는 방향이니 좋아하고 싫어하는 감정이요, 형(形)은 외모로 나타나는 표정이다. 지미(志微)는 뜻이 희미하여 알 수 없는 것이니 아리송함이요, 초쇄(噍殺)는 메마르고 낮아지는 가락이며, 작(作)은 흥작(興作)으로 국가 사회에 널리 흥행하여 떨치고 일어나는 것이다. 사(思)는 생각이 많아서 번민함이요, 우(憂)는 우수(憂愁)이

다. 민중의 뜻이 불안정하므로 부질없이 생각만 하고, 민중의 감정이 메마르고 움츠러지는 까닭에 걱정만 하는 것이다.

19-7-2 —————————————————— 嘽諧慢易하며 繁文簡節之音이
作하면 而民이 康樂하고

『너그럽게 어울리며 부드럽고 쉬우며, 번화하여 문채롭고 간결하여 절도 있는 가락이 일어나면 그 민중이 건강하고 즐거워하고』

◑ 이 절은 앞 절에 이어 민중이 건강하고 즐겁게 되는 가락을 기술하였다.

천(嘽)은 너그러운 것이요, 해(諧)는 어울려서 화합함이며, 만(慢)은 부드러움이고 번(繁)은 번화함이요, 문(文)은 조리질서가 있어서 문채가 아롱짐이며, 간(簡)은 간결명료함이고, 절(節)은 절도(節度)가 있어 끊고 맺음이 분명함이다.

19-7-3 —————————————————— 粗厲猛起하며 奮末廣賁之音이
作하면 而民이 剛毅하고

『장엄하고 씩씩하게 시작하며, 힘차게 끝내는 웅대하고 화려한 가락이 일어나면 그 민중이 굳세고 과감하고』

◐ 이 절은 앞 절에 이어 민중이 굳세고 과감하게 되는 가락을 기술하였다.

조(粗)는 장대(壯大)함이요, 려(厲)는 엄려(嚴厲)함이며, 기(起)는 처음에 시작함이고, 말(末)은 뒤에 끝냄이다. 광(廣)은 웅대함이요, 분(賁)은 화려함이며, 강(剛)은 강직함이고, 의(毅)는 과감(果敢)한 것이다.

19-7-4 ──────────────────── 廉直勁正莊誠之音이 作하면
而民이 肅敬하고

『모나고 곧고, 굳고 바르고, 웅장하고 성실한 가락이 일어나면 그 민중이 정숙하고 경건하고』

◐ 이 절은 앞 절에 이어 민중이 정숙하고 경건하게 되는 가락을 기술하였다.

염(廉)은 직각으로 모가 나는 것이요, 경(勁)은 굳센 것이며, 숙(肅)은 정숙(靜肅)함이고, 경(敬)은 경건함이다.

19-7-5 ──────────────────── 寬裕肉好하며 順成和動之音이
作하면 而民이 慈愛하고

『너그럽고 넉넉하여 둥글둥글하며, 순서를 따라서 차례로 이루어

조화롭게 감동하는 가락이 일어나면 그 민중이 자애하고』

◐ 이 절은 앞 절에 이어 민중이 서로 사랑하게 되는 가락을 기술
하였다.
유(肉)와 호(好)는 모두 둥근 옥[璧]의 둘레를 지칭하니 곧 둥글
둥글하여 원만함을 뜻한다.

19-7-6 ──────────────────────────── 流辟邪散하며 狄成滌濫之音이
作하면 而民이 淫亂하니라.

『편벽되게 흘러가서 사악하고 산란하며, 악곡의 속도가 빨리 변하여
화끈하고 질펀하게 흥겨운 가락이 일어나면 그 민중이 음란하니라.』

◐ 이 절은 앞 절에 이어 민중이 음란하게 되는 가락을 서술하였다.
류벽(流辟)은 편벽되게 한 편으로만 흐르는 것이요, 적성(狄成)은
악곡의 속도가 빨리 변하는 것이며, 척(滌)은 화끈하게 정열적인 것
이고, 람(濫)은 질펀하게 흥겨워서 절제를 잃은 것이다.

19-7-7 ──────────────────────────── 是故로 先王이 本之情性하며
稽之度數하며 制之禮義하며 合生氣之和하며
道五常之行하야 使之陽而不散하며 陰而不密하며
剛氣不怒하며 柔氣不懾하야 四暢交於中而發作於外하야

皆安其位而不相奪也然後에라사 立之學等하야

廣其節奏하며 省其文采하야 以繩德厚하며 律小大之稱하며

比終始之序하야 以象事行하야 使親疏貴賤長幼男女之理가

皆形見於樂하니 故로 曰樂은 觀其深矣라 하니라.

『이런 까닭으로 선왕이 음악을 창작함에 사람의 본성과 감정에 바탕하며, 사물의 법도와 분수를 자세히 살피며, 예절과 의리를 제정하며, 생기가 조화함에 합하며, 5상의 행실을 말미암아 음악으로 하여 금 볕이 흩어지지 않게 하며, 그늘이 뭉치지 않게 하며, 강한 기운이 성내지 않게 하며, 부드러운 기운이 두려워하지 않게 하여 네 가지가 속에서 충만하게 사귀어 밖으로 발산하여 나오게 하여 모두 그 자리에서 편안하여 서로 빼앗지 않게 한 뒤에라사 태학과 초·중·고등학교를 세워서 그 악절의 연주를 널리 펴며, 그 문채를 살펴서 그 덕이 두텁도록 본받게 하며, 작고 큼이 알맞게 어울리도록 조율하며, 끝과 시작의 차례를 가지런히 하여 행사를 모범적으로 진행하여 친밀하고 소원함과, 귀하고 천함과, 늙고 젊음과, 남자와 여자의 이치가 모두 음악에 나타나게 하니 그러므로 풍류는 그 깊은 것을 본다고 하니라.』

◑ 이 절은 성왕(聖王)이 창작한 음악의 원리를 총정리하여 기술하였으니 하늘과 땅과 귀신과 사람과 만물이 모두 아름답게 생동하는 가락이다.

정성(情性)은 인간의 본성과 감정이고, 도수(度數)는 자연의 사물에 있어서 법도와 분수이며, 예의(禮義)는 사회의 윤리에 있어서 예절과 의리(義理)이다. 생기(生氣)는 생명력이 충만한 기운이요, 5상(五常)은 5행(五行)에 따른 5성(五性)이며, 양(陽)은 볕이 쪼이는 양지(陽地)이며 음(陰)은 그늘진 음지(陰地)인데, 산(散)은 햇볕을 받아 발산하여 흩어져 없어짐이요, 밀(密)은 그늘 속에서 수축하여 엉겨 붙어 빽빽함이다. 4(四)는 양과 음과 강기(剛氣)와 유기(柔氣)이고, 창교(暢交)는 충분히 사귐이요, 발작(發作)은 힘차게 발동하여 일어남이다. 학(學)은 태학교(大學校)이며 등(等)은 초등, 중등, 고등학교를 모두 포함한다. 광(廣)은 멀리 교육하여 가르치는 것이요, 절(節)은 악절이며, 주(奏)는 연주함이고, 성(省)은 살펴보는 것이고, 문채(文彩)는 악기의 성대함과 노래하고 춤추는 아름다움이며, 승(繩)은 다스려 본받게 함이요, 율(律)은 조률(調律)함이며, 칭(稱)은 어울리는 것이다. 비(比)는 가지런하게 이음이고, 상사행(象事行)은 행사를 모범적으로 진행함이며, 이(理)는 조리질서요, 형현(形見)은 모양으로 나타남이며 심(深)은 내용이 깊은 것이다.

19-8-1 ──────────────── 土敝則草木이 不長하고 水煩則魚鼈이

不大하고 氣衰則生物不遂하고 世亂則禮慝而樂淫하나니

是故로 其聲이 哀而不莊하며 樂而不安하며

慢易以犯節하며 流湎以忘本하야 廣則容姦하고

狹則思欲하야 感條暢之氣하고 滅平和之德하나니

是以로 君子가 賤之也하나니라.

『토지가 피폐하면 초목이 자라지 않고, 홍수가 빈번하면 물고기와 자라가 크지 않고, 기운이 쇠퇴하면 생물이 생육하지 않고, 세상이

어지러우면 예절이 사악하고 음악이 음란하나니 이런 까닭으로 그 소리가 슬퍼도 씩씩하지 않으며, 즐거워도 편안치 않으며, 업신여기고 쉽게 여겨서 절도를 어기며, 제멋대로 하여 흐르고 빠져서 근본을 잊어, 넓으면 간악함을 용납하고, 좁으면 욕심을 생각하여 가지가 충만하는 기운을 흔들어 해치고, 평화로운 덕을 없애나니 이래서 군자가 천하게 여긴다고 하니라.』

◑ 이 장은 건전한 음악의 생산적인 가치와 음란한 음악의 소모적인 가치를 비교하여 정성(正聲)을 취하고 간성(姦聲)을 버려야 되는 이유를 기술하였으니 여기에서는 음란한 음악의 피해를 밝혔다.

토폐(土敝)는 토지가 메말라 피폐함이요, 수번(水煩)은 홍수가 자주 일어남이며, 기쇠(氣衰)는 영양분이 부족하여 기력이 쇠약함이고, 세란(世亂)은 세상이 어지러움이니 모두 천재지변(天災地變)과 가난, 전쟁, 질병 등으로 나타난 현상이다. 애이불장(哀而不莊)은 절망적인 슬픔이고, 락이불안(樂而不安)은 순간적인 쾌락이며, 유면(流湎)은 제멋대로 하여 아래로 흘러 빠져 버리는 것이요, 광(廣)은 광대함이며, 협(狹)은 협소함이다. 감(感)은 흔들어 해치는 것이고, 조창지기(條暢之氣)는 나무의 가지에 충만한 생기(生氣)이며, 평화지덕(平和之德)은 더불어 공존공영(共存共榮)하는 덕성이다.

대저 절망적인 슬픔이나 순간적인 쾌락은 지극히 소모적인 것으로 마침내 극단적인 상황으로 전락하게 되기 때문에 절대로 이러한 음악을 보급해서는 안 되는 것이다.

凡姦聲이 感人인댄 而逆氣가
應之하고 逆氣가 成象인댄 而淫樂이
興焉하며 正聲이 感人인댄 而順氣가 應之하고
順氣가 成象인댄 而和樂이 興焉하나니
倡和有應하야 回邪曲直이 各歸其分하야
而萬物之理가 各以類도 相動也니라.

『무릇 간사한 소리가 사람을 감동할진댄 그 거슬리는 기분이 반응하고, 거슬리는 기분이 현상으로 이루어져서 나타날진댄 그 음란한 음악이 일어나며, 바른 소리가 사람을 감동할진댄 순조로운 기운이 반응하고, 순조로운 기운이 현상으로 이루어져서 나타날진댄 화평한 음악이 일어나나니 선창하고 화답함에 반응이 있으므로 돌리고, 간드러지고, 굽고, 곧음이 각각 그 분수로 돌아가서 만물의 이치가 각각 그 무리로써 서로 감동하는 것이니라.』

◉ 이 절은 간성(姦聲)과 정성(正聲)의 느낌이 서로 달라서 음란한 음악과 화평한 음악이 풍속을 교화함에 커다란 차이가 있음을 기술하였다.

역기(逆氣)는 거부감을 느끼는 기분이고, 성상(成象)은 현상으로 모양이 이루어지는 것이며, 순기(順氣)는 순조롭게 받아들이는 기분이요, 창(倡)은 먼저 노래를 불러서 분위기를 조성함이며, 화(和)는 화답(和答)하여 따라서 노래를 부르는 것이다. 회사곡직(回邪曲直)은 가락의 형태를 표현한 것이며, 이(理)는 감정의 반응원리이고, 류(類)는 같은 무리이며, 상동(相動)은 서로 감동함이다.

19-8-3 ──────────────────── 是^시故^고로 君^군子^자는 反^반情^정하야 以^이和^화其^기志^지하고
比^비類^류하야 以^이成^성其^기行^행하야 姦^간聲^성亂^란色^색이 不^불留^류聰^총明^명하며
淫^음樂^악慝^특禮^례가 不^불接^접心^심術^술하며 惰^타慢^만邪^사僻^벽之^지氣^기를 不^불設^설於^어身^신體^체하야
使^사耳^이目^목鼻^비口^구心^심知^지百^백體^체가 皆^개由^유順^순正^정하야 以^이行^행其^기義^의하나니라.

『이런 까닭으로 군자는 마음속을 돌이켜 그 뜻을 화평하게 하고, 같은 무리를 친하여 그 행실을 이루어서 간사한 소리와 난잡한 색깔이 청각과 시각에 머물지 않게 하며, 음란한 음악과 사특한 예절이 마음의 생각에 붙지 않게 하며, 게으르고 사벽한 기운을 신체에 베풀지 아니하여 귀, 눈, 코, 입, 마음, 지각과 일백 몸이 모두 순조롭게 바름을 말미암아 그 옳은 것을 실행하게 하느니라.』

◑ 이 절은 군자가 거스르는 기분과 간사한 소리와 음란한 음악을 멀리하고, 순조로운 기분과 바른 소리와 건전한 음악으로 행실을 닦는 수신(修身)의 요령을 기술하였으니 학자는 빡빡이 힘쓸지어다.

반(反)은 돌이키는 것이고, 정(情)은 마음속의 진실이며, 비(比)는 친근함이요, 류(類)는 같은 무리이니 여기에서는 사류(士類)나 군자류(君子類)이다. 총(聰)은 밝은 청각이고, 명(明)은 밝은 시각이며, 순정(順正)은 순기(順氣)와 정성(正聲)이다.

19-8-4 ──────────────────── 然^연後^후라사 發^발以^이聲^성音^음하야 而^이文^문以^이琴^금瑟^슬하며
動^동以^이干^간戚^척하며 飾^식以^이羽^우旄^모하며 從^종以^이簫^소管^관하야
奮^분至^지德^덕之^지光^광하며 動^동四^사氣^기之^지和^화하야

以著萬物之理하니라 是故로 淸明은 象天하고
廣大는 象地하고 終始는 象四時하고 周還은 象風雨하야
五色이 成文而不亂하며 八風이 從律而不姦하며
百度가 得數而有常하니 小大相成하며 終始相生하며
倡和淸濁이 迭相爲經하니라 故로 樂行而倫淸하야
耳目이 聰明하며 血氣가 和平하고
移風易俗하야 天下가 皆寧이니라.

『그런 다음에야 소리와 가락으로 나타내면서 거문고와 비파로 문채 내며, 방패와 도끼로 움직이며, 꿩 깃기로 꾸미며, 피리와 쌍피리로 따르게 하여 지극한 덕의 광채를 드날리게 하며, 네 철의 화기를 발동하게 하여 만물의 이치를 나타나게 하니라. 이런 까닭으로 맑고 밝음은 하늘을 본받고, 넓고 큼은 땅을 본받고, 끝내고 시작함은 네 철을 본받고, 두루 돌고 되돌아옴은 바람과 비를 본받아 다섯 가지 색깔이 문채를 이루어 난잡하지 않으며, 여덟 가지 바람이 12률을 좇아 엉기지 않으며, 일백 법도가 분수를 얻어서 떳떳함이 있으니, 작고 큰 것이 서로 이루며, 끝과 시작이 서로 낳으며, 선창하고 화답함의 맑고 흐림이 교대하여 서로 표준이 되니라. 그러므로 음악이 유행함에 윤리가 깨끗하여 귀와 눈이 총명하며, 피와 기운이 화평하고, 덕풍을 옮기고, 세속을 바꾸어 천하가 모두 편안하니라.』

☯ 이 절은 천지와 4시와 풍우(風雨)를 본받은 건전한 음악의 웅장한 내용과 거대한 효과를 기술하였으니 오직 지극한 공덕을 빛내고, 만물의 이치를 뚜렷이 밝힐 뿐만 아니라, 또한 윤리가 깨끗하고

눈과 귀가 총명하며 피와 기운이 화평하여 마침내 풍속을 바꾸어서 천하가 모두 안녕한 경지에 이르게 됨을 역설하였다.

연후(然後)는 앞 절에서 말한 귀, 눈, 코, 입, 마음, 지각과 일백 몸이 모두 순조롭고 바름을 말미암아 그 옳은 것을 실행하게 된 다음이다. 청명(淸明)은 소리와 가락이 청아(淸雅)하고 명랑함이요, 상(象)은 모양을 본받는 것이며, 광대(廣大)는 음악의 체계가 넓고 거대함이고, 종시(終始)는 음악의 장절(章節)이 이어짐에 끝나고 시작하는 순서이며, 4시(四時)는 봄, 여름, 가을, 겨울로서 곧 원형리정(元亨利貞)의 자연법칙이다. 8풍(八風)은 8방(八方)의 바람이니 『설문(說文)』에서 말하기를 동쪽은 명서풍(明庶風), 동남쪽은 청명풍(淸明風), 남쪽은 경풍(景風), 서남쪽은 량풍(凉風), 서쪽은 창합풍(閶闔風), 서북쪽은 부주풍(不周風), 북쪽은 광막풍(廣莫風), 동북쪽은 융풍(融風)이라고 하였다. 률(律)은 12개월에 배속하는 6률6려(六律六呂)를 합한 12률이고, 백도(百度)는 모든 법도이며, 득수(得數)는 분수를 얻어서 알맞음이요, 유상(有常)은 일정불변의 법칙이 있음이다. 소대(小大)는 소리가 작은 것과 큰 것이고, 질(迭)은 교대함이며, 경(經)은 경영의 기준이니 곧 표준이요, 륜(倫)은 윤리(倫理)이다. 이풍(移風)은 덕풍(德風)을 옮겨서 전파함이고, 역속(易俗)은 세속(世俗)을 바꾸어 새롭게 변화함이며, 녕(寧)은 아름다운 자연의 조화(調和)로 착한 인간의 성정(性情)을 발양하여 즐겁게 노래하기 때문에 중화(中和)의 생기(生氣)가 넘쳐서 몸과 마음이 건강하여 편안한 것이다.

19-8-5 ──────────────────────── 故로 樂者는 樂也니 君子는
樂得其道하고 小人은 樂得其欲하니

以道制欲하면 則樂而不亂하고
以欲忘道하면 則惑而不樂이니라.

『그러므로 음악은 즐거운 것이니 군자는 그 도를 얻음을 즐거워하고, 소인은 그 욕망을 얻음을 즐거워하니 도의로써 욕망을 절제하면 즐거우면서도 난잡하지 아니하고, 욕망으로 도의를 망각하면 의혹하여 즐겁지 아니하니라.』

◐ 이 절은 도덕으로 욕망을 절제한 음악만이 참으로 즐거운 것임을 기술하였다.

도(道)는 자연의 진리와 인간의 성리(性理) 및 사회의 윤리를 모두 포괄하고, 욕(欲)은 욕망(欲望)이니 사람의 육체적인 욕구(欲求)와 개인의 감각적인 욕망이며, 혹(惑)은 의혹(疑惑)이니 판단 착오를 일으켜 시비(是非)와 선악(善惡)이 뒤바뀌는 것이다.

무릇 풍악은 아름다운 인생을 즐겁게 노래하는 것이므로 도덕과 윤리와 예절을 숭상하는 것인데 만일 풍악으로 사람의 육체적인 욕구나 개인의 감각적인 욕망을 채우려고 한다면 이것은 풍악을 모독하는 참람한 행동으로 결코 즐겁지 않을 뿐만 아니라 또한 엄중한 규탄을 면치 못하는 것이다.

19-8-6 ──────────────── 是故로 君子는 反情하야
以和其志하고 廣樂하야 以成其敎하고
樂行하야 而民이 鄕方하면 可以觀德矣니라.

『이런 까닭으로 군자는 마음속을 돌이켜 그 뜻은 화평하게 하고 음악을 널리 보급하여 그 교육을 이루게 하고, 음악이 흥행하여 그 민중이 방정한 행실로 나아가면 아름다운 덕풍을 볼 것이니라.』

◉ 이 절은 정치지도자와 책임자가 먼저 마음속을 돌이켜 사사로운 욕망을 버리고 도덕심을 간직하여 화평한 뜻으로 음악을 교육하여야만 민중이 본받아 풍속을 일으켜 위대한 문화국을 건설할 수 있음을 기술하였다.

향(鄕)은 향(向)이니 나아감이요, 방(方)은 방정(方正)한 행실이다.

19-9-1 ——————— 德者는 性之端也요 樂者는 德之華也요
金石絲竹은 樂之器也라 詩는 言其志也요
歌는 咏其聲也요 舞는 動其容也니
三者가 本於心然後에야 樂器가 從之하나니
是故로 情深而文明하고 氣盛而化神하나니라
和順이 積中하야 而英華가 發於外하나니
惟樂은 不可以爲僞니라.

『덕은 본성의 단정함이요, 음악은 덕의 화려함이요, 쇠와 돌과 실과 대는 음악의 도구이다. 시는 그 뜻을 말한 것이고, 노래는 그 소리를 읊은 것이고, 춤은 그 모양을 움직이는 것이니 세 가지가 마음에서 정말로 우러나온 뒤에야 악기가 따르나니 이런 까닭으로 정취가 깊어 문채가 밝고, 기운이 왕성하여 감화가 신묘하니라. 화순함이 속에 쌓여서 영화가 밖으로 피어나니 오직 음악은 거짓으로 할 수 없느니라.』

◐ 이 장은 음악의 구체적 내용을 밝혀 각각 심오한 뜻이 있음을 기술하였으니 여기에서는 음악의 진실성을 강조하였다.

단(端)은 단정(端正) 또는 순정(順正)함이니 본성이 순하고 바르게 나타난 것이 덕(德)이요, 화(華)는 영화(英華)인즉 지극한 덕이 화려하게 꽃피는 것이 풍류이다. 금석사죽(金石絲竹)은 악기(樂器)를 지칭하고, 시(詩)는 노랫말이며, 가(歌)는 노래요, 무(舞)는 춤이니 삼자(三者)는 노랫말과 노래와 춤이며, 본(本)은 진정(眞正)이니 노랫말과 노래와 춤이 마음속에서 진실하고 바르게 우러나오는 것이다. 정(情)은 정취(情趣)이고, 문(文)은 문채(文彩)이며, 기(氣)는 원기(元氣)의 기운(氣運)이요, 화(化)는 감화(感化)이며, 신(神)은 신묘하여 헤아릴 수 없는 것이다. 화순(和順)은 절도에 알맞아 편안한 기분으로 순서에 따르는 감정이고, 적중(積中)은 마음속에 가득히 축적함이며, 영화(英華)는 꽃부리로 아름다움의 핵심처요, 외(外)는 외모(外貌)이며, 위(僞)는 허위로 가장함이다.

19-9-2 —————————————— 樂者는 心之動也요 聲者는 樂之象也요
文采節奏는 聲之飾也니 君子는 動其本하고
樂其象하야 然後에 治其飾하나니
是故로 先鼓以警戒하며 三步以見方하며
再始以著往하며 復亂以飭歸하야 奮疾而不拔하며
極幽而不隱하며 獨樂其志라도 不厭其道하며
備擧其道라도 不私其欲하나니 是故로
情見而義立하며 樂終而德尊이라 君子가
以好善하고 小人이 以聽過하니

고　왈생민지도　악위대언
故로 曰生民之道는 樂爲大焉이라 하니라.

『음악은 마음이 감동한 것이요, 소리는 음악의 나타난 형상인 것이요, 문채와 절도 있는 연주는 소리의 장식인 것이니 군자는 그 본심을 감동하고, 그 형상을 즐겁게 한 뒤에 그 장식을 다스리나니 이런 까닭으로 음악을 시작함에 먼저 북을 쳐서 경계하며, 춤을 시작함에 세 걸음을 걸어서 방법을 보이며, 재차 시작함에 또 북을 쳐서 나아감을 나타내고, 다시 끝냄에는 또 징을 쳐서 돌아감을 단속하여 분발하여 빨리 해도 빼먹지 않고, 지극히 그윽하게 해도 숨기지 아니하며, 홀로 그 뜻을 즐겨도 그 방법을 싫어하지 않으며, 그 방법을 갖추어 일제히 거행해도 그 욕망을 사사롭게 아니 하나니 이런 까닭으로 정분이 나타나서 의리가 확립하며, 풍류가 끝나도 덕이 높은지라 군자가 착함을 좋아하게 되고, 소인이 허물을 받아들이게 되나니 그러므로 말하기를 민중의 도덕을 일으킴에는 풍류가 중대하니라고 하니라.』

◑ 이 절은 악(樂)과 무(舞)의 본말(本末), 시종(始終), 질서(疾徐), 독합(獨合)의 구체적 내용을 분해하여 정분(情分)을 즐기면서 의리(義理)를 세워 덕(德)을 높이는 아름다움을 기술하였다.

동(動)은 감동(感動)이요, 상(象)은 형상으로 나타남이며, 절주(節奏)는 악절을 절도 있게 연주함이고, 식(飾)은 말단을 꾸밈이다. 본(本)은 마음이요, 선고(先鼓)는 먼저 북을 쳐서 음악이 시작함을 말리는 것이며, 삼보(三步)는 먼저 춤추는 사람이 세 걸음을 앞으로 걸어가서 춤추는 자리에 서는 것이며, 현방(見方)은 춤추는 방법을 보

이는 것이다. 재시(再始)는 재차 음악을 시작함에 또 북을 치는 것이
고, 저왕(著往)은 계속하여 나아가는 방향을 나타내는 것이며, 부란
(復亂)은 다시 음악의 종장(終章)을 연주함에 또 종을 치는 것이니
란(亂)은 음악의 마지막 악장이다. 칙귀(飭歸)는 음악의 귀결(歸結)
하는 부분을 단속함이요, 분질(奮疾)은 분발하여 가락을 빠르게 함이
며, 발(拔)은 뽑아서 제거하여 생략함이니 곧 악보를 빼먹는 것이고,
극유(極幽)는 소리를 지극히 그윽하게 내는 것이며 은(隱)은 감추어
숨김이니 아주 들리지 않게 함이다. 독(獨)은 독창(獨唱)이나 독무
(獨舞)이고, 도(道)는 노래나 춤으로 표현하는 방법이며, 비(備)는
제창(齊唱)이나 군무(群舞) 또는 합창(合唱)이나 만무(萬舞)요, 거
(擧)는 거행(擧行)함이니 일제히 동시에 노래하고 춤추는 것이다. 사
(私)는 전체적인 화합을 깨고 독자적으로 행동함이고, 욕(欲)은 악보
나 무보를 따르지 않는 개인의 욕구와 기분이며, 정(情)은 정분(情
分)이요, 의(義)는 의리(義理)이며, 청과(聽過)는 허물을 받아들여서
개과천선(改過遷善)하는 것이다.

이 절에서 전배들은 독락(獨樂)과 비거(備擧)가 독주(獨奏)와 합
주(合奏)임을 파악하지 못하고, 음악에 대한 학습과 교육의 자세로
오해했기에 내가 바로잡았으니 살피기 바란다.

19-10-1 ──────────────────────── 樂也者는 施也요 禮也者는 報也라
樂은 樂其所自生하고 禮는 反其所自始하나니
樂은 章德하고 禮는 報情反始也니라.

『음악은 은혜를 베푸는 것이요, 예절은 은혜를 갚는 것이므로 음악은 그 말미암아 생긴 바를 즐겁게 하고, 예절은 그 말미암아 비롯한 바를 돌이켜 생각하나니 음악은 하느님의 은덕을 현창하고, 예절은 하느님의 사랑에 보답하여 비롯함을 돌이켜 생각하는 것이니라.』

◑ 이 장은 천자가 하느님께 제사 지내는 예절과 음악의 본질적 구조를 분석하여 천지만물의 진정(眞情)이 서로 교통하는 대원칙을 기술하였다.

시(施)는 포시(布施)니 은혜를 널리 베풀어 주는 것이고, 보(報)는 보답(報答)이니 은혜를 길이 갚아 주는 것이며, 소자생(所自生)도 말미암아 생겨나온 바인즉 곧 하느님이요, 소자시(所自始)도 말미암아 비롯한 바인즉 곧 하느님인데 다만 생(生)은 육체적인 출생을 뜻하고 시(始)는 성(性)과 명(命)의 정신적인 시초(始初)를 의미한다. 장(章)은 표창(表彰), 현창(顯彰)이요, 덕(德)은 천덕(天德)이며, 정(情)은 천정(天情)이고, 반시(反始)는 시초(始初)를 돌이켜 생각함이다.

천덕(天德)을 널리 베풀어 노래하고, 천정(天情)을 모두 갚아 예절을 거행하는 것이 예절과 음악의 본질이니 제례(祭禮)와 제례악(祭禮樂)은 위대한 인류의 문화인저!

19-10-2 ———————————— 所謂大輅者는 天子之車也요
龍旂九旒는 天子之旌也요
靑黑緣者는 天子之寶龜也요
從之以牛羊之群은 則所以贈諸侯也라.

『이른바 큰 수레는 천자의 수레요, 쌍룡기에 아홉 깃술은 천자의
기요, 푸르고 검은 선을 두르는 것은 천자의 보배와 거북이요, 그것을
소와 양의 무리로써 따르게 함은 곧 제후에게 주기 위한 것이니라.』

　◑ 이 절은 오직 천자(天子)만이 하느님께 제사 지내는 위대한 정
신을 기술하여 예절과 음악의 극치를 밝혔다.

　태로(大輅)는 태로(大路)와 같으니 앞에 11-1-2에서 이미 해설
하였고, 용기(龍旂)는 쌍룡의 수놓은 기이고, 9류(九旒)는 깃술이 아
홉 개이며, 청흑연(青黑緣)은 푸른색과 검은색으로 선을 두른 것이
요, 보(寶)와 귀(龜)는 앞에 11-2-4에서 말한 귀(龜)와 종(鍾)과
호피(虎皮)와 백벽(帛璧) 등이니 모두 체제(禘祭)를 지낼 때에 드리
는 폐백(幣帛)이다. 우양지군(牛羊之群)은 대뢰(大牢)를 뜻하고 증제
후(贈諸侯)는 제후가 천자에게 갔을 때에 천자가 제후에게 하사하는
예물이니 앞에 11-1-1을 참고하라.

19-10-3————————————————————樂也者는 情之不可變者也요
　　　　　　　　　　　　　　　　　　　禮也者는 理之不可易者也라
　　　　　　　　　　　　　　　　　　　樂은 統同하고 禮는 辨異하나니
　　　　　　　　　　　　　　　　　　　禮樂之說이 管乎人情矣니라.

『풍류는 애정의 진실을 변경할 수 없는 것이요, 예절은 의리의 질
서를 바꿀 수 없는 것이므로 풍류는 애정의 진실이 같은 것을 통합
하고, 예절은 의리의 질서가 다른 것을 변별하나니 예절과 풍류의 논

설은 인정에서 주관하니라.』

　◉ 이 절은 음악과 예절이 변경하거나 바꿀 수 없는 인정(人情)에 기초한 것임을 강조하였다.

　정(情)은 애정(愛情)의 진실이므로 변경할 수 없고, 이(理)는 의리(義理)의 질서이므로 바꿀 수 없는 것이다. 통동(統同)은 애정의 진실이 같은 점을 통합(統合)함이고, 변이(辨異)는 의리의 질서가 다른 점을 변별하는 것이며, 설(說)은 논리체계를 밝히는 학설이나 논설이요, 관(管)은 주관(主管)함이며, 인정(人情)은 인간의 진실하고 떳떳한 감정과 생각이다.

19-10-4 ──────────────────────────── 窮本知變은 樂之情也요
著誠去僞는 禮之經也니 禮樂은
佪天地之情하며 達神明之德하며
降興上下之神하야 而凝是精粗之體하며
領父子君臣之節하니라.

　『근본을 모두 연구하여 변화를 아는 것은 풍류의 진실한 마음이요, 정성을 나타내서 거짓을 버리는 것은 예절의 대원칙이니 예절과 풍류는 하늘땅의 진실한 마음을 닮으며, 신명한 덕을 통달하며, 위아래의 신령을 내리고 일어나게 하여 이 정신과 물질의 실체에 엉기게 하며 아버지와 아들 그리고 임금과 신하의 절도를 거느리게 하니라.』

☯ 이 절은 예절과 풍류의 기능에 대한 극치를 기술하였으니 모름지기 천자(天子)가 갖추어야 될 예악정신이다.

궁(窮)은 궁리(窮理)니 사물을 연구하여 끝가지 모두 밝히는 것이요, 본(本)은 앞에 19-10-1에서 말한 소자생(所自生)과 소자시(所自始)이며, 정(情)은 진실한 마음이고, 저(著)는 뚜렷하게 나타냄이며, 경(經)은 대원칙(大原則)이다. 부(侔)는 형상을 닮아서 똑같게 함이요, 강(降)은 위에 있는 신령을 내려오게 함이며, 흥(興)은 아래에 있는 신령을 일어나게 함이고, 응(凝)은 응결하여 단단하게 뭉침이며, 정(精)은 정밀한 정신이요, 조(粗)는 조잡(粗雜)한 물질이며, 체(體)는 개체적 실체이고, 령(領)은 거느리면서 다스리는 것이다.

19-10-5 ──────────────────────────── 是^시故^고로 大^대人^인이 擧^거禮^례樂^악하되
則^즉天^천地^지를 將^장爲^위昭^소焉^언이니 天^천地^지가 訴^흔合^합하야
陰^음陽^양이 相^상得^득하야 煦^후嫗^우하며 覆^부育^육萬^만物^물하니
然^연後^후에 草^초木^목이 茂^무하며 區^구萌^맹이 達^달하며
羽^우翼^익이 奮^분하고 角^각觡^격이 生^생하고 蟄^칩蟲^충이 昭^소蘇^소하며
羽^우者^자가 嫗^우伏^부하며 毛^모者^자가 孕^잉鬻^육하며
胎^태生^생者^자가 不^불殰^독하며 而^이卵^란生^생者^자가 不^불殈^혁하나니
則^즉樂^악之^지道^도가 歸^귀焉^언耳^이니라.

『이런 까닭으로 대인이 예절과 풍류를 일으키되 곧 하늘과 땅의 이치를 장차 뚜렷하게 밝히나니 하늘과 땅의 기운이 기쁘게 화합하여 음과 양이 서로 맞아서 입김을 불어 주고, 가슴에 품어 주며 만물을 덮어서 기르나니 그런 다음에 초목이 무성하며, 씨눈이 싹 뜨며

115

날개가 펼쳐지고 뿔과 가지 뿔이 나오고, 겨울잠을 자던 벌레가 밖으로 살아나오며, 날짐승이 알을 품으며 들짐승이 새끼를 배며, 태로 낳은 것이 사산하지 아니하며, 알로 태어난 것이 알에서 죽지 아니하나니 곧 풍류의 도가 극치에 이른 결과일 따름이니라.』

　◉ 이 절은 성왕(聖王)이 예악(禮樂)정치를 일으킨 극치를 기술하였으니 예절과 풍류의 도덕으로 하늘의 이치를 밝히고 인간의 심성(心性)을 착하게 기르면 사랑이 넘치고 정의가 빛나며, 예절이 아름답고 지성이 밝은 정치를 이룩하여 하늘땅이 기쁘게 도와서 음양의 기후가 순조롭기 때문에 만물까지도 충실하게 생성 발전하여 태평성대가 됨을 밝혔으니 풍류의 도는 위대한저!

　시고(是故)는 앞 절에서 말한 풍류의 진정한 마음씨와 예절의 대원칙을 갖춤이고, 대인(大人)은 성왕(聖王)이며, 거(擧)는 일으키는 것이요, 흔합(訢合)은 기쁘게 화합함이며, 상득(相得)은 마음과 기분이 서로 맞음이다. 후(煦)는 입김을 불어서 따뜻하게 함이고, 구(嫗)는 가슴에 품어서 따뜻하게 함이며, 부(覆)는 덮어서 보호함이요, 육(育)은 부축하여 자라게 함이니 후(煦)와 부(覆)는 하늘이 사랑으로 보호함이고, 구(嫗)와 육(育)은 땅이 사랑으로 보호함이다. 구(區)는 구(句)와 같으니 씨앗의 겉껍질로 씨앗을 보호하는 막이고, 분(奮)은 펼쳐짐이며, 격(觡)은 격(格)과 같으니 사슴뿔처럼 가지가 있는 뿔이요, 소소(昭蘇)는 밝은 세상으로 살아나오는 것이다. 우부(嫗伏)는 새가 알을 가슴에 품고 엎드려 있는 것이요, 잉육(孕鬻)은 짐승이 새끼를 배서 배 속에서 키우는 것이며, 독(殰)은 새끼가 떨어져서 사산(死産)함이고, 혁(殈)은 품은 알이 썩어서 죽은 것이며, 귀(歸)는 귀결(歸結)이니 결과라는 뜻이다.

樂者는 非謂黃鐘大呂니라
弦歌干揚也는 樂之末節也니 故로
童者가 舞之하고鋪筵席하며 陳尊俎하며
列籩豆하야 以升降爲禮者는 禮之末節也니
故로 有司가 掌之하니라 樂師는 辨乎聲詩하나니
故로 北面而弦하고 宗祝은 辨乎宗廟之禮하나니
故로 後尸하며 商祝은 辨乎喪禮하나니
故로 後主人하나니 是故로 德成而上하고
藝成而下하며 行成而先하고 事成而後하나라
是故로 先王이 有上하며 有下하며 有先하며
有後하신 然後에야 可以有制於天下也니라.

『풍류라는 것은 황종과 대려의 음률을 일컬음이 아니다. 현악기를 타고 노래하며 방패와 도끼를 들고 춤추는 것은 풍류의 말단적 절차이니 그러므로 어린이가 춤추게 하고, 잔치의 좌석을 펴며 술통과 도마제기를 진설하며 대나무제기와 나무제기를 진열하여 오르내리는 것으로 예절을 삼는 것은 예식의 말단적 절차이니 그러므로 책임자가 관장하니라. 음악을 관장하는 악사는 소리와 노랫말에 대하여 변별하나니 그러므로 북쪽을 향하여 현악기를 타고, 종묘의 예식을 관장하는 종축은 종묘의 예절에 대하여 변별하나니 시동의 뒤에 있으며, 초상집의 제사를 관장하는 상축은 상례에 대하여 변별하나니 그러므로 상주의 뒤에 있나니 이런 까닭으로 덕을 이루는 것을 위로 하고, 재주를 이루는 것을 아래로 하며, 행실을 이루는 것을 앞으로 하고, 일을 이루는 것을 뒤로하니라. 이런 까닭으로 선왕이 위를 두며 아래를 두며, 앞을 두며 뒤를 두신 다음에야 천하에 예절의 제도가 있게 할 수 있느니라.』

◑ 이 절은 예절과 음악의 본질적 구조를 밝혀 덕(德)을 밝히는 것은 음악의 본질이고, 재능을 다하는 것은 음악의 말단이며, 행실을 갖추는 것은 예절의 본질이요, 일을 다 하는 것은 예절의 말단임을 기술하였다.

황종(黃鐘)은 양률(陽律)을 대표하고, 대려(大呂)는 음려(陰呂)를 대표하여 율려(律呂)를 지칭한다. 현가(弦歌)는 현악기를 타면서 노래함이고, 간양(干揚)은 간과척양(干戈戚揚)으로 춤을 추는 것이며, 말절(末節)은 말단적(末端的) 절차니 본의(本義)에 상대되는 것이요, 유사(有司)는 집사(執事)이다. 변(辨)은 변별하여 본의(本義)를 잃지 않고, 말단(末端)을 조절하는 것이며, 상축(商祝)은 상축(喪祝)이니 상제(喪祭)를 주관하는 사람이요, 주인(主人)은 상주(喪主)이며, 제(制)는 예절의 제도이다.

무릇 악사(樂師)와 종축(宗祝)과 상축(商祝)은 음악과 예절의 본의(本義)에 충실을 기하는 사람이고, 동자(童者)와 유사(有司)는 음악과 예절의 말절(末節)에 충실을 기하는 사람이니 악사와 종축과 상축이 위에 있으면서 앞에 서고, 동자와 유사가 아래에 있으면서 뒤에 서는 것이 예절의 제도인즉, 모름지기 덕행(德行)을 근본으로 삼고, 예사(藝事)를 말단으로 여기기 위함이다.

19-11-1 ─────────────────────── 魏文侯가 問於子夏하되 曰吾는

端冕而聽古樂하면 則唯恐臥하고 聽鄭衛之音하면

則不知倦하나니 敢問古樂之如彼는 何也며

新樂之如此는 何也오 子夏가 對하야

曰今夫古樂은 進旅退旅하며 和正以廣하며

弦匏笙簧이 會守拊鼓하며 始奏以文하고

復亂以武하며 治亂以相하며 訊疾以雅하나니

君子가 於是에 語하고 於是에 道古하야

脩身及家하야 平均天下하나니 此는 古樂之發也니다.

『위나라 문후가 자하에게 물어 말하기를 나는 현단복을 입고 면류관을 쓰고서 옛 풍류를 들으면 오직 잠을 잘까 두렵고, 정나라와 위나라의 가락을 들으면 고달픔을 느끼지 못하나니 감히 묻건대 옛 풍류가 저와 같음은 무엇 때문이며, 새로운 음악이 이와 같음은 무엇 때문인가요? 자하가 대답하여 말하기를 이제 저 옛 풍류는 나아감을 무리로 하고, 물러감을 무리로 하며, 광대하게 화합하여 바르게 하며, 현악기와 통소와 생황이 모두 북을 치는 장단을 맞추어 지키며, 처음 연주함에는 문덕을 노래하고 다시 끝냄에는 무공을 기리며, 어지러움을 다스림에는 상북으로 하며, 빠름을 다스림에는 아북으로 하나니 군자가 이에 토론하고, 이에 옛날을 이야기하여 몸과 가정을 닦아 천하를 균평하게 하나니 이것은 옛 풍류가 계발한 것입니다.』

　☯ 이 장은 위(魏)나라 문후(文侯)의 질문에 자하(子夏)가 대답하는 음악론을 인용하여 고악(古樂)과 신악(新樂)의 차이점을 변증하였으니 옛날의 풍류는 음악의 본질인 덕(德)에 충실하고, 음악의 말단인 재예(才藝)를 갖추었으나 새로운 가락은 음악의 본질인 공덕이

없음에도 음악의 말단인 재예(才藝)만을 추구하여 순간의 쾌락과 말초적인 환락의 도구로 전락하였음을 밝혔다.

위문후(魏文侯)는 전국시대 초기의 위(魏)나라 임금으로 어진 이를 높이고 선비를 예로 대우하여 치적이 있었으며, 자하(子夏)는 공자의 제자로 문학에 정통하여 위문후의 스승이 되었다. 단면(端冕)은 현단복(玄端服)을 입고 면류관을 쓰는 것이니 임금의 예복이요, 고악(古樂)은 주공(周公)이 창작한 아악(雅樂)이며, 와(臥)는 고요하고 지루하여 졸음이 와서 몸이 쓰러지는 것이고, 정위지음(鄭衛之音)은 춘추 말기에 정(鄭)나라와 위(衛)나라에서 유행한 음란하고 퇴폐적인 가락이며, 부지권(不知倦)은 재미가 나서 고달픔도 잊는다는 뜻이다. 여(旅)는 무리로 출연함이니 집단적으로 일제히 동작을 통일하는 것이고, 화(和)는 화합함이고, 정(正)은 정체(正體)를 바르게 지킴이니 변덕(變德)이 없는 것이며, 광(廣)은 광대하게 넓고 커서 웅장하게 협화(協和)함이다. 포(匏)는 통소이고, 회(會)는 모두 장단을 맞춤이며, 부(拊)는 치는 것이요, 문(文)은 문덕(文德)이니 문악(文樂)과 문무(文舞)를 지칭하고, 란(亂)은 음악의 끝 절이며, 무(武)는 무공(武功)이니 무악(武樂) 또는 군악(軍樂)과 무무(武舞)를 지칭한다. 전배들은 문(文)을 북 치는 것이라고 했고, 무(武)는 징을 치는 것이라고 했지만 문장의 맥이 통하지 아니하여 내가 글자대로 풀어서 바로잡았으니 살피기 바란다. 치란(治亂)은 질서를 어지럽히는 소리와 가락을 다스려 바로잡음이요, 상(相)은 상(床)처럼 생긴 작은 북이며, 신(訊)도 살펴서 다스리는 것이고, 아(雅)는 둥글고 긴 북이다. 어(語)는 토론하여 의견을 통일하는 것이며, 도(道)는 논의하여 검증함이다. 고(古)는 옛 임금의 학문과 사업의 공덕이고, 평(平)은 평화로운 세계를 건설함이고, 균(均)은 생활풍속을 고르게 발달시키는 것이며, 발(發)은 계발(啓發)시킴이니 효과가 나타남이다.

19-11-2─────────────────── 今夫新樂은 進俯退俯하며 姦聲以濫하야
溺而不止하며 及優侏儒가 獶雜子女하야
不知父子하나니 樂終토록 不可以語하며
不可以道古하니 此는 新樂之發也니다.

『이제 저 새로운 음악은 나아감을 구부리고 하며, 물러감을 구부리고 하여 간사한 소리를 함부로 내서 헤어 나오지 못해도 그치지 아니하며, 광대와 난장이가 남자와 여자와 섞여서 원숭이춤을 추는데 미쳐 아비와 아들을 알지 못하나니 음악이 끝나도록 토론을 할 수 없으며, 옛날이야기를 할 수 없으니 이것은 새로운 음악이 계발한 것입니다.』

☯ 이 절은 앞 절에 이어 자하(子夏)가 신악(新樂)의 비굴하고 난잡하고 음란한 경향을 지적하여 흥미만을 추구하는 광란의 마당으로 전락하였음을 비판하였다.

부(俯)는 가면의 탈을 쓰고 비굴하게 고개를 숙이고 허리를 구부리는 것이요, 간성(姦聲)은 앞에 19-8-2에서 이미 해설하였으며, 람(濫)은 거침없이 함부로 소리를 지르는 것이고, 익(溺)은 감정에 몰입하여 정신을 잃었기 때문에 스스로 헤어 나오지 못하는 것이다. 우(優)는 광대로 배우이고, 주유(侏儒)는 난장이이며, 노(獶)는 원숭이춤을 추는 것이요, 부지부자(不知父子)는 아버지와 자식도 가리지

않고 희롱하는 것이며, 악종(樂終)은 음악이 모두 끝나는 것이다. 불가이어(不可以語)는 새로운 음악이 시청각(視聽覺)을 마비시킬 뿐만 아니라 또한 천박한 잡기(雜技)만을 연출하여 저질이기 때문에 토론하여 배울 점이 없다는 뜻이다.

19-11-3 ——————————————
今君之所問者는 樂也요 所好者는 音也니
夫樂者는 與音相近이나 而不同하니라
文侯가 曰敢問何如오 子夏가 對하야
曰夫古者에 天地順而四時當하며
民有德而五穀昌하며 疾疢不作而無妖祥하나니
此之謂大當이라 然後에 聖人이 作爲父子君臣하야
以爲紀綱하시니 紀綱이 旣正하면 天下가 大定하니
天下가 大定然後에 正六律하며 和五聲하여
弦歌詩頌하나니 此之謂德音이니 德音之謂樂이라
詩에 云莫其德音하시니 其德克明하도다
克明克類하며 克長克君하며 王此大邦하야
克順克俾러니 俾于文王하야 其德靡悔라
旣受帝祉하야 施于孫子라 하니 此之謂也니라.

『이제 임금이 물은 바의 것은 풍류이고, 즐기는 바의 것은 가락이니 대저 풍류와 가락은 서로 가까우나 동일하지 아니하니라. 문후가 말하기를 감히 묻건대 어떤 것입니까? 자하가 대답하여 말하기를 무릇 옛날에 하늘땅이 순조로워 네 철이 적당하며, 민중이 덕이 있어 5곡이 번창하며, 재난이 일어나지 아니하여 요망한 재앙이 없나니 이것을 크게 적당함이라 일컫는데 그런 다음에 성인이 아버지와 아들 그리고 임금과 신하가 되는 예절을 만들게 하시어 기강을 삼으시니 기강이 이미 바르면 천하가 크게 안정하니 천하가 안정한 뒤에 6률을 바로잡으며 5성을 화합하여 현악기로 노래하고 시로 찬송하나니 이것을 일컬어 덕의 가락이라고 하니 덕의 가락을 풍류라고 일컬으므로 시경에 말하기를 그 덕의 음률을 고요하게 하시니 그 덕을 잘 밝혔도다. 잘 밝히고 잘 분류하며, 잘 기르고 잘 지도하며 이 큰 나라에 왕 노릇 하여 잘 화순하고 잘 친하더니 문왕에 이르러 그 덕에 뉘우칠 것이 없으므로 이미 하느님의 복을 받아 자손에게 뻗어나갔도다 하시니 이것을 일컬음이니라.』

◐ 이 절에서는 악(樂: 풍류)과 음(音: 음악)의 차이를 기술하였으니 여기에서는 민생경제와 윤리교육을 성공하여 복지낙원을 이룩한 정치지도자의 덕을 고요히 찬양하는 음악만이 풍류가 될 수 있음을 밝혔으며 음(音)에 대해서는 다음 절에서 밝힌다.

상근(相近)은 악(樂)과 음(音)이 모두 가락으로 감정을 표현하는 소리예술이라는 뜻이고, 부동(不同)은 악(樂)과 음(音)의 내용과 형식이 서로 다름이니 악(樂)의 내용은 덕(德)이고 형식은 예절이지만 음(音)의 내용은 욕정(欲情)이고 형식은 자유라는 뜻이다. 따라서 음(音)은 모든 음악을 통칭하는 것이요, 악(樂)은 도덕과 윤리와 예절을 갖춘 음악만을 지칭하는 것이다. 당(當)은 적당(適當)함이니 지나치거나 모자람이 없이 알맞음이요, 민유덕(民有德)은 민중에게 덕성이 있는 것이니 민간사회에 도덕이 있는 것이며, 질진(疾疢)은 재난과 우환(憂患)이요, 요상(妖祥)은 요망한 재앙이며, 대당(大當)은 천하만사(天下萬事)가 모두 알맞아 조금도 어그러진 구석이 없는 것이다. 기강(紀綱)은 기율(紀

律)의 강령이니 대원칙이고, 대정(大定)은 천하국가가 두루 안정하여
불안과 공포가 전혀 없는 것이며, 덕음(德音)은 태평성대를 건설한 정
치지도자의 덕을 기리는 음악이요, 시(詩)는 시경(詩經) 대아(大雅)의
황의(皇矣) 편이다. 막(莫)은 묵(默)으로 고요하게 정숙(靜肅)함이니
덕(德)은 본래 감추어야 더욱 빛나는 것이므로 그 덕을 기리는 음악도
요란하게 떠들어서는 안 되고, 정숙하고 온화해야 한다. 극류(克類)는
종류의 체계를 세밀하게 분류하여 평가함이며, 왕(王)은 왕 노릇을 함
이고, 극비(克俾)는 잘 가까이 친함이며, 비(俾)는 비(比)로 연결하여
이음이다. 제지(帝祉)는 하느님의 복이요, 이(施)는 뻗어나감이다.

19-11-4 ─────────────────────今君之所好者는 其溺音乎인저
文侯가 曰敢問溺音은 何從出也오
子夏가 對하야 曰鄭音은 好濫淫志하고
宋音은 燕女溺志하고 衛音은 趨數煩志하고
齊音은 敖辟喬志하나니 此四者는
皆淫於色而害於德할새 是以로 祭祀에 弗用也니라.

　『이제 임금이 좋아하는 바는 사람의 마음을 음탕하게 만드는 음악
인저, 문후가 말하기를 감히 묻건대 사람의 마음을 음탕하게 만드는
음악은 어디로부터 나왔습니까? 자하가 대답하여 말하기를 정나라의
가락은 너무 심하고 지나쳐서 뜻을 음란하게 하고, 송나라의 가락은
안일하고 부드러워서 뜻을 타락하게 하고, 위나라의 가락은 촉박하고
빨라서 뜻을 번거롭게 하고, 제나라의 가락은 오만하고 편벽해서 뜻
을 교만하게 하나니 이 네 가지는 모두 여색에 물들게 하여 덕에 해

로울새 이래서 제사에는 사용하지 않느니라.』

◑ 이 절은 앞 절에 이어 부도덕하고 반윤리적이며, 무례한 저질의 음(音)이 출현한 배경을 기술하였다.

익음(溺音)은 사람의 마음을 음탕하게 만드는 저질 음악이고, 호(好)는 너무 심함이며, 람(濫)은 범람이니 지나치게 격정적인 소리요, 연(燕)은 편안하고 한가로움이며, 여(女)는 여자처럼 유연함이니 곧 느리고 부드러운 가락이다. 추(趨)는 촉박함이요, 삭(數)은 빠른 가락이고, 오(敖)는 오만함이며, 벽(辟)은 편벽한 가락이고, 교(喬)는 교만함이다. 대저 춘추시대로부터 정(鄭)나라는 사치풍조가 일어나고, 송(宋)나라는 안일한 풍조가 생기고, 위나라는 허례허식이 나타나고, 제나라는 부국강병사상이 성행했기 때문에 그 음악이 변질하게 된 것이다.

19-11-5―――――――――――――――――――― 詩에 云肅雝和鳴이라 先祖가
是聽이라 하니 夫肅은 肅敬也요 雝은 雝和也라
夫敬以和면 何事인댄 不行이릿고.

『시경에 말하기를 정숙하고 온화하게 어울려서 울리므로 선조가 이에 듣는다고 하니 무릇 정숙함은 엄숙하게 공경하는 것이요, 온화함은 화합하여 어울리는 것이므로 대저 공경하여 화합하면 어떠한 일인들 거행하지 못하리까.』

◑ 이 절은 앞 절에 이어 도덕과 윤리와 예절을 갖춘 풍류는 제사

지낼 때에도 연주할 수 있음을 기술하였다.

　시(詩)는 시경(詩經) 주송(周頌)의 유고(有鼓) 편이고, 숙(肅)은 정숙(靜肅)함이며, 옹(雝)은 온화함이요, 화명(和鳴)은 협화음(協和音)을 이루어 울리는 것이다.

　악(樂)은 본래 위대한 공덕을 찬미하여 영원히 기리기 위하여 창작한 음악이므로 죽은 뒤에 제사 지낼 때에도 연주하는 것이니 그 귀신이 이에 듣는 것이다.

19-11-6 ─────────────── 爲人君者는 謹其所好惡而已矣니 君이 好之면 臣이 爲之하고 上이 行之면 則民이 從之하나니 詩에 云誘民孔易라 하니 此之謂也니라.

『사람의 임금이 된 이는 그 좋아하고 싫어하는 바를 삼갈 뿐이니 임금이 좋아하면 신하가 하는 것이고, 윗사람이 행하면 민중이 따르나니 시경에 말하기를 민중을 유도하기가 매우 쉽다고 하니 이것을 일컫느니라.』

　◉ 이 절은 임금이 고악(古樂)을 싫어하고, 신악(新樂)을 좋아하면 풍속 기강이 무너지므로 국가의 장래를 위하여 도덕과 윤리와 예절을 갖춘 악(樂)을 보급하고, 부도덕하고 반윤리적인 퇴폐저질 음(音)을 멀리해야 됨을 밝혔다.

　시(詩)는 시경 대아(大雅) 판(板) 편이고, 유(誘)는 시경에 유(牖)로 썼으니 인도(引導)하여 보호함이며, 공이(孔易)는 매우 쉬운 것이니 능동적으로 본받아 따르는 까닭이다.

19-11-7─────────────── 然後에 聖人이 作爲鞉鼓椌楬壎篪하시니
此六者는 德音之音也라 然後에
鍾磬竽瑟以和之하고 干戚旄狄以舞之하니
此는 所以祭先王之廟也며 所以獻酬酳酢也며
所以官序貴賤各得其宜也며 所以示後世有尊卑長幼之序也니라.

『그런 뒤에 성인이 소고, 북, 축, 어, 질나팔, 피리를 만들게 하시니
이 여섯 가지는 덕의 소리를 내는 악기이므로 그런 다음에 종, 석경,
생황, 비파로 조화하고, 방패, 도끼, 쇠꼬리기, 꿩 깃기로써 춤을 추니
이것은 선왕의 사당에 제사 지내는 음악이며, 주인과 손님이 향음주
례를 거행하면서 헌, 수, 윤, 작하는 음악이며, 조정의 행사에 벼슬의
차례로 귀하고 천함이 각각 그 알맞음을 얻게 하는 음악이며, 후세에
높고 낮음과 늙고 젊음의 차례가 있음을 보이는 음악이니라.』

　☯ 이 절은 덕(德)을 숭상하는 고악(古樂)의 본질은 질박(質朴)이
기본임을 설파하였다.

　도(鞉)는 소고(小鼓)로 작은 북이며, 고(鼓)는 보통의 북이요, 강
(椌)은 축(柷)으로 음악의 시작을 알리며, 갈(楬)은 어(敔)로 음악의
끝남을 알리고, 훈(壎)은 질나팔이요, 지(篪)는 피리인데 이 여섯 가
지 악기는 그 소리가 매우 질박하기 때문에 덕음(德音)의 기본 악기
로 삼은 것이다. 종(鍾)은 쇠북이고, 경(磬)은 석경(石磬)이며, 우

(竽)는 생황이요, 슬(瑟)은 비파인데 이러한 악기는 매우 아름다운 소리를 내기 때문에 질박한 소리와 조화(調和)시켜 문채를 내는 것이다. 간(干)은 방패이고, 척(戚)은 도끼이니 무무(武舞)에 들고 춤추는 도구이며, 모(旄)는 쇠꼬리기이고, 적(狄)은 적(翟)과 같으니 꿩 깃기인데 모두 문무(文舞)에 들고 춤추는 도구이다. 헌(獻)과 수(酬)와 윤(醋)과 작(酢)은 모두 술을 권하는 정도인데 향음주례(鄕飮酒禮)를 거행하는 절차이다.

19-11-8 ──────────────────── 鍾聲은 鏗하니 鏗以立號하고
號以立橫하고 橫以立武하나니
君子는 聽鍾聲하면 則思武臣하며

『쇠북의 소리는 굳세게 갱하고 울리는 쇳소리니 굳세게 갱 하는 쇳소리가 울리면 호령을 세우게 되고, 호령하면 사나움을 세우게 되고, 사나우면 날램을 세우게 되나니 군자는 쇠북소리를 들으면 무신을 생각하며』

　◉ 이 절에서는 굳세고 날카로운 종소리를 들으면 씩씩한 무신(武臣)을 생각하는 군자의 음악감상법을 기술하였다.
　갱(鏗)은 종소리로 굳세고 날카로운 쇳소리며, 횡(橫)은 사나운 것이요, 무(武)는 날래고 씩씩함이다.

石聲은 磬하니 磬以立辨하고
辨以致死하나니 君子는 聽磬聲하면
則思死封疆之臣하며

『석경의 소리는 단단하고 맑게 경하고 충동적으로 울리니 단단하고 맑게 경하고 충동적으로 울리면 변별력을 세우게 되고, 변별하면 죽음에 이르게 되나니 군자는 석경의 소리를 들으면 제후를 봉하여 준 강토를 지키기 위하여 죽은 신하를 생각하며』

☯ 이 절에서는 가벼운 석경소리를 들으면 영토를 지키기 위하여 죽은 신하를 생각하는 음악감상법을 기술하였다.

경(磬)은 청아(淸雅)하게 충동적으로 울리는 옥돌의 소리이고, 변(辨)은 변별력이니 맑은 정신으로 기억하고 셈하고 추리하고 비교하여 판단하는 힘이다. 치사(致死)는 책임을 완수하기 위해서는 신명을 바치는 것이 신하의 의무이므로 결국 죽음에 이르러야 끝난다는 뜻이며, 봉강(封疆)은 제후를 봉하여 준 강토이고, 신(臣)은 지방국가의 제후(諸侯)이다.

絲聲은 哀하니 哀以立廉하고
廉以立志하나니 君子는
聽琴瑟之聲하면 則思志義之臣하며

『현악기(絃樂器)의 소리는 구슬프게 울리니 구슬프면 서슬을 세우

게 되고, 서슬이 푸르면 뜻을 세우나니 군자는 거문고와 비파의 소리
를 들으면 정의에 뜻을 세운 신하를 생각하며』

　◑ 이 절은 구슬프게 울리는 현악기의 소리를 들으면 정의를 지키
기 위하여 고군분투하는 신하를 생각하는 음악감상법을 기술하였다.
　사성(絲聲)은 현악기의 소리로 여기에서는 금슬(琴瑟)을 뜻하고,
애(哀)는 구슬프게 울리는 소리이며, 렴(廉)은 서슬이니 날카로운 모
서리로 기세가 등등한 모양이다.

19-11-11————————————————竹聲은 濫하니 濫以立會하고
會以聚衆하나니 君子는
聽竽笙簫管之聲하면 則思畜聚之臣하며

　『관악기(管樂器)의 소리는 흥겨움이 질펀하게 넘쳐서 젖어들게 하
니 넘쳐서 젖어들면 모으려는 생각을 세우고, 서로 뜻이 맞아 모이려
고 하면 대중을 모으나니 군자는 생황과 피리와 쌍피리의 소리를 들
으면 민중을 모으는 신하를 생각하며』

　◑ 이 절은 왕성하게 넘쳐서 젖어들게 하는 관악기의 소리를 들으
면 민심을 얻어 대중을 단결시키는 신하를 생각하는 음악감상법을
기술하였다.
　죽성(竹聲)은 관악기이고, 람(濫)은 앞에 19-7-6에서 이미 해설하
였으며 입회(立會)는 모으려는 생각을 세우는 것이요, 축취(畜聚)는 쌓

아서 모으는 것이니 민심(民心)을 얻어서 국민을 단결시키는 것이다.

19-11-12―――――――――――――― 鼙鼓之聲은 讙하니 讙以立動하고
動以進衆하나니 君子는 聽鼙鼓之聲하면
則思將帥之臣하나니 君子之聽音은
非聽其鏗鏘而已也라 彼亦有所合之也니라.

『북과 마상북의 소리는 왁자지껄하니 왁자지껄하면 움직이려는 생각을 세우고, 움직이려는 생각이 들면 군중을 나아가게 하나니 군자는 북과 마상북의 소리를 들으면 장수의 신하를 생각하나니 군자가 소리를 들음에는 그 갱장 하고 울리는 소리를 들을 뿐만 아니라 그 또한 마음에 알맞게 느끼는 바가 있는 것이니라.』

☯ 이 절은 왁자지껄하게 울리는 북소리를 들으면 대중을 출동하는 장수를 생각하는 음악감상법을 기술하면서 앞에 19-11-7에서 열거한 6자(六者)의 덕음(德音)과 더불어 8음(八音)의 감상법을 총결하였다.

비(鼙)는 마상북이니 말 위에 설치하여 치는 북이요, 훤(讙)은 왁자지껄하게 울리는 북소리이며, 진(進)은 출동하여 전진(前進)함이고, 장(鏘)은 장 하고 울리는 옥 소리이며, 합(合)은 마음에 합하여 알맞음이니 곧 계합(契合)으로 싫증이 나지 않음이다.

살피건대 이 장은 위(魏)나라 문후(文侯)가 고악(古樂)의 본질적 의미를 파악하지 못하여 스스로 예절과 음악의 정치적 기능을 망각

함으로써 마침내 고악(古樂)보다 신악(新樂)이 더욱 즐겁고 재미있다고 착각함에 자하(子夏)가 고전음악과 신식음악의 차이점을 자세히 분석하여 고전음악은 도덕정치의 이념을 추구하여 인간의 정서를 순화하고 자연의 법칙을 존중하며 사회의 질서를 구현하여 정치사업을 성공해서 억조만민이 융성한 대동태평시대를 노래하는 음악임을 밝혔으니 그 논리가 웅장하도다. 학자는 여기에서 고전음악의 감상법을 터득하여 깊이 음미하고 신식음악의 순간적 쾌락에 탐닉하여 광란의 도가니로 변하는 폐단을 엄중히 경계할지어다.

19-12-1 ──────────── 賓牟賈가 侍坐於孔子하노니 孔子가 與之言及樂하시되 曰夫武之備戒之已久인댄 何也오 對하야 曰病不得其衆也니이다.

『빈모가가 공자의 곁에서 모시고 앉아 있거늘 공자가 더불어 이야기함에 음악에 미치시되 말씀하시기를 저 대무의 음악에는 준비하고 경계하는 시간이 너무나도 길던데 어째서인가 하시니 대답하여 말하기를 그 대중의 마음을 얻지 못할까를 걱정하기 때문입니다.』

◉ 이 장은 공자가 빈모가와 대화한 말씀을 인용하여 무왕(武王)의 음악인 대무(大武)의 악무(樂舞) 절도에 대한 상징적 의미를 기술하였으니 여기에서는 준비하는 시간이 긴 이유를 밝혔다.

빈모(賓牟)는 성씨이고 가(賈)는 이름인데 악사(樂師)인 듯하나 자세히 알 수 없으며, 무(武)는 무왕(武王)의 악무(樂舞)이고, 비계

(備戒)는 음악을 처음 시작함에 있어서 준비하고 조심하는 자세를
취하여 정숙하게 몸과 마음을 가다듬는 것이며, 이구(已久)는 너무나
도 시간이 긴 것인데 곧 악무(樂舞)를 시작한다는 북을 친 다음에
한참 있다가 음악을 연주하고 춤을 추기 시작한다는 뜻이다. 하(何)
는 무엇을 상징하느냐고 묻는 말이며, 병(病)은 걱정함이요, 중(衆)
은 다중(多衆)이니 무왕(武王)이 주(紂)를 정벌(征伐)할 때에 전사
(戰士)의 중심(衆心)을 얻지 못할까를 근심하여 먼저 진군(進軍)의
북소리를 울리고도 오래 있다가 출전(出戰)시켰기 때문에 무무(武
舞)는 이것을 상징하여 한참 동안 준비하고 조심하는 시간을 준 다
음에 나아가서 춤추게 하였던 것이다. 무릇 성왕(聖王)의 덕(德)을
노래하는 악(樂)은 한 편의 대서사시(大敍事詩)이므로 학자는 여기
에서 음악을 창작함에는 역사적 사실에 부합하는 내용을 노래와 춤
에 담아서 상징하는 뜻을 나타내야 됨을 알아야 되고, 또한 노래와
춤을 감상함에도 그 상징하는 바를 알면 한결 의미심장한 뜻을 느끼
게 될 것이다.

19-12-2 ───────────────────────────── 

『감동하여 찬미함이 끊임없이 길게 뻗은 목소리로 노래함은 어째서
인가? 대답하여 말하기를 일에 미치지 못할까를 두려워한 것입니다.』

◉ 이 절은 대무(大武)의 악절(樂節)이 감동적으로 깊숙한 정회

(情懷)를 노래하며 끊임없이 길게 뻗은 목소리로 이어지는 것은 기다림의 뜻이 있음을 기술하였다.

영탄(咏歎)은 영탄(詠歎)과 같으니 감동하여 찬미함이고, 음액(淫液)은 끊임없이 길게 뻗은 목소리이며, 체(逮)는 미치는 것이다. 무왕이 주(紂)를 정벌하기 위하여 제후(諸侯)의 군사를 기다림에 늦게 이르는 제후의 군사가 전사(戰事)에 미치지 못할까를 두려워했으므로 이에 음악의 초반부를 길게 뽑아 기다림을 상징한 것이다.

19-12-3 ──────────────── 發揚蹈厲之已蚤는 何也오 對하야
日及時事也니다.

『힘차게 드날리며 땅을 짓밟아 나아감이 너무 일찍 함은 어째서인가? 대답하여 말하기를 때맞추어 일하기 위함입니다.』

◉ 이 절은 대무(大武)의 악무(樂舞)가 감동하여 찬미함이 끊임없이 길게 뻗다가 갑자기 기세를 돋우며 짓밟아 나아가는 장면으로 바뀌는 이유를 기술하였다.

발양(發揚)은 힘차게 기세를 떨쳐 일으켜 드날리는 것이고, 도려(蹈厲)는 짓밟아 나아가는 것이며, 조(蚤)는 서둘러 일찍 함이요, 급시(及時)는 때맞추어 기회를 놓치지 않는 것이며, 사(事)는 전사(戰事)이니 무왕이 주(紂)를 정벌하는 군사작전을 지칭한다. 전쟁에서 승리의 요건은 천시(天時)와 지리(地利)와 인화(人和)를 얻는 것이라고 맹자(孟子)가 말하였으니 공격의 기회는 촌각을 다투기 때문에

순간도 지체할 수 없는 것이다.

 武坐致右憲左는 何也요 對하야 曰非武坐也니다.

『무왕의 춤에서 춤추는 사람이 무릎 꿇되 오른쪽 무릎은 땅에 대고 왼쪽 무릎은 세우는 것은 어째서인가? 대답하여 말하기를 무왕의 춤에서 무릎 꿇는 방법이 아닙니다.』

◑ 이 절은 무무(武舞)에서 춤추는 사람의 무릎 꿇는 방법이 춘추시대에 바뀌었음을 기술하였다.

무좌(武坐)는 무무(武舞)에서 춤추는 사람이 무릎 꿇고 앉은 것이요, 치우(致右)는 오른쪽 무릎을 땅에 대는 것이며, 헌(憲)은 헌(軒)이니 높이는 것으로 헌좌(憲左)는 왼쪽 무릎을 세우는 것인데 이러한 앉은 자세는 전투 중에 무사(武士)의 앉는 법인바 무무(武舞)에도 도입되었음을 알 수 있다.

대저 적군을 공격하여 완전히 소탕하고 평화가 보장되었으면 편안히 무릎 꿇고 앉아서 문치(文治)를 논하고 만일 적군을 공격하여 승리는 하였으나 괴수를 잡지 못했으면 경계태세에 돌입하여 방비를 튼튼히 해야 되는 까닭에 앉음에 오른쪽 무릎만 땅에 대고 왼쪽 무릎은 세우는 것인데 무왕은 목야(牧野)의 전투에서 대승하여 주(紂)를 처단했기 때문에 완전히 평화를 보장하였으므로 경계태세를 취할 필요가 없어서 무왕의 춤에는 앉은 자세가 양쪽 무릎을 모두 땅에 대고 앉는 자세였던 것이나 춘추시대에 항상 경계가 필요했던 시대 상황에서 도입되었음을 알 수 있다.

19-12-5───────────────────── 聲淫及商은 何也오 對하야
日非武音也니다 子가 日若非武音이면
則何音也오 對하야 日有司가 失其傳也니이다
若非有司가 失其傳하면 則武王之志가 荒矣하시니다
子가 日唯라 丘之聞諸萇弘에 亦若吾子之言하니 是也니라.

『소리가 지나쳐서 쇳소리에 미침은 어째서인가? 대답하여 말하기를 무왕의 음률이 아닙니다. 공자가 말씀하시기를 만약 무왕의 음률이 아니라면 어떤 음률인가? 대답하여 말하기를 책임자가 그 전해 온 바를 잃은 것입니다. 만약 책임자가 그 전해 온 바를 잃은 것이 아니라면 무왕의 뜻이 거칠다고 하실 것입니다. 공자가 말씀하시기를 그러니라. 내가 장홍에게 들음에도 또한 그대의 말과 같았나니 옳으니라.』

◉ 이 절에서는 성왕(聖王)의 공덕을 기리는 풍류의 음조(音調)에는 너무나 지나치게 높은 고음(高音)을 사용하지 않은 것을 변증하였다.

　성(聲)은 사람의 목소리로 내는 소리이고, 음(淫)은 지나치게 과도한 것이며, 상(商)은 상성(商聲)이니 쇳소리로 높은 소리이다. 지(志)는 무왕이 폭군 주(紂)를 정벌하려는 뜻이요, 황(荒)은 거칠게 살육전을 전개함이다. 무왕은 목야(牧野)의 전투에서 연합군이 일치단결하여 천벌(天罰)을 집행함에 군율을 엄수하고 6보7보(六步七步)

법으로 공격하여 항복한 사람을 죽이지 않고 인민을 보호하였으니
거칠게 살육전을 전개함이 없었던 사실을 『서경(書經)』 주서(周書)
의 태세(泰誓) 편과 목세(牧誓) 편에서 확인하기 바란다.

19-12-6

빈모가가 起하야 免席而請하되
曰夫武之備戒之已久는 則旣聞命矣어니와
敢問遲之하며 遲而又久는 何也이니고
子가 曰居하라 吾語汝하리라 夫樂者는
象成者也니 總干而山立은 武王之事也요
發揚蹈厲는 太公之志也요 武亂皆坐는 周召之治也니라.

『빈모가가 일어나 자리를 피하여 청하되 말하기를 대저 무왕의 풍
류가 준비하고 조심하기를 이미 오래함은 곧 이미 가르침을 들었거
니와 감히 묻건대 느리게 하며 느리게 하여 너무 오래 함은 무슨 까
닭입니까. 공자가 말씀하시기를 앉거라, 내가 너에게 말하리라. 대저
풍류는 성공한 내용을 상징하는 것이니 모두 방패를 들고 산처럼 서
서 기다림은 무왕의 일이요, 힘차게 드날리며 땅을 짓밟아 나아감은
태공의 뜻이요, 무왕의 풍류 끝 장에서 모두 무릎 꿇고 앉음은 주공
과 소공의 다스림을 상징하니라.』

☯ 이 절은 대무(大武)의 악무(樂武)에는 무왕의 혁명사업 성공
및 태공(太公)의 전략전술 성공과 주공(周公)과 소공(召公)의 예악
(禮樂)정치 성공의 역사적 사실로 구성되었음을 변증하였다.

면석(免席)은 피석(避席)과 같고 지지(遲之)와 이구(已久)는 앞에

137

19-12-2에서 말한 영탄지(咏歎之)와 음액지(淫液之)를 지칭하며 상성(象成)은 성공한 사업을 상징하는 것이요, 총간(總干)은 모두 방패를 들고 있는 것이며, 산립(山立)은 산처럼 서서 움직이지 아니함이니 준비하고 조심하는 자세이다. 사(事)는 무왕이 천명(天命)을 받고 민심(民心)을 따라는 제폭구민(除暴救民)의 혁명사업이고, 지(志)는 태공(太公)이 엄숙한 군율로 군대를 통솔하여 일사불란하게 작전을 수행하려는 뜻이며, 치(治)는 주공(周公)과 소공(召公)이 문왕(文王)의 덕치(德治)를 받들어 인정(仁政)의 체제를 확립하고 예절과 음악으로 다스리는 것이다.

19-12-7————————————————————— 且夫武는 始而北出하야
再成而滅商하고 三成而南하고
四成而南國을 是疆하고 五成而分하야
周公이 左하고 召公이 右하며
六成에 復綴하나니 以崇天子ㅣ니라.

『또한 저 무왕의 춤은 시발점에서 북쪽으로 나아가 두 곡조가 끝나면 상나라를 멸망시키고, 세 곡조가 끝나면 뒤돌아서 남쪽으로 향하고, 네 곡조가 끝나면 남쪽 나라를 이에 영토로 하고, 다섯 곡조가 끝나면 춤추는 대열을 나누어 주공의 대열은 왼쪽을 향하고, 소공의 대열은 오른쪽을 향하여 여섯 곡조가 끝나면 시발점으로 돌아오나니 천자를 숭상하는 까닭이니라.』

◑ 이 절은 무무(武舞)의 절도를 풍류 여섯 곡조의 순서에 따라 춤추는 위치와 방향 그리고 움직이는 동작을 구체적으로 분석하여 서술하였다.

시(始)는 춤추는 대열이 북쪽을 향하여 서서 정열한 가장 남쪽의 시발점이니 제1의 위치이다. 북출(北出)은 첫 번째 곡조가 끝날 때까지 춤을 추기 시작하여 제1의 위치에서 제2의 위치까지 북쪽으로 나아감이며, 재성(再成)은 두 번째 곡조가 끝날 때까지이며, 멸상(滅商)은 춤추는 대열이 제2의 위치에서 더욱 북쪽으로 나아가 제3의 위치에 이르는 것이니 무왕의 연합군이 맹진(孟津)에서 목야(牧野)의 전장으로 진출하여 상(商)나라 군대를 쳐부수고 승리함을 상징한다. 3성(三成)은 세 번째 곡조가 끝남이며, 남(南)은 춤추는 대열이 제3의 위치에서 더욱 북쪽으로 나아가 제4의 위치에서 뒤로 돌아 남쪽을 향하는 것이니 무왕이 폭군 주(紂)를 제거하고 천자의 자리에 올라 남쪽을 향하여 밝은 정치를 함을 상징한다. 4성(四成)은 네 번째 곡조가 끝남이며, 남국(南國)은 남쪽 나라로 춤추는 대열이 제4의 위치에서 다시 제3의 위치로 감이니 주(紂)가 통치하던 제후국(諸侯國)이요, 시강(是疆)은 강역으로 삼은 것인즉, 곧 주(周)나라의 영토로 수용하여 천하를 통일해서 혼란을 평정했음을 상징한다. 5성(五成)은 다섯 번째의 곡조가 끝남이고, 분(分)은 춤추는 대열을 반으로 나누어 동쪽과 서쪽 두 대열로 함인데 곧 춤추는 대열이 제3의 위치에서 제2의 위치로 가서 주공(周公)을 상징하는 대열은 왼쪽을 향하고, 소공(김公)을 상징하는 대열은 오른쪽을 향하여 춤추는 것이다. 6성(六成)은 여섯 번째 곡조가 끝남이요, 복(復)은 원래의 자리로 되돌아와서 처음처럼 북쪽을 향하여 서는 것이며, 철(綴)은 춤추는 대열이 시발점으로 삼았던 제1의 위치에서 춤을 그치는 것이다. 숭천자(崇天子)는 무왕이 혁

명하여 천명(天命)을 받들고 인민을 해방하니 천하 만민이 무왕의 정
벌을 기뻐하여 천자로 높이 숭경(崇敬)하였다는 뜻이다.

 夾振之而駟伐은 盛威於中國也요.

『좌우에서 끼고 위세를 떨치며 빨리 정벌하는 것처럼 춤을 추는
것은 중심국가에 성대한 위엄을 보이는 것이오.』

◉ 이 절은 앞 절에서 말한 재성이멸상(再成而滅商)의 춤추는 동
작을 자세히 기술하였다.
협(夾)은 좌우에서 끼고 있는 것이고, 진(振)은 진위(振威)로 위
세를 떨치는 것이다. 사(駟)는 네 마리 말이 끄는 전차로 매우 빠름
을 뜻하며, 벌(伐)은 정벌이다. 이것은 모두 춤추는 대열의 동작과
방향을 표현하는 것으로 곧 춤추는 대열이 좌우로 마주 보며 방패와
도끼를 머리 위로 높이 올려 힘차게 치면서 빨리 정벌하여 나아가는
것인데 대체로 1열과 2열이 서로 마주 보고 3열과 4열, 5열과 6열, 7
열과 8열이 각각 서로 마주 보면서 협공(夾攻)하는 것이다. 성위(盛
威)는 성대한 무력시위를 하는 것이요, 중국(中國)은 중앙지대의 문
화중심국이다.

 分夾而進은 事蚤濟也요
久立於綴은 以待諸侯之至也라.

『좌우에서 협공하는 대열을 나누어서 전진함은 군사작전을 조기에 달성한 것이요, 처음 시발점에서 오래 서 있는 것은 제후가 이르기를 기다리는 것이니라.』

◑ 이 절은 앞 절에서 말한 3성이남(三成而南)에 관한 동작을 자세히 기술하였다.

분협(分夾)은 협공하는 대열을 나누어 소집단을 만든 것이고, 진(進)은 제3의 위치에서 북쪽의 끝인 제4의 위치로 나아감이다. 사(事)는 정벌하는 군사작전이요, 제(濟)는 목적을 달성함이며, 철(綴)은 앞에 19-12-7에서 이미 해설하였으니 춤을 추기 시작하는 시발점인데 철(綴)은 본래 남쪽 끝 제1의 위치였으나 춤추는 대열이 북쪽 끝인 제4의 위치에서 뒤로 돌아 다시 남쪽을 향하여 무왕이 천자의 자리에 즉위하여 새 세상을 열었기 때문에 새로 출발하는 시발점이 되는 것이다. 대제후지지(待諸侯之至)는 이미 무왕을 따르는 연합국의 제후뿐만 아니라 주(周)나라가 새로 혁명하여 봉(封)한 천하의 제후가 그 작위를 받기 위하여 이르러 오기를 기다리는 것이다.

전배들은 구립어철(久立於綴)을 춤을 추기 전인 앞에 무지비계지이구(武之備戒之已久)로 오해하였으니 옳지 않다. 성인의 말씀에는 반복이 없는 것이고, 성인의 사건서술법에는 도치법이 없는 것이다.

19-12-10————————

且女는 獨未聞牧野之語乎아

武王이 克殷하시고 反商하야

未及下車而封黃帝之後於薊하시며

封帝堯之後於祝하시며 封帝舜之後於陳하시며
下車而封夏后氏之後於杞하시며 投殷之後於宋하시며
封王子比干之墓하시며 釋箕子之囚하사
使之行商容而復其位하시며 庶民을
弛政하시며 庶士엔 倍祿하시고

『또한 그대는 홀로 목야의 말씀을 듣지 못했는가? 무왕이 은나라를 이기고 상읍에 돌아와 아직 수레에서 내리지도 않고 황제의 후손을 계 땅에 봉하시며, 요 임금의 후손을 축 땅에 봉하시며, 순 임금의 후손은 진 땅에 봉하시며, 수레에서 내려와 하나라 왕조의 후손을 기 땅에 봉하시며, 은나라의 후손을 송 땅으로 가게 하시며, 왕자 비간의 묘에 봉분을 만들게 하시며, 기자의 죄수 신분을 풀어 주시어 하여금 상용에게 가서 그 지위를 회복시키게 하시며, 서민을 학정에서 해방하시며 여러 하급관료에게는 봉록을 배로 올리시고』

◐ 이 절은 무왕의 혁명이 위대한 역사를 계승하여 국가의 정통(正統)을 확립함에 있음을 변증하였으니 앞 절의 구립어철(久立於綴)하야 이대제후지지야(以待諸侯之至也)에 대한 보충설명이다.

반상(反商)은 은(殷)나라의 도읍인 상읍(商邑)으로 돌아온 것이요, 투(投)는 옮겨 가게 함이니 본래 무왕은 은나라 주(紂)의 아들 무경(武庚)을 상읍(商邑)에 봉(封)하여 탕(湯) 임금의 제사를 받들게 하였으나 무경이 반란을 일으켰기 때문에 주공(周公)이 정벌하여 멸하고, 미자(微子)를 송(宋)나라에 봉하여 탕 임금의 제사를 계속 받들게 하였으므로 공자가 이러한 역사적 사실을 밝히기 위하여 봉(封)

자를 투(投) 자로 바꾸었다. 상용(商容)은 은나라의 어진 대부(大夫)로 주(紂)의 미움을 받아 죄수가 되었는데 무왕이 석방해서 작위를 회복시키고 충의정신을 현창하였다. 이(弛)는 풀어서 해방함이고 정(政)은 주(紂)의 포악한 정권이며, 배록(倍祿)은 봉록을 배로 증액하여 생계를 보장한 것이니 은나라는 농민에게 70묘(畝)를 경작지로 주었으나 주나라는 100묘를 경작지로 주었으므로 전체적인 소득 향상은 당연한 것이다.

살피건대 무왕이 혁명하여 천자의 자리에 올라서 남면(南面)의 정치를 함에 새로 봉한 천하의 제후가 이르러 오기를 기다리는 구립어철(久立於綴)은 정벌을 시작하기 전의 무지비계지이구(武之備戒之已久)가 아니고, 이미 목야의 전투에서 승리하여 주(紂)를 제거하고, 상읍(商邑)에서 제후를 봉한 다음 주(周)나라의 도읍으로 돌아가서 천하제후의 조회를 받으며 즉위할 때인 4성이남(四成而南)에 대한 해설임이 분명하다.

19-12-11 ──────── 濟河而西하사 馬를 散之華山之陽而弗復乘하며
牛를 散之桃林之野而弗復服하며
車甲은 釁而藏之府庫而弗復用하며
倒載干戈하고 包之以虎皮하며 將帥之士는
使爲諸侯하시고 名之하야 曰建櫜하시니
然後에 天下가 知武王之不復用兵也니라.

『황하를 건너 서쪽으로 가시어 말을 화산의 남쪽에 풀어 놓아서 다시 타지 아니하며, 소를 도림의 벌판에 풀어 놓아 다시 부리지 아

니하며, 수레와 갑옷은 피를 발라 창고에 저장하여 다시 사용하지 아
니하며, 방패와 창을 눕혀 쌓고 호랑이 가죽으로 포장하며, 장수의
무사를 제후를 위하게 하시고 이름하여 말하기를 "무기자루에 자물
쇠를 채웠다"라고 하시니 그런 다음에 천하가 무왕이 다시는 전쟁을
하지 않으려는 뜻을 알았느니라.』

◑ 이 절은 무왕(武王)이 혁명하여 포악을 제거하고 인민을 구제
한 다음에는 군대를 해산하고, 문덕(文德)을 숭상하여 왕도정치(王道
政治)를 회복하였음을 기술하였다.

제(濟)는 건너감이요, 서(西)는 서쪽에 있는 호경(鎬京)으로 돌아
감이며, 흔(衅)은 피를 바르는 것이니 새롭게 보수하여 사용하지 못
하게 함이고, 도재(倒載)는 가로로 눕혀서 쌓아 보관함이다. 사(士)
는 전사(戰士)이고, 사위제후(使爲諸侯)는 제후를 위하여 신하로 종
신하게 함이며, 명지(名之)는 말과 소와 수레와 갑옷과 방패와 창 그
리고 전사(戰士)를 다시 사용하지 못하게 하는 조치를 통틀어 규정
한 이름이고, 건(建)은 건(鍵)이니 자물쇠를 채운 것이며, 고(櫜)는
창과 칼을 넣는 자루로 곧 칼집과 활집이다.

19-12-12—————————————————— 散軍而郊射하되 左射는 貍首하고
右射는 騶虞하니 而貫革之射가 息也하며
裨冕搢笏하시니 而虎賁之士가 說劍也하며
祀乎明堂하시니 而民이 知孝하며 朝覲然後에
諸侯가 知所以臣하며 耕籍然後에 諸侯가
知所以敬하니 五者는 天下之大敎也니라.

『군대를 해산하고 교외에서 활쏘기를 하되 왼쪽 교외에서 활 쏘는
사람은 삵의 머리를 노래하고, 오른쪽 교외에서 활 쏘는 사람은 추우
를 노래하니 가죽과녁을 꿰뚫는 활쏘기가 그치게 하며, 관복을 입고
관모를 쓰며 홀을 꽂게 하시니 범처럼 날랜 용사가 칼을 풀어 놓게
하며, 명당에서 제사 지내시니 인민의 효도를 알며, 조회하고 뵈게
한 연후에 제후가 신하 노릇을 할 바를 알며, 종묘의 제사답을 경작
한 연후에 제후가 공경할 바를 알았으니 이상의 다섯 가지는 천하의
큰 가르침인 것이니라.』

☯ 이 절은 무왕이 군대를 해산하고, 문치(文治)를 일으킨 5개 과
업을 기술하였다.

산군(散軍)은 군대를 해산함이고, 교사(郊射)는 교외에서 활쏘기
연습을 하면서 체력을 단련하며 집단규율을 익히는 평화 시의 군사
훈련이다. 좌사(左射)와 우사(右射)는 도읍을 동서로 나누어 동부에
있는 학교의 학생은 왼쪽 교외에서 활쏘기를 하고, 서부에 있는 학교
의 학생은 오른쪽 교외에서 활쏘기를 하는 것이다. 이수(貍首)와 추
우(騶虞)는 모두 활쏘기를 할 때에 연주한 노랫말인데 이(貍)는 삵
으로 몸을 노출하지 않고 숨기를 잘하니 무술을 숨기는 미덕을 상징
하며, 추우(騶虞)는 살리기를 좋아하는 인수(仁獸)로 『시경(詩經)』
소남(召南) 편에 있다. 관혁지사(貫革之射)는 가죽으로 만든 과녁을
꿰뚫는 활쏘기로 전시에 필살(必殺)의 무예를 숭상하는 것이나 평화
시에는 과녁을 천으로 만들어 힘보다는 덕을 평할 뿐이다. 비면(裨
冕)은 앞에 7-1-1에서 이미 해설하였고, 호분(虎賁)은 범같이 날랜
용사이며 설(說)은 탈(脫)이요, 적(籍)은 종묘의 제사답(祭祀畓)이니
임금이 직접 경작하여 제삿밥으로 쓰며, 경(敬)은 조상을 공경함이

다. 5자(五者)는 덕을 기르는 무예와 성대한 의복과 조상숭배와 조정의 질서와 농업생산에 힘쓰는 것이요, 천하지대교(天下之大敎)는 천하의 모든 사람을 깨우쳐 일으키는 중대한 교육이라는 뜻이다.

19-12-13━━━━━━━━━━━━━━━ 食三老五更於大學하되 天子가
袒而割牲하시며 執醬而饋하시며
執爵而酳하시며 冕而總干하시니
所以敎諸侯之弟也니 若此에 則周道가
四達하고 禮樂이 交通하나니 則夫武之遲久가 不亦宜乎아.

『학덕이 높고 장수한 노인과 예법을 아는 초로를 태학에서 먹이되 천자가 윗도리를 벗고 희생을 자르며, 긴장을 들고 음식을 권하며, 술잔을 들고 양치질하며, 면류관을 쓰고 방패를 들고 춤을 추니 제후에게 공손함을 가르치는 방법이니 이와 같음에 곧 주나라의 도덕이 사방으로 달통하고, 예절과 풍류가 서로 사귀어 통하나니 곧 저 무왕의 춤이 느리고 오래함이 또한 마땅하지 않으리오.』

◉ 이 절은 무왕이 태학에서 향음주례(鄕飮酒禮)를 거행한 절도를 기술하였다.

사(食)는 밥을 먹이는 것이요, 삼로오갱(三老五更)은 앞에 8-7-2에서 이미 해설하였으며, 천자(天子)는 무왕이고, 윤(酳)은 술을 조금 입에 머금어 양치질함이니 반주(飯酒)를 권한 것이며, 총(總)은 들고 춤을 추는 것이다.

살펴건대 무왕의 풍류는 위대한 역사를 회고하며, 큰 가르침을 회

상하며, 손님을 즐겁게 하는 데 목적이 있으므로 그 춤이 천천히 오
래하고, 후세의 춤은 단지 감각적 즐거움을 추구함에만 목적이 있으
므로 빨리 해서 얼른 끝내니 살펴야 한다.

19-13-1 ───────────────────────── 君子가 曰禮樂은 不可斯須去身이니
致樂以治心하면 則易直子諒之心이
油然生矣요 易直子諒之心이 生則樂하고
樂則安하고 安則久하고 久則天하고
天則神하니 天則不言而信하고
神則不怒而威하나니 致樂以治心者也니라.

『군자가 말하기를 예절과 풍류는 잠시 동안이라도 몸에서 떠날 수
없나니 풍류를 연구해서 마음을 다스리면 평이하여 자유스럽고 너그
럽게 사랑하는 마음이 구름처럼 생기는 것이요, 평이하여 자유스럽고
너그럽게 사랑하는 마음이 생기면 즐겁고, 즐거우면 편안하고, 편안
하면 오래 하고, 오래 하면 진실하고, 진실하면 신성하니 진실하면
말하지 않아도 믿고, 신성하면 성내지 않아도 두렵나니 풍류를 연구
하여 마음을 다스리는 것이니라.』

☯ 이 장은 예절과 풍류를 연구하여 마음을 다스리는 방법을 기술
하였으니 여기에서는 군자의 예악생활이 지극히 진실하고 신성한 것
임을 밝혔다.
　사수(斯須)는 잠시이고, 치(致)는 연구하여 극치에 이르는 것이며,
이직(易直)은 쉬어서 부담이 없으므로 자유로움이요, 자량(子諒)은

아들처럼 사랑스러운 까닭에 너그러운 것이다. 유연(油然)은 구름의
뭉게뭉게 피어나는 모양이고, 천(天)은 천진(天眞)이니 진실함이며,
신(神)은 신성(神聖)함이요, 위(威)는 두려워하는 것이다.

19-13-2 ———————————————— 致禮以治躬하면 則莊敬하고
莊敬하면 則嚴威하나니 心中이
斯須不和不樂하면 而鄙詐之心이
入之矣요外貌가 斯須不莊不敬하면
而易慢之心이 入之矣니라.

『예절을 지극히 익혀 몸을 다스리면 곧 씩씩하고 경건하고, 씩씩
하고 경건하면 곧 엄숙하고 의젓하나니 마음속이 잠깐이라도 화평하
지 못하고 즐겁지 못하면 저 비루하고 간사한 마음이 들어가는 것이
요, 밖에 모양이 잠깐이라도 씩씩하지 않고 경건치 않으면 저 게으른
마음이 들어가는 것이니라.』

◐ 이 절은 앞 절에 이어 예절로 몸을 다스리고 음악으로 마음을
다스려야 되는 이유를 기술하였다.

19-13-3 ———————————————— 故로 樂也者는 動於內者也요
禮也者는 動於外者也니 樂은 極和하고
禮는 極順하야 內和而外順하면

則民이 瞻其顔色而弗與爭也하며
望其容貌而民不生易慢焉하나니
故로 德輝動於內하야 而民莫不承聽하며
理發諸外하야 而民莫不承順하나니
故로 曰致禮樂之道면 擧而錯之天下가 無難矣니라.

『그러므로 풍류는 마음속에서 감동하는 것이요, 예절은 외모에서 감동하는 것이니 풍류는 화합을 극진히 하고, 예절은 순서를 극진히 하여 안으로 화평하고, 밖으로 유순하면 인민이 그 얼굴빛을 쳐다보고 더불어 다투지 아니하며, 그 용모를 바라보고 민중이 게으름을 피우지 아니하나니 그러므로 덕의 아름다운 광채가 마음속에서 감동하여 인민이 받들어 듣지 않음이 없으며, 도리가 외모에서 발산하여 민중이 받들어 순종하지 않음이 없나니 그러므로 말하기를 예절과 풍류의 도를 완성하면 천하에 예절과 풍류의 도를 일으켜 시행하기가 어려움이 없다고 하니라.』

◉ 이 절은 나라에 예악(禮樂)을 일으키려면 먼저 나라의 지도층이 몸소 예절과 풍류를 실천하여 민중에게 모범을 보여야 됨을 기술하였다.

동(動)은 감동함이고, 내(內)는 마음속이며, 외(外)는 외모(外貌)요, 극지(極知)는 앎을 극진히 함이니 풍류에 대하여 통달함이며, 극순(極順)은 유순(柔順)함을 극진히 함이니 예절을 오로지 따르는 것이다. 내화(內和)는 마음속의 화평함이고, 외순(外順)은 외모가 유순함이며, 이만(易慢)은 게으름이요, 덕휘(德輝)는 덕의 아름다운 광채

이며, 리(理)는 도리(道理)이다. 치(致)는 전체를 완성함이고, 거(擧)
는 일으킴이며, 조(錯)는 시행함이요, 지(之)는 앞에서 말한 예절과
풍류의 도를 지칭하는 대명사로 목적격이다.

19-13-4 ——————————————————————— 樂也者는 動於內者也요
禮也者는 動於外者也라
故로 禮는 主其減하고 樂은 主其盈하니
禮는 減而進이라 以進爲文하고
樂은 盈而反이라 以反爲文하니
禮는 減而不進하면 則銷하고
樂은 盈而不反하면 則放하나니
故로 禮有報而樂有反하니 禮得其報則樂하고
樂得其反則安하나니 禮之報와 樂之反이 其義가 一也니라.

『풍류는 마음속에서 감동하는 것이요, 예절은 외모에서 감동하는
것이라. 그러므로 예절은 그 가볍게 덜기를 주장하고, 풍류는 그 가
득히 채우기를 주장하니 예절은 가볍게 덜어서 나아가는지라 나아감
으로써 문채를 삼고, 풍류는 가득히 채워서 돌아오는지라 돌아옴으로
써 문채를 삼으니 예절은 가볍게 덜어서 나아가지 아니하면 기운이
가라앉고, 풍류는 가득히 채워서 돌아오지 아니하면 흩어지나니 그러
므로 예절에는 보답이 있고, 풍류에는 돌아옴이 있으니 예절이 그 갚
음을 얻으면 즐겁고, 풍류가 그 돌아옴을 얻으면 편안하나니 예절의
갚음과 풍류의 돌아옴이 그 뜻이 한가지니라.』

◐ 이 절은 음악과 예절의 감동적 특성을 밝혀 나라의 정치지도자가 예절과 음악을 몸소 실천하여 보급함에 특별히 주의해야 될 요점을 기술하였다.

주(主)는 주장함이니 중심적 가치로 삼는 것이요, 감(減)은 경감(輕減)이니 감동을 가볍게 덜어서 겸허(謙虛)한 자세로 공손히 사양함이며, 영(盈)은 충영(充盈)이니 감동을 가득 채워서 신명을 돋우는 것이다. 진(進)은 의례(儀禮)의 절차를 중단함이 없이 진행하여 나아감이고, 반(反)은 원래의 상태로 돌아와서 멈추는 것이다. 문(文)은 아름다운 문채이고, 소(銷)는 의기(意氣)가 소침(銷沈)하여 가라앉음이요, 방(放)은 절제력을 잃어 방종(放縱)하여 산만하게 됨이다. 무릇 예절은 겸손하게 사양하면서도 의례의 절차를 중단함이 없이 계속 진행하여야만 분위기가 가라앉지 않게 되고, 풍류는 감동을 가득 채워서 신명을 돋우되 극치에 이르러 절제력을 발휘해서 점점 기분을 억제하고 평상심으로 돌아가도록 끝내야만 방종하여 산만하지 않게 된다. 보(報)는 보답(報答)하여 되갚음이니 집례(執禮)가 의식절차의 순서를 교대하면서 주인이 말로 권청(勸請)하고, 손님이 말로 사양하는 수답(酬答)과 예절의 시작을 명령하고, 예절의 끝남을 보고하는 절도이다. 따라서 예절은 겸허하게 그 보답하는 절차를 따르면 즐거운 것이고, 풍류는 가득하게 감동하다가 다시 원래의 평상심으로 돌아오면 편안한 것이니 예절에 보답하는 절차가 있고, 풍류에 악장을 마치는 절도가 있는 것이 모두 사람을 즐겁고 편안하게 하기 위함이다.

19-13-5————————————— 夫樂者는 樂也니 人情之所不能免也라
樂은 必發於聲音하며 形於動靜하나니

人之道也라 聲音動靜에 性術之變이
盡於此矣니라 故로 人不耐無樂하며
樂不耐無形하며 形而不爲道면 不耐無亂이니
先王이 恥其亂故로 制雅頌之聲하사 以道之하야
使其聲이 足樂而不流하며 使其文이 足論而不息하며
使其曲直繁瘠廉肉節奏가 足以感動人之善心而已矣요
不使放心邪氣로 得接焉이니 是先王立樂之方也니라.

『대저 풍류라는 것은 즐거운 것이니 사람의 감정에 피할 수 없는 바이라. 풍류는 반드시 소리와 가락에서 발양하여 움직임과 고요함에서 형태를 이루나니 사람의 바른 길이므로 소리와 가락 및 움직임과 고요함에 성능과 재주의 변화가 여기에서 다하느니라. 그러므로 사람은 풍류가 없을 수 없으며, 풍류는 형태를 이루지 않을 수 없으며, 형태를 이루되 바른 길로 하지 않으면 혼란이 없을 수 없나니 선왕이 그 어지러움을 부끄러워하는 까닭으로 아악과 송가의 소리를 제정하사 그것을 말미암게 하여 그 소리가 충분히 즐거우면서도 흐르지 않게 하며, 그 문채가 충분히 토론하여 그치지 않게 하며, 그 굽고 곧음과 번화하고 수척함과 모나고 둥긂과 마디를 끊고 다시 연주함에 충분히 사람의 착한 마음을 감동하게 할 뿐이요, 방탕심과 사악한 기운이 접근하지 못하게 함이니 이것이 선왕이 풍류를 세우는 방법이니라.』

● 이 절은 성왕(聖王)이 雅樂(아악)과 頌歌(송가)를 창작하는 목적을 기술하였으니 사람의 착한 마음을 감동시켜서 방탕한 마음이나 사악한 기운이 범접하지 못하도록 하기 위함임을 밝혔다.

발(發)은 나타내서 드날리는 발양(發揚)이요, 형(形)은 형태를 이루는 형성(形成)이며, 성음(聲音)은 노래이고, 동정(動靜)은 춤이다. 성술(性術)은 성능(性能)과 재주요, 변(變)은 변화이니 가무(歌舞)로써 사람의 천부적 능력과 재주를 모두 발휘하는 것이다. 내(耐)는 능(能)과 같고, 도지(道之)는 인도(引導)함이며, 족론(足論)은 선왕(先王)의 아름다운 문덕(文德)을 충분히 토론하여 본래의 뜻을 찾아서 수양함이다. 곡(曲)은 소리가 부드럽고 동작이 완만하게 도는 것이요, 직(直)은 소리가 곧고 동작이 반듯함이며, 번(繁)은 소리가 다양하고 동작이 번거로운 것이고, 척(瘠)은 소리가 메마르고 동작이 작은 것이다. 렴(廉)은 소리가 맑고 동작이 직각으로 도는 것이요, 유(肉)는 소리가 둥글고 동작이 원만한 것이며, 절(節)은 소리와 동작에 마디를 끊어 그침이요, 주(奏)는 소리와 동작을 원래의 상태에서 새로 시작함이다. 방심(放心)은 방탕심(放蕩心)이니 방자하고 안일하여 아무렇게나 하려는 마음이요, 사기(邪氣)는 사악한 기운이니 난폭하고 사특한 기분이며, 접(接)은 접합(接合)함이고 방(方)은 방법이다.

19-13-6 ────────────────── 是故로 樂在宗廟之中하야

君臣上下가 同聽之하면 則莫不和敬하며

在族長鄕里之中하야 長幼가 同聽之하면

則莫不和順하며 在閨門之內하야

父子兄弟가 同聽之하면 則莫不和親하나니

故로 樂者는 審一以定和하며 比物以飾節하며

節奏가 合以成文하나니 所以合和父子君臣하며

附親萬民也니 是先王立樂之方也니라.

『이런 까닭으로 풍류가 종묘의 가운데에 있어 임금과 신하와 위아래가 같이 들으면 화합하여 공경하지 않음이 없게 하며, 집성촌과 고을과 마을의 가운데에 있어 어른과 어린이가 같이 들으면 온화하여 유순하지 않음이 없게 하며, 안채의 대문 안에 있어 부자 형제가 같이 들으면 화열하여 친하지 않음이 없게 하나니 그러므로 풍류라는 것은 하나로 됨을 살펴서 화음을 제정히며, 물체의 소리를 비교 평가하여 끊어진 마디를 장식하며, 마디를 끊고 다시 연주함을 종합하여 문채를 이루나니 부자와 군신을 화합하고, 만민을 가까이 친하게 하는 원리인 것이니 이것이 선왕이 풍류를 세우는 방법이니라.』

◑ 이 절은 앞 절에 이어 풍류의 일체적(一體的)인 화합정신을 기술하여 화음(和音)을 제정하고, 악절(樂節)을 장식하며, 절주(節奏)를 종합하는 원칙을 밝혔다.

시고(是故)는 앞 절에서 말한 사람의 착한 마음을 감동하여 방탕심이나 사악한 기분을 접근하지 못하게 하는 결과이다. 화경(和敬)은 화합하여 공경함이고, 족장(族長)은 집성촌(集姓村)의 종친 어른의 집이니 곧 종가(宗家)이며, 화순(和順)은 온화하여 유순함이요, 규문(閨門)은 안채로 들어가는 문이니 외부인이 함부로 들어가지 못한다. 화친(和親)은 화락(和樂)하여 친애(親愛)함이요, 일(一)은 일체(一體)로 됨이니 여러 가지 음색(音色)이 서로 어울려 동질감(同質感)을 느끼게 되는 것을 화음(和音)으로 제정한 것이다. 비(比)는 비교

하여 평가함이고, 물(物)은 여러 가지 물체의 악기(樂器)이며, 절
(節)과 주(奏)는 앞 절에서 이미 해설하였는데 다양한 소리를 내는
악기들을 비교 평가하여 높고 낮고 길고 짧게 끊어진 마디를 아름답
게 장식하고, 또한 악절(樂節)을 마치고 다시 다음 악장(樂章)을 연
주함을 모두 종합하여 문채를 완성하는 것이 선왕이 풍류의 절도를
확립하는 방법이다.

19-13-7 ─────────────────────────── 故로 聽其雅頌之聲하면 志意가
得廣焉하며 執其干戚하고
習其俯仰詘伸하면 容貌가 得莊焉하며
行其綴兆하야 要其節奏하면
行列이 得正焉하며 進退가 得齊焉하나니
故로 樂者는 天地之命이며
中和之紀라 人情之所不能免也니라.

『그러므로 그 아악과 송가의 소리를 들으면 뜻과 생각이 광대함을
얻으며, 그 방패와 창을 들고 그 구부리고 우러르며, 굽히고 폄을 익
히면 용모가 장엄함을 얻으며, 그 춤추는 대열의 위치에 가서 그 마디
를 끊고 다시 연주를 시작함을 살피면 항렬이 반듯함을 얻으며, 나아
가고 물러감이 가지런함을 얻나니 그러므로 풍류라는 것은 하늘땅의
명령이며, 중화의 기강이므로 사람의 감정에 피할 수 없는 바이니라.』

  ☯ 이 절은 광대(廣大)하고 장엄하고 공정(公正)한 풍류는 하늘의
지상명령(至上命令)이고, 중화세계(中和世界)를 이룩하는 기강(紀綱)

임을 기술하였다.

철(綴)은 춤추는 대열이요, 조(兆)는 춤추는 영역이니 곧 춤추는
대열의 위치이며, 요(要)는 살피는 것이고, 명(命)은 명령이니 만물
이 착하게 화합하여 광대하고 장엄하고 공명한 세계를 건설해서 즐
겁게 노래하고 춤추며 쾌활하게 살라는 명령이다. 중화(中和)는 천성
(天性)을 말미암는 자율주체(自律主體)를 확립해서 때와 장소에 알
맞게 감정을 조절하여 전체가 고루 화합하는 이상세계(理想世界)를
건설하는 것이고, 기(紀)는 기강(紀綱)이니 대원칙이다.

19-13-8 —————————————————— 夫樂者는 先王之所以飾喜者也요
軍旅鈇鉞者는 先王之所以飾怒者也니
故로 先王之喜怒가 皆得其儕焉하사
喜則天下가 和之하고 怒則暴亂者가
畏之하니 先王之道에 禮樂이 可謂盛矣니라.

『대저 풍류라는 것은 선왕이 기쁨을 장식하는 원리요, 군대와 작
은 도끼와 큰 도끼라는 것은 선왕이 노여움을 장식하는 원리이니 그
러므로 선왕의 기쁨과 노여움이 모두 그 짝을 얻으시어 기뻐하시면
천하가 즐거워하고, 분노하시면 포악하고 어지러운 사람이 두려워하
니 선왕의 정치체제에 예절과 풍류가 성대한 덕이라고 할 것이니라.』

◉ 이 절에서는 예절과 풍류가 선왕의 정치체제에 있어서 가장 훌
륭한 것임을 기술하여 무릇 임금이 천명(天命)을 받들어 대동중화세
계(大同中和世界)를 완성한 기쁨을 수식하는 원리가 바로 예절과 풍

류임을 변증하였다.

　식(飾)은 수식(修飾)함이고, 제(儕)는 짝이며, 도(道)는 정도(政道)요, 성(盛)은 성덕(盛德)이니 하늘처럼 성대한 공덕이다.

19-14-1 ──────────────────── 子贛이 見師乙하야 而問焉하되
日賜는 聞聲歌가 各有宜也라 하니
如賜者는 宜何歌也오 師乙이 日乙은
賤工也어늘 何足以問所宜리오
請誦其所聞하리니 而吾子가 自執焉하라
寬而靜하며 柔而正者는 宜歌頌하고
廣大而靜하며 疏達而信者는 宜歌大雅하고
恭儉而好禮者는 宜歌小雅하고 正直而靜하며
廉而謙者는 宜歌風하고 肆直而慈愛者는
宜歌商하고 溫良而能斷者는 宜歌齊니라
夫歌者는 直己而陳德也니 動己에 而天地가
應焉하며 四時가 和焉하며 星辰이
理焉하며 萬物이 育焉이라 하니라.

　『자공이 악사 을을 만나서 묻되 말하기를 사는 듣건대 소리와 노래는 각각 좋아함이 있다고 하니 사와 같은 사람은 어떤 노래를 좋아하리오. 악사 을이 말하기를 을은 천한 악공이거늘 어찌 족히 좋아하는 바를 물으리오. 청컨대 그 들은 바를 암송하리니 우리 그대는 스스로 골라잡을지어다. 너그러우면서도 고요하며 부드러우면서도 바른 사람은 송가를 노래하기 좋아하고, 광대하면서도 고요하며 대범하

면서도 믿는 사람은 대아를 노래하기 좋아하고, 공손하고 검소하면서
도 예절을 좋아하는 사람은 소아를 노래하기 좋아하고, 정직하면서도
고요하며 방정하면서도 겸손한 사람은 풍을 노래하기 좋아하고, 자유
롭게 고지식하면서도 자애로운 사람은 상나라 가락을 노래하기 좋아
하고, 따뜻하고 어질면서도 결단을 잘하는 사람은 제나라 가락을 노
래하기 좋아하니라. 무릇 노래라는 것은 자기의 몸을 똑바로 세워서
덕을 펼치는 것이니 자기의 몸을 움직임에 하늘땅이 감응하며 네 철
이 조화로우며 별이 바르게 운행하며 만물이 자란다고 하니라.』

☯ 이 장은 사람은 재능과 덕성의 취향에 따라 시가(詩歌)를 선택
하는 경향이 있음을 기술하였다.

자공(子贛)은 자공(子貢)이니 공자의 제자로 이름이 사(賜)이고, 사
을(師乙)은 악사(樂師) 을(乙)이니 악사는 관직이요, 을은 이름이다.
의(宜)는 좋아함이고, 관(寬)은 덕성이 너그럽고 두터운 것이며, 정
(靜)은 마음이 고요하여 움직이지 아니함이며, 유(柔)는 기상이 온유
(溫柔)함이고, 정(正)은 행실이 바름이며, 송(頌)은 선왕(先王)의 공
덕을 찬송하는 제례악(祭禮樂)이니 성인(聖人)의 덕성과 기상이 있으
므로 성왕(聖王)을 노래하기 좋아하는 것이다. 광대(廣大)는 사업의
규모가 넓고 큰 것이고, 소달(疏達)은 대범함이니 큰 사업을 경영하면
서도 마음이 고요하고 대범하면서도 믿음직한 현인(賢人)은 천자국의
조정에서 노래하는 대아(大雅)를 좋아하는 것이다. 공손하고 검소하면
서도 예절을 좋아하는 군자(君子)는 문화인이 노래하는 소아(小雅)를
좋아하고, 정직하면서도 마음이 고요하고 방정(方正)하면서도 겸손한
선비는 나라에서 유행하는 국풍(國風)을 좋아하는 것이다. 사직(肆直)
은 자유롭고 고지식한 것이고, 자애(慈愛)는 인정이 많은 것이니 자유

롭고 고지식하면서도 인정이 많은 사람은 고풍조(古風調)의 상(商)나라 가락을 좋아하고, 따뜻하고 어질면서도 결단을 잘하는 사람은 신풍조(新風調)의 제(齊)나라 가락을 좋아하니 상(商)나라 가락은 대장(大章)과 함지(咸池)와 소(韶) 등의 문명사회를 이룩한 평화로움을 숭상하여 지극히 착하고 아름다우며, 제(齊)나라 가락은 대하(大夏), 대호(大濩), 대무(大武) 등의 포악을 제거하고 인민을 해방하는 정벌을 노래하여 아름답지만 인위적으로 결단하는 면도 있는 것이다. 직기(直己)는 자기의 몸을 똑바로 세우는 것이요, 진덕(陳德)은 덕을 베풀어 보이는 것이며, 동기(動己)는 자기의 몸을 움직이는 것이니 곧 노래와 춤으로 자기의 덕성을 표현하는 것이다. 응(應)은 감응이니 상서로움이 더함이요, 화(和)는 조화(調和)로움이니 기후변화가 순조로운 것이며, 리(理)는 조리가 있음이니 순리로 운행함이고, 육(育)은 생육(生育)이니 모두 인간의 지극한 재능과 덕성으로 경영한 결과이다.

살펴건대 시경(詩經)에는 풍(風)과 소아(小雅), 대아(大雅), 송(頌)만 있고 상(商)과 제(齊)는 없으니 아마도 상(商)은 상송(商頌)을 지칭하고, 제(齊)는 제풍(齊風)으로 보아야 옳을 듯하도다.

19-14-2 ——————————————————————

故로 商者는 五帝之遺聲也니
商人이 識之故로 謂之商이요
齊者는 三代之遺聲也니 齊人이
識之故로 謂之齊니 明乎商之音者는
臨事而屢斷하고 明乎齊之音者는
見利而讓하나니 臨事而屢斷은 勇也요
見利而讓은 義也니 有勇有義를 非歌면 孰能保此리오.

『그러므로 상나라 가락은 5제의 끼친 소리니 상나라 사람이 기억하는 까닭으로 상나라 가락이라고 일컬으며, 제나라 가락은 3대의 끼친 소리니 제나라 사람이 기억하는 까닭으로 제나라 가락이라고 일컬으니, 상나라의 가락에 밝은 사람은 일에 임하여 빨리 결단하고, 제나라 가락에 밝은 사람은 이익을 보면 사양하나니 일에 임하여 빨리 결단함은 용기이고, 이익을 보면 사양함은 의로움이니 용기가 있고, 의로움이 있음을 노래가 아니면 누가 능히 이것을 보전하리오.』

◉ 이 절은 앞 절에 이어 상(商)나라의 가락과 제(齊)나라의 가락에 대한 역사적 성격과 본질적 가치에 대하여 변증하였으나 경문(經文)에 상음(商音)과 제음(齊音)에 대한 해설이 뒤바뀌었는데 아마도 후세에 기록하는 과정에서 착오가 있는 듯하다.

지(識)는 기억하거나 기록함이고, 루(屢)는 빠른 것이며, 보차(保此)는 용기와 의로움을 보전(保全)함이다.

살피건대 앞 절에서 말하기를 사직이자애자(肆直而慈愛者)는 상(商)나라의 가락을 노래하기를 좋아하고, 온량이능단자(溫良而能斷者)는 제(齊)나라의 가락을 노래하기 좋아한다고 하였거늘, 이 절에서는 말하기를 상나라 가락에 밝은 사람은 임사이루단(臨事而屢斷)하고, 제나라 가락에 밝은 사람은 견리이양(見利而讓)한다고 하였으니 그 덕성(德性)과 행실이 서로 뒤바뀐 것이다. 따라서 마땅히 이 말은 서로 바꾸어 바로잡아서 자유롭고 고지식하며 자애로운 사람은 이익을 보거든 양보를 잘하고, 또한 따뜻하고 어질면서 결단을 잘하는 사람은 일에 임하여 빨리 결단한다고 해야 된다.

춘추(春秋)와 시경(詩經)에 근거하여 논하면 상(商)은 송(宋)나라인즉 송나라는 복고적 이상주의(理想主義)를 추구했고, 제(齊)나라는 현실적 실용주의(實用主義)를 채택하였으니 송나라 양공(襄公)이 인애심(仁愛心)으로 양보한 사실이 있으며, 제나라가 관중(管仲)의 법치주의(法治主義)를 채택하여 부국강병책을 추구한 사실이 있으므로 상나라의 가락이 이익을 보고도 사양하고, 제나라의 가락이 일에 임하여 빨리 결단한다고 해야 된다.

19-14-3 —————————————————————— 故_고로 歌_가者_자는 上_상如_여抗_항하며
下_하如_여隊_추며 曲_곡如_여折_절하며 止_지如_여槁_고木_목하며
倨_거中_중矩_규하며 句_구中_중鉤_구하여 纍_류纍_류乎_호端_단如_여貫_관珠_주하니
故_고로 歌_가之_지爲_위言_언也_야는 長_장言_언之_지也_야니 說_열之_지故_고로
言_언之_지하고 言_언之_지不_부足_족故_고로 長_장言_언之_지하고
長_장言_언之_지不_부足_족故_고로 嗟_차嘆_탄之_지하고 嗟_차嘆_탄之_지不_부足_족故_고로
不_불知_지手_수之_지舞_무之_지足_족之_지蹈_도之_지也_야니라 子_자貢_공問_문樂_악이라.

『그러므로 노래라는 것은 곡조가 올라감에는 대항하듯이 하며, 내려감에는 떨어지듯이 하며, 굽힘에는 부러지듯이 하며, 그침에는 마른 나무처럼 하며, 꺾음에는 기역자에 적중하며, 돌림에는 그림쇠에 적중하여 줄줄이 이어진 모양의 단정함이 구슬을 꿴 것처럼 하니 그러므로 노래로 말을 표현함에는 긴 소리로 말하는 것이니 기뻐하는 까닭으로 말을 하고, 말이 부족한 까닭으로 긴 소리로 말하고, 긴 소리로 말함이 부족한 까닭으로 탄식하고, 탄식이 부족한 까닭으로 손이 춤추고 발이 뛰는 것을 알지 못하는 것이니라. 자공이 풍류를 묻느니라.』

◑ 이 절에서는 노래의 곡조(曲調)가 변화하는 원리와 노랫말로 감정을 표현하는 방법을 원론적으로 기술하였다.

상(上)은 노래의 곡조가 위로 올라감이요, 항(抗)은 대항하여 다툼이며, 하(下)는 노래의 곡조가 아래로 내려감이고, 추(隊)는 추(墜)와 같으며, 곡(曲)은 노래의 곡조를 굽히는 것이요, 절(折)은 나무줄기를 휘어서 부러지게 함이다. 지(止)는 노래의 곡조가 멈추어 그침이고, 고목(槀木)은 말라서 죽은 나무로 움직임이 없는 것이며, 거(倨)는 노래의 곡조를 꺾음이요, 중(中)은 적중(的中)이며, 구(矩)는 곡척(曲尺)이니 기역자이다. 구(句)는 노래의 곡조를 둥글게 돌림이고, 구(鉤)는 그림쇠니 둥근 원을 그리는 도구(컴퍼스)이다. 류류(纍纍)는 줄줄이 이어진 모양이고, 단(端)은 단정함이며, 관주(貫珠)는 구슬을 실에 꿰어 만든 아름다운 보배이다. 위언(爲言)은 말을 표현하는 방법이고, 장언(長言)은 긴 소리로 말함이며, 차탄(嗟嘆)은 감탄하여 탄식하는 소리요, 부지(不知)는 감흥이 넘치는 것을 느끼지 못하는 것이다. 자공문악(子貢問樂)은 이 장의 첫머리에서 자공이 사을(師乙)에게 묻기를 "사(賜)는 어떤 노래를 좋아하리오"라고 하였는데 사을이 사양하고 일반적인 경향만을 개략적으로 열거할 뿐이므로 자공이 다시 물었으나 사을이 끝내 사양하여 대답하지 않았음을 기록해서 공경하고 사양하는 예절을 보였으니 풍류에 대한 대화예절의 전범이라고 하겠다.

20. 잡기상(雜記上)

잡기(雜記)는 특별한 경우에 대처하는 잡다한 내용을 기록했다는 뜻이다. 그러나 이 편의 내용을 살피면 제후(諸侯) 이하로부터 선비에 이르기까지의 상사(喪事)에 대한 기록이 대부분이고, 끝부분에 약간의 잡다한 예절을 기술하고 있으므로 앞에 상복소기(喪服小記) 편과 뒤에 상대기(喪大記) 편을 참고하면 상례(喪禮)에 대한 예절을 온전하게 갖추리라.

상(上)은 잡기 편을 상편과 하편으로 나누었다는 뜻이니 국가의 상례(喪禮)를 상편으로 하고 가정의 상례를 하편으로 하였다.

20-1-1

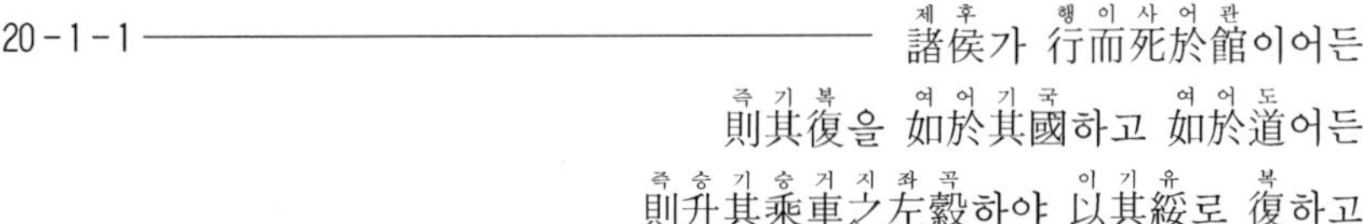

『제후가 다른 나라에 가서 객관에서 죽거든 곧 그 혼령을 부르는 복을 그 나라에서와 같이하고, 만일 길에서 죽거든 곧 그 승용차의 왼쪽 수레바퀴통에 올라가서 그 늘어진 깃발로써 혼령을 부르는 복을 하고』

◉ 이 장은 제후 및 사대부가 외국에서 죽었을 때에 초혼(招魂)하는 예절과 본국으로 운구(運柩)하여 송상(送喪)하는 절도를 기술하

였다.

행(行)은 출행(出行)이니 다른 나라에 가는 것이고, 관(館)은 객관(客館)으로 영빈관이며, 복(復)은 앞에 3-44-11에서 해설하였고, 좌곡(左轂)은 수레의 왼쪽 바퀴통이니 수레가 남향(南向)일 때에 동쪽에 해당하며 유(綏)는 늘어진 깃발이다.

20-1-2 ──────────────────── 其輤에 有裧하고 緇布裳帷하고
素錦以爲屋而行하나니라.

『그 영구차의 덮개에 수레휘장이 있고, 검은 베로 널을 두르고 흰 비단으로 널을 덮어서 본국으로 가느니라.』

◯ 이 절은 제후가 다른 나라에서 죽었을 때에 본국으로 운송하는 영구차의 구조와 장식을 기술하였다.

천(輤)은 영구차의 덮개이고, 첨(裧)은 영구차의 덮개에 사방으로 늘어진 수레휘장이며, 치(緇)는 검은색이요, 상유(裳帷)는 널을 둘러싸는 장막이며, 옥(屋)은 널을 덮어 지붕처럼 만든 것이다.

살피건대 널을 실은 영구차는 덮개가 2층의 구조인데 상층의 덮개는 푸른색의 천에 붉은색의 휘장이요, 하층의 덮개는 흰 비단에 검은 베의 장막이다. 이것은 붉고 푸른 색을 밖으로 표출하고, 검고 흰 색을 안으로 감춘 것이니 남의 나라를 지나감에 슬픔을 자제하려는 까닭이라고 할 것이다.

20-1-3 ———————————————————————— 至於廟門하야 不毁牆하고
遂入適所殯하되 唯輤을 爲說於廟門外니라.

『종묘의 대문에 이르러 담장을 허물지 아니하고 대문으로 들어가
서 빈궁을 만들 곳으로 가되 오직 수레덮개를 종묘의 대문 밖에서
벗기느니라.』

☯ 이 절은 제후의 영구차가 본국의 종묘에 들어가서 빈궁(殯宮)
을 설치하는 절도를 기술하였다.

묘문(廟門)은 본국 종묘(宗廟)의 대문이고, 장(牆)은 종묘의 담장
이니 출상(出喪)할 때에는 담장을 헐고 나가지만 외국에서 죽어서
돌아오는 것이므로 담장을 헐지 않고 대문으로 들어가는 것이다. 탈
(說)은 탈(脫)이니 이에 붉고 푸른 수레의 덮개를 벗기는 것은 본국
의 중묘에 도착하였으므로 슬픔을 억제할 필요가 없기 때문이다.

20-1-4 ———————————————————————— 大夫士가 死於道어든
則升其乘車之左轂하야
以其綏로 復하고 如於館死어든
則其復을 如於家하며
大夫는 以布爲輤而行하야
至於家而說輤하고 載以輴車하야
入自門至於阼階下而說車하고
擧自阼階하야 升適所殯하며

『대부와 선비가 길에서 죽거든 곧 그 승용차의 왼쪽 바퀴통에 올라가서 그 늘어진 깃발로 혼령을 불러 복하고, 만일 객관에서 죽거든 곧 그 초혼을 집에서처럼 지붕 위에 올라가서 복하며, 대부는 베로써 수레의 덮개를 만들어 운송하여 집에 이르러 수레덮개를 벗기고 널을 싣는 수레에 실어 대문으로 들어가서 섬돌계단 아래에 이르러 수레를 빼고 들어서 섬돌계단으로부터 올라가 빈소를 만들 곳으로 가며』

◉ 이 절은 대부(大夫)나 선비가 밖에서 죽었을 때에 복(復)하고 송상(送喪)하는 절도를 기술하였으니 대체로 제후와 같은 절차로되 그 격을 낮추어 소박하게 해야 됨을 밝혔다.

유(綏)는 외교사신임을 표시하는 깃발이요, 천거(輤車)는 널을 싣는 수레로 폭이 매우 좁기 때문에 작은 대문에도 들어갈 수 있으며, 조계(阼階)는 동쪽의 섬돌계단으로 주인이 사용하는 계단인데 무릇 입관(入棺)하기 전에는 살아 있는 것으로 생각하여 동쪽 계단을 이용하고, 입관(入棺)하여 빈소(殯所)를 설치하면 죽은 것으로 인정하여 서쪽 계단을 이용하는 것이다. 대저 천자(天子)와 제후(諸侯)는 즉위함에 그 관(棺)을 만들어 먼 길을 떠날 때에 반드시 비상시에 대비하여 널을 가지고 다니는 것이므로 밖에서도 입관(入棺)할 수 있으나 대부와 선비는 널을 가지고 다니지 않으므로 반드시 집에 와서야 입관(入棺)하기 때문에 아직 입관하지 못한 시신(尸身)은 섬돌계단을 이용하는 것이다. 거(擧)는 사람들이 양쪽에서 손으로 들어 옮기는 것이다.

士는 轜을 葦席以爲屋하고
蒲席以爲裳帷하나니라.

『선비는 영구차의 덮개를 갈대자리로 널을 덮는 지붕을 삼고, 부들자리로 널을 두루는 장막을 삼느니라.』

◎ 이 절은 선비가 밖에서 죽었을 때에 영구차로 운송하는 절도를 기술하였다.

위석(葦席)은 갈대로 엮어서 만든 자리이고, 포석(蒲席)은 부들을 엮어서 만든 자리이니 모두 비단이나 베보다 가격이 저렴한 물건이다. 모름지기 상례(喪禮)는 죽은 사람의 신분에 따라 거행하므로 천자의 상례와 제후의 상례와 대부의 상례와 선비의 상례가 있으니 상사(喪事)에 사용하는 물건의 종류와 수량에 차등이 있는 것이다.

凡訃於其君이어든 曰君之臣某가
死라 하고 父母妻長子엔
曰君之臣某之某가 死라 하며
君을 訃於他國之君엔 曰寡君不祿을
敢告於執事라 하고 夫人엔 曰寡小君이
不祿이라 하고 大子之喪엔
曰寡君之適子某가 死라 하느니라.

『무릇 그 임금에게 죽음을 알리거든 말하기를 "임금의 신하 아무개가 죽었나이다"라고 하고, 아버지, 어머니, 아내, 큰아들이 죽었음을 알림에는 말하기를 "임금의 신하 아무개의 아무개가 죽었나이다"라고 하며, 임금의 죽음을 다른 나라의 임금에게 통지함에는 말하기를 "과군의 불록을 감히 집사에게 알립니다"라고 하고, 제후 부인의 죽음에는 말하기를 "과소군이 불록이라"고 하고, 태자의 죽음에는 말하기를 "과군의 맏아들 아무개가 죽었나이다"라고 하니라.』

◉ 이 장은 부고(訃告)의 예절을 기술하였으니 신하의 죽음을 임금에게 알림에는 반드시 이름을 밝히고 죽었다는 사(死) 자를 쓰며 제후와 그 부인의 죽음을 다른 나라 임금에게 알림에는 불록(不祿)이라고 씀을 밝혔다.

살피건대 예절은 죽음에 대한 표현을 달리하였으니 앞에 2-13-1에서 말하기를 천자와 왕비는 붕(崩)이라 하고, 제후와 그 부인은 훙(薨)이라 하며, 대부는 졸(卒)이요, 선비는 불록(不祿)이며, 서인(庶人)은 사(死)라고 하였다. 그럼에도 여기에서는 신하의 죽음을 모두 사(死)로 표현하고, 임금과 그 부인의 죽음을 불록(不祿)으로 표시한 것은 겸손하게 자기를 낮추어 비보(悲報)를 접한 충격을 줄이려는 배려라고 하겠다.

20-2-2 ─────────────────── 大夫를 訃於同國適者엔 曰某가
不祿이라 하고 訃於士엔
亦曰某가 不祿이라 하며 訃於他國之君엔
曰君之外臣寡大夫某가 死라 하고

訃於適者엔 曰吾子之外私寡大夫某가
不祿할새 使某實라 하며 訃於士엔
亦曰吾子之外私寡大夫某가
不祿할새 使某實라 하나니라.

『대부의 죽음을 같은 나라의 대등한 대부에게 알림에는 말하기를 아무개가 불록이라 하고, 선비에게 부음을 알림에는 또한 말하기를 아무개가 불록이라 하며, 다른 나라의 임금에게 알림에는 말하기를 임금의 외신 과대부 아무개가 죽었노라 하고, 다른 나라의 대등한 대부에게 부음을 알림에는 말하기를 오자의 외사 과대부 아무개가 불록할새 사신 아무개가 이르렀나이다 하며, 대부의 부음을 외국의 선비에게 통지하여 알림에는 역시 말하기를 오자의 외사 과대부 아무개가 불록할새 사신 아무개가 이르렀나이다 하니라.』

◉ 이 절은 대부(大夫)의 죽음에 부고(訃告)하는 예절을 기술하였으니 같은 나라의 사대부에게는 직접 불록(不祿)이라고 알리고, 외국의 임금과 사대부에게는 임금이 사신을 보내 부음(訃音)을 알리되 임금에게는 사(死)라 하고 사대부에게는 불록(不祿)이라 함을 밝혔다. 적(適)은 적(敵)과 같으니 대등한 신분이며, 외신(外臣)은 외국의 신하이고 오자(吾子)는 사람을 친밀하게 공경하는 호칭으로 우리 님이나 우리 친구 등의 뜻이며 외사(外私)는 외국의 개인적인 친구라는 뜻이요, 지(實)는 지(至)와 같다.

士를 訃於同國大夫엔 曰某가
死라 하고 訃於士엔 亦曰某가 死라 하며
訃於他國之君엔 曰君之外臣某가 死라 하고
訃於大夫엔 曰吾子之外私某가 死라 하며
訃於士엔 亦曰吾子之外私某가 死라 하나니라.

『선비의 죽음을 같은 나라의 대부에게 알림에는 말하기를 아무개가 죽었노라 하고, 선비에게 알림에는 역시 말하기를 아무개가 죽었노라 하며, 다른 나라의 임금에게 알림에는 말하기를 임금의 외신 아무개가 죽었다 하고, 다른 나라의 대부에게 알림에는 말하기를 오자의 외사 아무개가 죽었노라 하며, 다른 나라의 선비에게 알림에는 역시 말하기를 오자의 외사 아무개가 죽었노라 하느니라.』

◉ 이 절은 선비의 죽음에 부고(訃告)하는 예절을 기술하였으니 같은 나라와 다른 나라에 모두 사(死)라고 함을 밝혔다.

선비의 상례(喪禮)는 장기(葬期)가 짧은 가족장(家族葬)이므로 부고(訃告)의 내용이 대부(大夫)보다 간소하다.

大夫는 次於公館하야 以終喪하고
士는 練而歸하며 士도 次於公館하되
大夫는 居廬하고 士는 居堊室하나니라.

『대부는 관공서에 머무르면서 상기를 마치고, 선비는 소상을 지내면 집으로 돌아가며, 선비도 관공서에서 머무르되 대부는 의려에서 거처하고, 선비는 악실에서 거처하니라.』

　◑ 이 절은 제후(諸侯)가 죽었을 때에 대부(大夫)와 선비가 상복을 입고 거처하는 장소와 기간을 기술하였다.

　차(次)는 상기(喪期) 동안 근신하며 머물러 있는 상차(喪次)요, 공관(公館)은 근무하는 관공서(官公署)이며, 종상(終喪)은 예절에서 정한 상기(喪期)를 마치는 것이니 여기에서는 임금의 대상(大祥: 2주기)을 마치고 집으로 돌아가는 것이다. 연(練)은 소상(小祥: 1주기)이요, 귀(歸)는 집으로 돌아가서 정상적으로 출퇴근함이며, 거(居)는 근무시간을 마치고 일정한 자리로 물러가서 머물러 생활하는 거처이고, 려(廬)는 초막이나 움집이니 중문(中門) 밖의 마당의 담장에 설치하여 무거운 상복을 입은 남자가 거처하는 의려(倚廬)이며, 악실(堊室)은 기존 건물의 처마 밑에 잇대어 지은 흙집으로 흰색을 바른 소박한 방이니 가벼운 상복을 입은 남자가 거처하는 것이다.

　살피건대 임금이 죽었을 때에 대부는 3년복을 입고, 선비는 1년복을 입되 모든 관료는 국가의 정사(政事)를 폐지할 수 없으므로 비록 상복을 입었더라도 정상적인 근무를 해야 되기 때문에 관공서에서 머물게 하였다. 그러나 집무실에서 침식할 수 없는 것이므로 중문(中門) 밖의 마당에 움막을 지어 대부가 침식하고, 또한 기존건물의 벽에 잇대어 소박한 흙집을 지어 선비가 침식하도록 예절을 만들었으니 상사(喪事)와 국사(國事)를 모두 다하여 임금도 위하고 백성도 위하는 원리이다.

　전배들은 이 절의 공관(公館)을 공궁(公宮)으로 착각하여 모든 대부와 선비가 궁궐에서 거처하는 것으로 오해하였기에 내가 바로잡았

으니 살피기 바라며 또한 이 절을 부고(訃告)의 장에 편입한 것은
예절에 부고를 받으면 상복을 입을 사람은 즉각 분상(奔喪)하여 조
문(弔問)하고 상차(喪次)에 머물러야 되는 예절이 있는 까닭이다.

20-3-1 ─────────────── 大夫는 爲其父母兄弟之未爲大夫者之喪服하되
如士服하고

『대부는 그 부모와 형제로 대부가 되지 못한 사람의 상복을 입되
선비의 상복과 같이 하고』

◉ 이 장은 임금이 죽음에는 임금의 자리를 이어받은 후계자가 상
주(喪主)가 되지만 대부(大夫)와 선비가 죽음에는 적장자(嫡長子)로
상주(喪主)를 세움을 기술하였으니 여기에서는 대부가 되지 못한 부
모 형제의 죽음에는 벼슬이 비록 낮아도 적장자(嫡長子)가 상주(喪
主)가 됨을 밝혔다.

　대부(大夫)는 서자(庶子)로서 대부가 된 사람을 지칭하고, 사복(士
服)은 선비의 상복이니 상주(喪主)를 따르는 위치에 선다는 뜻이다.

　살피건대 천자와 제후는 3년복만 입고 1년복 이하는 입지 않으며,
대부는 자최(齊衰)까지만 입고 대공(大功) 이하는 입지 않으며, 선비
는 시마(緦麻)까지 모든 상복을 다 입는 것이니 대부는 서모(庶母)
의 상복을 입지 않으나 선비는 시마 3월의 상복을 입으며, 대부는 형
제의 상(殤)에 상복을 입지 않으나 선비는 입는 것이니 대부의 상복
과 선비의 상복에는 차이가 있는 것이다. 그러나 참최(斬衰)와 자최

(齊衰)의 상복은 천자로부터 서민대중에 이르기까지 모두 똑같은 것
이니 혹시라도 상복의 옷감이나 모양에 차이가 있는 것으로 오판하
지 말라.

20-3-2 ─────────────────────── 士는 爲其父母兄弟之爲大夫者之喪服하되
如士服하고 大夫之適者는 服大夫服하니라.

『선비는 그 부모와 형제로 대부가 된 사람의 상복을 입음에 선비
의 상복과 같이 하고, 대부의 맏아들은 대부의 상복을 입느니라.』

◑ 이 절은 앞 절과 반대로 대부가 된 부모 형제의 죽음에 선비는
선비의 상복을 입으나 대부의 적장자(嫡長子)는 대부의 상복을 입는
것을 기술하였으니 대공(大功)이하는 상복을 입지 않는다.
　사(士)는 적장자(嫡長子)를 제외한 서자(庶子)로 선비가 된 사람
이니 차자(次子)와 서장자(庶長子)를 지칭한다.

20-3-3 ─────────────────────── 大夫之庶子가 爲大夫면
則爲其父母하야 服大夫服하되
其位는 與未爲大夫者로 齒하니라.

『대부의 서자가 대부가 되면 그 부모를 위하여 대부의 상복을 입
되 그 자리는 대부가 되지 못한 사람과 더불어 나란히 하니라.』

기위(其位)는 상복을 입은 사람들의 위계질서(位階秩序)를 나타내는 석차(席次)요, 미위대부자(未爲大夫者)는 적장자(嫡長子)로 대부가 되지 못한 사람이며, 치(齒)는 나란히 함이니 곧 적장자가 상주(喪主)가 되고 대부가 된 서자(庶子)는 상주의 다음에 위치한다는 뜻이다.

20-3-4 ──────────────────────────
士之子가 爲大夫면 則其父母가
弗能主也요 使其子로 主之하고
無子어든 則爲之置後하나니라.

『선비의 아들이 대부가 되어서 죽으면 그 부모가 상주가 될 수 없어 그 아들로 상주를 세우고 아들이 없거든 상주로 세울 후계자를 두니라.』

◐ 이 절은 선비집안에서 대부가 나왔으면 반드시 후계자를 세워서 상례(喪禮)를 거행하는 절도를 기술하였다.

치후(置後)는 후계자를 두는 것이니 집안의 조카 중에서 양자(養子)를 골라 상주(喪主)를 세우는 것이다.

20-4-1 ──────────────────────────
大夫가 卜宅與葬日이라거든
有司가 麻衣布衰布帶하고 因喪屨하며
緇布冠에 不蕤하고 占者는 皮弁하니라.

『대부가 장지와 장일을 거북점 치라고 하거든 책임자가 흰 삼베로 만든 상복을 입고 베로 최를 달며 베로 띠를 매고 인하여 상복에 따른 신을 신으며 치포관에 관끈을 늘이지 아니하고, 점치는 사람은 가죽고깔을 쓰느니라.』

　　◉ 이 장은 임금이나 대부가 죽었을 때에 장사 지내는 절도를 기술하였으니 여기에서는 임금이 죽었을 때에 장지(葬地)와 장일(葬日)을 거북으로 점치는 사람의 의복을 밝혔다.

　　대부(大夫)는 임금이 승하했을 때에 국장(國葬)을 총지휘하는 장례위원장이요, 복(卜)은 거북점을 치는 것이며 택(宅)은 유택(幽宅)이니 곧 장지(葬地)이다. 유사(有司)는 거북점의 의전(儀典)을 맡은 실무책임자이고, 마의(麻衣)는 삶아서 바랜 흰 삼베로 만든 심의(深衣)이니 대학자의 옷이요, 포(布)는 익히지 않은 삼베이며, 최(衰)는 길이 6촌(寸), 넓이 4촌(寸)의 천을 상복의 가슴에 매달아 눈물을 닦는 수건으로 사용하게 하는 것이다. 치포관(緇布冠)은 검은 베로 만든 관이니 심의(深衣)에 쓰는 관이며, 유(緌)는 유(綏)와 같으니 늘어뜨린 관끈이요, 점자(占者)는 거북의 균열을 살펴 길흉을 판단하는 사람이며, 피변(皮弁)은 가죽고깔로 종묘에서 쓰는 관리의 예복(禮服)이다.

　　살피건대 치포관(緇布冠)에 심의(深衣)는 대학자가 입는 길복(吉服)이고 포최(布衰)와 포대(布帶)는 흉복(凶服)에 갖추는 상장(喪章)이니 유사(有司)는 상사(喪事)를 도우며 거북을 태우는 실무에 종사하므로 반길반흉(半吉半凶)의 옷을 입고, 점자(占者)는 종묘에서 신령(神靈)의 계시를 판단하는 관리이므로 가죽고깔을 쓰게 하였으니 모두 그 직분을 존중한 것이다.

20-4-2 ──────────────────────────── 如筮어든 則史는 練冠長衣以筮하고
占者는 朝服이니라.

만약 산가지점을 치거든 곧 사관은 흰 관에 긴 옷으로 산가지를
준비하고 점치는 사람은 조복을 입느니라.』

◑ 이 절은 앞 절에 이어 만일 산가지점으로 장지(葬地)와 장일(葬
日)을 선택할 경우에 사관(史官)과 점치는 사람의 의복을 기술하였다.
　서(筮)는 산가지로 괘(卦)를 뽑아서 점을 치는 것이니 곧 주역점
(周易占)이다. 사(史)는 사관(史官)이요, 연관(練冠)은 삼베를 빨아
서 만든 흰 관이며 장의(長衣)는 심의(深衣)의 제도와 같이 만드는
데 다만 심의의 가장자리에 두른 검은 선을 장의에서는 흰색으로 바
꾸는 것이 다르다. 조복(朝服)은 관리가 조정에서 조회(朝會)를 할
때에 입는 관복(官服)이니 피변복(皮弁服)보다는 등급이 아래이다.
　살펴건대 산가지로 점치는 서점(筮占)은 거북으로 점치는 복점(卜
占)보다 가볍기 때문에 그 옷을 한 등급 낮추었다.

20-4-3 ──────────────────────────── 大夫之喪에 旣薦馬어든 薦馬者가
哭踊하고 出乃包奠而讀書하니라.

『대부의 죽음에 이미 영구차에 말의 멍에를 씌우거든 말의 멍에를
씌운 사람이 곡하며 뛰고, 이에 포장하여 보낼 제물을 차린 곳으로
나아가 제물의 목록을 읽느니라.』

◐ 이 절은 대부(大夫)가 죽었을 때에 상여가 나아가는 예절을 기술하였으니 대부의 널이 출상(出喪)함에는 영구차의 마부도 슬퍼해야 됨을 밝혔다.

천(薦)은 진(進)의 뜻이니 영구차를 이끌 말을 골라서 멍에를 씌우는 것으로 대부의 영구차는 말 2필에 멍에를 씌운다. 천마자(薦馬者)는 곧 영구차의 마부(馬夫)요, 곡용(哭踊)은 큰 소리로 통곡하며 뛰는 것이니 이승을 떠나 저승으로 보내는 슬픈 일에 앞장을 서는 것을 통탄한다는 뜻이다. 출(出)은 영구차를 이끌고 대문 밖으로 나와서 발인식(發靷式)을 하는 견전(遣奠)의 앞으로 가는 것이요, 포전(包奠)은 견거(遣車)에 실어 보낼 제물(祭物)을 포장하여 묶은 것이며, 독서(讀書)는 견거(遣車)에 실어 보낼 물품의 목록과 기증자의 이름을 기록한 책을 읽어 죽은 영혼에게 보고하는 것이다.

살피건대 대부의 벼슬에 오른 사람은 모름지기 인민대중에게 혜택을 베풀어 길이 잊지 못할 이름을 남겨야 하므로 최소한 대부의 상여를 이끄는 마부라도 통곡하는 정도의 감화력이 있었음을 증명하여야 된다는 뜻이거늘, 전배들은 이 절을 곡해하여 효자(孝子)가 출상(出喪)할 때에 우는 것으로 보았기에 내가 바로잡았으니 살피기 바란다. 영구차가 집에서 출발할 때에 효자가 우는 것은 당연한 것으로 이미 상례(喪禮)에서 밝혔거늘 대부의 죽음에 다시 말할 필요가 없는 사항인 것이다.

20-4-4 ──────── 大夫之喪엔 大宗人이 相하고
小宗人이 命龜하며 卜人이 作龜하나니라.

『대부의 죽음에는 대종백의 사람이 돕고 소종백의 사람이 거북점을 치라고 명령하며 거북점을 치는 사람이 거북을 태우느니라.』

◑ 이 절은 대부의 죽음에 장지(葬地)와 장일(葬日)을 점칠 때에는 의례(儀禮)를 관장하는 관리가 해야 됨을 기술하였다.

대종인(大宗人)은 국가의 의례를 관장하는 대종백(大宗伯)에 소속한 관리이고, 상(相)은 상례(喪禮)를 돕는 것이며, 소종인(小宗人)은 대종백을 따르는 소종백(小宗伯)에 속한 관리이다. 복인(卜人)은 거북점을 치는 관리요, 작(作)은 작(灼)과 같으니 거북을 태워서 균열을 살펴 점치는 사람이다. 무릇 대부의 상례(喪禮)는 국가의전으로 거행하는 예장(禮葬)인 까닭에 장지(葬地)와 장일(葬日)을 국가에서 결정하는 것이다.

20-5-1 ──────────────── 復에 諸侯는 以褒衣冕服과 爵弁服이요

『혼을 부르는 복을 함에 제후의 가슴을 덮는 옷은 포의와 면복과 작변복으로 하고』

◑ 이 장은 혼을 불러 옷에 담아서 죽은 사람의 가슴에 덮는 복(復)을 할 때에 제후로부터 선비에 이르기까지 각각 사용하는 옷의 종류를 기술하였으니 여기에서는 제후에게 쓰는 옷을 밝혔다.

포의(褒衣)는 처음으로 제후의 임명을 받을 때에 입었던 옷이나 천자가 하사한 옷이며, 면복(冕服)은 임금의 정복(正服)인 면류관(冕

旒冠)과 곤룡포(袞龍袍)요, 작변복(爵弁服)은 임금의 예복(禮服)으로 작변(爵弁)의 관(冠)에 훈상(纁裳), 순의(純衣), 치대(緇帶), 매갑(韎韐)을 갖춘 옷이니 가장 고귀한 옷을 겉으로 표출하는 것이므로 포의(褻衣)를 속에다가 놓고 그 위에 면복(冕服)을 놓으며 겉에 작변복(爵弁服)으로 덮는 것이다.

20-5-2 ───────────────────────────────── 夫人은 稅衣揄狄하되 狄稅素沙하고

『부인에게 쓰는 옷은 단의와 유적으로 하되 유적과 단의의 안감은 흰 비단으로 하고』

☯ 이 절은 제후의 부인이 처음 죽어서 초혼(招魂)할 때 사용하는 옷을 기술하였다.

　단의(稅衣)는 단의(褖衣)로 검은 비단옷에 분홍색 비단으로 선을 두른 옷으로 부인이 임금을 맞을 때 입으니 앞에 13-11-2를 보라. 유적(揄狄)은 유(揄)는 희롱함이요, 적(狄)은 적(翟)과 같으니 푸른 비단옷에 5색으로 꿩의 노는 모양을 그린 옷인데 종묘에서 제사 지낼 때에 부인이 입는 옷이다. 소사(素沙)는 흰 비단으로 안감을 하는 것이니 사(沙)는 사(紗)와 같다. 대저 임금은 양(陽)이요, 양의 홀수는 하나이므로 임금의 옷은 한 겹으로 만들고 부인은 음(陰)이요, 음의 짝수는 둘이므로 부인의 옷은 두 겹으로 만드는 것이다. 따라서 제후의 옷에는 안감이 없고 부인의 옷에는 흰 비단으로 안감을 넣어서 순결을 상징하였다.

『경대부의 아내에게 쓰는 옷은 국의와 포의로 하되 안감은 흰 비단
으로 하고, 하대부의 아내는 붉은 비단옷을 사용하고 그 나머지는 선
비의 아내와 같으니 혼을 부름에 옷의 진열은 서쪽을 위로 하니라.』

◑ 이 절은 경대부(卿大夫)의 정실(正室)이 죽어서 초혼(招魂)을
할 때에 쓰는 옷을 기술하였다.

내자(內子)는 경대부(卿大夫)의 정실(正室)이며, 국의(鞠衣)는 얇
은 연두색 비단으로 만든 작위를 받은 부인의 옷이고, 포의(褒衣)는
천자나 제후로부터 하사받은 옷이니 국의(鞠衣)보다 고귀하므로 포
의를 겉에 표출한다. 하대부(下大夫)는 하대부의 정실(正室)이며, 전
의(褖衣)는 전의(展衣)로 붉은 저사옷인데 손님을 맞을 때 입는다.
기여(其餘)는 그 나머지로 사용하는 옷이며, 사(士)는 선비의 아내에
게 쓰는 옷이니 곧 단의(襐衣)인데 흰색 비단옷에 검은 선을 두른
예복으로 선비의 아내가 제사 지낼 때 입는다. 복(復)은 죽은 사람의
혼을 부르기 위하여 지붕 위에 올라가 북쪽을 향하여 옷을 들고 서
는 것이요, 서상(西上)은 서쪽을 위로 함이니 귀중한 옷이 서쪽에 있
게 한다는 말이다.

20-6-1 ─────────────────────── 大夫는 不揄絞屬池下니라.

『대부는 드날리는 띠를 펄렁이는 날개장막 아래에 붙이지 않느니라.』

◉ 이 장은 상여(喪輿)제도에 대하여 기술하였으니 대부(大夫) 이하의 상여에는 천자(天子)와 제후(諸侯)의 상여처럼 드날리는 띠를 펄렁이는 날개장막 아래에 붙이지 않음을 밝혔다.

유교(揄絞)는 드날리는 흰색의 띠이고 촉(屬)은 이어서 붙이는 것이며 지하(池下)는 펄럭이는 날개장막의 하단(下端)이다. 시경(詩經) 패풍(邶風) 연연(燕燕) 장에서 치지기우(差池其羽)라고 하였으니 그 날개를 펴서 펄럭펄럭 나는 모양인즉 곧 앞에 20-1-2에서 말한 첨(裧)으로 상여의 상층에 두른 펄럭이는 수레휘장의 하단이다.

20-7-1 ──────────────────────────── 大夫는 附於士하되 士는
不附於大夫하니 附於大夫之昆弟하며
無昆弟어든 則從其昭穆이니
雖王父母가 在라도 亦然아니라.

『대부의 신주는 선비할아버지의 신주에 붙이되 선비의 신주는 대부할아버지의 신주에 붙이지 아니하니 대부할아버지 선비형제의 신주에 붙이며 형제가 없거든 곧 그 소목의 차례를 따르니 비록 할아버지와 할머니가 살아 있어도 또한 그렇게 하니라.』

◉ 이 장은 졸곡(卒哭)의 다음 날에 거행하는 부제(祔祭)의 절도를 기술하였으니 여기에서는 대부(大夫)의 신주는 벼슬이 낮은 할아

버지의 신주(神主) 곁에 붙이지만 선비의 신주는 벼슬이 높은 할아
버지의 신주(神主) 곁에 붙이지 못하는 예절을 밝혔다.

부(附)는 부(祔)이며 종기소목(從其昭穆)은 고조(高祖)로 선비의
벼슬을 지낸 사람이니 만일 고조의 벼슬도 대부이면 고조의 형제로
선비가 된 신주 곁에 붙이고 부제(祔祭)를 지낸다는 말이다. 왕부모
(王父母)는 할아버지와 할머니를 높여서 부르는 말이다.

20-7-2 ──────────────────── 婦는 附於其夫之所附之妃니
無妃어든 則亦從其昭穆之妃하고
妾은 附於妾祖姑니 無妾祖姑어든
則亦從其昭穆之妾이니라.

『며느리의 신주는 그 지아비의 신주를 붙이는 바 배우자의 신주
곁에 붙이니 배우자가 없거든 곧 또한 그 소목의 배우자를 따르고
첩은 첩시할머니의 신주 곁에 붙이니 첩시할머니가 없거든 곧 또한
그 소목의 첩을 따르느니라.』

◉ 이 절은 앞 절에 이어 며느리와 첩의 신주를 부제(祔祭) 지냄
에는 남편을 부제 지내는 할아버지나 고조할아버지의 배우자에게 붙
임을 밝혔다.

비(妃)는 정실(正室)의 배우자요, 소부지비(所附之妃)는 시할머니
의 신주이며 소목지비(所穆之妃)는 시고조할머니의 신주이다.

 男子는 附於王父어든 則配하고
女子는 附於王母어든 則不配하니라.

『남자의 신주는 할아버지의 신주 곁에 붙이거든 곧 배우자를 함께
모시고 여자의 신주는 할머니의 신주 곁에 붙이거든 곧 배우자를 함
께 모시지 않느니라.』

　☯ 이 절은 남자의 신주(神主)를 할아버지의 신주 곁에 붙일 때에
는 할머니의 신주도 나란히 모시고 부제(祔祭)를 지내되 여자의 신
주를 할머니의 신주 곁에 붙일 때에는 할아버지의 신주를 나란히 모
시지 아니함을 기술하였다.
　배(配)는 배우자를 배향(配享)함이니 할아버지의 신주와 할머니의
신주를 나란히 모시고 축문(祝文)에도 "훌륭하신 할아버님 부군(府
君)과 훌륭하신 할머님 000 씨께 삼가 밝게 아뢰나이다"라고 하는
것이다. 여자(女子)는 미혼의 딸이나 이혼(離婚)한 딸이 죽었을 때의
신주(神主)이고, 왕모(王母)는 할머니의 신주이다. 대개 부부(夫婦)
는 하나이면서 둘이니 남편의 행사에는 아내가 수행하는 것이 예절
이고 아내의 행사에는 남편이 참견하지 않는 것이 예절이다.

 公子는 附於公子니라.

『공자의 신주는 공자할아버지의 신주 곁에 붙이니라.』

◑ 이 절은 태자(太子)가 아닌 여러 공자(公子)의 신주(神主)는 임금이 된 할아버지의 신주 곁에 붙이지 아니하고 할아버지의 형제로 공자(公子)이었던 신주 곁에 붙여야 됨을 밝혔으니 앞에 20-7-1에서와 같이 벼슬이 낮은 사람의 신주는 벼슬이 높은 할아버지의 신주 곁에 붙이지 못하는 원리에 따른 것이다.

20-8-1 ──────────────────────── 君이 薨하거든 大子는 號稱子하되 待猶君也니라.

『임금이 승하하거든 태자는 아들이라고 호칭하되 임금과 같이 대우하니라.』

◑ 이 장은 임금이 처음 승하하였을 때에 태자(太子)는 임금의 후계자로 처신하지 않고 오직 아들로만 처신해야 되는 의리를 기술하였다.

태자(太子)는 본래 임금의 후계자로 공인(公認)을 받은 것이지만 임금이 죽은 다음에 새로운 임금을 추대함에는 국민의 선택과 조정의 추천과 천자의 결정으로 봉(封)하는 것이므로 태자가 스스로 즉위(卽位)할 수 없는 것이다. 따라서 태자는 다만 아들로서만 처신하되 국민은 그 태자의 학덕을 신임하고, 조정의 관료는 그 태자를 임금의 후보자로 천자에게 추천하며, 천자는 그 태자의 자질을 평가하여 새로운 임금으로 봉(封)하는 절차를 진행하는 것이다. 대유군(待猶君)은 새로 즉위(卽位)할 임금의 후보자(候補者)로 세워서 임금을 호위하는 경호절차에 준하여 받드는 것이다.

20-9-1 ──────────────────── 有三年之練冠에 則以大功之麻로
易之어든 唯杖屨를 不易하니라.

『3년복의 연관에 곧 대공의 삼관으로 바꾸어야 함이 있거든 오직 지팡이와 삼신을 바꾸지 아니하니라.』

❂ 이 장은 특수한 경우의 상복(喪服)에 대한 예절과 조상(弔喪) 의 언어예절 등을 기술하였으니 여기에서는 3년복을 입고 소상(小 祥)이 지난 다음에 대공(大功)의 상복을 입을 경우에 지팡이와 삼신 을 바꾸지 않음을 밝혔다.

연관(練冠)은 1주기(一周期)의 소상(小祥)을 지냄에 칡베로 만든 갈질(葛絰)을 빨아서 쓰는 관이고 대공(大功)은 9월의 상복으로 19 세로부터 12세까지의 미성년자가 죽었을 때에 입는 상복(殤服)과 성 인(成人)이 죽었을 때에 입는 상복(喪服)이 있는데 모두 지팡이가 없으며 다만 성인(成人)이 죽은 상복(喪服)에는 수질(首絰)을 매는 끈과 삼베 띠가 있다. 마(麻)는 마질(麻絰)과 삼베 띠이다. 구(屨)는 삼신으로 3년복에서는 소상이 지나야 신고 대공(大功)에서는 초상 (初喪)에 신은 승구(繩屨)이다.

20-9-2 ──────────────────── 有父母之喪이어늘 尚功衰하야
而附兄弟之殤이어든 則練冠으로

185

附하되 於殤에 稱陽童某甫하고 不名神也니라.

『부모의 상복을 입었거늘 대공이나 소공의 상복을 더 입어 미성년으로 죽은 형제의 신주를 할아버지의 신주 곁에 붙이거든 연관으로 부제 지내되 미성년자의 신주에 살림집 어린이 아무개 보라고 일컫고 신령으로 이름하지 아니하니라.』

◑ 이 절은 부모의 상복을 입었을 때에 또 대공(大功)이나 소공(小功) 또는 시미(緦麻)의 복을 더 입고 미성년자로 죽온 형제의 신주를 할아버지의 신주 곁에 붙일 경우의 관(冠)과 호칭을 기술하였다.

상(尙)은 덧입는 것이니 입고 있는 옷 위에 더 껴입는 것으로 의금상경(衣錦尙絅)의 상(尙)과 같다. 공최(功衰)는 대공(大功)이나 소공(小功)의 상복이요, 상(殤)은 미성년자의 죽음에 거행하는 상례(喪禮)이며 연관(練冠)은 삶아서 익힌 베로 만든 상관(喪冠)이니 대공(大功)과 소공(小功) 및 시마(緦麻)의 상복에 쓰는 관(冠)이다. 양(陽)은 양택(陽宅)이니 살림집이고, 음(陰)은 음택(陰宅)이니 사당(祠堂)이나 묘지이며, 동(童)은 미성년자를 지칭한다. 따라서 종자(宗子)나 종손(宗孫)이 미성년자로 죽으면 사당의 구석에서 제사 지내므로 음엽(陰厭)이라 하고, 여러 아들이나 여러 손자가 미성년으로 죽으면 종자의 살림집에서 제사 지내므로 양엽(陽厭)이라고 하나니 앞에 7-16-2에서 이미 해설하였다. 모(某)는 죽은 어린이의 이름이고 보(甫)는 남자를 아름답게 일컫는 말로 이름이나 자(字)의 뒤에 붙여 친밀감을 나타내는 귀염둥이의 뜻이 있으며, 불명신(不名神)은 신령(神靈)으로 이름하지 아니함이니 신위(神位)또는 신주(神主)라고 부르지 않는 것인즉, 미성년자는 정신과 육체가 나약하므로 그 혼백(魂魄)도 충만하지 못한 까닭에 정식 귀신(鬼神)으로 받들어 공경하지 않고 다만 살림집에 거처하는 어린이의 귀염둥이로 보살핀다는 뜻이다.

20-9-3 ─────────────────────── 凡異居할새 始聞兄弟之喪이어든
唯以哭으로 對하여도 可也니
其始엔 麻散帶経하니라.

『무릇 다른 곳에서 살 때에 비로소 형제의 죽음을 듣거든 오직 곡으로 대하여도 되나니 그 처음 상복을 입음에는 요대와 수질에 삼을 꽂아 늘어뜨리느니라.』

◑ 이 절은 다른 곳에서 살던 형제가 죽었다는 부고(訃告)를 받을 때의 자세와 상복을 입는 절도를 기술하였다.

곡(哭)은 소리 내어 우는 것이니 애상(哀傷)의 감정이 북받쳐서 부고(訃告)를 전달한 사람에게 대답할 정신이 없기 때문에 울기만 하고 아무런 대답의 말이 없어도 괜찮다는 뜻이다. 기시(其始)는 형제의 상복(喪服)을 처음으로 입을 때이고 마산(麻散)은 요대(要帶)와 수질(首経)에 삼을 꽂아서 늘어뜨린 것이니 슬픈 마음에 정신이 어지럽다는 뜻인즉, 대공(大功) 이상의 형제는 3일이 지난 다음에 묶고 소공(小功) 이하는 산수(散垂)하지 않는다.

　　　　　　未服麻而奔喪하야 及主人之未成絰也어든
疏者는 與主人으로 皆成之하고
親者는 終其麻帶絰之日數니라.

『아직 삼을 꽂지 않은 채로 초상집으로 달려갔을 때에 주인이 소렴하고 성복한 수절을 아니 했거든 먼 사람은 성복하는 날에 주인과 더불어 모두 성복하고 친근한 사람은 그 요대와 수질에 삼을 꽂아 늘어뜨린 날수를 마친 다음에 성복하니라.』

◑ 이 절은 성복(成服)하기 전에 수질(首絰)과 요대(要帶)에 삼을 꽂아 늘어뜨리는 절도를 기술하였다.

미복마(未服麻)는 삼을 꽂은 요대(要帶)와 수질(首絰)을 아니 한 것이고, 분상(奔喪)은 부고(訃告)를 받은 즉시 초상집으로 달려감이며 주인(主人)은 상주(喪主)요, 미성질(未成絰)은 성복(成服)하여 수질(首絰)을 하지 않은 것이다. 소자(疏者)는 소원(疏遠)한 가족이나 친척이니 곧 소공(小功) 이하의 상복을 입는 사람이고, 성지(成之)는 성복(成服)하는 날 삼으로 꼰 수질과 요대를 갖추어 상복을 입는 것이며, 친자(親者)는 친근(親近)한 가족이나 친척으로 대공(大功) 이상의 상복을 입는 사람이요, 일수(日數)는 3일 동안 마산대질(麻散帶絰)하는 기간이다.

　　　　　　主妾之喪이어든 自祔하고
至於練祥엔 皆使其子로 主之하니
其殯祭는 不於正室이니라.

『첩의 상례를 주관하거든 스스로 부제 지내고 소상과 대상에 이르러서는 모두 그 아들로 하여금 주관하게 하나니 그 빈소와 제사는 정실의 집에서 아니하니라.』

◑ 이 절은 첩이 죽었을 때에 상례(喪禮)를 주관하는 사람과 장소를 기술하였다.

주(主)는 주관(主管)하여 상주(喪主) 노릇을 함이요, 자(自)는 첩을 얻은 남자이며 빈(殯)은 빈소(殯所)요, 제(祭)는 제사이며, 정실(正室)은 정실부인이 거처하는 안방이다. 무릇 첩을 얻은 남자는 그 첩이 죽었을 때에 졸곡(卒哭)과 부제(祔祭)까지는 스스로 상주(喪主)가 되어 주관하고, 소상(小祥)과 대상(大祥)은 그 아들이 상주(喪主) 노릇을 하게 하되 모름지기 빈소(殯所)와 제사는 정실(正室)을 피하여 다른 곳에 설치해서 거행하는 것이 예절이다.

20-9-6 ──────────────────────────────── 君은 不撫僕妾이니라.

『임금은 종과 첩의 시신을 어루만져 주지 아니하니라.』

◑ 이 절은 임금의 무시(撫尸)제도를 기술하였으니 측근에서 부리는 종이나 첩의 죽음에 사사로운 은정(恩情)을 베푸는 수단으로 전락시켜서는 안 됨을 밝혔다.

무(撫)는 시신(尸身)의 손이나 얼굴을 어루만져서 은혜로운 감정을 표시하는 절도이고, 복(僕)은 남자종이요, 첩(妾)은 여자종이니 신분이 천한 것이다.

대저 예절에 임금이 그 시신을 어루만져 주는 대상은 대부(大夫)와 내명부(內命婦)의 대부급과 종실의 원로 및 조카나 누이동생에 한정하였으니 국가적 의리(義理)와 윤리적 도리(道理)에 따른 것이므로 절대로 사사로운 감정표현의 수단으로 이용해서는 안 된다.

20-9-7 ——————————————————————— 女君이 死어든 則妾이 爲女君之黨으로 服하고 攝女君이어든 則不爲先女君之黨으로 服하니라.

『본처가 죽거든 곧 첩이 본처의 친정 손아래 누이로 상복을 입고 본처의 일을 대행하거든 곧 죽은 본처의 친정 손아래 누이로 상복을 입지 아니하니라.』

◉ 이 절은 본처(本妻)가 죽었을 때에 첩(妾)의 상복(喪服)을 기술하였다.

여군(女君)은 본처(本妻)를 첩(妾)이 부르는 호칭이요, 당(黨)은 족당(族黨)이며, 섭(攝)은 대행(代行)함이다. 첩은 본래 본처에 종속하는 관계이므로 본처의 친정아우로 상복을 입고, 만일 본처의 역할을 대행하거든 종속관계가 아니라 동등한 관계로 신분이 바뀌었기 때문에 죽은 본처의 친정아우로 상복을 입지 못하는 것이다.

『형제의 죽음을 듣고 대공 이상이어든 죽은 사람의 고향을 보면서 곡하니라.』

◉ 이 절은 형제가 죽어서 고향으로 달려갈 때에 고향산천을 보면 형제를 생각하는 절도를 기술하였다.

분상(奔喪)의 예절에 말하기를 자최(齊衰)는 고향을 바라보면 곡(哭)하고, 대공(大功)은 대문을 바라보면 곡한다고 하였다. 그러나 형제는 고향산천에서 함께 놀던 때를 생각함이 깊으므로 비록 대공(大功)의 상복일지라도 죽은 형제의 고향을 보면 슬프게 소리 내어 우는 것인즉 자연스러운 인간의 감정이다.

『형제의 장례식에 가는 사람이 미치지 못하여 주인을 길에서 만났거든 곧 마침내 묘지에 가느니라.』

◉ 이 절은 형제의 장례식에는 비록 시간이 늦었더라도 반드시 묘지에 갔다가 와야 됨을 기술하였다.

적(適)은 가는 것이요, 송장(送葬)은 상여를 운송하여 장지(葬地)

로 따라가는 것이며, 불급(弗及)은 늦어서 하관시간(下棺時間)에 도
착하지 못함이고, 우주인어도(遇主人於道)는 상주(喪主)가 이미 평토
제(平土祭)를 지내고 혼백(魂帛)을 집으로 모시기 위하여 산에서 내
려오는 길에 만나는 것이며, 수지어묘(遂之於墓)는 상주는 혼백을 모
시고 집으로 가던 길을 계속하여 가고, 형제는 묘지로 가던 길을 계
속하여 묘지에 갔다가 집으로 가서 우제(虞祭)에 참여한다는 뜻이다.

20-9-10 ──────────────── 凡主兄弟之喪이어든 雖疏나 亦虞之니라.

『무릇 형제의 상례를 주관하거든 비록 멀더라도 또한 우제를 지내
니라.』

◑ 이 절은 형제의 초상을 주관함에는 우제(虞祭)까지는 마쳐 주
어야 됨을 기술하였다.

주(主)는 상주(喪主)가 되어 상례(喪禮)를 주관함이고, 형제지상
(兄弟之喪)은 그 부형(父兄)이나 처자(妻子)가 없는 형제가 죽어서
초상을 치는 것이며, 소(疏)는 소공(小功)이나 시마(緦麻)의 상복을
입는 형제요, 우(虞)는 3우제(三虞祭)이다.

20-9-11 ──────────────── 凡喪服을 未畢할새 有吊者어든
則爲位而哭하고 拜踊하니라.

『무릇 상복을 마치지 아니했을 때에 조상하는 사람이 있거든 영위에 안내하여 곡하고 절하며 뛰느니라.』

◑ 이 절은 상기(喪期)를 마치지 아니했으면 비록 늦게 조상(吊喪)하는 소님이라도 반드시 영위(靈位)로 안내하여 처음에 조상을 받을 때처럼 똑같이 곡하고 절하고 뛰어야 됨을 기술하였다.

유조자(有吊者)는 조상하기 위하여 찾아온 손님이고, 위위(僞位)는 영위(靈位)로 안내하여 조상객은 영위 앞에 곡하고 절하며, 주인은 영위의 동쪽에서 서향하여 곡하는 것이다. 배(拜)는 손님과 주인이 마주 보고 절함이요, 용(踊)은 주인이 슬퍼하면서 뛰는 것이다. 독자는 여기에서 늦게 조상하는 손님에게 예절을 감손(減損)하지 못함을 확인할지어다.

20-9-12 ─────────────────────── 大夫之哭大夫엔 弁絰하고
大夫가 與殯이어든 亦弁絰이니라.

『대부가 대부의 죽음에 가서 조상함에는 작위를 받을 때 쓰는 관에 삼베 띠를 두르고, 대부가 대렴에 참여하거든 또한 작위를 받을 때 쓰는 관에 삼베 띠를 두르니라.』

◑ 이 절은 대부(大夫)가 대부의 죽음에 조상(吊喪)할 때와 대부의 대렴(大斂)에 참여할 때의 관(冠)을 기술하였다.

곡(哭)은 조상(吊喪)을 가서 곡함이고, 변(弁)은 작변(爵弁)이니

대부가 작위를 받을 때에 쓰는 관(冠)이며, 질(経)은 수질(首経)이니 삼베 띠를 머리에 둘러 애도(哀悼)를 표시하는 상장(喪章)이다.

살피건대 미성복(未成服)일 때에는 작변(爵弁)에 작변복(爵弁服)을 입을 뿐이고, 성복(成服)한 뒤에는 흰색으로 바꾸니 대저 대부의 장례(葬禮)는 국가의 예장(禮葬)이므로 대부가 관복을 입는 것이다.

20-9-13————————————————————————— 大夫가 有私喪之葛이어든
則於其兄弟之輕喪에도 則弁絰이니라.

『대부가 가족의 죽음에 칡 띠를 머리에 둘렀거든 곧 그 형제의 가벼운 상복을 입음에도 작위를 받을 때에 쓰는 관을 쓰고 삼베 띠를 두르니라.』

◑ 이 절은 대부가 형제의 죽음에 반드시 작변(爵弁)에 삼베 띠를 둘러야 됨을 기술하였다.

사상(私喪)은 가족이 죽어서 입는 상복이니 국상(國喪)이나 공상(公喪)이 아닌 것이요, 갈(葛)은 갈질(葛絰)이니 졸곡(卒哭)이 지나면 삼베 띠를 칡베 띠로 바꾸어 슬픔이 조금 약해졌음을 상징한다. 경상(輕喪)은 가벼운 상복이니 대부(大夫)는 참최(斬衰)와 자최(齊衰)의 무거운 상복만 입고 대공(大功) 이하의 상복을 입지 않으나 형제의 죽음에 조문(弔問)은 반드시 가야 되니 형제의 의리가 중대한 까닭이다.

위 장 자 장　　　즉 기 자
爲長子杖이어든 則其子가
불 이 장　　즉 위
不以杖으로 卽位하니라.

『큰아들의 죽음에 아버지가 지팡이를 짚거든 그 아들이 지팡이를 짚고 영위 앞에 나아가지 아니하니라.』

◉ 이 절은 장자(長子)의 죽음에 장자의 아버지와 장자의 아들이 똑같은 참최(斬衰)의 상복을 입고 대나무지팡이를 짚지만 영위(靈位) 앞에 나아갈 때는 아버지만 지팡이를 짚을 수 있고, 아들은 지팡이를 짚을 수 없음을 기술하였다.

위장자장(爲長子杖)은 장자(長子)의 죽음에 그 아버지가 대나무지팡이를 짚는 것이요, 기자(其子)는 장자(長子)의 아들이며, 즉위(卽位)는 영위(靈位) 앞에 나아가 술잔을 올리는 것이다. 대저 어른이 슬퍼하면 젊은이들은 슬픔을 자제하고 어른의 건강을 보살펴야 되는 도리가 있으므로 감히 할아버지 앞에서 지팡이를 짚지 못하는 것이다.

위 처　　　부 모　　　재
爲妻하야 父母가 在어든
불 장　　　불 계 상
不杖하고 不稽顙하며

『아내의 상복을 입음에 부모가 계시거든 지팡이를 짚지 아니하고 머리를 조아려 이마를 땅에 대지 아니하니라.』

◉ 이 절은 아내의 상복(喪服)이 자최장기(齊衰杖期)이지만 부모

가 계시면 자최부장기(齊衰不杖期)로 낮추는 절도를 기술하였다. 대저 부모의 마음을 아프게 하지 않기 위하여 자기의 슬픔을 억제하는 것은 또한 효심(孝心)이다.

20-9-16 ——————————————— 母가 在어든 不稽顙하니 稽顙者는 其贈也에 拜니라.

『어머니가 있거든 머리를 조아려 이마를 땅에 대지 아니하니 머리를 조아려 이마를 땅에 대는 것은 그 죽은 사람에게 물건을 주는 손님에게 절할 때이니라.』

◑ 이 절은 앞 절에 이어 아내의 상복을 입음에 아버지가 없고 어머니만 있으면 지팡이는 짚으나 계상(稽顙)만 아니 하는데 혹시 손님이 죽은 사람에게 물건을 줄 경우에는 절함에 계상(稽顙)도 할 수 있음을 기술하였다.

증(贈)은 봉(賵)과 같으니 죽은 사람에게 수레나 옷을 주어서 상사(喪事)를 돕는 일이다.

20-9-17 ——————————————— 違諸侯하야 之大夫면 不反服하여 違大夫하야 之諸侯면 不反服이니라.

『제후를 떠나서 대부에게 갔으면 돌아와서 상복을 입지 아니하며 대부를 떠나서 제후에게 갔으면 돌아와서 상복을 입지 않느니라.』

　☯ 이 절은 신분이 바뀌어 높아지거나 낮아졌으면 옛날의 의리(義
理)로 돌아갈 수 없음을 기술하였다.

　위(違)는 거(去)니 버리고 떠나가는 것이며, 지(之)는 옮겨 가는
것이다. 제후의 신하가 떠나서 대부의 가신(家臣)으로 갔으면 제후가
죽었을 때에 돌아와서 제후의 상복을 입지 않는 것은 이미 신분이
낮아져서 옛날의 의리가 끊어진 까닭이다. 그리고 대부의 가신이 떠
나서 제후의 신하로 갔으면 대부가 죽었을 때에 돌아와 대부의 상복
을 입지 않는 것은 이미 신분이 높아져서 옛날의 의리가 끊어진 까
닭이다. 모름지기 상복은 현재의 신분에 따른 의리로 입는 것이니 현
재의 정체(正體)를 중대하게 여긴다.

20-9-18 ─────────────────── 喪冠은 條屬하야 以別吉凶하고
三年之練冠은 亦條屬右縫하나니
小功以下는 左하니라.

『상복에 쓰는 관은 한 가지의 노끈을 붙여서 길하고 흉함을 분별
하게 하고, 3년복에 연관도 또한 한 가지의 노끈을 붙이되 오른쪽으
로 합쳐서 묶으니 소공 이하는 왼쪽으로 합쳐서 묶느니라.』

　☯ 이 절은 상관(喪冠)과 길관(吉冠)의 차이점을 기술하였으니 상
관의 끈은 노끈으로 짧게 하고 길관의 끈은 천으로 길게 하며 무거

운 상관은 오른쪽으로 모아서 매고 가벼운 상관은 왼쪽으로 모아서
매는 절도를 밝혔다.

상관(喪冠)은 앞에 3-8-3에서 이미 해설하였고, 조(條)는 삼을
꼬아서 만든 노끈이며, 촉(屬)은 붙이는 것이며, 길(吉)은 길관(吉
冠)이니 관끈을 매다는 양쪽에 네모진 천을 붙여 무(武)를 만들고
관끈을 길게 달아 턱 밑의 중앙에 묶으니 곧 영(纓)이며, 그 남은 끈
이 아래로 늘어진 가닥이 유(緌)이다. 흉(凶)은 상관(喪冠)이니 노끈
을 굽혀 관에 묶어 무(武)를 만들고 턱의 좌측이나 우측에 묶게 하
니 영(纓)이요, 그 늘어진 끈이 없도록 짧게 만들어 길관과 구별한
다. 3년(三年)은 3년의 상복이고, 연관(練冠)은 소상(小祥)이 지나면
쓰는 상관(喪冠)이며, 우(右)는 관의 오른쪽으로 매는 것이니 음방
(陰方)으로 흉사(凶事)를 상징하고, 봉(縫)은 녑봉(纅縫)이니 끈을
이어 붙이는 것이며, 좌(左)는 관의 왼쪽인데 양방(陽方)으로 길사
(吉事)를 상징한다.

20-9-19─────────────────── 緦冠은 繰纓하고 大功以上은 散帶니라.

『시마복의 관은 잿물에 빨아서 만든 베로 관끈을 하고, 대공 이상
은 베띠에 삼을 흩어지게 꽂느니라.』

◑ 이 절은 시마복(緦麻服)의 관끈은 잿물에 빤 베로 만들고 또한
대공(大功) 이상은 성복(成服) 전에는 베띠에 삼을 꽂아서 늘어뜨림
을 기술하였다.

조(繰)는 조(澡)와 같으니 잿물에 빨아서 만든 베이다. 대저 시마복(緦麻服)은 삼실을 잿물에 삶아 빨아서 다듬은 실로 짠 베로 만드는 것이요, 베를 잿물에 빨아서 만드는 것이 아니지만 오직 시관(緦冠)의 영(纓)만은 베를 잿물에 빨아 다듬은 것으로 만드니 그 슬픈 감정의 색깔이 바래서 얄팍함을 상징한다. 대공이상(大功以上)은 무거운 상복(喪服)이고 산대(散帶)는 처음 초상이 났을 때에 머리에 삼 띠를 매고 삼을 꽂아 늘어뜨리는 것이니 소공(小功) 이하는 삼을 꽂아 묶어 버린다.

20-9-20 ──────────── 朝服은 十五升이니 去其半而緦요
加灰는 錫也니라.

『조복은 15승이니 그 반으로 나누어서 짜면 시요, 잿물을 넣어 빨면 석이니라.』

☯ 이 절은 조복(朝服)과 시마(緦麻), 석최(錫衰)의 차이점을 기술하였으니 모두 15승(升)이지만 조복(朝服)은 전폭을 쓰니 날실이 1,200가닥이고, 시마복(緦麻服)은 반폭을 쓰니 날실이 600가닥이며, 석최(錫衰)는 반폭의 베를 잿물에 빨아서 다듬은 것으로 만드는 것임을 밝혔다.

석(錫)은 반질반질한 모양이니 조복(吊服)으로 입는 석최(錫衰)이다.

 諸侯가 相襚에 以後路與冕服하고
先路與褒衣는 不以襚하니라.

『제후가 서로 주검 옷을 줌에 뒤에 수레와 면복으로 하고 앞에 수레와 포의는 주검 옷으로 주지 아니하니라.』

◉ 이 절은 제후가 서로 주검 옷을 주는 절도를 기술하였다.

수(襚)는 주검 옷이니 렴(斂)할 때에 입히는 옷이고 후로(後路)는 차로(次路)니 제후의 부거(副車)요, 면복(冕服)은 면류관을 쓸 때에 입는 옷이니 곧 곤룡포로 임금의 정복이다. 선로(先路)는 제후의 정거(正車)니 앞에 11−1−2에서 해설하였고 포의(褒衣)는 큰 옷이니 곧 도포인데 임금의 사복(私服)이다.

대저 제후가 죽었을 때에 제후가 서로 주검 옷을 수(襚)로 줄 때에는 임금의 정복(正服)을 주고, 상여를 끄는 수레를 봉(賵)으로 줄 때에는 부거(副車)를 주는 까닭은 주검 옷은 겹쳐 입을 수 있으나 상여를 끄는 정거(正車)는 하나만 있으면 되므로 부거(副車)를 보내야 모두 사용할 수 있기 때문이다. 그러므로 제후의 죽음에 사복(私服)이나 정거(正車)는 쓸모없는 물건이 될 수 있으므로 보내지 않는 것이다.

 遣車는 視牢具니 疏布輤하고
四面有章하야 置于四隅하나니
載糗은 有子가 曰非禮也니
喪奠은 脯醢而已라 하니라.

『희생을 실어 보내는 수레의 수는 희생할 소를 갖추는 수에 견주
니 거친 베로 수레덮개를 하고 네 편에 가리개가 있어 바깥 널의 네
모서리에 두나니 식량을 싣는 것은 유자가 말하기를 예법이 아니니
초상에 드리는 제물은 포와 젓갈뿐이라고 하니라.』

◑ 이 절은 견거(遣車)의 수와 장식과 묻은 위치를 기술하였다.
  견거(遣車)는 앞에 4-5-6에서 이미 해설하였으며 견거(遣車)의
수도 역시 밝혔으니 시(視)는 견주는 것이요, 뢰구(牢具)는 희생할
소를 갖춤이다. 천(輤)은 앞에 20-1-2에서 해설하였고, 장(章)은
장(鄣)과 같으니 가리개로 막는 것이며, 4우(四隅)는 무덤 바깥 널의
네 모서리이고, 장(糧)은 식량이다. 유자(有子)는 공자의 제자 유약
(有若)이고, 포해(脯醢)는 앞에 4-5-17에서 이미 보았다.

20-10-1 ─────────────────────────── 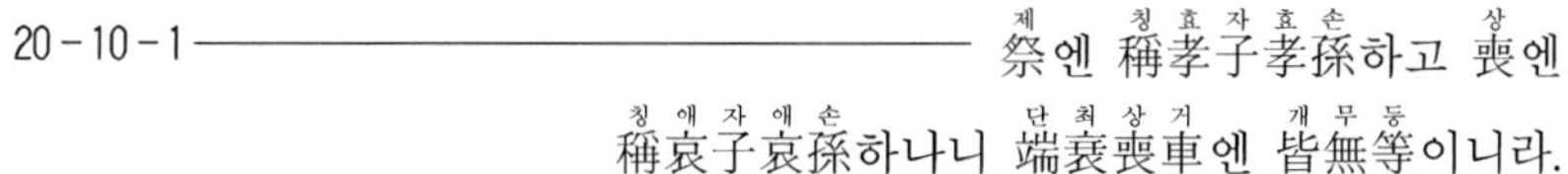

『제례에는 효자, 효손이라 일컫고 상례에는 애자, 애손이라 일컬으
니 상복의 저고리와 상복 입은 사람이 타는 수레에는 모두 차등이
없느니라.』

◑ 이 장은 제례(祭禮)와 상례(喪禮) 차이점을 기술하여 그 절도
가 같고 다름을 밝혔다.
  제(祭)는 제례(祭禮)니 길례(吉禮)이고 상(喪)은 상례(喪禮)니 흉

례(凶禮)인데 졸곡(卒哭)까지는 흉제(凶祭)이고 부제(祔祭)부터는 길제(吉祭)이다. 칭(稱)은 제문(祭文)에 일컬은 말이요, 단(端)은 정(正)이니 단최(端衰)는 4면이 6촌인 삼베를 상복의 가슴에 매달아 가슴속에 슬픔이 무한함을 상징하는 상복의 저고리이며 상거(喪車)는 상복을 입은 사람이 나들이할 때에 타는 조잡한 수레이고 무등(無等)은 신분에 상관없이 모두 동일하다는 말이다. 살피건대 상복의 모양과 상거(喪車)가 모두 동일한 것은 그 슬픔에 차이가 없음을 나타내는 인정의 평등사상이다.

20-10-2 ─────────────────────────

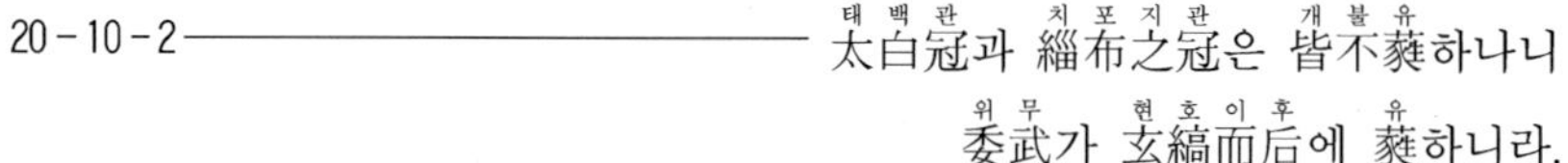

太白冠과 緇布之冠은 皆不蕤하나니
委武가 玄縞而后에 蕤하나니라.

『태백관과 치포의 관은 모두 관끈을 더부룩하게 하지 아니하나니 관의 가장자리가 현관과 호관처럼 챙을 만든 다음에 관끈을 더부룩하게 하나니라.』

◉ 이 절은 본래 태백관(太白冠)과 치포관(緇布冠)에는 관끈을 매다는 장식이 없었으나 현관(玄冠)이나 호관(縞冠)처럼 관의 하단에 챙을 달게 된 다음에 관끈을 더부룩하게 만든 사실을 기술하였다.

태백관(太白冠)은 흰 비단으로 만든 관이니 태고시대에 만들었으므로 태백관이라고 하며, 치포관(緇布冠)은 앞에 13-6-2에서 이미 해설하였고 유(蕤)는 더부룩함이니 관에 관끈을 매다는 곳에 천을 접어서 붙여 더부룩하게 장식하는 것으로 대개 짧은 끈을 접어서 붙

인다. 위(委)는 관의 하단에 가장자리를 말아서 두툼하게 하는 것이
요, 무(武)는 관의 하단에 챙을 다는 것이니 앞에 13-6-3에서 이미
해설하였으며 현(玄)은 현관(玄冠)이요, 호(縞)는 호관(縞冠)이니 역
시 앞에 13-6-2, 3에서 해설하였다.

20-10-3─────────────────── 大夫는 冕而祭於公하고 弁而祭於己하며
士는 弁而祭於公하고 冠而祭於己하나니
士가 弁而親迎할새 然則士도
弁而祭於己가 可也니라.

『대부는 면류관으로 임금의 제사에 돕고 고깔로 자기의 집에 제사
지내며, 선비는 고깔로 임금의 제사에 돕고 관으로 자기의 집에 제사
지내나니 선비가 고깔로 친영하므로 그렇다면 선비도 고깔로 자기의
집에 제사 지냄이 옳으니라.』

  ☯ 이 절은 임금의 제사에는 면류관(冕旒冠)을 쓰고 대부의 제사
에는 변(弁)을 쓰고, 선비의 제사에는 관(冠)을 쓰는 절도를 기술하
였다.
  면(冕)은 앞에 13-1-1에서 이미 해설하였고 변(弁)은 앞에 11-
7-9에서 그리고 관(冠)은 앞에 13-6-1에서 해설하였다. 대저 면류
관(冕旒冠)은 종묘의 제례복에 쓰는 것으로 가장 존엄하고, 작변(爵
弁)과 피변(皮弁)은 조정(朝廷)의 행사에 쓰는 것이며, 치포관(緇布
冠)은 연사(燕私)에 쓰는 관이므로 공(公)과 사(私)에 존비(尊卑)의

등급이 있는 것이다.

 暢臼는 以椈하고 杵는 以梧하며
枇는 以桑하되 長이 三尺이니
或曰五尺이라 畢은 用桑하되
長이 三尺이니 刊其柄與末이니라.

『울창을 찧는 절구통은 측백나무로 만들고, 공이는 오동나무로 만들며, 가마솥에 삶은 고기를 건지는 주걱은 뽕나무로 만들되 길이가 3척이니 혹은 말하기를 5척이라고 하니라. 고기 꿰는 나무는 뽕나무를 쓰되 길이가 3척이니 그 손잡이와 끝을 깎느니라.』

◑ 이 절은 제물을 장만하는 도구의 재질과 모양을 기술하였다.

창(暢)은 울창(鬱鬯)이니 향기로운 강신주(降神酒)를 만드는 향초이고, 구(臼)는 울창을 찧어 다지는 절구통이며, 국(椈)은 백(柏)이니 측백나무인데 측백나무는 향기로우니 절구통을 만들고, 오동나무는 깨끗하므로 공이를 만들었다. 비(枇)는 가마솥에 삶은 고기를 건져서 솥제기인 정(鼎)에 담는 주걱이요, 필(畢)은 삶은 토막고기를 찍어서 들어 도마제기인 조(俎)에 담는 고기 꿰는 나무로 모양은 양지창과 비슷하다. 일설에 이 두 가지 기구를 길제(吉祭)에는 가시나무인 극목(棘木)으로 만들고, 상제(喪祭)에는 뽕나무로 만든다고 하였으나 특별히 다르게 해야 될 이유가 없다고 할 것이다.

 ━━━━━━━━━━━━━━━━━ 率帶를 諸侯大夫는 皆五采요
士는 二采니라.

율대를 제후와 대부는 모두 다섯 가지 색채요, 선비는 두 가지 색
채니라.』

☯ 이 장은 상례(喪禮)의 절도를 기술하였으니 여기에서는 율대
(率帶)의 제도를 밝혔다.

율대(率帶)는 죽은 사람에게 옷을 모두 입히고 허리띠를 매는 띠
인데 바느질을 하지 않은 비단이나 실로 만든다. 5채(五采)는 오색실
로 만든 것이고, 2채(二采)는 두 가지 색깔로 만든 것이다.

 ━━━━━━━━━━━━━━━ 醴者는 稻醴也라 甕甒筲衡을
實見間하고 而后에 折이 入하나니라.

『단술이라는 것은 쌀로 만든 단술이라, 옹기단지와 옹기술병과 대
바구니와 찬장을 속 널과 겉 널의 사이에 채우고, 이후에 잘라서 만
든 나무시렁을 넣느니라.』

☯ 이 절은 장사 지낼 때에 무덤에 넣을 명기(明器)를 안전하게
묻는 방법을 기술하였다.

도례(稻醴)는 쌀로 만든 단술이요, 옹(甕)은 옹기단지니 식초와
젖을 담고, 무(甒)는 옹기술병이니 단술을 담으며, 소(筲)는 대바구

니인데 기장과 피를 담고, 형(衡)은 시렁에 매다는 찬장으로 반찬을
넣어 보관한다. 실(實)은 가득히 채우는 것이요, 견간(見間)은 보이
는 사이이니 속 널인 관(棺)과 겉 널인 곽(槨)의 사이에 틈이 보이
는 곳이다. 절(折)은 나무를 잘라서 무덤 위에 걸치어 놓고 흙을 막
는 나무시렁이니 항목(抗木)이라고 하며, 곧은 나무가 3개이고 횡목
(橫木)이 5개인데 그 위에 먼지가 들어가지 못하도록 항석(抗席)을
덮은 다음에 흙을 덮어 무덤을 만든다.

20-11-3─────────────────────────── 重은 旣虞而埋之하니라

『임시신주는 이미 우제를 지내고 묻느니라.』

◑ 이 절은 초상에 임시로 만든 신주인 중(重)을 묻는 절도를 기
술하였다.
　중(重)은 앞에 4-4-7에서 이미 해설하였고, 우(虞)는 초우(初虞)
이며, 매(埋)는 조상의 사당 문밖의 동쪽에 묻는다.

20-11-4─────────────────────────── 凡婦人은 從其夫之爵位니라.

『무릇 부인은 그 지아비의 작위를 따르니라.』

◑ 이 절은 예절에 있어서 아내의 신분은 남편의 작위를 따르는

원칙을 기술하였으니 부인의 상례(喪禮)는 남편의 작위에 따라 사상
례(士喪禮), 대부상례(大夫喪禮), 제후상례(諸侯喪禮), 천자상례(天子
喪禮)를 쓰는 절도를 밝혔다.

20-11-5──────────────────────────── 小斂大斂啓에 皆辯拜하니라.

『소렴과 대렴과 계빈에 모두 말로 할 일을 밝히고 절하니라.』

◉ 이 절은 소렴(小斂)과 대렴(大斂) 및 계빈(啓殯)에 참여한 집
사는 먼저 말로 무슨 일을 하겠다고 고인(故人)에게 밝히고 절한 다
음에 시작해야 됨을 기술하였다.

계(啓)는 계빈(啓殯)이요, 변(辯)은 말로 할 일의 내용을 밝히는
것이다. 무릇 소렴과 대렴과 계빈은 상사(喪事)의 중대한 절도이므로
집사가 소렴 또는 대렴이나 계빈을 하겠다고 밝힌 다음에 절하여 공
경심을 표현하는 것이 또한 인간 존엄성을 받드는 길이다.

전배들은 이러한 경문(經文)의 뜻을 파악하지 못하고 소렴, 대렴,
계빈할 때에 임금이 와서 조상(弔喪)하면 일을 중지하고 모두 당
(堂) 아래로 내려와서 임금에게 절하는 것이라고 하였으나 옳지 않
다. 상례(喪禮)는 엄숙한 절도이거늘 소렴과 대렴과 계빈을 하다가
어떻게 중지하고 밖으로 나와서 손님을 맞이할 수 있겠는가? 결단코
상사(喪事)에 소홀히 해서는 안 된다.

 ─────────────────────── 朝夕哭엔 不帷하며 無柩者는 不帷하니라.

『아침과 저녁에 곡함에는 휘장을 느리지 아니하며 널이 없으면 휘장을 느리지 아니하니라.』

◐ 이 절은 빈소(殯所)와 영위(靈位: 几筵)에 대한 절도를 기술하였다.

조석곡(朝夕哭)은 초우(初虞)를 지낸 다음 날부터 졸곡(卒哭)까지 슬프면 아침과 저녁으로 영위 앞에 나아가 곡(哭)하여 우는 것이요, 유(帷)는 빈소(殯所)에 모신 영위를 가리기 위하여 휘장을 늘어뜨린 것이다. 무구자(無柩者)는 이미 장사(葬事)를 치러서 매장(埋葬)하고 반곡(反哭)한 영위(靈位)인데 이러한 영위에는 휘장을 치지 않는 것이다.

 ─────────────────── 君이 若載而后에 弔之어든
則主人이 東面而拜하고 門右에서
北面而踊하고 出待反而后에 奠하니라.

『임금이 만약 영구를 상여에 실은 다음에 조상하거든 곧 주인이 상여의 서쪽에서 동쪽을 향하여 임금에게 절하고 대문의 오른쪽에서 북쪽을 향하여 뛰고 대문 밖으로 나아가 임금이 돌아가시기를 기다린 다음에 견전제를 지내니라.』

○ 이 절은 임금이 발인식(發靷式)에 와서 조상(弔喪)할 때의 절도를 기술하였으니 임금은 장지(葬地)에 따라 가지 못하므로 임금을 먼저 절하여 보낸 다음에 견전제(遣奠祭)를 거행함을 밝혔다.

재(載)는 영구(靈柩)를 상여(喪輿)에 싣는 것이요, 조지(弔之)는 임금이 상여의 동쪽에서 조상(弔喪)하는 것이니 신하의 죽음에 임금은 주인으로 임하기 때문에 동쪽의 주인석에 서고, 상주(喪主)는 임금에게 손님으로 자처하여 상여의 서쪽에서 동쪽을 향하여 임금에게 절하는 것이다. 문우(門右)는 대문의 서쪽이니 임금이 대문의 동쪽으로 나아가기 때문에 상주(喪主)는 대문의 서쪽에서 울며 뛰는 것이다. 전(奠)은 견전(遣奠)이니 견전제에는 상주가 상여의 동쪽에 서야 되는바 임금이 돌아가야만 상주가 동쪽 자리에 설 수 있기 때문에 대문 밖에 나아가 임금이 돌아가시기를 기다리는 것이다.

20-11-8 ──────── 子羔之襲也에 繭衣裳과 與稅衣纁袡이 爲一이요 素端이 一이요 皮弁이 一이요 爵弁이 一이요 玄冕이 一이러니 曾子가 曰不襲婦服이니라.

『자고가 염습을 함에 견의상과 태의 훈염이 하나가 되고, 소단이 하나요, 피변이 하나요, 작변이 하나요, 현면이 하나이니 증자가 말하기를 부인복으로 염습하지 아니하니라 하였다.』

○ 이 절은 남자 옷은 저고리와 치마를 분리하고, 부인 옷은 저고

리와 치마를 연결하므로 부인 옷처럼 위아래가 연결된 옷으로 남자의 주검 옷을 만들면 안 된다는 것을 기술하였다.

자(子羔)는 공자의 제자로 성명이 고시(高柴)이고, 습(襲)은 염습(斂襲)이며, 견의상(繭衣裳)은 누에고치처럼 상의(上衣)와 하상(下裳)이 연결된 흰옷이요, 태의(稅衣)는 검은색 저고리이며 훈염(纁袡)은 분홍색 활옷이니 여자가 시집갈 때에 입는 옷으로 모두 상하가 연결된 부인의 의상이다. 소단(素端)은 흰옷으로 저고리와 치마를 분리하여 만든 단정한 옷이고, 피변(皮弁)은 피변복(皮弁服)이니 앞에 13-1-4에서 해설하였는데 베로 만든 저고리에 흰색 치마이며, 작변(爵弁)은 작변복(爵弁服)이니 검은색 저고리에 분홍색 치마이고, 현면(玄冕)도 역시 검은색 저고리에 분홍색 치마인데 저고리에는 무늬가 없으나 치마에는 도끼문양을 수놓은 것이니 대부(大夫) 이상의 조복(朝服)이다. 부복(婦服)은 부인 옷으로 저고리와 치마를 하나로 연결한 옷인데 곧 견의상(繭衣裳)과 태의훈상(稅衣纁裳)을 지칭하고 있다. 대저 남자는 활동적이므로 저고리와 치마를 분리하고, 여자는 정숙함을 숭상하여 저고리와 치마를 하나로 연결하는 것이다.

20-11-9 ──────────────── 爲君使而死어든 公館엔 復하고
私館엔 不復하니 公館者는
公宮과 與公所爲也요 私館者는
自卿大夫以下之家也니라.

『임금의 사신이 되어 죽거든 공관에서는 혼을 부르고 사관에서는

혼을 부르지 아니하니 공관이라는 것은 임금의 궁궐과 임금이 마련하여 준 곳이요, 사관이라는 것은 경대부로부터 이하의 집이니라.』

　☯ 이 절은 사신(使臣)이 죽었을 때에 공관(公館)과 사관(私館)의 차이점을 기술하였으니 이미 앞에 7-18-1에서 해설하였다.

20-11-10 ─────── 公은 七踊하고 大夫는 五踊하니
婦人은 居間하고 士는
三踊하니 婦人은 皆居間이니라.

『임금의 죽음에는 울면서 뛰기를 일곱 번 하고, 대부의 죽음에는 울면서 뛰기를 다섯 번 하니 부인은 그 사이에 하고, 선비의 죽음에는 울면서 뛰기를 세 번 하니 부인은 모두 그 사이에 하니라.』

　☯ 이 절은 벽용(擗踊)하는 절도를 기술하였다.

공(公)은 임금이 죽었을 때이고 7용(七踊)은 통곡하면서 가슴을 치고 뛰는 것을 일곱 번 함이며, 부인(婦人)은 울면서 뛰는 여자들이요, 거간(居間)은 남자들이 먼저 울며 뛰고 난 다음에 부인들이 뛰고, 또 남자들이 울며 뛰고 난 다음에 부인들이 뛰는 것이니 부인들은 남자들이 뛰는 사이에 뛰게 되는 것이다.

대저 남자들과 여자들의 벽용(擗踊)을 동시에 하지 못하게 하는 것은 부부유별(夫婦有別)의 윤리를 밝히기 위함이니 주검과 구(柩)를 가운데 놓고 남자는 동쪽에서 서향하고 여자는 서쪽에서 동향하여 슬피 울며 벽용(擗踊)한다.

20-11-11 ──────────── 公襲은 卷衣가 一이요

玄端이 一이요 朝服이 一이요

素積이 一이요 纁裳이 一이요

爵弁이 二이요 玄冕이 一이요

褒衣가 一이요 朱綠帶에 申加大帶於上이니라.

『임금의 염습옷은 곤룡포가 하나요, 현단복이 하나요, 조복이 하나요, 소적이 하나요, 훈상이 하나요, 작변복이 둘이요, 현면복이 하나요, 포의가 하나요, 붉고 푸른 띠에 거듭 큰 띠를 위에 더하니라.』

◉ 이 절은 임금의 염습옷을 기술하였으니 생전에 입었던 여러 가지 옷을 입혔음을 밝혔다.

공(公)은 공작(公爵)의 작위를 받은 제후(諸侯)이고 곤(卷)은 곤(袞)이니 곤룡포(袞龍袍)로 임금의 권위를 상징하는 가장 고귀한 옷이며, 현단(玄端)은 검은 비단저고리에 붉은 비단치마로 높은 학자의 옷인데 제후가 재계(齋戒)하는 옷이요, 천자의 연복(燕服: 한가하게 쉴 때에 입는 옷)이며, 선비의 제복(祭服)인데 또한 대부(大夫)와 선비가 집안의 행사 때에도 입는다. 조복(朝服)은 검은 베저고리에 흰 베치마로 임금이 날마다 조정에서 조회 볼 때에 입는 옷이고, 소적(素積)은 피변복(皮弁服)이니 간소한 차림으로 외출할 때에 입는 옷이며, 훈상(纁裳)은 분홍치마요, 작변(爵弁)은 작위를 받을 때에 입

는 옷이며, 현면(玄冕)은 가벼운 행사복이니 모두 앞에 20-11-8에
서 해설하였다. 포의(襃衣)는 앞에 20-9-21에서 이미 해설하였고,
주록대(朱綠帶)는 흰색의 작은 띠에 붉고 푸른 채색을 넣은 띠이며
신(申)은 거듭함이요, 대대(大帶)는 살았을 때에 매던 큰 띠이다. 살
피건대 이(二)는 일(一)의 오자인 듯한데 사실이라면 앞에 20-9-
21에서 말한 면복(冕服)으로 제후가 서로 주검 옷으로 보낸 것은 여
러 벌 입혀도 된다는 뜻일 것이다.

20-11-12───────────────────────── 小斂에 環絰은 公大夫士가 一也라.

『소렴에 둥근 삼 띠를 쓰는 것은 임금과 대부와 선비가 한가지이다.』

◉ 이 절은 소렴(小斂)하면 유가족들이 삼으로 만든 둥근 띠를 머
리에 쓰고 슬픔을 나타내는 것은 평등한 예절임을 기술하였다.
  소렴(小斂)은 사망한 다음 날에 주검 옷을 입히는 것이요, 환질
(環絰)은 삼으로 만든 수질(首絰)과 요질(要絰)이니 임금과 대부와
선비를 가리지 않고 그 재질과 모양이 모두 똑같은 것이다.

20-12-1 ───────────────────── 公이 視大斂할새 公이 升이어든
商祝이 鋪席하고 乃斂하니라.

『임금이 대렴을 보실 때에 임금이 오르시거든 상축을 맡을 사람이
자리를 펴고 이에 대렴을 하니라.』

◉ 이 장은 임금이 신하의 대렴(大斂)에 임하여 보실 때의 절도를 기술하였다.

승(升)은 승당(升堂)이니 대렴(大斂)하는 자리에 임(臨)하여 살펴보는 주인의 자리이고, 상축(商祝)은 공포(功布)기를 잡고 상여의 앞에서 상여길을 지휘하여 안내하는 사람이며, 포석(鋪席)은 대렴할 자리를 펴는 것이니 대렴을 하기 위하여 준비물을 펴는 것이다.

대저 신하의 초상집에 임금은 주인으로 임하는 것이니 임금이 대렴을 살펴봄에는 시작부터 끝까지 전 과정을 볼 수 있도록 임금이 승당(升堂)한 다음에 자리를 펴고 대렴을 시작하는 것이다.

20-12-2 ─────────────────────── 魯人之贈也는 三玄二纁으로
廣이 尺이요 長이 終幅이니라.

『노나라 사람이 죽은 사람에게 주어 보내는 물건은 세 필의 검은 비단과 두 필의 분홍 비단으로 넓이가 1척이요, 길이가 폭을 끝으로 하니라.』

◉ 이 절은 노(魯)나라의 풍속이 각박하게 되어서 죽은 사람에게 주어서 보내는 물건이 형식적으로 시늉만 내는 것을 비난하였다.

증(贈)은 물건을 속 널과 겉 널의 사이에 넣어서 죽은 사람에게 헤어지는 예물(禮物)로 주는 것이다. 3현(三玄)은 세 필의 검은 비단으로 하늘을 상징하고 2훈(二纁)은 두 개의 분홍 비단으로 땅을 상징하며 광(廣)은 넓이니 피륙의 횡(橫)이고 장(長)은 길이로 종(縱)

이다. 폭(幅)은 피륙의 횡폭(橫幅)으로 2척 2촌(二尺二寸)인데 본래
의례(儀禮)에서는 길이가 1장 8척(一丈八尺)이요, 폭이 2척 2촌인 비
단을 사용하였으나 노나라 사람은 줄여서 길이가 2척 2촌이요, 폭을
1척으로 하였던 것이니 죽은 사람에게 쓸데없는 물건이라는 관념이
생긴 까닭이다.

20-12-3 ──────────────── 吊者가 卽位于門西하야 東面하고
其介는 在其東南하야 北面西上하니
西於門하고 主孤가 西面이어든 相者가
受命曰孤某가 使某로 請事라 한댄
客이 曰寡君이 使某하시되 如何不淑고
하거든 相者가 入告하고 出曰孤某가
須矣라 하면 吊者가 入거든 主人은
升堂하야 西面하고 吊者는 升自西階하야
東面하여 致命曰寡君이 聞君之喪하고 寡君이
使某하시되 如何不淑고 하거든
子가 拜稽顙이어든 吊者가 降反位하나니라.

『조문하는 사신이 대문의 서쪽에 나아가 동쪽을 향하고 그 부사는
그 동남쪽에 가서 북쪽을 향하되 서쪽을 위로하니 대문의 서쪽이고
외로운 아들 상주가 섬돌계단 아래에서 서쪽을 향하거든 도우미가
외로운 아들 상주의 명령을 받아 대문 밖으로 나아가 조문객에게 말
하기를 "외로운 아들 아무개가 아무개로 하여금 행사를 요청하라고
명령하였나이다" 하거든 조문객이 말하기를 "우리나라 임금이 아무

개를 사신으로 보내시되 어찌하여 불행한 일이 생겼는가고 하였나이다"라고 하거든 도우미가 들어가서 보고하고 다시 대문 밖으로 나아가 말하기를 "외로운 아들 아무개가 기다립니다"라고 하면 조문객이 들어가거든 상주가 당에 올라 서쪽을 향하고 조문객이 서쪽 계단으로부터 올라 동쪽을 향하여 명령을 전달하여 말하기를 "우리나라 임금이 임금의 승하하신 부음을 듣고 우리나라 임금이 아무개를 조문사절로 보내시되 어찌하여 불행한 일이 생겼는가고 하셨나이다"라고 하거든 아들 상주가 절하고 머리를 조아려 이마를 땅에 대거든 조문객이 뜰방에서 내려와 대문 밖의 자리로 돌아가니라.』

◑ 이 절은 제후(諸侯)의 죽음에 이웃 나라의 제후가 조문사절을 보내서 조문하는 절도를 기술하였다.

조자(吊者)는 이웃 나라 임금이 파견한 조문사절(吊問使節)의 정사(正使)요, 개(介)는 부사(副使)이며, 문서(門西)는 국상(國喪)이 난 나라의 궁문(宮門) 밖 서쪽이요, 서상(西上)은 개(介)가 여러 명일 때에 그 어른이 서쪽에 있어 정사(正使)와 가까이 서는 것이다. 서어문(西於門)은 손님의 자리는 대문의 서쪽이므로 감히 대문의 중앙에 서지 않고 서쪽에 서는 것이고, 주고서면(主孤西面)은 상주(喪主)인 고자(孤子)는 당하(堂下)의 섬돌계단 앞에서 서쪽을 향하여 서 있는 것이니 주인의 자리이며, 상(相)은 초상집에서 상례(喪禮)를 돕는 사람이다. 수명(受命)은 주인의 명령을 받아서 손님에게 전달하는 것이고 여하불숙(如何不淑)은 어찌하여 불행한 일을 당했느냐고 위로하는 말이니 불숙(不淑)은 불선(不善)이나 불행(不幸)과 같으며, 수(須)는 기다리는 것이니 상주(喪主)는 빈소(殯所)를 지켜야 하므로 대문 밖에 나아가서 손님을 맞이하거나 보내지 않는 것이 예절이다. 주인승당(主人升堂)은 섬돌계단, 즉 조계(阼階)를 말미암아 뜰방에 오르는 것이니 앞에 1-25-1에서 말한 거상불유조계(居喪不由阼階)는 조문객이 없는 평상시의 예절이고 조문사절을 맞을 때에는 섬돌계단을 말미암아야 된다. 강반위(降反位)는 조문객만 마당으로 내려가서 대문 밖의 서쪽 자리로 돌아가는 것이니 상주(喪主)는 빈소를 지키는 것이므로 나아가지 아니하는 것이다.

이 절에서 국상(國喪)에 외국의 조문사절을 맞아서 조문을 받는 절차가 매우 자상하고 엄숙하니 말과 행동을 지극히 절제하여 애도(哀悼)의 감정을 표현하는 감동적인 예절이다.

20-12-4 ──────────────────────────── 含者가 執璧將命하되 曰寡君이
使某로 含이라 하거든 相者가 入告하고
出曰孤某가 須矣라거든 含者가 入升堂하야
致命하거든 子가 拜稽顙하면 含者가
坐委于殯東南有葦席하나니 旣葬이어든
蒲席하고 降出反位하거든 宰夫가 朝服하고
卽喪屨하야 升自西階하야 西面하야
坐取璧하고 降自西階以東하나니라.

『반함할 사신이 옥을 가지고 명령을 받들되 말하기를 "우리나라 임금이 아무개를 사신으로 보내 반함하라고 하였나이다" 하거든 도우미가 들어가서 보고하고 나와서 말하기를 외로운 상주 아무개가 기다린다고 하거든 반함할 사신이 대문 안으로 들어가서 당에 올라 명령을 전달하거든 아들 상주가 절하고 머리를 조아려 땅에 대면 반

함할 사신이 앉아서 빈궁의 동남쪽에 있는 갈대자리에 옥을 맡기나
니 이미 장사 지냈거든 부들자리를 펴고 내려와서 대문 밖으로 나아
가 자리로 돌아가거든 재부가 조복을 입고 나아가 상복의 신을 신고
서쪽 계단으로부터 올라가서 서쪽을 향하여 앉아서 옥을 들고 서쪽
계단으로부터 내려와서 동쪽으로 가니라.』

◑ 이 절은 앞 절에 이어 제후(諸侯)의 죽음에 이웃 나라의 제후
가 반함(飯含)할 옥을 보내서 전달하는 절도를 기술하였다.

함자(含者)는 반함(飯含)할 옥(玉)을 가지고 온 개(介)이고, 벽
(璧)은 도래옥으로 반함할 옥돌이며, 좌(坐)는 무릎 꿇은 것이요, 위
(委)는 위탁(委託)함이다. 위석(葦蓆)은 갈대자리이고, 포석(蒲席)은
부들자리인데 갈대자리가 더욱 깨끗하므로 이미 장사 지냈으면 반함
을 할 수 없는 까닭에 부들자리를 펴고 받는 것이다. 재부(宰夫)는
천관(天官)으로 조정에 예절과 의전을 관장하는 벼슬이고, 즉(卽)은
나아감이며, 상구(喪屨)는 상복에 신는 신이다. 동(東)은 주인의 자
리로 가져다 두는 것이다.

20-12-5 ──────────────────────────── 襚者가 曰寡君이 使某로
襚라거든 相者가 入告하고 出曰孤某가
須矣라거든 襚者가 執冕服하되
左執領하고 右執要하야 入升堂하야
致命曰寡君이 使某로 襚라거든 子가
拜稽顙하면 委衣于殯東하고 襚者가
降하야 受爵弁服於門內霤하야

將命하거든 子가 拜稽顙如初하고
受皮弁服於中庭하며 自西階受朝服하며
自堂受玄端하고 將命이어든 子가
拜稽顙皆如初하나니 襚者가 降出反位어든 宰夫五人이
擧以東하야 降自西階하되 其擧에 亦西面이니라.

『주검 옷을 전할 사신이 말하기를 "우리나라 임금이 아무개를 사신으로 보내 주검 옷을 전하라고 하나이다" 하거든 도우미가 들어가서 보고하고 대문 밖으로 나와서 말하기를 외로운 상주 아무개가 기다린다고 하거든 주검 옷을 전할 사신이 면복을 들되 왼손으로는 목 부분을 잡으며 오른손으로는 허리 부분을 잡고 대문 안으로 들어가 당에 올라 명령을 전달하여 말하기를 "우리나라 임금이 아무개를 사신으로 보내 주검 옷을 전하라고 하나이다" 하거든 아들 상주가 절하고 머리를 조아려 땅에 대면 옷을 빈궁의 동쪽에 맡기고 주검 옷을 전하는 사신이 내려와서 대문 안의 낙수가 떨어지는 곳에서 작변복을 받아서 명령을 거행하거든 아들 상주가 절하고 머리를 조아려 이마를 땅에 댐을 처음처럼 하고, 가운데 마당에서 피변복을 받으며, 서쪽 계단 아래에서는 조복을 받으며, 서쪽 계단의 당 위에서는 현단복을 받고 명령을 거행하거든 아들 상주가 절하고 머리를 조아려 이마를 땅에 댐을 처음처럼 하나니 주검 옷을 전하는 사신이 내려가서 대문 밖으로 나아가 자리로 돌아가거든 재부 5인이 동쪽에서 옷을 들고 서쪽 계단으로 내려가되 그 옷을 들 때에 또한 서쪽을 향하느니라.』

◑ 이 절은 앞 절에 이어 주검 옷을 전달하는 절도를 기술하였으니 옷의 중요성에 따라 사신이 옷을 받는 위치가 다름을 밝혔다.

수(襚)는 주검 옷을 보내는 것이니 앞에 20-9-21에서 이미 해설하였고, 면복(冕服)을 비롯한 습의(襲衣)는 앞에 20-11-11에서 해설하였으며, 령(領)은 저고리의 목 부분이고, 요(要)는 허리띠를 매는 부분이다. 빈동(殯東)은 앞 절의 빈동남(殯東南)보다 조금 북쪽이며, 문내류(門內霤)는 대문 안의 낙수가 떨어진 곳이요, 장명(將命)은 명령을 거행함이며 거(擧)는 옷을 들고 일어서는 것이니 5인이 각각 1벌씩을 가지고 내려와서 주인의 자리로 가져다 두는 것이다.

20-12-6──────────────────────────── 上介가 賵하되 執圭하야
將命曰寡君이 使某로 賵하라거든
相者가 入告하고 反命曰孤가 須矣라거든
陳乘黃大路於中庭하되 北輈하고 執圭將命이라거든
客使가 自下하야 由路西하거든 子가
拜稽顙하면 坐委于殯東南隅하나니 宰가 擧以東하니라.

『위 부사가 주검수레와 말을 전하되 홀을 잡고 명령을 거행하여 말하기를 "우리나라 임금이 아무개를 사신으로 주검수레와 말을 전하라고 하나이다" 하거든 도우미가 들어가서 보고하고 대문 밖으로 돌아와 보고하여 말하기를 "외로운 상주가 기다리나이다" 하거든 네 마리의 노랑말과 큰 수레를 마당의 가운데로 진열하되 수레 채를 북쪽으로 향하게 하고, 홀을 잡고 당에 올라 명령을 거행한다고 하거든 조문객의 심부름꾼이 스스로 거행하여 말을 이끌고 수레의 서쪽에

서거든 아들 상주가 절하고 머리를 조하여 이마를 땅에 대면 앉아서 빈궁의 동남쪽 모퉁이에 홀을 맡기나니 재부의 수장이 들고 동쪽으로 가니라.』

◉ 이 절은 앞 절에 이어 주검수레와 말을 전달하는 절도를 기술하였으니 수레와 말은 마당의 가운데에 두고 규(圭)만을 들고 당으로 올라가서 전달함을 밝혔다.

상개(上介)는 부사(副使) 가운데 가장 높은 사신이고, 봉(賵)은 죽은 사람에게 수레와 말을 증정하여 장례식행사에 사용토록 하는 것이며, 규(圭)는 수레의 이름과 말의 수를 기록한 홀이다. 반명(反命)은 복명(復命)과 같고, 승(乘)은 네 마리요, 황(黃)은 노랑말이며, 태로(大路)는 큰 수레이다. 주(輈)는 수레 채이고, 객사(客使)는 조문객의 심부름꾼이며, 자하(自下)는 자하거행(自下擧行)함이니 윗사람의 명령이 없어도 스스로 말을 수레에서 풀어 수레 채를 땅에 놓는 것이다. 유로서(由路西)는 네 마리의 말을 수레의 서쪽으로 이끌어 세우는 것이고, 좌위(坐委)는 상개(上介)가 앉아서 규(圭)를 맡기는 것이요, 재(宰)는 재부(宰夫)의 수장(首長)이며, 거(擧)는 규(圭)를 드는 것이다. 여기에서 고모(孤某)를 생략하여 고(孤)라 칭한 까닭은 이미 앞에서 세 번이나 이름을 확인시켰기 때문에 익히 알고 있는 것이므로 생략한 것이다.

20-12-7———————————— 凡將命엔 鄕殯將命하고 子가
拜稽顙이어든 西面而坐委之하며 宰가

$$\text{舉璧與圭}_{\text{거 벽 여 규}}\text{하고 }\text{宰夫}_{\text{재 부}}\text{가 }\text{舉襚}_{\text{거 수}}\text{하되}$$

$$\text{升自西階}_{\text{승 자 서 계}}\text{하야 }\text{西面坐取之}_{\text{서 면 좌 취 지}}\text{하야 }\text{降自西階}_{\text{강 자 서 계}}\text{니라.}$$

『무릇 명령을 거행함에는 빈궁을 향하여 명령을 받들고 아들 상주가 절하고 머리를 조아려 이마를 땅에 대거든 빈궁의 동쪽으로 가서 서쪽을 향하여 무릎 꿇고 맡기며, 재부의 수장이 반함할 옥과 홀을 들고 재부가 주검 옷을 들되 서쪽 계단으로부터 올라가서 서쪽을 향하여 무릎 꿇고 취하여 서쪽 계단으로부터 내려오느니라.』

◑ 이 절은 앞 절에서 거행한 사신과 재부(宰夫)들의 공통적인 의례절도를 다시 기술하였다.

범장명자(凡將命者)는 조문사절단의 정사(正使)와 부사(副使)를 총칭함이고, 향빈(鄕殯)은 빈궁(殯宮)의 서남쪽에 서서 동북방으로 빈궁을 향하는 것이며, 사신이 명령을 거행한다고 할 때에 아들 상주가 절하고 머리를 조아려 이마를 땅에 대는 의식을 마치면 조문객이 빈궁의 동남쪽으로 나아가 서쪽을 향하여 무릎 꿇고 그 가지고 온 물건을 맡기고 내려오는 것이다. 조문객 및 재(宰)와 재부(宰夫)가 모두 서쪽 계단을 이용하는 것은 동쪽 계단은 주인만이 이용하는 계단이기 때문이다.

앞에 20-12-4에서 벽(璧)을 취하는 사람을 재부(宰夫)라고 하였는데 여기에서는 재(宰)라고 하였으니 오직 반함할 옥만을 증정할 경우에는 재(宰)가 취함을 알 수 있다.

 ―――――――――――――――――――――――― 賵者가 出하야 反位于門外니라.

『주검수레와 말을 전하는 사신이 대문을 나가서 문밖의 자리로 돌아가니라.』

◐ 이 절은 앞에 20-12-6에서 말한 상개(上介)가 봉(賵)을 전달하고 물러가는 절도인즉 마땅히 재거이동(宰擧以東)의 앞에 놓아야 한다.

 ―――――――――――――――――――――――― 上客이 臨하야 曰寡君이
有宗廟之事하야 不得承事하야
使一介老某로 相執綍이라 하거든
相者가 反命하되 曰孤가 須矣하거든
臨者가 入門右하거든 介者가 皆從之하야
立于其左하되 東上하고 宗人이 納賓하고
升受命于君하고 降하야 曰孤가 敢辭吾子之辱하노니
請吾子之復位라 하면 客이 對하야
曰寡君이 命某하시되 毋敢視賓客하라시니
敢辭하나이다 宗人이 反命하되 曰孤가
敢固辭吾子之辱하노니 請吾子之復位하나이다
客이 對하야 曰寡君이 命某하시되
毋敢視賓客하라시니 敢固辭하나이다
宗人이 反命하되 曰孤가 敢固辭吾子之辱하노니
請吾子之復位하나이다 客이 對하야
曰寡君이 命使臣某하시되 毋敢視賓客하라시니
是以로 敢固辭한대 固辭不獲命이라니

敢不敬從이리오 하고 客이 立于門西하고 介가
立于門左하되 東上이어든 孤가 降自阼階하야
拜之하고 升哭하니 與客拾踊三하고
客이 出커든 送于門外하야 拜稽顙하느니라.

『상객이 임하여 말하기를 "우리나라 임금이 종묘의 행사가 있어서 장사 지내는 일을 받들 수 없으므로 한 사람의 부사 늙은 아무개로 하여금 장례를 도와 상여줄을 잡으라고 하였나이다" 하거든 도우미가 대문 안으로 들어가 보고하고 돌아와서 알리되 말하기를 "외로운 상주가 기다리나이다" 하거든 임한 상객이 대문 안의 오른쪽으로 들어가거든 부사가 모두 따라가서 그 오른쪽에 서되 동쪽을 위로한다. 종인이 손님을 맞아들이고, 당에 올라가서 임금에게 명령을 받고 마당에 내려와서 말하기를 "외로운 상주가 감히 우리 손님의 욕됨을 사양하노니 청컨대 자리로 되돌아가라고 하나이다", 조문객이 대답하여 말하기를 "우리나라 임금이 아무개에게 명령하시되 감히 빈객으로 처신하지 말라고 하시니 감히 사양하나이다" 하면 종인이 당에 올라가서 임금에게 보고하고 내려와서 전하되 말하기를 "외로운 상주가 감히 우리 손님의 욕됨을 진실로 사양하노니 청컨대 우리 손님은 자리로 되돌아가라고 하나이다", 조문객이 대답하여 말하기를 "우리나라 임금이 아무개에게 명령하시되 감히 빈객으로 처신하지 말라고 하시니 감히 진실로 사양하나이다", 종인이 당에 올라 임금에게 명령을 받아 내려와서 전하여 말하기를 "외로운 상주가 감히 우리 손님의 욕됨을 진실로 사양하노니 청컨대 우리 손님은 자리로 되돌아가라고 하나이다", 조문객이 대답하여 말하기를 "우리나라 임금이

사신 아무개에게 명령하시되 감히 손님으로 처신하지 말라고 하시니
이래서 감히 진실로 사양하였으나 진실로 사양하여도 명령을 얻지
못하니 감히 공경하여 따르지 아니하리오” 하고 조문객이 대문 안의
서쪽으로 가서 서고 부사가 대문의 왼쪽에 서되 동쪽을 위로 하거든
외로운 상주가 섬돌계단으로 내려와서 조문객에게 절하고 외로운 상
주는 섬돌계단으로 상객은 서쪽 계단으로 당에 올라가 곡하니 조문
객과 더불어 다시 뛰기를 세 번 하고 조문객이 나아가거든 대문 밖
에서 보내고 절하여 머리를 조아려 이마를 땅에 대니라.』

　◑ 이 절은 조문사절이 장례식에 상여줄을 잡기를 청하는 절도를
기술하여 세 번 청하고, 세 번 사양하면 물러가는 예절을 밝혔다.
　상객(上客)은 정사(正使)와 부사(副使) 가운데 장례식까지 머물러
있다가 상여줄을 잡기로 선정된 사신이고, 불(綍)은 불(紼)이니 상여
줄이며 입문우(入門右)는 대문의 오른쪽으로 들어가는 것이니 본래
주인은 오른쪽으로 들어가고, 손님은 왼쪽으로 들어가지만 상객(上
客)이 손님으로 처신하지 않고 주인의 집사(執事)로 자처하여 오른
쪽으로 들어간 것이다. 종인(宗人)은 나라의 제사와 의전(儀典)을 주
관하는 관리이고, 납(納)은 맞아들이는 것이며, 복위(復位)는 대문
안의 왼쪽인 손님의 자리로 돌아가는 것이요, 불획명(不獲命)은 세
번 청하였으나 세 번 사양하므로 허락을 얻지 못한 것이니 예절에서
는 세 번 사양하면 더 이상 청하지 않고 그치는 법이다. 문서(門西)
는 대문 안의 왼쪽이니 손님의 자리요, 겁(拾)은 ‘다시’이며 송우문외
(送于門外)는 대문 밖으로 따라 나와서 조문사절을 보내는 것인데
외국의 임금이 보낸 사신이므로 상주가 특별히 대문 밖에서 절하여
보내는 것이다.

 ── 其國에 有君喪이어든 不敢受弔니라.

『그 나라에 임금의 상이 있거든 감히 조문을 받지 못하니라.』

◯ 이 절은 그 나라에 임금의 상(喪)이 있는데 또 신하의 어버이의 상을 당했을 때에 신하는 감히 외국사신의 조문을 받지 못하는 예절을 기술하였으니 그 임금을 존경하기 때문이다.

20-13-1 ── 外宗은 房中에 南面하고 小臣은
鋪席하고 商祝은 鋪絞紟衾하고
士는 盥于盤北하고 擧遷尸于斂上하고
卒斂宰告어든 子가 憑之踊하고
夫人이 東面하야 坐憑之興踊하느니라.

『외종은 방 안에서 남쪽을 향하고 소신은 자리를 펴고 상축은 염습하여 묶을 마포와 홑이불과 요를 펴고 선비는 세숫대야의 북쪽에서 손을 씻고 시신을 염습할 자리 위로 들어 옮기고 염습을 마쳤음을 재부의 수장이 보고하면 아들 상주가 시신에 기대어 뛰고 부인이 동쪽을 향하여 앉아서 시신에 기대면서 일어나 뛰니라.』

◯ 이 장은 임금이 승하하였을 때에 대렴(大斂)하는 절도를 기술하였으니 아래의 상대기(喪大記) 편에 더욱 자세하다.
외종(外宗)은 임금의 고모와 자매(姉妹)의 딸 및 외삼촌과 이모의

딸로 시집을 가서 그 남편이 대부(大夫)가 된 사람이요, 상축(商祝)
은 앞에 20-12-1에서 이미 해설하였으며, 금(紟)은 홑이불이고, 재
(宰)는 앞에 20-12-7에서 해설하였다. 빙(馮)은 빙(憑)과 같고, 부
인(夫人)은 승하한 임금의 부인이다.

20-14-1 ─────────────────── 士喪이 有與天子로 同者가 三이니
其終夜燎와 及乘人과 專道而行이니라.

『선비의 상례가 천자의 상례와 더불어 동일한 것이 세 가지가 있
으니 그 밤새도록 마당에 불을 피우는 것 및 사람을 타는 것과 상여
가 나나감에 길을 독차지하여 가는 것이니라.』

◑ 이 장은 모든 상례의 공통적인 권위를 기술하였으니 죽은 사람
을 보내는 장엄한 정신으로 인간 존엄성의 극치이다.

사상(士喪)은 사상례(士喪禮)이고, 천자(天子)는 천자상례(天子喪
禮)이며, 료(燎)는 마당에 피우는 불이요, 승인(乘人)은 사람을 타는
것이니 곧 사람이 떠메는 상여(喪輿)와 사람이 잡아당기는 상여줄
곧 불(紼)이 있는 마차이며, 전도(專道)는 길을 독차지하는 것이니
상여가 길을 감에 모든 사람이나 수레는 길을 비켜 주고 상여가 가
운데 길로 직행하도록 하는 것이다.

21. 잡기하(雜記下)

앞에 잡기상(雜記上) 편의 해제에서 이미 해설하였으니 여기에서는 가정의 상례(喪禮)를 많이 기술하였다.

21-1-1 ──────────────────────── 有父之喪에 如未沒喪할새
而母가 死어든 其除父之喪也엔
服其除服하고 卒事면 反喪服하니라.

『아버지의 상복이 있는데 만약 아직 상기를 마치지 못했을 때에 그 어머니가 죽거든 그 아버지의 상복을 벗음에는 그 상복을 벗는 옷을 입고 행사를 마치면 어머니의 상복을 도로 입느니라.』

◑ 이 장은 상복(喪服)을 겹쳐서 입을 경우에 상복을 벗고 입는 때와 곡(哭)하고 분상(奔喪)하는 절도를 기술하였다.

몰(沒)은 종(終)과 같으니 상복을 벗는 것이고, 사(事)는 아버지의 대상(大祥)을 지내는 일이며, 반(反)은 도로 입는 것이다.

어머니가 죽어서 장사 지내기 전에 아버지의 소상이나 대상이 돌아오면 장사 지낸 뒤로 연기해야 되고, 어머니의 장사를 지낸 뒤에 아버지의 소상이나 대상이 돌아오면 당연히 연복(練服)이나 제복(除服)을 입고 지내며, 그 행사를 마치면 도로 어머니의 상복을 입어야 한다.

수 제 부 곤 제 지 상
雖諸父昆弟之喪이라도

여 당 부 모 지 상　　　　기 제 제 부 곤 제 지 상 야
如當父母之喪이어든　其除諸父昆弟之喪也에

개 복 기 제 상 지 복　　　졸 사　　　반 상 복
皆服其除喪之服하고　卒事어든　反喪服이니라.

『비록 여러 아버지와 여러 형제의 상복이라도 만약 부모의 상을 당했거든 그 여러 아버지와 여러 형제의 상복을 벗음에 모두 그 상복을 벗는 옷을 입고, 행사를 마치거든 도로 부모의 상복을 입느니라.』

◐ 이 절은 비록 부모의 상복을 입었더라도 제부(諸父)와 곤제(昆弟)의 상복을 벗는 대상(大祥) 때에는 상복을 벗는 옷을 입어야 됨을 기술하였으니 예절은 각각의 의리(義理)에 철저하고 명분(名分)을 바르게 세우는 것임을 알 것이다.

제부(諸父)는 백숙부(伯叔父)와 당백숙부(堂伯叔父)와 족부(族父)이고, 곤제(昆弟)는 형제와 당형제(堂兄弟), 재종형제, 3종형제이다.

여 삼 년 지 상　　　즉 기 경
如三年之喪에　則旣穎하고

기 련 상　　개 행
其練祥을　皆行이니라.

『만약 3년의 상복에 곧 이미 어저귀 띠를 두르면 그 소상과 대상을 모두 거행하니라.』

◐ 이 절은 3년의 상복을 겹쳐서 입었을 때에 뒤에 입은 상복이 졸곡(卒哭)이 지났으면 앞에 입은 상복의 소상과 대상을 모두 거행

하는 절도를 기술하였다.

경(穎)은 어저귀로 아욱과에 속하는 1년생 풀인데 줄기는 원기둥 모양으로 높이 1.5m가량이고 잎자루가 길다. 대체로 칡이 없는 지방에서는 어저귀의 껍질로 수질(首絰)과 요질(要絰)을 만들어 갈질(葛絰)을 대신하는데 졸곡(卒哭)이 지나면 마질(麻絰)을 갈질(葛絰)로 바꾸는 것이 예절이다.

살피건대 같은 3년의 상복을 겹쳐서 입었을 때에 뒤에 입은 상복의 졸곡을 지내며 앞에 입은 상복의 소상(小祥)과 대상(大祥)을 모두 거행할 수 있는 것이니 3년상의 무거운 흉복(凶服)으로는 소상이나 대상을 지낼 수 없는 까닭이다.

21-1-4 ──────────────────────────── 王父가 死하야 未練祥이어늘
而孫이 又死어든 猶是附於王父也니라.

『할아버지가 죽어서 아직 소상이나 대상을 지내지 않았거늘 그 손자가 또 죽거든 이것은 할아버지의 신위 곁에 붙이는 것처럼 하니라.』

◉ 이 절은 할아버지가 죽어서 아직 소상이나 대상을 지내지 못하였는데 또 그 손자가 죽어서 졸곡(卒哭)을 지내고 부제(祔祭)를 지낼 때에는 그 손자의 신주(神主)를 할아버지의 영위(靈位) 곁에 붙여서 놓고 제사 지내는 절도를 기술하였다.

왕부(王父)는 할아버지이고, 부(附)는 부(祔)와 같다.

 有殯에 聞外喪이어든 哭之他室이니

入奠하고 卒奠이어든 出하야

改服하고 卽位하되 如始卽位之禮하니라.

『빈소가 있는데 대문 밖의 친척이 죽었다는 부음을 듣거든 다른 방에 가서 곡하니 빈소에 들어가서 전을 드리고 전을 드리는 일을 마치거든 나와서 옷을 바꾸어 입고 자리에 나아가되 마치 처음으로 자리에 나아가는 예절처럼 하니라.』

☯ 이 절은 어버이가 죽어 장사 지내기 전에 멀리 사는 형제가 죽었다는 부음(訃音)을 들었을 때에 형제의 상복을 입고 애도하는 절도를 기술하였다.

유빈(有殯)은 어버이가 죽어서 아직 장사 지내기 전에 빈소(殯所)를 모시고 있는 상주(喪主)이고, 외상(外喪)은 대문 밖에 멀리 사는 형제 친척의 죽음이며, 타실(他室)은 상제(喪制)가 거처하는 곳이 아닌 다른 방이니 곡(哭)하는 명목을 밝히기 위함이다. 입전(入奠)은 어버이의 상복을 입고 어버이의 빈소에 들어가서 전(奠)을 드리고 형제 친척의 죽음을 알리는 것이고, 졸전(卒奠)은 전을 드리는 일을 마치는 것이요, 출(出)은 빈소를 나와서 상제가 머무르는 곳으로 가는 것이며, 개복(改服)은 어버이의 상복을 벗고 형제 친척의 상복으로 바꾸어 입는 것이다. 즉위(卽位)는 다른 방으로 가서 자리를 정하는 것이니 집안에 여러 가족이 각각 제자리에 나아감이요, 시즉위지례(始卽位之禮)는 처음으로 조상(吊喪)하는 예절로써 곧 곡(哭)을 한다는 뜻이다.

　살피건대 상제(喪制)는 장사 지내기 전에는 빈소(殯所)를 지켜야 되기 때문에 비록 대문 밖에 사는 형제 친척이 죽더라도 멀리 가서 조상(弔喪)할 수 없으므로 다만 다른 방에 가서 곡하고 상복을 입도록 해서 그 본복(本服)에 충실해야 됨을 밝혔으니 그 책무가 엄중하도다.
　무릇 예절은 사물의 내외(內外)와 본말(本末)을 살펴서 안을 먼저 다스리고 근본을 먼저 세우나니 대문 안에 어버이의 빈소(殯所)가 있으므로 감히 대문 밖의 형제 친척의 죽음에 조상(弔喪)을 가지 못하는 의리가 있는 것이다.

21-2-1　　　　　　　　　　　　大夫士가 將與祭於公할새
既視濯이어늘 而父母가 死어든
則猶是與祭也하되 次於異宮이니
既祭어든 釋服하고 出公門外하야
哭而歸하고 其他는 如奔喪之禮하며
如未視濯이어든則使人告하고 告者가 反而后에 哭하니라.

『대부와 선비가 장차 관공서에서 제사에 참여할 때에 이미 제기를 씻은 것을 감시하였거늘 그 부모가 죽거든 곧 이것은 제사에 참여한 사람과 같이 하되 다른 집에 머무나니 이미 제사를 마치거든 관복을 벗고 관공서 밖으로 나아가 곡하며 집으로 돌아가고 그 밖에 다른 것은 분상의 예절과 같이 하며 만약 아직 제기를 씻는 것을 감시하지 않았거든 곧 사람으로 하여금 보고하게 하고 보고하는 사람이 돌아온 다음에 곡하니라.』

◐ 이 장은 상(喪)과 제(祭)가 겹치는 경우에 제사의 공경심과 상사(喪事)의 슬픔을 억제하고 발산하는 절도를 기술하였으니 여기에서는 국가의 제사에 참여하는 관료가 어버이의 죽음에 처신하는 절도를 밝혔다.

여제(與祭)는 제사에 제관(祭官), 집례(執禮), 집사(執事) 등으로 참여한 것이요, 시탁(視濯)은 제기(祭器)를 씻는 것을 감시하는 것이니 이미 제사준비를 시작한 것이다. 유시여제(猶是與祭)는 이미 재계(齊戒)에 들어가서 교체할 수 없기 때문에 제사에 참여한 사람으로 처신하여 그 슬픔을 억제하고 공경심을 지키는 것이며 차어이궁(次於異宮)은 별도의 다른 집으로 옮겨서 머무르는 것이요, 석복(釋服)은 관복(官服)을 벗는 것이다. 분상지례(奔喪之禮)는 어버이가 죽은 초상집으로 밤낮을 가리지 않고 급히 달려가는 예절이고, 미시탁(未視濯)은 아직 재계(齊戒)에 들어가지 않은 때인즉 교체가 가능한 것이므로 사람을 통하여 상관에게 보고하고 보고했음을 확인하면 바로 곡하고 분상(奔喪)하는 것이다.

21-2-2

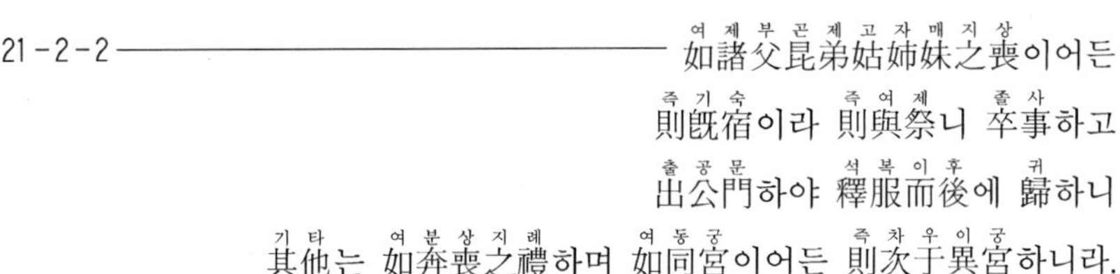

『만약 여러 아버지와 여러 형제와 고모와 누이동생이 죽었거든 곧 이미 제사에 참여하기 위하여 목욕재계하였으므로 곧 제사에 참여하

나니 제사를 끝내고 관공서의 문을 나아가서 관복을 벗은 뒤에 돌아
가나니 그다음에 다른 것은 분상의 예절과 같이 하며 만일 같은 집
에서 죽거든 곧 다른 집에 머무니라.』

○ 이 절은 앞 절에 이어 제사에 참여하는 관료가 여러 아버지와
여러 형제, 고모, 자매의 초상에 처신하는 절도를 밝혔다.

기숙(旣宿)은 숙계(宿戒)하라는 명령을 이미 받은 것이니 곧 제사
지내기 3일 전에 목욕재계(沐浴齋戒)하고 출입을 삼가는 치재(致齋)
를 하는 것이다. 동궁(同宮)은 동거(同居)하는 집에서 초상이 난 것
이고, 이궁(異宮)은 다른 집에 가서 숙계(宿戒)하는 것이다.

살피건대 나라의 제사에 참여하는 관료가 어버이가 죽었을 때에는
제사 지내는 곳에 가서 제기를 씻는 것을 감시한 뒤에야 제사에 참
여하고, 여러 아버지와 형제와 고모와 자매의 죽음에는 숙계(宿戒)의
명령을 받기만 하여도 제사에 참여하는 것은 어버이의 죽음에 아들
상주의 책무가 막중한 까닭이다.

21-2-3 ──────────────────────── 曾子가 問하되 曰卿大夫가
將爲尸於公할새 受宿矣어늘
而有齊衰內喪이어든 則如之何이니까
孔子가 曰出舍乎公宮하고
以待事가 禮也니라 孔子가 曰尸가
弁冕而出이어든 卿大夫士가 皆下之하나니
尸必式하며 必有前驅하니라.

『증자가 물어 말하기를 경대부가 장차 공실에서 시동을 위할 때에 숙직하라는 명령을 받았는데 대문 안 자최 상복이 있는 초상을 당하거든 곧 어떻게 합니까? 공자가 말씀하시기를 밖으로 나아가 공관에 머물면서 제사가 끝나기를 기다림이 예절이니라. 공자가 말씀하시기를 시동이 고깔이나 면류관을 쓰고 나아가거든 경과 대부와 선비가 모두 수레에서 내리며 시동은 반드시 수레의 가로막대를 잡고 일어서나니 반드시 앞에서 인도하는 수레가 있느니라.』

◉ 이 절은 경대부가 시동(尸童)을 위하여 숙직하고 있을 때에 대문 안에 자최(齊衰)의 초상이 났을 경우를 거듭 밝혔는데 이미 앞에 7−20−1, 2에서 해설하였다.

21-2-4 ────────────────────

『부모의 거상 중에 장차 제향을 거행하려는데 여러 형제가 죽거든 이미 빈소를 설치한 다음에 제향을 지내니 만약 같은 집이면 비록 가신이나 첩이라도 장사 지낸 다음에 제향 지내느니라.』

◉ 이 절은 부모의 소대상(小大祥)을 앞두고 형제가 죽으면 빈소(殯所)를 설치한 다음에 지내고 만일 같은 집이라면 비록 가신(家臣)이나 첩(妾)이 죽었어도 장사 지낸 다음에 소·대상을 지내야 되

는 절도를 기술하였다.

　상(喪)은 거상(居喪)이요, 장(將)은 거행함이고, 제(祭)는 소상(小祥)이나 대상(大祥)이며, 곤제(昆弟)는 다른 집에서 사는 형제이고, 동궁(同宮)은 한집에 같이 사는 사람이다. 거상중(居喪中)에 소상과 대상은 생략할 수 없는 것이므로 빈소를 설치한 다음이나 장사 지낸 다음에라도 거행해야 된다.

21-3-1 ——————————————— 祭에 主人之升降이 散等이어든
執事者도 亦散等하나니 雖虞祔라도 亦然하니라.

『제향을 지냄에 주인 계단을 오르내림이 계단을 건너거든 집사들도 또한 계단을 건너나니 비록 우제나 부제라도 역시 그러하니라.』

　◑ 이 장은 상례(喪禮)에 대한 여러 가지 절도를 기술하였으니 여기에서는 계단을 빨리 오르내리는 절도를 밝혔다.

　제(祭)는 역시 소대상(小大祥)이요, 주인(主人)은 상주(喪主)이며 산등(散等)은 율계(栗階)와 같으니 계단을 오르내림에 발을 모으지 않고 발이 교대로 다음 계단을 연속적으로 밟는 것이니 빨리 오르내리는 방법이다. 대저 예절에 계단을 오르내리는 절도는 계단마다 발을 가지런히 모았다가 다시 나아가는 것이나 주인이 급한 경우에는 발을 모으는 것을 생략하고 뒷발이 바로 다음 계단을 밟아서 빨리 오르내리는 것이니 이에 집사도 주인을 따라서 두 발이 교대로 다음 계단을 밟아 빨리 오르내려야 한다.

 自^자諸^제侯^후로 達^달諸^저士^사에 小^소祥^상之^지祭^제엔
主^주人^인之^지酢^작也^야가 嚌^제之^지어든 衆^중賓^빈兄^형弟^제는
則^즉皆^개啐^쵀之^지하고 大^대祥^상엔 主^주人^인이 啐^쵀之^지어든
衆^중賓^빈兄^형弟^제는 皆^개飲^음之^지可^가也^야니라.

『제후로부터 선비에 이르기까지는 공통으로 소상의 제사에는 주인이 작(酢)을 받아 이에 대고 맛만 보거든 여러 손님과 형제는 곧 모두 입에 머금어서 맛만 보고, 대상에는 주인이 입에 머금어서 맛만 보거든 여러 손님과 형제는 술을 마시는 것이 옳으니라.』

☯ 이 절은 소상(小祥)과 대상(大祥)의 제사를 지내고 작(酢)하는 절도를 기술하였다.

작(酢)은 주인이 손님에게 술을 권하여 헌(獻)하면 손님이 그 술을 마시고 주인에게 술을 권하는 술잔이다. 제(嚌)는 술잔을 이에 대고 맛만 보는 것이요, 쵀(啐)는 술을 입에 머금어서 맛을 보는 것이니 제(嚌)보다 많이 입에 넣는 것이다. 대저 소상(小祥)에는 상주(喪主)의 슬픔이 아직 깊으므로 손님에게 술을 권하면서도 술잔을 이에 대서 먹는 척만 하고, 대상(大祥)에 슬픔이 거의 다했으므로 술을 입에 머금으면서 손님에게 권하나니 손님은 주인의 슬픔을 배려하면서도 권하는 뜻을 존중하여 소상에는 입에 머금어서 맛만 보고, 대상에는 술을 마시는 것이다.

이것은 어버이를 사모하는 마음과 손님을 대접하는 정신을 모두 지극히 받드는 절도이니 어버이를 위하여 손님을 소홀히 대접해도 안 되고, 역시 손님을 위하여 어버이를 섭섭하게 해도 안 되는 것이다.

 ──────────── 凡侍祭喪者가 告賓祭薦이라도 而不食하니라.

『무릇 상례에 모시고 제사 지내는 사람이 손님에게 제사 지낸 음식임을 알려도 먹지 아니하니라.』

◐ 이 절은 앞 절에 이어 손님이 주인이 권하는 헌(獻)을 받아 마시고 깨끗한 제사음식임을 밝히면서 술안주를 집사가 올려도 손님은 주인의 슬픔을 생각하여 차마 그 음식을 먹지 못하는 절도를 기술하였다.

시제상자(侍祭喪者)는 상례(喪禮)에 모시고 제사 지내는 집사(執事)이고, 제천(祭薦)은 제사 지낸 깨끗한 음식으로 안주를 올린다는 뜻이며, 불식(不食)은 상주(喪主)의 슬픔을 배려하여 차마 먹지 못하는 것이니 소상과 대상에는 손님이 술은 먹어도 안주는 먹지 않고, 우제(虞祭)와 졸곡(卒哭) 및 부제(祔祭)에는 손님이 술도 먹지 않는 것이다.

 ──────────── 子貢이 問喪한대 子가 曰敬이 爲上하고 哀가 次之하며 瘠이 爲下하니 顔色을 稱其情하며 戚容을 稱其服하니라.

『자공이 상례를 물은대 공자가 말씀하시기를 공경이 으뜸이 되고, 슬픔이 그 다음이 되며, 파리함이 끝이 되니 얼굴색을 그 감정과 똑같이 하며, 슬픈 모양을 그 상복과 똑같이 하니라.』

◐ 이 절은 상례(喪禮)에 처신하는 정신자세와 감정표현과 몸가짐

의 절도를 기술하였다.

　상(喪)은 어버이의 죽음에 거상(居喪)하는 절도이고, 경(敬)은 어버이를 공경하여 예절로 장사 지냄이요, 애(哀)는 어버이를 사랑하여 헤어지는 것을 슬퍼하면서 우는 것이며, 척(瘠)은 어버이를 밤낮으로 사모하여 잊지 못하니 몸이 마르고 피부가 거칠어지는 것이다.

　대저 어버이를 섬김에 산 부모는 친밀하게 사랑하는 감정이 먼저이고, 공경함이 다음이지만 죽은 부모는 공경함이 먼저이고, 사랑함이 다음이다. 그러므로 공자가 '귀신은 공경하되 멀리하라'고 하였으니 죽은 부모를 귀신으로 섬겨 지극히 공경함이 으뜸이요, 사랑하여 슬퍼함이 그다음이며, 잊지 못하여 애달프게 사모해서 몸이 수척하게 됨이 끝이 되는 것이다.

　칭(稱)은 똑같게 하여 일치시키는 것이니 겉으로 나타난 얼굴빛과 속마음의 감정이 똑같게 하고, 슬퍼하는 용모와 상복(喪服)의 등급이 똑같게 하는 것은 성실하고 진실하게 거상(居喪)해서 귀신을 속이지 말고 하늘을 속이지 말라는 훈계이다.

21-3-5 ──────────────────────── 請問兄弟之喪한대 子가

日兄弟之喪은 則存乎書策矣니라.

『청컨대 형제의 상례를 묻나이다. 공자가 말씀하시기를 형제의 상례는 곧 예법책에 있느니라.』

　◯ 이 절은 앞 절에 이어 자공이 형제의 상례(喪禮)에 처신하는

절도를 물으니 공자가 예법책에 있는 대로 따르면 된다고 하였다.

　서책(書策)은 주공(周公)이 제정한 주(周)나라의 의례(儀禮)인즉, 천하가 공통적으로 거행하는 보편적인 의례준칙이다. 어버이의 상(喪)에는 지극히 공경하고 무한히 슬퍼하여 오래 사모한 것이므로 언어문자로 모두 표현할 수 없는 바가 있으나 형제의 상(喪)에는 공경에 한도가 있고 슬픔에 절제가 있고 잊지 못함에 절도가 있어서 사회의 보편적 규범을 지켜야 되므로 예법책이 있다고 하였으니 그 뜻이 깊도다.

21-3-6 ──────────────── 君子^{군 자}는 不奪人之喪^{불 탈 인 지 상}하며 亦不可奪喪也^{역 불 가 탈 상 야}니라.

『군자는 남의 상례를 빼앗지 아니하며 또한 자기의 상례를 빼앗겨도 옳지 아니하니라.』

　◑ 이 절은 인생에 있어서 상례(喪禮)의 존엄성을 기술하여 절대로 빼앗거나 빼앗길 수 없는 최고의 도덕적 가치임을 기술하였다.

　탈(奪)은 강제로 빼앗아 못 하게 함이고, 상(喪)은 상례(喪禮)이니 상사(喪事)에 거행하는 모든 예절이다.

　인생에 있어서 상례(喪禮)는 죽은 사람을 영원히 이별하여 저승으로 보내는 큰 행사로 가장 엄숙하고 절박한 상황에서 다시 하거나 연기할 수 없기 때문에 누구도 남의 상례를 저지하거나 또는 자기의 상례를 폐지할 수 없는 것이다.

孔子가 曰少連大連은 善居喪하니
三日을 不怠하며 三月을 不解하며
期를 悲哀하며 三年을 憂하니 東夷之子也니라.

『공자가 말씀하시기를 소련과 대련은 어버이의 상복을 잘 입었으니 3일을 게으르지 아니하며, 3월을 풀지 아니하며, 1년을 슬퍼하며, 3년을 근심하니 동이나라의 아들이니라.』

☯ 이 절은 소련(少連)과 대련(大連)이 거상(居喪)을 잘한 것을 공자가 칭찬하였다.

소련(少連)과 대련(大連)은 동이(東夷) 사람으로 어버이의 죽음에 3년의 상복(喪服)을 잘 입었으니 3일은 처음 죽어서 대렴(大斂)할 때까지요, 불태(不怠)는 경건하게 예절을 따라 곡(哭)하고 먹지 아니하며 소렴(小斂)과 대렴(大斂)의 초상범절(初喪凡節)에 소홀함이 없는 것이다.

3월은 대렴하여 입관(入棺)해서 빈소(殯所)를 설치해서 장사 지낼 때까지요, 불해(不解)는 불해(不懈)와 같으니 역시 경건하게 예절을 따라서 장례범절(葬禮凡節)에 어긋남이 없는 것이다. 기(期)는 소상(小祥) 때까지요, 비애(悲哀)는 슬프고 서러워함이며, 3년은 대상(大祥) 때까지고, 우(優)는 그리워서 잊지 못함이니 모두 거상범절(居喪凡節)을 지킴이다.

三年之喪엔 言而不語하며
對而不問하여 盧堊室之中에

不與人坐焉하고 在堊室之中엔
非時見乎母也어든 不入門이니라.

『3년의 상복을 입고 있을 때에는 말은 해도 토론은 하지 않으며, 대답은 해도 질문은 하지 않으며, 움막이나 흰 토담집의 방 안에서 사람과 더불어 앉지 아니하고, 흰 토담집의 방 안에 거처할 때에는 때로 어머니를 뵈는 일이 아니거든 안채의 문에 들어가지 아니하니라.』

◐ 이 절은 3년의 상복(喪服)을 입는 기간에는 일반인의 일상생활과는 달리 엄숙하게 근신하면서 활동을 자제해야 됨을 밝혔다.

어(語)는 토론하여 의견을 모으는 것이고, 문(問)은 질문하여 의심을 푸는 것이니 모두 일반인의 일상생활이며, 려(廬)는 의려(依廬)니 빈소(殯所)나 묘(墓)를 지키기 위한 움막이요, 악실(堊室)은 처마 밑이나 담에 붙여서 지은 토담집에 흰 흙을 발라서 남자 상제(喪制)가 거처하는 방이다. 인(人)은 외부인이고, 시(時)는 일이 있을 때이며, 현(見)은 인사하고 뵈는 것이요, 문(門)은 안채로 들어가는 중문(中門)이다.

21-3-9 ──────────────────────────── 疏衰는 皆居堊室하고
不廬하나니 廬는 嚴者也니라.

『자최의 상복을 입은 사람은 모두 흰 토담집 방에 거처하고 움막에 거처하지 아니하나니 움막은 엄숙한 것이니라.』

☯ 이 절은 참최(斬衰) 3년의 상복을 입은 사람은 움막에 거처하고 자최(齊衰)를 입은 사람은 흰 토담집에 거처하는 절도를 기술하였다.

소최(疏衰)는 자최(齊衰)이니 3년복과 1년복과 3월복이 있고, 엄(嚴)은 가장 무거운 상복을 입었으므로 엄숙한 생활수칙이 있다는 뜻이다.

대저 상차(喪次)가 참최(斬衰)는 의려(依廬)의 움막에 거처하고, 자최(齊衰)는 악실(惡室)의 흰 토담방에 거처하며, 대공(大功)은 유장(帷帳)의 휘장과 장막을 친 곳에 거처하고, 소공(小功)과 시마(緦麻)는 상제(牀第)의 평상과 삿자리를 편 곳에 거처하도록 하였다. 이것은 상복의 무겁고 가벼움에 따라 그 몸과 마음의 가짐을 일치하도록 조절한 것이니 환경에 따라 정신이 변하고, 또한 정신에 따라 환경을 달리하는 것이다.

21 - 3 - 10 ──────────────────────── 妻는 視叔父母하고 姑姉妹는
視兄弟하며 長中下殤은 視成人이니라.

『아내는 숙부모에 견주고, 고모와 누나와 여동생은 형제에 견주며, 장상과 중상과 하상은 성인에 견주느니라.』

☯ 이 절은 앞 절에 이어 상차(喪次)의 절도를 기술하였으니 상복(喪服)에는 비록 경중(輕重)과 장단(長短)의 차이가 있어도 그 슬퍼하는 마음은 거의 같은 것임을 밝혔다.

시(視)는 견주어 나란히 함이고, 장중하상(長中下殤)은 장상(長殤), 중상(中殤), 하상(下殤)이다.

21-3-11 ──────────────── 親喪은 外除하고 兄弟之喪은 內除하니라

『어버이의 상복은 겉옷으로만 벗고, 형제의 상복은 속마음까지 벗느니라.』

◑ 이 절은 상기(喪期)를 마치고, 상복(喪服)을 벗음에 마음속의 슬픔에서 벗어나야 되지만 오직 어버이에 대한 슬픔은 비록 상복을 벗어도 마음속에 남아 있음을 밝혔다.

외제(外除)는 외모(外貌)로 상기(喪期)를 마치는 것이니 오직 상복만 벗을 뿐이요, 마음속의 슬픔은 아직 남아 있는 것이며, 내제(內除)는 내심(內心)으로 상기(喪期)를 마치는 것이니 상복을 벗음과 동시에 마음속의 슬픔도 없어진다는 뜻이다.

21-3-12 ──────────────── 視君之母와 與君之妻하되
比之兄弟니 發諸顔色者를 亦不飮食也니라.

『임금의 어머니와 임금의 아내를 보되 형제에게 견주니 얼굴빛에 나타나는 것을 또한 마시고 먹지 아니하니라.』

◉ 이 절은 임금의 어머니와 임금의 아내의 죽음에 슬퍼하는 절도를 기술하였다.

발저안색자(發諸顔色者)는 먹으면 얼굴빛으로 나타나는 음식이니 곧 술과 고기 같은 음식이다.

21-3-13 ——————————————— 免喪之外에도 行於道路할새
見似目瞿하며 聞名心瞿하며
吊死而問疾할새 顔色戚容이
必有以異於人也니 如此而后에야
可以服三年之喪이니 其餘則直道而行之가 是也니라.

『상복을 벗은 뒤에도 길거리에 다닐 때에 어버이와 비슷한 사람을 보면 눈이 번쩍 뜨이며, 어버이의 이름자를 들으면 마음이 깜짝 놀라며, 죽은 사람을 조상하고, 아픈 사람을 문병할 때에 얼굴빛에 슬퍼하는 모양이 반드시 다른 사람과 다르게 하나니 이와 같은 다음에야 3년의 상복을 입었다고 할 수 있을 것이니 그 나머지는 곧 도리를 바르게 실행함이 옳으니라.』

◉ 이 절은 어버이의 상복(喪服)을 벗은 뒤에 비록 정상적인 사회 생활을 할지라도 마음속에는 항상 어버이를 사모하는 생각이 있어야 됨을 기술하였으니 앞 절에서 말한 친상외제(親喪外除)의 실상이다.

외(外)는 후(後)와 같고 견사(見似)는 어버이와 비슷한 사람을 보는 것이며 목구(目瞿)는 놀라서 눈이 휘둥그레짐이요, 문명(聞名)은

어버이의 이름자를 들은 것이며 심구(心瞿)는 놀라서 가슴이 두근거리는 것이다. 이(異)는 다른 사람보다 더욱 측은하고 간절하게 표현하는 것이요, 여(餘)는 3년의 상복을 제외한 1년 이하의 상복을 벗은 것이며, 직도(直道)는 도리를 바르게 받드는 것이다. 이것은 1년 이하의 상복을 벗은 사람은 내제(內除)하였으므로 정상적인 사회생활을 하는 것이 옳다는 뜻이다.

21-3-14 ────────────────────── 祥에 主人之除也는 於夕爲期하야
朝服하니 祥은 因其故服하니라.

『대상에 상주가 상복을 벗음에는 대상 전일의 저녁으로 기한을 삼아 조복을 입나니 대상은 그 옛날에 입었던 옷을 이어서 입느니라.』

◉ 이 절은 대상(大祥)에 상복(喪服)을 벗어야 되는 일시(日時)와 바꾸어 입을 옷을 기술하였다.

상(祥)은 대상(大祥)이요, 석(夕)은 대상(大祥)의 전날 저녁이며, 조복(朝服)은 임금의 조회복(朝會服)인데 3년복을 벗은 사람은 조복(朝服)을 입고 대상(大喪)의 제사를 지내게 하였으니 3년복을 입은 데 대한 상서로운 복록(福祿)을 받았음을 증명하는 예절이다. 인(因)은 인습(因襲)이요, 고복(故服)은 옛날에 입었던 옷이니 상기(喪期)를 마치고 정상생활로 되돌아간다는 뜻이다.

따라서 조복(朝服)으로는 대상의 제사만 지내고 제사가 끝나면 조복호관(朝服縞冠)을 벗고 소호마의(素縞麻衣)로 갈아입으며, 담제(潭

祭)에는 현관황상(玄冠黃裳)을 입고 제사 지내고, 담제를 마치면 조복침관(朝服緅冠)을 입는다. 그리고 달을 넘겨 길제(吉祭)를 지낼 때에는 현관조복(玄冠朝服)을 입고, 길제를 마치면 현단복(玄端服)을 입고 거처한다.

21-3-15─────────────────────── 子游가 曰旣祥하고 雖不當縞者나
必縞然後에 反服이니라.

『자유가 말하기를 이미 대상을 마치고 조문객이 오면 비록 조복호관을 하는 것이 합당치 않을지라도 반드시 조복호관으로 조문을 받은 다음에 옷을 갈아입느니라.』

◉ 이 절은 대상(大祥)이 지난 다음에 조문객이 오면 반드시 조복호관(朝服縞冠)으로 조문을 받아야 됨을 기술하였다.

기상(旣祥)은 이미 대상(大祥)을 마친 뒤에 조문객(弔問客)이 온 것이요, 부당호자(不當縞者)는 조복호관(朝服縞冠)을 입을 때가 아니라는 뜻이며, 반복(反服)은 소호마의(素縞麻衣)로 갈아입는 것이다.

21-3-16─────────────────────── 當袒하야 大夫가 至커든
雖當踊이나 絶踊而拜之하고
反改成踊하고 乃襲하며 於士엔
旣事成踊襲而后拜之하고 不改成踊하니라.

『왼쪽 소매를 벗는 때를 당하여 대부가 이르거든 비록 가슴을 치고 뛰는 때를 당해도 뛰기를 중단하고 절하고 돌아와서 다시 가슴을 치고 뛰기를 다하고 이에 왼쪽 소매를 껴입으며, 선비에게는 이미 일을 마치고 뛰기를 다하며 왼쪽 소매를 껴입은 다음에 절하고 다시 뛰기를 다하지 아니하니라.』

◯ 이 절은 선비집 초상에 대부(大夫)가 조문을 오면 하던 일도 중단하고 먼저 대부의 조문부터 받되 선비가 조문을 오면 하던 일을 마친 다음에 받는 절도를 기술하였다.

당단(當袒)은 소렴(小斂)이나 대렴(大斂) 등을 하기 위하여 상주(喪主)가 왼쪽 소매를 벗는 때를 당함이고, 절(絶)은 중단함이며 반(反)은 자리로 돌아온 것이요, 개(改)는 다시 함이며, 성(成)은 다하는 것이다. 습(襲)은 벗었던 왼쪽 소매를 다시 끼워 입는 것이고, 기사(旣事)는 하던 일을 모두 마치는 것이다.

21-3-17 ——————————————————————
上大夫之虞也엔 少牢요
卒哭成事附어든 皆大牢하고
下大夫之虞也엔 植牲이요
卒哭成事附어든 皆少牢니라.

『상대부의 우제에는 작은 소요, 졸곡의 행사를 마침과 부제에는 모두 큰 소로 하고, 하대부의 우제에는 송아지로 희생을 하고 졸곡의 행사를 마침과 부제에는 모두 작은 소로 하니라.』

◉ 이 절은 상대부(上大夫)와 하대부(下大夫)의 우제(虞祭)와 졸곡(卒哭)과 부제(祔祭)의 희생(犧牲)에 등급이 있음을 기술하였다.

졸곡성사(卒哭成事)는 졸곡제사를 지내면서 슬프게 울기를 다했다는 뜻이고, 부(附)는 부(祔)와 같으며, 특생(犆牲)은 특생(特牲)이니 송아지를 희생으로 잡는 것이다.

21-3-18 ─────────────── 祝이 稱卜葬虞하되 子孫은 曰哀라
하고 夫는 曰乃라 하며 兄弟는 曰某가
卜葬其兄이라 하고 弟는 曰伯子某라 하니라.

『축관이 장사 지내고 우제 지낼 날을 점침에 일컫되 자손은 말하기를 슬픈 아들이나 슬픈 손자라 하고, 남편은 말하기를 그 남편이라고 하며, 형제는 말하기를 아무개가 그 형을 장사 지내는 날을 점치나이다 하고, 아우는 말하기를 형님 아무개가 그 아우의 장사 지내는 날을 점치나이다 하니라.』

◉ 이 절은 축관(祝官)이 장일(葬日)을 받기 위하여 점(占)을 칠 때에 신령에게 그 사유를 알림에 있어서 상주(喪主)를 호칭하는 절도를 기술하였다.

복(卜)은 거북점이고, 장우(葬虞)는 장일(葬日)과 우제(虞祭)이니 초우(初虞)는 곧 장일에 지낸다. 애(哀)는 애자(哀子)나 애손(哀孫)이요, 내(乃)는 내부(乃夫)니 그 남편이며, 모(某)는 이름이고, 백자(伯子)는 형님이니 오로지 자손에게만 애(哀)를 부치고 남편이나 형

제에게는 애(哀)를 부치지 않았으니 은밀한 뜻이 있도다.

21-4-1 ──────────────────────── 古者에 貴賤이 皆杖하더니
叔孫武叔이 朝見輪人이
以其杖으로 關轂而輠輪者하고
於是에 有爵而後杖也니라.

『옛날에 귀한 사람과 천한 사람이 모두 어버이상복에 지팡이를 짚더니 숙손무숙이 아침에 조정에 가다가 수레바퀴를 만드는 사람이 그 지팡이를 수레바퀴통에 꿰어서 수레바퀴를 돌리는 것을 보고 이에 벼슬이 있는 뒤에 지팡이를 짚게 하니라.』

◑ 이 장은 참람하게 예법을 바꾸는 풍조를 기술하였으니 여기에서는 숙손무숙이 춘추시대에 작위(爵位)가 없는 사람에게 상장(喪杖)을 짚지 못하게 한 것을 비판하였다.

숙손무숙(叔孫武叔)은 춘추시대에 노(魯)나라 대부(大夫)이고, 륜인(輪人)은 수레바퀴를 만드는 사람이며, 관곡(關轂)은 상장(喪杖)으로 속바퀴 통에 꿰는 것이요, 과(輠)는 돌리는 것이며 작(爵)은 작위(爵位)이다.

살피건대 상장(喪杖)의 존엄성을 모르는 사람에게 깨우쳐 훈계하면 될 일을 가지고 지나치게 확대 해석하여 서민대중의 상장(喪杖)을 모두 금지시켰으니 숙손무숙의 권위주의적 인간 차별은 마침내 천륜(天倫)까지 차별하는 데 이르렀도다.

『시신의 얼굴을 덮는 수건을 뚫고 반함을 함은 공양가가 하였느니라.』

◉ 이 절은 선비가 참람하게 대부(大夫)의 반함(飯含)하는 예절을 쓰는 것은 공양가(公羊賈)로부터 비롯하였음을 기술하였다.

착건(鑿巾)은 시신의 얼굴을 덮는 수건을 뚫는 것이요, 반(飯)은 반함(飯含)이니 대부(大夫)의 죽음에 손님이 옥(玉)으로 반함하는 예절이고, 선비의 죽음에는 아들이나 손자가 직접 반함하기 때문에 시신의 얼굴을 수건으로 덮지 않는 것이 예절이다. 공양가(公羊賈)는 춘추시대의 인물로 선비의 신분이다.

『시신의 머리와 다리를 가리는 씌우개는 어째서 하는가? 형체를 가리려는 까닭이니 시신을 목욕하고 겹옷을 입힘으로부터 소렴에 이르기까지에 씌우개를 씌우지 아니하면 형체가 보이나니 이래서 겹옷을 입힌 다음에 씌우개를 씌우느니라.』

◉ 이 장에서는 상례(喪禮)의 몇 가지 의문점을 해설하였으니 여

기에서는 씌우개로 시신(尸身)을 가리는 이유에 대하여 해설하였다.

　모(冒)는 시신의 머리와 다리를 가리는 씌우개인데 앞에 5-19-9 에서 이미 해설하였고, 엄형(掩形)은 시신(尸身)의 형체를 가리는 것 이며 습(襲)은 시신을 목욕시키고 습의(襲衣)를 입히는 것이다.

21-5-2 ─────────────────── 或이 問於曾子하야 曰夫旣遣而包其餘는
猶旣食而裹其餘與이니까 君子가
旣食而裹其餘乎이니까 曾子가 曰吾子는
不見大饗乎아 夫大饗에 旣饗하고
卷三牲之俎하야 歸于賓館하나니
父母而賓客之할새 所以爲哀也니 子는 不見大饗乎아.

『어떤 사람이 증자에게 물어 말하기를 대저 이미 견전제를 지내고 그 나머지를 포장하여 상여에 실은 것은 마치 이미 음식대접을 하고 그 나머지를 싸서 보내는 것과 같습니까? 군자가 이미 음식대접을 받고 그 나머지를 싸 가지고 가는 것입니까? 증자가 말하기를 우리 그대는 큰 향례를 보지 아니했는가? 대저 큰 향례에 이미 향례를 마 치고 세 가지 희생의 제물을 두루마리로 묶어서 손님의 숙소로 보내 나니 부모를 손님의 숙소로 보낼 때에 슬퍼하는 바이니 그대는 큰 향례를 보지 못했는가?』

　◐ 이 절은 견전(遣奠)의 제물(祭物)을 상여(喪輿)에 실어 보내는 것은 주인이 손님이 남긴 음식을 싸서 보내 준 것이지 손님이 대접 받은 음식을 스스로 싸 가지고 가는 것이 아님을 밝혔다.

기견(旣遣)은 발인(發靷)할 때에 견전(遣奠)의 행사를 마친 것이고, 포기여(包其餘)는 남은 제물을 포장하여 상여에 실어 보내서 무덤 속에 넣어 주는 것이며, 기사(旣食)는 주인이 손님에게 밥을 대접하는 사례(食禮)를 마친 것이요, 과기여(裹其餘)는 손님이 남긴 음식을 거두어 포장하여 싸서 손님 집에 보내는 것이다. 대향(大饗)은 큰 향례(饗禮)이니 술을 손님에게 대접하는 예절이요, 권(卷)은 두루마리로 묶는 것이며 빈관(賓館)은 영빈관(迎賓館)이다.

주인이 손님의 남긴 음식을 포장하여 손님 집에 보내는 것은 손님에게 음식을 흡족하게 대접하려는 주인의 정성이므로 아름다운 예절이다. 그러나 손님이 스스로 남은 음식을 싸 가지고 간다면 이것은 음식을 탐하는 것인즉, 어찌 군자가 염치없이 음식을 탐하여 인격을 손상하는 행동을 하리오.

21-5-3 ——————————————————— 非爲人喪하고 問與하며 賜與아.

『남의 초상 치는 일을 돕지 아니하고 물어볼 것이며 준다고 할 것이냐.』

◉ 이 절은 남의 초상 치는 일에 돕는 사람이 아니거든 상주(喪主)에게 접근하여 묻거나 주겠다고 약속하는 것은 실례임을 밝혔다.

위(爲)는 협조하여 돕는 것이요, 문(問)은 상주에게 질문하는 것이며, 사(賜)는 하사(下賜)이니 급박하고 어려운 곤경에 처한 사람에게 접근하여 동정을 베풀고 선심(善心)을 쓰는 척하는 것은 간롱스러운 짓이다. 진심으로 돕는 사람은 말없이 뒤에서 돕는다.

21-6-1 ──────────────────────── 三年之喪에 以其喪拜요
非三年之喪이어든 以吉拜니라.

『3년의 상복을 입었을 때에는 그 슬픈 마음으로 절하고, 3년의 상복이 아니거든 공경하는 마음으로 절하니라.』

◉ 이 장은 3년상(三年喪)의 존엄성을 기술하였으니 여기에서는 3년복을 입는 마음은 슬픔으로 가득 하여 조문을 받거나 손님을 맞이함에 슬픈 마음으로 절함을 밝혔다.

상배(喪拜)는 먼저 슬퍼하여 계상(稽顙)한 다음에 절하는 것이요, 길배(吉拜)는 먼저 공경하여 손님에게 절한 뒤에 감격하여 돈수(頓首)하는 것이니 상배(喪拜)는 슬픔이 앞서는 절이고 길배(吉拜)는 공경이 앞서는 절인즉 앞에 2-5-1과 3-5-1에서 살피기 바란다.

21-6-2 ──────────────────── 三年之喪에 如或遺之酒肉이어든
則受之하되 必三辭하고 主人이
衰絰而受之하며 如君命이어든
則不敢辭하고 受而薦之하며 喪者는
不遺人이나 人遺之어든 雖酒肉이나 受也요
從父昆弟以下는 旣卒哭이어든 遺人이 可也니라.

『3년의 상복을 입는 기간에 만약 어떤 사람이 술과 고기를 선물하거든 곧 받되 반드시 세 번 사양하고 주인이 상복과 수질을 하고 받으며, 만약 임금이 명령하거든 곧 감히 사양하지 아니하고 받아서 영위에 드리며, 상복을 입은 사람은 남에게 선물하지 않으나 남이 선물하거든 비록 술과 고기라도 받는 것이요, 종부와 4촌형제 이하는 이미 졸곡이 지났거든 남에게 선물해도 되느니라.』

◐ 이 절은 3년의 상복을 입는 기간에 술과 고기의 선물을 받아먹는 절도를 기술하였으니 대개 상주(喪主)의 나이가 많거나 몸이 쇠약하게 된 경우이다.

유(遺)는 선물을 직접 가지고 와서 주는 것이요, 군명(君命)은 임금이 관리에게 명령하여 보낸 선물이며, 천(薦)은 영위(靈位) 앞에 올리는 것이고, 종부(從父)는 큰아버지와 작은아버지이며, 곤제(昆弟)는 4촌형제이다.

21-6-3 ─────────────────────────────
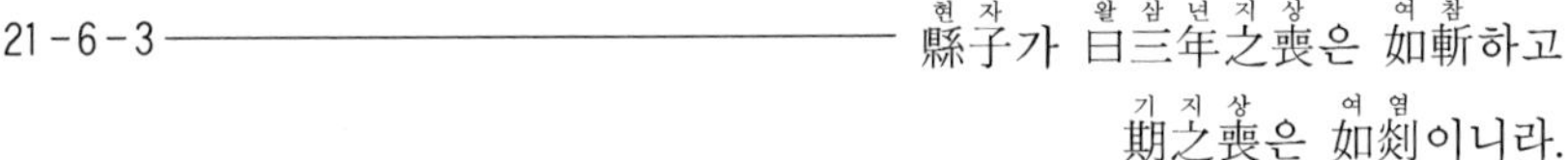

縣子가 曰三年之喪은 如斬하고
期之喪은 如剡이니라.

『현자가 말하기를 3년의 상은 잘리는 것처럼 아프고, 1년의 상은 깎이는 것처럼 쓰라리니라.』

◐ 이 절은 3년의 상을 당한 사람의 심리적 고통의 정도를 기술하였다.

현자(縣子)는 어떤 사람인지 확인할 수 없고, 참(斬)은 신체의 일부분이 잘리는 것이요, 염(剡)은 살만 깎이는 것이니 그 정도가 다르다.

 三年之喪은 雖功衰라도 不吊하니
自諸侯로 達諸士니라 如有服而將往哭之어든
則服其服而往하니라.

『3년의 상은 비록 소상이 지나서 대공과 같은 상복을 입었을지라도 조문을 가지 아니하나니 제후로부터 선비에 이르기까지 공통예절이니라. 만약 상복이 있는 친척이 죽어 장차 가서 곡을 하려거든 곧 그 해당하는 상복을 입고 가느니라.』

◑ 이 절을 3년의 상복을 입고는 조문 가지 않는 것이 제후로부터 선비에 이르기까지의 공통예절임을 기술하고, 만일 유복친(有服親)이 죽어서 부득이 조문을 갈 때에는 그 해당하는 상복으로 갈아입고 가야 됨을 밝혔다.

공최(功衰)는 소상(小祥)으로부터 대상(大祥)까지 입는 연복(練服)이니 3년상에 있어서 연복(練服)은 대공(大功)의 상복과 동일하기 때문에 대공에 해당하는 상복이라고 하였다. 기복(其服)은 유복친(有服親)이 죽었을 때에 자기가 입어야 되는 상복이다.

 ——————————————————————————— 期之喪은 十一月而練하고
十三月而祥하고 十五月而禫하니 練則弔니라.

『1년의 상복은 11월이면 상복을 빨아 입고 소상을 지내고, 13월이면 상복을 벗고 대상을 지내고, 15월이면 담제를 지내니 상복을 빨아 입으면 조문을 가니라.』

　◉ 이 절은 앞 절에 이어서 기년복(期年服)은 3년복(三年服)과 달리 소상(小祥)을 지내면 조문을 가야 됨을 밝혔다.

　기지상(期之喪)은 1년복으로 자최장기(齊哀杖期)와 자최부장기(齊哀不杖期)가 있다.

 ——————————————————————————— 既葬大功이어든 吊哭而退하고
不聽事焉이니라.

『이미 장사 지낸 대공의 상복을 입었거든 조문을 가서 곡하고 물러나고 초상 치는 일을 더불어 의논한 자리에 참여하여 듣지 아니하니라.』

　◉ 이 절은 앞 절에 이어 대공(大功)의 상복을 입으면 장사 지낼 때까지는 조문을 가지 않고, 장사 지낸 뒤에는 조문을 가되 곧 물러와야 됨을 밝혔다.

　기장대공(既葬大功)은 자기에게 대공(大功)의 상복이 있는 친척이

죽어서 이미 장사를 지낸 것이요, 불청사(不聽事)는 초상 치는 일을 더불어 의논한 자리에 참여하여 듣지 않는 것이니 자기의 슬픔이 커서 다른 슬픔을 감당할 여유가 없기 때문이다.

21-6-7 ──────────────────────── 期之喪은 未葬이라도 吊於鄕人하되 哭而退하고 不聽事焉하며 功衰는 吊하되 待事하고 不執事하니라.

『1년의 상복을 입은 사람은 장사 지내지 않았을지라도 마을 사람의 초상집에 조문을 가되 곡하고 물러나고 초상 치는 일을 더불어 논의한 자리에 참여하여 듣지 아니하며, 대공의 상복을 입은 사람은 조문하되 초상 치는 일을 기다리기만 하고 초상 치는 일을 맡아서 하지는 않느니라.』

◐ 이 절은 앞 절에 이어 기년복(期年服)과 대공(大功)의 상복을 입은 사람이 조문하는 절도에 차이가 있음을 밝혔다.

향인(鄕人)은 마을 사람의 초상집이요, 공최(功衰)는 앞에 21−6−4에서 이미 해설하였으며, 불집사(不執事)는 초상 치는 일을 맡아서 하지 아니함이니 자기의 슬픔이 커서 다른 일을 감당할 힘이 없기 때문이다.

21-6-8 ──────────────────────── 小功과 緦엔 執事하되 不與於禮니라.

『소공과 시마의 상복을 입은 사람은 조문을 가서 초상 치는 일을 맡아서 하되 예식에는 더불어 참여하지 않느니라.』

◑ 이 절은 앞 절에 이어 소공(小功)과 시마(緦麻)의 상복을 입은 사람이 조문하는 정도를 기술하였다.

불여어례(不與於禮)는 초상 치는 예식에 참여하지 않는 것이니 자기의 슬픔이 있기 때문에 남의 지극히 공경하는 예식에 참여할 수 없는 까닭이다.

청사(聽事)와 대사(待事)와 집사(執事)와 여례(與禮)는 조금씩 차이가 있으니 상복의 무겁고 가벼움에 따라 저절로 나타나는 체력과 정신력의 한계가 있음을 배려한 것인즉 살피기 바란다.

21-7-1 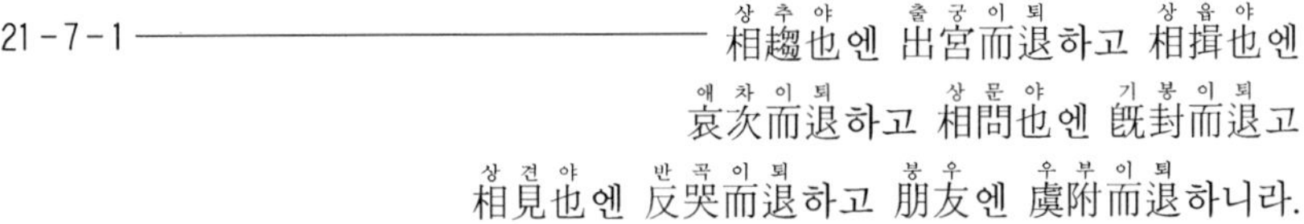

『서로 만남에 허리를 굽히고 빠른 걸음으로 지나가는 사이에는 상여가 집을 나아가면 물러가고, 서로 만남에 읍만 하고 지나가는 사이에는 상여가 마을 떠남에 슬퍼하여 멈추는 곳에서 물러가고, 서로 만남에 안부를 묻는 사이에는 이미 봉분을 만들었으면 물러가고, 서로 만남에 절을 하여 손님으로 대우하는 사이에는 반곡을 하였으면 물러가고, 붕우 사이에는 우제나 부제를 지내면 물러가니라.』

◐ 이 장은 상례(喪禮)에 있어서 인간의 관계와 나이와 체력에 따라 서로 다른 정도가 있음을 기술하였으니 여기에서는 조문객이 상주(喪主)와의 친근하고 소원한 관계에 따라 영결식을 마치고 물러가는 정도를 밝혔다.

상추(相趨)는 서로 만남에 있어서 지극히 공경하는 뜻으로 윗사람의 앞을 허리를 굽히고 빨리 걸어서 지나가는 것이니 대개 자식들이 아버지가 계신 곳을 지나가거나 낮은 신하가 임금이 계신 곳을 지나가거나 또는 어린이가 존장(尊長)이 계신 곳을 지나가는 절도이다. 출궁(出宮)은 상여가 빈소(殯所)가 있었던 집을 나아가는 것이니 곧 영결식이요, 상읍(相揖)은 서로 더불어 얼굴만 아는 사이로서 가볍게 손을 마주 잡고 들어서 경의만 표하는 것이며, 애차(哀次)는 상여가 발인하여 마을을 떠날 때에 슬프게 멈추는 곳이다. 상문(相問)은 서로 왕래하여 잘 아는 사이로 만나면 안부를 묻는 것이고, 봉(封)은 봉분(封墳)을 만드는 것이며, 상견(相見)은 서로 절하여 주인이 손님으로 맞이하는 것이니 서로 가까이 공경하는 사이요, 반곡(反哭)은 상주(喪主)가 혼백을 모시고 집에 돌아와서 유가족과 함께 우는 것이다. 붕우(朋友)는 서로 친근한 사이이므로 우제(虞祭)나 또는 부제(祔祭)를 지낸 다음에야 물러가니 그 우정(友情)과 친구의 의리가 두텁기 때문이다.

살피건대 관계가 소원한 사람이 가장 먼저 물러가고, 다음은 얼굴만 아는 사람이 물러가며, 다음은 집안까지 잘 아는 사람이요, 그다음은 손님이 물러가고, 벗과 동지가 가장 뒤에 물러가니 그 정분과 의리에 따라 당연한 절도이다.

 ——————————————————— 弔는 非從主人也라 四十者는
執綍하고 鄕人으로 五十者는
從反哭하고 四十者는 待盈坎이니라.

『조문객은 상주의 뒤를 따르는 것이 아니라, 40세 이하의 사람은 상여줄을 잡고, 고을사람으로 50세 이상은 상주가 반곡하는 길을 뒤따르고, 40세 이하는 묘지에 남아서 무덤에 흙을 채워 봉분을 만들 때까지 기다렸다가 하산하니라.』

☯ 이 절은 40세 이하와 50세 이상의 조문객과 집이 가까운 마을 사람의 장사 지내는 일을 돕는 절도를 기술하였다.

조(弔)는 조문객(弔問客)이고, 비종주인(非從主人)은 상주(喪主)의 뒤만 따라다니는 것이 아니라 상사(喪事)를 돕는 것이며, 40자(四十者)는 40세 이하의 사람이니 체력이 강건하고, 집불(執綍)은 집불(執紼)이니 상여줄을 잡는 것이다. 향인(鄕人)은 같은 고을에 사는 사람이니 집이 가까운 까닭에 늦게 물러가도 되고, 50자(五十者)는 50세 이상으로 노동력이 없으므로 상주를 따라서 하산하여 반곡한 다음에 물러간다. 대영감(待盈坎)은 상주가 평토제(平土祭)를 지낸 다음 혼백을 모시고 하산한 뒤에도 장지에 남아서 무덤에 흙을 채워 묘(墓)와 봉분(封墳)을 만들어 산역(山役)을 마칠 때까지 기다리면서 일을 돕는 것이다.

 ——————————————————— 喪食은 雖惡이라도 必充飢니
飢而廢事가 非禮也며 飽而忘哀가

역 비 례 야　시 불 명　청 불 총
亦非禮也니 視不明하며 聽不聰하며
행 불 정　불 지 애　군 자　병 지
行不正하며 不知哀를 君子가 病之라
고 로　유 질　음 주 식 육　오 십
故로 有疾이어든 飮酒食肉하나니 五十은
불 치 훼　육 십　불 훼　칠 십
不致毁하고 六十은 不毁하고 七十은
음 주 식 육　개 위 의 사
飮酒食肉하나니 皆爲疑死니라.

『초상집의 밥은 비록 반찬이 거칠더라도 반드시 주린 배를 채워야 하니 굶주려서 일을 중단함이 예절이 아니며, 배불러서 슬픔을 잊음이 또한 예절이 아니니 시력이 밝지 못하며 청각이 밝지 못하며 걸음걸이가 바르지 못하며 슬픔을 알지 못함을 군자가 고민하는지라. 그러므로 질병이 있거든 술을 마시고 고기를 먹나니 50세는 극도로 몸이 마르고 얼굴이 파리하게 아니 하고, 60세는 몸이 마르거나 얼굴이 파리하게 아니 하고, 70세는 술을 마시고 고기를 먹나니 모두 죽는 것을 두려워함이니라.』

◐ 이 절은 초상집의 밥을 먹는 절도를 기술하였으니 특히 상주(喪主)는 초상 치고 장사 지내는 예식을 거행해야 되므로 나이에 따라서 체력을 유지하는 배려가 있음을 밝혔다.

상식(喪食)은 초상집의 음식이요, 악(惡)은 악식(惡食)이니 거친 밥이며, 폐사(廢事)는 상례(喪禮)의 절차를 중간에 그만두는 것이고, 병지(病之)는 고민함이며, 의(疑)는 두려워함이다.

21-7-4 ────────────────────
유 복　　인　소 지 사　　불 왕
有服할새 人이 召之食어든 不往이라
대 공 이 하　　기 장　적 인　　인
大功以下는 旣葬하고 適人할새 人이

食之어든 其黨也엔 食之하고 非其黨엔 弗食也니라.

『상복이 있을 때에 남이 밥을 대접하겠다고 초청하여 부르거든 가지 아니하니라. 대공 이하는 이미 장사 지내고 남의 집에 갔을 때에 남이 밥을 대접하거든 그 친척집에서는 먹고, 그 친척이 아닌 집에서는 먹지 아니하니라.』

◑ 이 절을 상복을 입었을 때에는 남이 밥을 대접하는 초청에 가지 않는 절도와 대공(大功) 이하는 장사 지낸 다음에 남의 집에 가서 밥을 대접하면 친척집에서는 먹으나 남의 집에서는 먹지 않는 예절을 기술하였다.

당(黨)은 족당(族黨)이니 친척집이다.

21-7-5 ——————————————— 功衰엔 食菜果하며 飮水漿하되
無鹽酪이니 不能食이어든 食鹽酪이 可也니라.

『3년의 상에 소상이 지나서 대공과 같은 상복을 입음에는 나물과 과일을 먹고 물과 차를 마시되 소금과 우유는 없게 하니 먹을 수 없거든 소금과 우유를 먹여야 옳으니라.』

◑ 이 절을 3년복을 입은 사람이 소상(小祥) 이후 대상(大祥) 때까지 먹을 수 있는 것과 먹을 수 없는 것을 기술하였다.

공최(功衰)는 앞에 21-6-4에서 이미 해설하였고, 수장(水漿)은

물과 차이며, 무염락(無鹽酪)은 소금이나 우유제품으로 음식에 간을
맞추어 조미(調味)함이 없는 것이요, 사염락(食鹽酪)은 음식에 소금
과 우유제품을 넣어 조미해서 먹이는 것이다.

21-7-6 —————————————————————— 孔子가 曰身有瘍則浴하고
首有創則沐하고 病則飮酒食肉하니
毀瘠爲病을 君子는 弗爲也하나니
毀而死를 君子가 謂之無子라 하니라.

『공자가 말씀하시기를 몸에 상처가 있으면 목욕하고, 머리에 부스
럼이 있으면 머리 감고, 아프면 술을 마시고 고기를 먹으니 슬픔으로
얼굴이 창백하고 몸이 수척하여 병이 되는 것을 군자는 하지 않는
것이니 슬픔으로 몸이 쇠약하여 죽는 것을 군자가 일컬어 자식이 없
다고 하니라.』

☯ 이 절은 어버이의 상복을 입고 지나치게 슬퍼하여 몸이 상하게
되거나 또는 병이 나서 죽는 것을 크게 경계하였으니 효도는 신체를
훼상(毀傷)하지 않는 것으로부터 시작하는 것이다.

양(瘍)은 피부가 헐어서 진물이 나는 상처가 생긴 것이요, 창(創)
은 부어서 부스럼이 되는 것이며, 병(病)은 질병(疾病)을 앓는 것이
다. 불위(弗爲)는 불효(不孝)가 되기 때문에 하지 않는 것이고, 무자
(無子)는 자식의 도리를 하지 못하고 죽어 버렸으니 자식이 없는 것
과 똑같은 것이다.

21-7-7 ─────────────────────── 非從柩與反哭이어든 無免於堩이니라.

『영구차와 반곡을 따라감이 아니거든 길에서 상관을 씀이 없느니라.』

  ◐ 이 절은 장지(葬地)가 가까우면 반곡(反哭)하기 위하여 집으로
돌아가는 길에 상관(喪冠)을 써도 되지만 길이 멀면 쓰지 않는 것이
예절임을 기술하였으니 앞에 15-14-4를 참조하라.
  긍(堩)은 길이다.

21-7-8 ──────────────────── 凡喪에 小功以上은
非虞附練祥이어든 無沐浴이니라.

『무릇 상복을 입음에 소공 이상은 우제와 부제와 소상과 대상이
아니거든 목욕하는 예절이 없느니라.』

  ◐ 이 절은 상복 입은 사람의 목욕재계(沐浴齊戒)하는 절도를 기
술하였으니 비록 슬픔 속에 있어도 제사를 지냄에는 깨끗하고 경건
하게 정신을 가다듬어야 됨을 밝혔다.
  부(附)는 부(祔)이다.

21-7-9 ─────────────── 疏衰之喪엔 旣葬하면 人이 請見之則見하되
不請見人하며 小功엔 請見人도 可也요 大功엔

265

不以執摯니 唯父母之喪에 不辟涕泣而見人이니라.

『자최의 상복을 입음에는 이미 장사 지냈으면 남이 만나 보기를 청하면 만나 보되 남에게 만나 보기를 청하지는 아니하며, 소공에는 남에게 만나 보기를 청해도 되는 것이요, 대공에는 폐백으로써 찾아온 손님을 만나 보지 아니하니 오직 부모의 상에는 눈물을 흘리고 흐느끼면서 사람을 만나는 것을 피하지 아니하니라.』

◉ 이 절은 상복의 무겁고 가벼움에 따라 사람을 만나는 절도가 다름을 기술하였다.

소최(疏衰)는 자최(齊衰)이고, 집지(執摯)는 집지(執贄)와 같으니 신분을 나타내는 예물(禮物)을 들고 임금이나 스승을 만나 보는 정식예절로 상견례(相見禮)라고 한다. 피(辟)는 피(避)와 같다.

상복은 흉복(凶服)이니 흉복을 입었을 때에는 가급적 남에게 만나 보기를 청해서도 안 되고, 폐백(幣帛)으로써 정식으로 만나 보는 상견례(相見禮)를 거행해도 안 되니 다만 의례를 생략하고 소박하게 만나야 되며 또한 부모의 상복은 가장 큰 흉복(凶服)이므로 눈물을 흘리고 흐느끼면서 사람을 만나도 괜찮은 것이다.

21-7-10 ──────────────── 三年之喪엔 祥而從政하고 期之喪엔 卒哭而從政하고 九月之喪엔 既葬而從政하고 小功緦之喪엔 殯而從政하니라.

『3년의 상복을 입음에는 대상을 지내야 노역에 나아가고, 1년의 상복에는 졸곡을 지내야 노역에 나아가고, 9월의 상복에는 이미 장사 지냈으면 노역에 나아가고, 소공 5월과 시마 3월의 상복에는 빈소를 설치했으면 노역에 나아가느니라.』

◑ 이 절은 다섯 가지의 상복의 종류에 따라 노역(勞役)에 나아가는 시기가 다름을 기술하였다.

종정(從政)은 노역에 나아가는 것이니 앞에 5−20−1에서 이미 해설하였다.

살피건대 가장 무거운 3년의 상복만 국가의 노역(勞役)을 완전히 면제하고, 1년의 상복 이하는 아직 상복을 벗기 전에 국가의 노역에 나가도록 하였으니 이것은 국가의 사업도 매우 중대한 것이므로 가벼운 슬픔은 스스로 극복하고 나라를 위하게 함이다.

21−7−11 ——————————————————— 曾申이 問於曾子하야 曰哭父母하되
有常聲乎이니까 曰中路에 嬰兒가
失其母焉인댄 何常聲之有리요.

『증신이 증자에게 물어 말하기를 부모가 돌아가심에 곡하되 일정한 소리가 있습니까? 말하기를 길 가운데에서 어린아이가 그 어머니를 잃었을진댄 어찌 일정한 소리가 있으리오.』

◑ 이 절은 부모가 돌아가심에 통곡(痛哭)하는 것은 인간의 순수

한 감정의 발로임을 기술하였다.

증신(曾申)은 증자(曾子)의 아들이요, 상성(常聲)은 일정한 곡성(哭聲)이며, 영아(嬰兒)는 젖먹이 유아(乳兒)로 어린아이가 어머니를 찾으며 우는 소리는 일정한 격식이 없는 것이니 부모가 처음 돌아가셨을 때에 우는 소리는 일정한 격식이 없으나 상례(喪禮)를 거행할 때에는 우는 때와 장소와 격식이 있는 것이다.

21-8-1 ──────────────── 卒哭而諱니 王父母와 兄弟와 世父와
叔父와 姑와 姉妹엔 子가 與父로 同諱하니라.

『졸곡을 지내면 그 이름을 피하여 호칭하지 않으니 조부모와 형제와 백부와 숙부와 고모와 자매에게는 아들이 아버지와 더불어 그 이름을 피하여 호칭하지 아니하니라.』

◉ 이 장은 돌아가신 분의 이름을 높여서 피하여 부르지 않는 예절을 기술하였으니 여기에서는 아버지가 높여서 피하여 호칭하지 않는 분의 이름은 그 아들도 따라서 피하는 절도를 밝혔다.

졸곡이휘(卒哭而諱)는 졸곡 이전에는 사람을 대하는 예절을 쓰기 때문에 그 이름을 피하지 아니하다가 졸곡 이후에는 귀신을 대하는 예절을 쓰는 까닭에 그 이름을 피하여 호칭하지 않으니 대저 살아서는 이름을 부르지만 죽으면 그 이름을 높여서 부르지 않는 것이다.

그리고 아버지가 높여서 피하여 부르지 아니하는 분의 이름은 그 아들도 따라서 피하여 부르지 않는 것이니 아버지의 조부모, 아버지

의 큰아버지와 작은아버지와 고모, 아버지의 형제자매의 이름은 피하
여 부르지 않는 것이다.

21-8-2 ──────────────────────────── 母之諱는 宮中엔 諱하고 妻之諱는
不擧諸其側하니 與從祖昆弟로同名이면 則諱하니라.

『어머니가 높여서 피하는 분의 이름은 집안에서는 피하여 호칭하
지 아니하고, 아내가 높여서 피하는 분의 이름은 그 옆에서만 피하여
호칭하지 아니하니 종조와 여러 형제로 이름이 같으면 높여서 피하
여 호칭하지 아니하니라.』

◉ 이 절은 어머니와 아내가 높여서 피하는 분의 이름을 호칭하지
않는 절도를 기술하였다.

모지휘(母之諱)는 어머니의 친정부모 이름이요, 궁중(宮中)은 집
안이며, 처지휘(妻之諱)는 아내의 친정부모 이름이고, 거(擧)는 거명
(擧名)이며, 기측(其側)은 아내가 있는 옆이다. 종조(從祖)는 아버지
의 숙부(叔父)요, 곤제(昆弟)는 앞에 21-1-2에서 이미 해설하였다.

21-9-1 ──────────────────────────── 以喪冠者는 雖三年之喪이라도 可也니
旣冠於次하고 入哭踊하되 三者를 三하고 乃出하니라.

『상복을 입고서 성인이 되어 관을 쓰는 사람은 비록 3년의 상복을

입었더라도 관례를 거행함이 옳으니 이미 상복을 입고 거처하는 곳
에서 관례를 거행하고, 영위에 들어가서 곡하고 뛰기를 세 번 하는
것을 세 번을 하고 이에 물러나오니라.』

　● 이 장은 상복의 종류에 따라 관례와 혼례를 거행하는 절도를
기술하였으니 여기에서는 상복을 입는 기간에 성인(成人)이 되었으
면 상차(喪次)에서라도 관례(冠禮)를 거행해야 됨을 밝혔다.

　차(次)는 상차(喪次)니 상복을 입고 거처하는 곳이요, 입(入)은
빈소(殯所)나 영위(靈位)에 들어가서 보고함이며 곡용삼자삼(哭踊三
者三)은 앞에 7−1−3에서 이미 해설하였다.

　대저 상복은 흉복(凶服)이므로 집안에서 혼인이나 제사를 삼가는
바가 있으나 관례(冠禮)는 비록 3년의 상복을 입었을지라도 거행하
는 것이니 미성년이 성인(成人)이 되는 것은 사람과 귀신이 모두 축
복하는 일이므로 뒤로 미룰 필요가 없는 것이다.

21-9-2 ────────────────────────
大功之末엔 可以冠子며 可以嫁子요
父小功之末엔 可以冠子며 可以嫁子며
可以取婦요 己雖小功이나 旣卒哭이면
可以冠取妻니 下殤之小功則不可니라.

　『대공의 끝 무렵에는 아들의 관례를 거행할 수 있으며 딸을 시집
보낼 수 있고, 아버지가 소공의 끝 무렵에는 아들의 관례를 거행할
수 있으며 딸을 시집보낼 수 있으며 며느리를 볼 수 있고, 자기가 비

록 소공의 상복을 입었으나 이미 졸곡이 지났으면 관례를 거할 수
있고 아내를 얻을 수 있으니 하상의 소공에는 곧 할 수 없느니라.』

◉ 이 절은 대공(大功)과 소공(小功)의 말기(末期)에는 관례(冠
禮)와 혼례(昏禮)를 거행할 수 있음을 기술하였으니 성인(成人)이
되고 혼인을 함에 때가 있기 때문이다.

말(末)은 말기(末期)이니 1~2개월만 있으면 상복을 벗는 기간이
요, 기(己)는 아버지가 죽고 자기 스스로 성인(成人)이 되어 혼인하
는 사람이며, 하상지소공(下殤之小功)은 본래 1년의 상복을 입는 관
계가 5월로 된 것이니 또다시 거듭 줄일 수 없는 것이다.

살펴건대 대공(大功)은 소공(小功)보다 무거운 상복이므로 대공
(大功)의 말기에는 며느리를 들일 수 없으나 소공(小功)의 말기에는
며느리까지도 들일 수 있으며, 또한 아버지가 죽고 자기 스스로 성인
(成人)이 되어 혼인하는 사람은 가정을 이루는 것이 시급한 사항이
므로 소공(小功)에 졸곡만 지나면 거행하도록 배려하였으니 모두 죽
은 사람 때문에 산 사람의 삶을 해치지 않기 위함이다.

21-10-1 ───────────────────────── 凡弁絰은 其衰侈袂니라.

『고깔에 머리띠를 하는 조문복은 그 상복의 소매를 크게 하니라.』

◉ 이 장은 조상(吊喪)하고 조문(吊問)받는 여러 가지 격식을 기술
하였으니 여기에서는 조상(吊喪) 갈 때에 입는 옷의 모양을 밝혔다.

변질(弁経)은 고깔에 수질(首経)을 할 때에 입는 옷이니 곧 조상 (吊喪)을 가는 사람이 입는 것이요, 치(侈)는 넓고 풍부한 것이다.

대저 조상(吊喪)을 가는 사람이 입는 옷은 세 등급이 있으니 석최 (錫衰)와 시최(緦衰)와 의최(疑衰)인데, 석최(錫衰)는 굵은 삼베를 삶아서 흰 베로 만들고, 시최(緦衰)는 가는 삼베를 삶아서 흰 베로 만들며, 의최(疑衰)는 칡베나 다른 것으로 베와 유사하게 만든 것이다. 그리고 예복(禮服)은 크게 만든 것과 작게 만든 것이 있는데 큰 것이 더욱 존엄하니 소매가 작은 것은 2척 2촌이고 큰 것은 3척 3촌이다.

21-10-2 ——————————————— 父가 有服이어든 宮中에 子가 不與於樂하고 母가 有服이어든 聲聞焉에 不擧樂하고 妻가 有服이어든 不擧樂其側하고 大功이 將至어든 辟琴瑟하고 小功이 至어든 不絶樂이니라.

『아버지가 상복을 입었거든 집안에서 아들이 음악에 더불어 하지 아니하고, 어머니가 상복을 입었거든 소리가 들리는 곳에서 음악을 연주하지 아니하고, 아내가 상복을 입었거든 그 곁에서 음악을 연주하지 아니하고, 대공의 상복을 입은 사람이 장차 이르거든 거문고와 비파를 물리치고, 소공의 상복을 입은 사람이 이르거든 음악을 그치지 아니하니라.』

◑ 이 절은 상복을 입은 사람의 슬픔을 배려하여 음악을 삼가는

절도를 기술하였다.

　궁중(宮中)은 앞에 21-8-2에서 이미 해설하였고, 악(樂)은 음악이며 벽(辟)은 물리치는 것이요, 부절(不絶)은 계속함이다. 대공(大功)은 대공의 상복을 입은 사람이니 그 슬픔을 배려하여 금슬(琴瑟)을 중지하여 물리치고 소공(小功)은 그 슬픔을 배려할 필요가 없으므로 음악을 계속 연주하는 것이다.

21-10-3 ─────────────── 姑姉妹는 其夫가 死而夫黨에
　　　　　　　　　　　　　　　無兄弟어든 使夫之族人으로 主喪하고
　　　　　　　　　　　　　　　妻之黨엔 雖親이나 弗主하고
　　　　　　　　　　　　　夫若無族矣인댄 則前後家나 東西家요
　　　　　　　　　　　　　　　無有어든 則里尹이 主之니라.
　　　　　　　　　　　或이 曰主之而附於夫之黨이라 하니라.

　『고모와 자매는 그 지아비가 죽어서 지아비의 집안에 형제가 없거든 하여금 지아비의 척족(戚族)의 신분으로 초상을 주관하고, 아내의 집안에는 비록 친하더라도 주관하지 아니 하며, 지아비가 만약 친족이 없을진댄 곧 앞뒷집이나 동서집의 사람이 주관하고, 앞뒷집이나 동서집도 있지 않으면 곧 마을에 이장이 주관 하니라. 어떤 사람이 말하기를 초상을 주관하되 지아비의 집안에서 부제지낸다고 하니라.』

　◑ 이 절은 고모나 자매가 죽었을 때에 그 집안에 상주(喪主) 노릇 할 사람이 없으면 고모부나 자형이나 매부의 척족(戚族)의 신분으로 초상을 주관하여야 되지만 처남댁이나 처형이나 처제가 죽었을

때에 그 집안에 상주 노릇 할 사람이 없으면 아무리 친근하게 살았어도 초상을 주관 할 수 없으므로 옆집이나 이장(里長)에게 주관토록 해야 됨을 기술하였다.

부지족인(夫之族人)은 외족(外戚)이요 수친(雖親)은 한집에 동거하여 사는 것이며, 이윤(里尹)은 이장(里長)이나 반장(班長)이다.

살피건대 고모와 자매가 죽었을 때에는 상복(喪服)이 있으므로 상주(喪主) 노릇을 대행하며, 조상(弔喪)하는 손님을 맞이할 수 있으나 처남댁과 처형과 처제가 죽었을 때에는 상복이 없으므로 상주(喪主)를 대행할 수 없는 것이다. 그러나 주자(朱子)가 말하기를 이장(里長)이나 반장(班長)이 거절하여 승낙하지 않으면 형편에 따라 다른 모퉁이 방에서 초상 치고 장사 지내도 될 것이라고 하였다.

21-10-4 ──────────────────────── 麻者는 不紳하며 執玉엔

不麻니 麻는 不加於采니라.

『상복에 삼 띠를 하는 사람은 큰 띠를 하지 아니하며 옥을 잡음에는 상복에 삼 띠를 하지 않으니 상복에 삼 띠를 함에는 채색 옷에 거들지 아니하니라.』

◉ 이 절은 흉복(凶服)을 입은 사람은 길례(吉禮)에 동참하여 거들지 않는 절도를 기술하였다.

마(麻)는 상복에 마질(麻経)을 함이니 흉복(凶服)이요, 신(紳)은 대대(大帶)로 심의(深衣)를 입은 것이니 길복(吉服)이며, 집옥(執玉)

은 옥을 폐백(幣帛)으로 들고 상견례(相見禮)를 함이니 길례(吉禮)
이고, 가(加)는 감당하여 거드는 것이며, 채(采)는 채색 옷이니 길복
(吉服)이다.

21-10-5─────────────────────── 國이 禁哭이어든 則止니
朝夕之奠엔 卽位하여 自因也니라.

『나라가 곡을 금지하거든 곧 그치니 초상집에서 아침과 저녁에 밥
상을 올림에는 자리에 나아가 저절로 인연하는 것이니라.』

◑ 이 절은 나라에서 큰 제향이나 경사가 있어 곡(哭)을 금지하면
곧 그치되 다만 초상집에서 조석전(朝夕奠)을 올릴 때에는 그 자리
에 나아가 저절로 울음이 나오는 것은 막을 수 없음을 기술하였다.
　자인(自因)은 저절로 인연하여 울음이 터져 나오는 것이니 인간의
슬픈 감정은 억지로 막을 수 없는 바가 있는 것이다.

21-10-6─────────────────────── 童子는 哭不偯하며 不踊하며
不杖하며 不菲하며 不廬하니라.

『어린이는 곡함에 울음 끝소리를 내지 아니하며, 울면서 뛰지 아
니하며, 지팡이를 짚지 아니하며, 풀신을 신지 아니하며, 움막에 거처
하지 않느니라.』

◐ 이 절은 어린이가 상복(喪服)을 입음에 면제할 사항을 기술하였으니 체력이 약하므로 특별히 보호하는 것이다.

의(偯)는 울음의 끝소리를 길게 뽑아서 떨리게 하는 것이요, 비(菲)는 초구(草屨)이며, 려(廬)는 의려(倚廬)이다.

살펴건대 10세의 어린이도 아버지가 죽어서 상주(喪主)가 되었을 때는 지팡이를 짚게 하나니 그 슬픔이 크게 때문이다.

21-10-7 —————————— 孔子가 曰伯母叔母之疏衰엔
踊不絶地하고 姑姉妹之大功엔
踊絶於地하나니 如知此者는
由文矣哉인저 由文矣哉인저.

『공자가 말씀하시기를 백모와 숙모의 자최부장기(齊衰不杖期)의 상복을 입음에는 울면서 뛰되 발이 땅에 떨어지지 아니하고, 고모와 자매의 대공 9월(大功九月)의 상복을 입음에는 울면서 뛰되 발이 땅에서 떨어지나니 만약 이것을 아는 사람일 것 같으면 예절의 문채를 말미암을진저, 예절의 문채를 말미암을진저.』

◐ 이 절은 상례(喪禮)의 형식과 내용에 있어서 의리(義理)와 감정(感情)을 조절함에 혹 의리를 무겁게 하여 감정을 북돋운 것도 있고, 혹 의리를 가볍게 하여 감정을 억누른 것도 있으므로 무거운 상복을 입고도 슬픔이 얕을 경우가 있고, 가벼운 상복을 입고도 슬픔이 깊을 경우가 있음을 기술하였다.

문(文)은 예절의 문채이다. 큰어머니와 작은어머니는 의리로 상복을 입는 것이고, 고모와 자매는 골육(骨肉)으로 본래 1년의 상복인데 시집을 갔기 때문에 대공(大功)으로 낮추었으나 슬픈 마음이야 어쩔 수 없는 것이다.

21 - 10 - 8 ——————————————————— 泄柳之母가 死어늘 相者가
由左하고 泄柳가 死한대 其徒가
由右相하니 由右相은 泄柳之徒가 爲之也라.

『설류의 어머니가 죽거늘 도우미가 왼쪽을 말미암았고, 설류가 죽은데 그 학도가 오른쪽을 말미암아 도우니 오른쪽을 말미암아 돕는 것은 설류의 학도가 처음으로 하였느니라.』

◉ 이 절은 초상집에서 상주(喪主)를 도와 조상객(吊喪客)을 안내하는 도우미는 왼쪽 계단을 말미암는 것이 예절임을 기술하였다.

설유(泄柳)는 춘추시대의 학자이고 상자(相者)는 주인을 도와 손님을 안내하는 빈(擯)이며, 좌(左)는 동쪽에 있는 섬돌계단으로 주인이 이용하는 것이요, 우(右)는 서쪽 계단으로 손님이 이용한다.

살피건대 설유의 학도(學徒)들이 주인 측의 도우미인 빈(擯)은 동쪽 계단을 말미암고 손님 측의 도우미인 개(介)는 서쪽 계단을 이용하는 예절을 알지 못하였으니 예절교육이 부실했구나!

21-11-1 ──────────────────── 天子는 飯을 九貝요 諸侯는
七이요 大夫는 五요 士는 三이니라.

『천자는 반함을 아홉 개의 조개요, 제후는 일곱 개요, 대부는 다섯
개요, 선비는 세 개이니라.』

◐ 이 장은 천자와 제후와 대부와 선비의 상례(喪禮)에 대한 도수
(度數)가 다름을 기술하였으니 여기에서는 반함(飯含)에 패옥(貝玉)
의 수량을 밝혔다.

반(飯)은 반함(飯含)이고, 패(貝)는 고대에 화폐로 사용하던 조개
껍질인데, 주례(周禮)에는 천자와 제후의 반함은 옥(玉)으로 대체하
였고, 또한 대부와 선비는 동전(銅錢)으로 대체하였다.

21-11-2 ──────────────────── 士는 三月而葬하고 是月也에
卒哭하며 大夫는 三月而葬하고
五月而卒哭하며 諸侯는 五月而葬하고
七月而卒哭하며 士는 三虞요
大夫는 五요 諸侯는 七이니라.

『선비는 3개월에 장사 지내고 이달에 졸곡하며, 대부는 3개월에
장사 지내고 5개월에 졸곡하며, 제후는 5개월에 장사 지내고 7개월에
졸곡하며, 선비는 세 번 우제 지내고, 대부는 다섯 번이요, 제후는 일
곱 번이니라.』

◑ 이 절을 선비와 대부와 제후의 상례(喪禮)에 대한 장기(葬期)와 졸곡일(卒哭日)과 우(虞)의 횟수를 기술하였다.

살피건대 죽은 사람의 신분이 높을수록 장사기간이 긴 까닭은 조문객이 멀리 오고, 또 장지(葬地) 조성에 시간이 걸리기 때문이며, 졸곡(卒哭)을 늦게 함은 장사 지낸 다음에 졸곡해야 되는 까닭이요, 우(虞)의 횟수가 많은 것은 사람이 많고 물질이 풍부한 까닭이니 결코 신분이 높은 부모를 둔 사람의 사모하는 효심(孝心)이 신분이 낮은 부모를 둔 사람보다 크고 많기 때문이 아니다. 무릇 상례(喪禮)는 모든 사람의 슬픔을 공평하게 다할 수 있도록 하였을 뿐이나 다만 죽은 사람이 국가사회에 기여한 공로에 따라 응분의 대우를 하여 죽은 사람이나 산 사람이 모두 남은 원한이 없도록 배려한 것임을 깨달을지어다.

21-11-3————————————————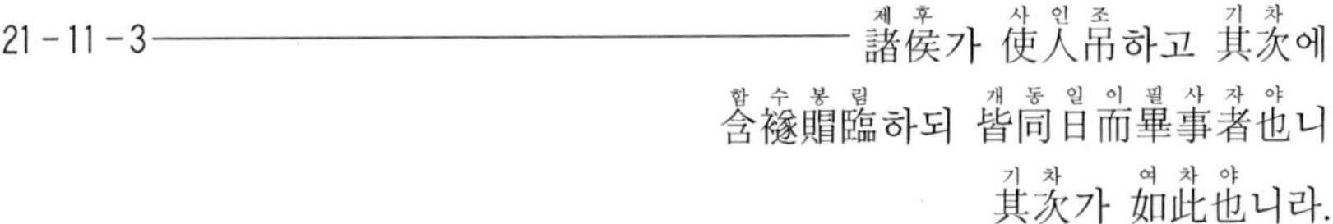

『제후가 사람으로 하여금 조상하고 그 다음에 반함할 옥과 주검옷과 주검수레와 말을 가지고 임하되 모두 같은 날에 증정하는 행사를 마치는 것이니 그 차례가 이와 같은 것이니라.』

◑ 이 절은 제후(諸侯)가 죽었을 때에 이웃 나라의 제후가 조문사절을 보내서 조문하고, 함(含)과 수(襚)와 몽(賵)을 증정하는 절차를 기술하였으니 앞에 20-12-3, 4, 5, 6을 참조하라.

차(次)는 다음 차례이고 임(臨)은 대문 밖에 이르러 임하는 것이며, 필사(畢事)는 조문하고 증정하는 행사를 모두 끝내는 것이다.

 卿大夫가 疾이어든 君이 問之無算하시고 士는 壹問之하시며 君이 於卿大夫엔 比葬不食肉하시며 比卒哭不擧樂하시고 爲士엔 比殯不擧樂하시니라.

『경대부가 질병을 앓거든 임금이 문병함에 셈함이 없으시고, 선비는 한 번을 문병하시며, 임금이 경대부에게는 장사 지낼 때까지 고기를 먹지 아니하시며, 졸곡 때까지 음악을 베풀지 아니하시고, 선비를 위해서는 빈소를 설치할 때까지 음악을 베풀지 아니하시니라.』

◑ 이 절은 임금이 신하의 질병에 문병하는 예절과 신하의 죽음에 고기를 먹지 않고, 음악을 베풀지 않는 절도를 기술하였다.

문(問)은 문병(問病)함이요, 무산(無算)은 셈함이 없는 것이니 일정한 한도가 없이 크게 걱정하면 문병한다는 뜻이다. 일문지(壹問之)는 한 번만 문병함이고, 비(比)는 이어서 계속함이며, 불거악(不擧樂)은 악기를 진열하여 연주하지 않는 것이다.

 升正柩할새 諸侯엔 執綍이 五百人이니 四綍이 皆銜枚하고 司馬가 執鐸하되

左八人右八人이요 匠人이 執羽葆하야
御柩하고 大夫之喪은 其升正柩也에 執引者가
三百人이요 執鐸者가 左右各四人이요 御柩以茅하나니라.

『널을 영구차에 올려서 바르게 놓았을 때에 제후에게는 상여줄을 잡은 사람이 500명이니 네 개의 상여줄을 잡은 사람에게는 모두 하무를 입에 물리고, 지휘관이 요령을 들되 왼쪽이 8인, 오른쪽이 8인이요, 하관하는 사람이 깃털일산을 들고 영구차를 호위하고, 대부의 상례는 그 널을 영구차에 오려서 바르게 놓았을 때에 상여줄을 잡은 사람이 300명이요, 요령을 든 지휘관이 좌우에 각각 4인씩이요, 영구차를 호위함에 띠일산으로 하느니라.』

   ● 이 절은 제후와 대부의 장례(葬禮)절도를 기술하였으니 상여줄을 잡은 사람과 지휘관의 수에 있어서 대부는 제후보다 거의 반으로 줄여야 됨을 밝혔다.

   승정구(升正柩)는 장차 장사 지내기 위하여 영구(靈柩)를 사당의 서쪽 계단으로 올려서 조상님께 보이고 영구차에 바르게 놓고 안전하게 묶는 것이다. 집불(執綍)은 앞에 21-7-2에서 이미 해설하였고 4불(四綍)은 상여의 앞뒤로 각각 2개씩 상여줄을 매단 것이며, 함매(銜枚)는 하무를 잎에 물린 것이니 행군(行軍)할 때에 떠들지 못하도록 가는 막대를 입에 물리는 것으로 가는 막대의 양쪽 끝을 실로 묶어 목에 걸고 다니는 군장인데 하무라고 한다. 사마(司馬)는 지휘관이고 탁(鐸)은 쇠로 만든 작은 방울로 요령이라고 하며, 우보(羽葆)는 깃털로 만든 일산(日傘)이며, 어구(御柩)는 영구차의 곁에서

호위하는 것이고, 인(引)은 인(靷)이니 불(紼)과 같으며, 모(矛)는
띠로 만든 일산이다.

21-11-6——————————————— 孔子가 曰管仲이 鏤簋而朱紘하며
旅樹而反坫하며 山節而藻梲하니
賢大夫也나 而難爲上也로다.

『공자가 말씀하시기를 관중이 제기에 조각을 하고, 면류관의 끈을
붉은색으로 하며, 대문 안에 나무를 심어 가리고, 술잔을 놓은 받침
대를 하며, 기둥머리에 산을 그리고 동자기둥에 마름을 그렸으니 어
진 대부이나 그 임금 노릇 하기가 어려운 것이니라.』

◑ 이 절은 관중(管仲)이 대부(大夫)로서 참람하게 천자와 제후의
예절을 사용하는 무례(無禮)를 비판하였다.
　관중(管仲)의 참람한 행위는 앞에 10-4-6에서 이미 해설하였고,
여수(旅樹)와 반점(反坫)은 앞에 11-3-7에서 해설하였으며, 난위상
(難爲上)은 그 임금이 권위를 유지하기가 어려운 것이다.

21-11-7——————————————— 晏平仲이 祀其先人하되 豚肩이
不揜豆하니 賢大夫也나 而難爲下也로다
君子는 上不僭上하고 下不偪下니라.

『안평중이 그 조상에게 제사 지내되 돼지고기가 제기를 가리지 아니하니 어진 대부이나 그 신하 노릇 하기가 어려운 것이니라. 군자는 위로 윗사람의 성대함을 따라서 흉내 내지 아니하고 아래로 아랫사람의 검소함을 본받아 흉내 내지 아니하니라.』

◉ 이 절은 안평중(晏平仲)이 대부(大夫)로서 옹졸하게 선비의 예절을 사용하는 실례(失禮)를 비판하였다.

안평중(晏平仲)의 옹졸한 행위는 앞에 10-4-7에서 이미 해설하였고, 참상(僭上)은 윗사람의 성대한 예절을 따라서 흉내를 내는 것이니 분수를 잃은 것이며, 핍하(偪下)는 아랫사람의 검소 질박한 예절을 본받아 흉내를 내는 것으로 체통을 잃은 것이다. 관중(管仲)은 그 임금 환공(桓公)을 섬겨 제(齊)나라를 강대국으로 만든 어진 대부였으나 덕(德)이 없어서 그 정치적 공적이 오래가지 못하여 무너졌으며, 안평중(晏平仲)도 제(齊)나라 경공(景公)을 섬겨 정치개혁을 단행했으나 예치(禮治)를 반대하여 크게 성공하지 못했으니 공자가 그들의 재능은 인정하면서도 관중의 교만함과 안평중의 인색함을 반도덕적인 무례로 성토하고 천하에 고발하여 난신적자(亂臣賊子)를 두렵게 하였다.

21-12-1 ──────────────── 婦人은 非三年之喪이어든 不踰封而吊니

如三年之喪엔 則君夫人도 歸하나니

夫人은 其歸也에 以諸侯之吊禮하며

其待之也에 若待諸侯然이니 夫人이 至하야

入自闈門하야 升自側階하고 君이

在阼하시나니 其他는 如奔喪禮然하니라.

『부인은 3년의 상복을 입는 초상이 아니거든 강토를 넘어가서 조상하지 않으니 만약 3년의 상복을 입는 초상에는 곧 임금의 부인이라도 친정집에 가나니 임금의 부인이 그 친정집에 감에는 제후가 조상하는 예절로써 맞이하여 대우함에 마치 제후를 맞이하여 대우하듯이 하니 임금의 부인이 친정집에 이르러 대궐 안의 옆문으로부터 들어와서 옆 계단을 말미암아 당으로 오르고, 임금이 섬돌계단에 있으시니 그다음은 분상의 예절과 같이 하니라.』

◑ 이 장은 부인(婦人)이 조상(弔喪)하는 예절을 기술하였으니 여기에서는 부인이 강역(疆域)을 넘어가서 조상하는 것은 친정부모의 초상뿐임을 밝혔다.

3년지상(三年之喪)은 일반적으로 부모가 죽었을 때에 입는 상복을 지칭하는바 여자가 시집을 가면 1년복으로 강쇄(降殺)하는데 여기에서는 본래의 예절로 말하였다. 봉(封)은 봉토(封土)의 강역(疆域)이요, 귀(歸)는 친정집에 가는 것이며, 위문(闈門)은 대궐의 내부에 있는 옆문이니 손님은 정문(正門)으로 출입하지만 집안사람은 위문(闈門)으로 다니는 것이다. 측계(側階)는 당(堂)으로 올라가는 옆 계단이니 주인은 조계(阼階)를 사용하고, 손님은 서계(西階)를 사용하는데 주인의 집안사람은 측계(側階)를 사용하는 것이다. 군재조(君在阼)는 상주(喪主)인 임금은 제후의 부인을 제후가 조문하는 예절에 따라 제후처럼 맞이하기 위하여 섬돌계단에서 기다리지만 제후의 부인은 친정집에 왔으므로 손님이 아니고 유가족으로 처신하여 위문(闈門)과 측계(側階)를 이용하였으니 상주(喪主)는 손님으로 공경을 다하고, 부인은 가족으로 사랑을 다한 것이다.

 嫂不撫叔하고 叔不撫嫂니라.

『형수는 시아주비의 시신을 어루만지지 아니하고, 시아주비는 형수의 시신을 어루만지지 아니하니라.』

☯ 이 절은 형제의 아내와 남편의 형제는 서로 멀리하여 손도 잡지 않는 예절이 있으므로 그 시신을 어루만지며 슬퍼하면 혐의가 생길 수 있음을 경계하였다.

수(嫂)는 형제의 아내로 형수나 제수이고, 숙(叔)은 남편의 형제로 시숙이나 시동생이며, 무(撫)는 시신(尸身)을 어루만지며 슬프게 우는 것이니 가까운 사람이 죽었을 때에 슬픔을 표현하는 예절이다.

 君子는 有三患하니 未之聞이면
患弗得聞也하고 旣聞之면
患弗得學也하며 旣學之하면 患弗能行也하니라
君子는 有五恥하니 居其位하야 無其言을
君子가 恥之하며 有其言하고 無其行을
君子가 恥之하며 旣得之라가 而又失之를
君子가 恥之하며 地有餘하고 而民不足을
君子가 恥之하며 衆寡가 均하되 而倍焉을 君子가 恥之하니라.

『군자는 세 가지 근심이 있으니 듣지 못하면 얻어 듣지 못함을 근심하는 것이고, 이미 들었으면 얻어 배우지 못함을 근심하는 것이며,

이미 배웠으면 능히 행하지 못함을 근심하는 것이니라. 군자는 다섯 가지 부끄러움이 있으니 그 벼슬자리에 앉아서 그 말이 없는 것을 군자가 부끄러워하며, 그 말은 있으나 그 실행이 없는 것을 군자가 부끄러워하며 이미 얻었다가 또 잃어버리는 것을 군자가 부끄러워하며, 땅은 남아 있는데도 인민이 넉넉지 못함을 군자가 부끄러워하며, 많고 적음이 균등하되 배로 차이가 남을 군자가 부끄러워하니라.』

☯ 이 장은 여러 가지 예절사항을 기술하였으니 여기에서는 벼슬한 군자의 근심과 부끄러운 사항을 밝혔다.

군자(君子)는 도덕(道德)이 높은 군자와 관작(官爵)이 높은 군자가 있으니 세 가지 근심이 있는 군자는 도덕군자이고 다섯 가지 부끄러움이 있는 군자는 벼슬군자이다. 문(聞)은 전문(傳聞)이니 옛날 성현(聖賢)의 도덕과 서업을 전해 듣는 것이요, 학(學)은 스승을 찾아가서 배우고 익혀 능력을 개발하는 것이며, 능행(能行)은 배운 바를 잘 실천하여 군자의 모범을 보이는 것이니 모두 도덕군자가 마땅히 근심해야 되는 사항이다. 기언(其言)은 정치적 문제를 가장 슬기롭게 해결하는 대책을 건의하는 말이고, 기행(其行)은 자기가 건의한 대책을 책임지고 실행하여 성공하는 것이며, 득지(得之)는 그 능력을 인정받아서 중요한 관직에 오르는 것이요, 실지(失之)는 그 능력이 부족하여 감당하지 못하므로 사퇴하거나 좌천되는 것이니 작은 일은 감당하지만 큰일은 감당하지 못하는 것이라 능력에 한계가 있는 것이다. 지유여(地有餘)는 농지(農地)로 개간할 수 있는 땅이 황무지로 남아 있는 것이고, 민부족(民不足)은 인민의 생활이 빈곤하여 넉넉지 못한 것이니 민생경제를 자체적으로 해결하지 못하는 무능하고 무책임한 관료이며, 중과균(衆寡均)은 인구수(人口數)와 재물(財物)과 천

연조건이 균등한 것이고, 배(倍)는 경영하여 이룬 치적(治績)과 공덕
(功德)이 다른 사람보다 뒤떨어지는 것이니 모두 벼슬하는 군자가
마땅히 부끄러워해야 되는 사항이다.

　살피건대 도덕군자는 학문을 통하여 자기의 지혜를 무한하게 개발
하여야 벼슬하는 군자가 되었을 때에 정치역량을 십분 발휘하여 크
게 성공해서 국가, 사회에 이바지할 수 있는 것인즉 학자는 여기에서
분발할지어다.

21-13-2 ──────────────────────── 孔子가 曰凶年엔 則乘駑馬하고
祀以下牲이니라.

『공자가 말씀하시기를 흉년에는 곧 노마를 타고 제사에 희생을 낮
추어 쓰니라.』

　☯ 이 절은 가뭄이나 홍수로 흉년(凶年)이 되면 일반사회생활이
검소 질박해야 됨을 기술하였다.

　노마(駑馬)는 최하급의 말로 어리석고 느린 말이니 주례(周禮)의
교인(校人)에서 여섯 종류의 말로 종마(種馬), 융마(戎馬), 제마(齊
馬), 도마(道馬), 전마(田馬), 노마(駑馬)가 있다고 하였다. 하생(下
牲)은 희생을 낮추어 제물을 검소 질박하게 차리는 것이니 대부(大
夫) 이하의 가정에서 지내는 제사이다.

　살피건대 이 절의 말씀은 앞에 5-10-4에서 말한 바와 다르니 국
가의 제사는 예산이 있으므로 흉년에도 검소 질박하지 않게 차리는

것이나 개인집에서는 흉년에 어찌 검소하지 않으리오.

恤由之喪에 哀公이 使孺悲로

之孔子하야 學士喪禮하시니

士喪禮를 於是乎에 書하니라.

21-13-3

『휼유의 죽음에 애공이 유비로 하여금 공자에게 가서 선비의 상례를 배우게 하시니 선비의 상례를 이때에 기록하니라.』

◉ 이 절은 춘추시대에 소멸하였던 사상례(士喪禮)가 다시 복원된 전말을 기록하였다.

휼유(恤由)와 유비(孺悲)는 모두 노(魯)나라의 선비 이름이고 애공(哀公)은 춘추 말기에 노나라 임금이며 사상례(士喪禮)는 선비가 죽었을 때에 초상 치고 장사 지내는 예절이요, 서(書)는 글로 써서 책을 만들었다는 뜻이다.

살피건대 춘추시대에 예악(禮樂)으로 다스리는 정치문화가 사라지고, 무력(武力)으로 지배하는 패권정치(覇權政治)가 일어나니 마침내 예절이 한갓 권세를 자랑하는 장식물로 전락하여 제후가 참람하게 천자의 예악을 쓰고, 대부는 제후의 예악을 쓰며, 선비는 대부의 예악을 쓰는 까닭에 가장 검소 질박한 선비의 예악은 쓰는 사람이 없게 되어 일반사회에서 잊히게 되었다. 이에 휼유의 죽음에 애공(哀公)이 유비(孺悲)로 하여금 공자에게 가서 배우게 함으로써 사상례(士喪禮)가 글로 써서 책으로 남았으니 천만다행이다. 아마도 의례

(儀禮)에 전하는 사상례(士喪禮)가 이것인저.

21-13-4 ──────────────── 子貢이 觀於蜡하더니 孔子가 曰賜也는
樂乎아 對하야 曰一國之人이 皆若狂하니
賜는 未知其樂也니이다 子가
曰百日之蜡는 一日之澤이니 非爾所知也니라.

『자공이 12월에 뭇 귀신에게 올리는 제사를 구경하더니 공자가 말
씀하시기를 사야 즐거우냐? 대답하여 말하기를 한 도읍의 사람이 모
두 술을 마시고 취하여 미친 듯이 하니 사는 그 즐거움을 알지 못하
겠나이다. 공자가 말씀하시기를 한철의 농사를 도우신 뭇 귀신에게 제
사를 지냄은 하루의 은택을 베푸는 자리이니 네가 알 바 아니니라.』

　◯ 이 절은 12월에 뭇 귀신에게 올리는 사(蜡)는 한철의 농사를
도우신 뭇 귀신에 보답할 뿐만 아니라 농민의 노고도 위로하여 즐겁
게 놀도록 특별히 배려하여 은택을 베푸는 뜻이 있음을 설파하였다.
　사(蜡)는 앞에 11-8-1, 2에서 이미 해설하였고, 국(國)은 도읍
(都邑)의 뜻이며, 광(狂)은 술에 취하여 떠들고 노는 것이요, 백일
(百日)은 3개월로 여름 한철에 애써 농사를 짓는 기간이며, 택(澤)은
은택이다. 임금이 농민에게 즐겁게 휴식하도록 은택을 내렸으므로 휴
식기간에 즐겁게 놀아야만 또한 농사철이 돌아오면 부지런히 일하는
재미가 있는 것인즉 농민의 고락(苦樂)을 공자는 이해하였으나 자공
은 이해하지 못하였도다.

張^장而^이不^불弛^이면 文^문武^무도 弗^불能^능也^야시며

弛^이而^이不^불張^장이면 文^문武^무도 弗^불爲^위也^야시니

一^일張^장一^일弛^이함이 文^문武^무之^지道^도也^야니라.

『팽팽하게 당기기만 하고 늦추어 풀어 주지 않으면 문왕과 무왕도 인민을 다스릴 수 없으시며, 늦추어 풀어 주고 팽팽하게 당기지 않으면 문왕과 무왕도 정치사업을 하지 못하시니 한 번 팽팽하게 당겼다가 한 번 늦추어 풀어 줌이 문왕과 무왕의 원리이니라.』

◉ 이 절은 앞 절에 이어 활을 다루는 장이법(張弛法)으로 인민을 다스리는 고락법(苦樂法)을 비유하여 자공(子貢)을 깨우쳤다.

장(張)은 활을 쓸 때에 활을 팽팽하게 당기는 것이고, 이(弛)는 활을 쓰지 않을 때에 활을 늦추는 것이니 장(張)은 인민을 수고롭게 함이요, 이(弛)는 인민을 휴식하여 안락하게 함을 비유하였다. 불능(弗能)은 인민을 잘 다스릴 수 없는 것이니 오랜 노동으로 사람이 지쳐서 병들기 때문이며, 불위(弗爲)는 정치사업을 하지 못하는 것이니 오랜 안락으로 사람이 게을러져서 쓸모가 없기 때문이다. 네 철이 운행하고 해와 달이 교대하듯이 사람도 한철에 부지런히 농사를 지어서 한때라도 즐겁게 쉬는 날이 있게 하는 것이 왕도정치(王道政治)의 인정(仁政)체제이다. 후세의 패권통치(覇權統治)는 부국강병(富國强兵)에만 열중하여 인민의 고혈을 착취해서 평생 중노동만 하다가 허리 한 번 펴지 못하고 죽게 만들었으니 포학하기 그지없는 것이다.

21 - 13 - 6 ──────────────────── 孟獻子가 曰正月日至에 可以有事於上帝하며

七月日至에 可以有事於祖라 하고

七月而禘인댄 獻子가 爲之也니라.

『맹헌자가 말하기를 정월 동짓날에 위 하느님께 제사 지낼 수 있으며, 7월 하지에 조상님께 제사 지낼 수 있느니라 하고 7월에 체제를 지내게 한대 헌자가 하게 하였느니라.』

◑ 이 절은 노(魯)나라가 주공(周公)을 계하(季夏) 6월에 체례(禘禮)로 제사 지냈는데 맹헌자(孟獻子)가 7월로 바꾼 사실을 기술하였으니 앞에 14-2-3을 참조하라.

정월(正月)은 주력(周歷)으로 자월(子月)이고, 일지(日至)는 동짓(冬至)날이며, 유사어상제(有事於上帝)는 교제(郊祭)를 지내는 것이다. 7월(七月)은 오월(午月)이고 유사어조(有事於祖)는 체제(禘祭)이며, 맹헌자(孟獻子)는 노(魯)나라 대부(大夫) 중손멸(仲孫蔑)이요, 위지(爲之)는 제일(祭日)을 마음대로 바꾸게 하였음을 규탄한 말이다.

21 - 13 - 7 ──────────────────── 夫人之不命於天子는 自魯昭公始也니라.

『제후의 부인이 천자에게 봉호를 받지 않음은 노나라 소공으로부터 비롯하였느니라.』

◑ 이 절은 제후(諸侯)의 부인이 천자로부터 봉호(封號)를 받지

않은 것은 노(盧)나라 소공(昭公)으로부터 비롯하였음을 기술하였다.

명(命)은 봉호(封號)를 받아서 명부(命婦)가 되는 것으로 천자(天子)는 제후(諸侯)의 부인(夫人)에게 봉호(封號)를 내리는 것이 주(周)나라의 예법이다. 소공(昭公)은 오(吳)나라에 장가들었으니 동성혼(同姓婚)이므로 감히 천자(天子)에게 보고하지 못하고, 또한 천자도 봉호(封號)를 내릴 수 없었던 것이다. 그러나 이로부터 제후들이 이것을 본받아 천자의 봉호(封號)를 받지 않게 되었으니 천자의 권위를 무시한 까닭이다.

21-13-8 ───────────────────────── 外宗이 爲君夫人엔 猶內宗也니라.

『외종이 임금의 부인을 위하여 상복을 입음에는 내종과 같이 하느니라.』

◉ 이 절은 임금의 고모와 자매의 딸과 외3촌과 이모의 딸로 시집을 가서 그 남편이 대부(大夫)가 된 사람은 임금의 부인을 위하여 상복(喪服)을 입음에 내종(內宗)과 같이 입어야 함을 밝혔다. 외종(外宗)은 앞에 20-13-1에서 이미 해설하였고 내종(內宗)은 임금의 5복(五服) 안에 속한 여자인데 이들은 임금이 승하하면 참최(斬衰)의 상복을 입고, 임금의 부인이 승하하였을 때에는 자최(齊衰)의 상복을 입는 것이다. 대체로 여자는 시집가서 임금을 위하여 상복을 입음에 남편의 신분에 해당하는 상복을 입는 것이니 대부는 참최 3년이요, 서민(庶民)은 자최 3월이다.

厩焚이어늘 孔子가 拜鄕人爲火來者하시되
拜之에 士는 壹이요 大夫는 再하시니 亦相吊之道也니라.

『마구간이 불타거늘 공자가 마을사람들이 화재가 난 것을 위로하는 사람에게 절하시되 절을 함에 선비에게는 한 번이요, 대부에게는 두 번 절하시니 또한 서로 위로하는 예절이니라.』

◉ 이 절에서는 마구간이 불탔을 때에 서로 위로하는 예절을 기술하였다.

구(厩)는 마구간이고, 래(來)는 위로함이며, 일(壹)은 1배(一拜)요, 재(再)는 재배(再拜)이니 공자는 대부(大夫)이므로 선비에게는 1배(一拜)를 감손(減損)하여 편안케 하였다.

孔子가 曰管仲이 遇盜라가 取二人하야
上以爲公臣하고 曰其所與遊가 辟也나
可人也라 管仲이 死어늘 桓公이 使爲之服하니
宦이 於大夫者之爲之服也가 自管仲始也하니 有君命焉爾也니라.

『공자가 말씀하시기를 관중이 도적들을 만나 보다가 두 사람을 취하여 임금에게 올려서 임금의 신하를 삼게 하고 말하기를 그가 더불어 놀던 자들이 사벽하나 괜찮은 사람이라고 하였다. 관중이 죽거늘 환공이 그들로 하여금 관중을 위하여 상복을 입게 하니 벼슬아치가 대부에 대하여 상복을 입는 것이 관중으로부터 비롯하니 임금의 명령이 있었기 때문이니라.』

　◐ 이 절은 나라의 벼슬아치가 대부(大夫)의 죽음에 상복(喪服)을 입는 것은 관중으로부터 시작된 패례(悖禮)임을 기술하였다.

　우(遇)는 직접 만나서 살펴보는 것이고, 취(取)는 취택(取擇)함이며, 상(上)은 임금에게 올려 추천함이요, 공신(公臣)은 임금의 신하니 곧 국가공무원이다. 벽(辟)은 사벽(邪辟)함이고, 가인(可人)은 쓸 만한 사람이며, 환(宦)은 관리(官吏)이다. 나라의 신하는 임금에게만 상복(喪服)을 입고, 대부(大夫)의 죽음에는 상복이 없는 것임에도 제(齊)나라 환공(桓公)이 두 사람으로 하여금 관중의 죽음에 상복을 입게 하였으니 공(公)과 사(私)를 혼동한 패례(悖禮)이다.

21-13-11───────────────────────── 過而擧君之諱어든 則起하며
與君之諱로 同이어든 則稱字니라.

　『실수하여 임금의 이름을 일컬었거든 곧 일어나며, 여러 신하의 이름이 임금의 이름과 더불어 같거든 곧 자를 부르니라.』

　◐ 이 절은 임금의 이름자를 실수로 거론했으면 곧 일어나서 고치는 뜻을 보이고, 만일 여러 신하의 이름이 임금의 이름과 더불어 같으면 그 자(字)를 불러야 함을 밝혔다.

　과(過)는 과실(過失)이요, 거(擧)는 거론(擧論)하여 일컬음이며 기(起)는 일어나서 고친다는 뜻을 보임이다.

21-13-12————————————————— 內亂엔 不與焉하고 外患엔 不辟也니라.

『내란에는 참여하지 않고, 외환에는 도피하지 않느니라.』

◑ 이 절은 관료(官僚)가 내란과 외환에 대처하는 의리(義理)를 기술하였다.

내란(內亂)은 국내인이 반란을 일으킨 것이고, 여(與)는 참여하여 동조함이며, 외환(外患)은 외국군대가 침입한 것이요, 피(辟)는 도피(逃避)함이다. 반란세력에 동조하여 참여하는 것은 변절행위이고, 외환에 도피하는 것은 직무유기행위이므로 모두 불의(不義), 불충(不忠)이니 신하는 마땅히 임금을 호위하고, 국가를 보위(保衛)하여야 된다.

21-13-13————————————————— 贊大行에 曰圭를 公은 九寸이요
侯伯은 七寸이요 子男은 五寸이니
博이 三寸이며 厚가 半寸이요 剡上하야 左右가
各寸半이니 玉也요 藻엔 三采六等이니라.

『찬대행에 말하기를 규를 공작은 9촌이요, 후작과 백작은 7촌이요, 자작과 남작은 5촌이니 넓이가 3촌이며 두께가 반 촌이요, 위에 모서리를 깎아 좌우의 모서리가 각 1촌 반이니 옥돌이요, 가죽으로 감싼 손잡이 부분에는 세 가지 채색을 여섯 줄로 칠하니라.』

◑ 이 절은 제후의 신분표지인 규(圭)의 등급과 규격 및 모양과 장식을 기술하였다.

찬대행(贊大行)은 옛날 예서(禮書)의 편명(篇名)인데 지금은 남아 있지 않으며, 염상(剡上)은 상단부의 좌우 모서리를 깎아서 비스듬히 만든 것이고, 조(藻)는 하단의 손으로 잡는 부분을 가죽으로 감싸서 문양을 그린 것이며, 3채(三采)는 붉은색, 흰색, 푸른색 3색이고, 6등(六等)은 여섯 줄이니 3색을 두 번 배열한 것이다.

21 - 13 - 14 ──────────────── 哀公이 問子羔하되 曰子之食은 奚當고 對하야 曰文公之下執事也이다.

『애공이 자고에게 묻되 말하기를 그대의 아버지가 식록을 받을 때는 어느 시대에 해당하는가? 대답하여 말하기를 문공시대의 하집사이었나이다.』

◑ 이 절은 애공(哀公)과 자고(子羔)의 문답을 기술하여 노(魯)나라에 정변(政變)이 많았음을 기술하였다.

자고(子羔)는 공자의 제자 고시(高柴)의 자(字)이고, 문공(文公)은 애공(哀公)의 5대조(五代祖)인데 100여 년 사이에 일곱 번이나 임금이 교체되었으니 춘추 말기의 혼란상을 알 수 있다.

成廟하면 則釁之하나니 其禮엔 祝宗人과
宰夫와 雍人이 皆爵弁純衣하고 雍人이 拭羊하며
宗人이 祝之하되 宰夫가 北面于碑南하되
東上하거든 雍人이 舉羊하야 升屋自中하야
中屋南面하야 刲羊하야 血流于前하거든 乃降하고
門과 夾室에 皆用雞하되 先門而後夾室하며
其衈를 皆於屋下하고 割雞엔 門은 當門하고
夾室은 中室할새 有司가 皆鄕室而立하고
門則有司가 當門北面하야 旣事하고 宗人이
告事畢하거든 乃皆退니라 反命于君하되
曰釁某廟事畢이니다 하야 反命于寢이어든
君이 南鄕于門內하되 朝服하시나니 旣反命하고 乃退니라.

『종묘를 신축하여 낙성하면 곧 피를 바르나니 그 예절에는 종묘에서 축문을 담당하는 사람과 위계질서를 관장하는 사람과 요리를 담당하는 사람이 모두 작위에 따른 고깔을 쓰고 제례복을 입고, 요리를 담당한 사람이 양을 깨끗이 털며, 종묘에서 축문을 담당한 사람이 축문을 읽되, 위계질서를 관장하는 사람이 양을 맨 비석의 남쪽에서 북쪽을 향하되 동쪽을 위로 하거든, 요리를 담당한 사람이 양을 들고 남쪽 처마의 중앙으로부터 지붕에 올라 지붕의 중앙에서 남쪽을 향하여 양을 칼로 찔러 피가 앞으로 흐르거든 이에 내려오고 문과 곁방에 모두 닭 피를 쓰되 문을 먼저 바르고 곁방을 뒤에 바르며, 그 귀의 피를 모두 지붕 아래에 뿌리고 닭의 목을 자름에는 문은 문 앞에서 하고 곁방은 곁방 안에서 할 때에 책임자가 모두 방을 향하여 서고, 문은 곧 책임자가 문 앞에서 북쪽을 향하여 일을 끝내고 종묘에서 축문을 담당한 사람이 일이 끝났다고 아뢰거든 이에 모두 물러가니라. 임금에게 돌아가 보고하되 말하기를 아무 사당에 피를 바르는 행사를 마쳤나이다 하여 대궐로 돌아가 보고하거든 임금이 문 안에서 남쪽을 향하되 조복을 입으시니 이미 복명하고 이에 물러가니라.』

◑ 이 장은 희생(犧牲)의 피를 발라 신명(神明)과 교통하는 예식을 기술하였으니 여기에서는 종묘(宗廟)를 새로 지어 낙성(落成)하면 희생의 피를 바르는 의식 절차를 자세히 밝혔다.

성(成)은 낙성(落成)함이고, 묘(廟)는 종묘(宗廟)이며, 흔(釁)은 희생(犧牲)의 피로 틈을 발라서 윤택하게 하는 것이다. 축종인(祝宗人)은 종묘에서 축문을 담당하는 관리요, 재부(宰夫)는 종묘에서 위계질서를 관장하는 관리이며, 옹인(雍人)은 종묘에서 요리를 담당하는 관리이다. 작변(爵弁)은 앞에 20-11-8에서 이미 해설하였고, 순의(純衣)는 현의훈상(玄衣纁裳)이니 조복(朝服)이며, 식(拭)은 먼지를 털어서 깨끗이 함이요, 비(碑)는 양을 묶어 두는 비석이며, 이(咡)는 귀 부분을 잘라서 나오는 피로 총명함을 나타내는 뜻이 있으며, 개(皆)는 모두 뿌리는 것이다. 반명(反命)은 돌아가서 복명(復命)함이고, 침(寢)은 노침(路寢)이니 대궐의 정전(正殿)이다.

21-14-2————————————————— 路寢이 成이어든 則考之而不釁하나니

釁屋者는 交神明之道也니라.

『대궐의 정전이 낙성하거든 낙성식만 하고, 피를 바르지 아니하나

니 지붕에 피를 바르는 것은 신명과 교통하는 의례이니라.』

　◑ 이 절은 대궐의 정전(正殿)을 낙성할 때에는 낙성식(落成式)만
하고, 지붕에 피를 바르지 아니하는 절도를 기술하였다.

　고(考)는 낙성식(落成式)이니 성대하게 음식을 장만하여 빈객(賓
客)을 초청해서 즐거운 연회를 하는 것이다. 교신명지도(交神明之道)
는 천지신명(天地神明)과 교통하는 예식으로 곧 귀신이 즐겁게 강림
하도록 하는 것이다.

21-14-3 ━━━━━━━━━━━━━━━━━━━━ 凡宗廟之器엔 其名者가 成이어든
　　　　　　　　　　　　　　　　　　　則釁之以豭豚하니라.

『무릇 종묘의 그릇에는 그 이름이 있는 그릇이 완성되거든 곧 수
돼지의 피로 틈을 바르느니라.』

　◑ 이 절은 종묘(宗廟)의 이름이 있는 제기(祭器)가 완성되면 수
돼지의 피로 틈을 바르는 예절을 기술하였다.

　명자(名者)는 이름이 있는 것이니 작(爵)과 사준(犧尊)과 상준(象
尊) 같은 귀중한 제기이고, 가(豭)는 수돼지이다.

21-15-1 ━━━━━━━━━━━━━━━━━━━━ 諸侯가 出夫人이어든 夫人이
　　　　　　　　　　　　　　　　　　比至于其國에 以夫人之禮로 行하며

至하야 以夫人으로 入하나니 使者가
將命하되 曰寡君이 不敏하사
不能從而事社稷宗廟하사 使使臣某로
敢告於執事하시니다 主人이 對하되
曰寡君이 固前에 辭不敎矣하시니 寡君은
敢不敬須以俟命이리까 有司가
官陳器皿하거든 主人有司가 亦官受之하나니라.

『제후가 이혼하여 부인을 나가게 하거든 부인이 그 친정의 나라에 이를 때까지 계속 부인의 예절로 호위하여 가며, 그 궁궐에 이르러 부인의 예절로 들어가나니 사신이 명령을 받들되 말하기를 과군이 영민하지 못하사 능히 부인을 따라서 사직과 종묘를 섬기지 못하사 사신 아무개로 하여금 감히 집사에게 알리라고 하시나이다. 주인이 대답하되 말하기를 과군이 진실로 전에 가르치지 못했다고 사양하셨으니 과군은 감히 공경하여 모름지기 명령을 기다리지 아니하리까? 유사가 관리로 하여금 그릇을 진열하거든 주인 쪽 유사가 또한 관리로 하여금 그것을 받게 하니라.』

◐ 이 장은 이혼(離婚)하는 절도를 기술하였으니 여기에서는 제후(諸侯)가 이혼하여 부인(夫人)을 친정국가로 보내는 절도를 자세히 밝혔다.

비(比)는 계속함이고 기국(其國)은 부인의 친정국가이며, 주인(主人)은 부인의 친정국가에서 외교를 담당하는 신하이다. 전(前)은 납채(納采)할 때이고, 기명(器皿)은 부인이 사용하던 그릇이며, 관(官)

은 관리(官吏)이니 공식적으로 확인하기 위함이다.

　살펴건대 제후의 이혼사유는 사직(社稷)과 종묘(宗廟)를 섬기지 않을 때만 인정됨을 여기에 알 수 있으니 사소한 사건으로 이혼해서는 안 된다. 그리고 이혼의 책임을 임금의 불민(不敏)으로 돌리는 것도 매우 인상적이다.

21-15-2───────────────── 妻가 出할새 夫가 使人致之하되
日某가 不敏하여 不能從而共粢盛하야
使某也로 敢告於侍者하노라 主人이 對하되
日某之子가 不肖不敢辟誅하니
敢不敬須以俟命이리까 使者가 退커든
主人이 拜送之하나니 如舅在則稱舅하고
舅沒則稱兄하며 無兄則稱夫하나라 主人之辭에
日某之子가 不肖라 하나니 如姑姉妹인댄 亦皆稱之니라.

　『서민의 아내가 이혼하고 친정집으로 돌아갔거든 남편이 사람을 시켜서 그 쓰던 물건을 되돌려 주되 말하기를 아무개가 영민하지 못하여 아내를 따라 제삿밥을 차릴 수 없어 아무개로 하여금 감히 모시는 사람에게 알리노라. 주인이 대답하되 말하기를 아무개의 딸이 닮지 아니하여 감히 벌을 피하지 못하니 감히 공경하여 모름지기 명령을 기다리지 아니하리까. 사자가 물러가거든 주인이 절하고 보내니라. 시아버지가 살아 있거든 시아버지의 이름을 일컫고, 시아버지가 죽었거든 곧 형의 이름을 일컬으며, 형이 없으면 남편의 이름을 일컫느니라. 주인의 말씀에 말하기를 아무개의 딸이 닮지 않았다고 하나니

만일 고모나 자매일 때는 또한 모두 고모나 자매라고 일컫느니라.』

◑ 이 절은 서민의 아내가 이혼하고 친정으로 돌아갔을 때에 그 아내가 쓰던 물건을 되돌려 주는 절도를 기술하였다.

처(妻)는 서민의 아내이고, 출(出)은 혼인생활을 청산하고 시집을 나아가 친정으로 가서 다시는 돌아오지 않는 것이다. 치(致)는 반납하여 되돌려 주는 것이고, 자성(粢盛)은 제삿밥이며, 시자(侍者)는 아내의 친정집에서 손님을 맞이하는 사람이요, 불초(不肖)는 같지 않음이니 곧 똑똑지 못함이며, 피(辟)는 피(避)이고 주(誅)는 처벌이다. 주인(主人)은 곧 시자(侍者)이고, 구(舅)는 남편의 아버지이며, 형(兄)은 남편의 형이다. 고자매(姑姉妹)는 아내의 친정아버지가 죽어서 친정조카나 친정오라비가 호주(戶主)가 되었을 때에 일컫는다는 뜻이다.

살펴건대 아내가 남편과 살기 싫으면 친정으로 돌아가고, 남편은 사람을 시켜서 아내가 쓰던 물건을 되돌려 주는 것은 자유롭고 평등한 인권을 존중한 예절로 매우 자연스러운 이혼제도이다.

21-16-1 ──────────────── 孔子가 曰吾가 食於少施氏而飽할새
少施氏가 食我以禮하더니 吾祭한 대
作而辭하되 曰疏食에 不足祭也라 하며
吾殽한대 作而辭하야 曰疏食也라
不敢以傷吾子라 하더라.

『공자가 말씀하시기를 내가 소시씨의 집에서 밥을 먹음에 배불리 먹을 때에 소시씨가 나에게 예절로써 밥을 대접하더니 내가 음식을 제사 지낸대 일어나서 사양하되 말하기를 거친 음식에 제사 지내기에는 부족하나이다 하며, 내가 밥에 물을 만대 일어나서 사양하여 말하기를 거친 밥이라 감히 우리 선생을 배탈 나게 할 수 없나이다 하더라.』

◉ 이 장은 여러 가지 예절을 기술하였으니 여기에서는 밥을 대접하는 예절을 밝혔다.

소시씨(少施氏)는 노(魯)나라 혜공(惠公)의 아들 시보(施父)의 후예이고, 사(食)는 밥을 대접하는 것이며, 작이사(作而辭)는 일어나서 사양하는 것이다. 소사(疏食)는 거친 밥이니 소박한 음식이요, 손(飧)은 밥에 물을 부어 물만 밥이니 음식이 맛이 있어서 남김없이 먹는다는 뜻이다. 상(傷)은 배탈이 나는 것이니 맛이 없는 음식을 억지로 먹으면 소화불량의 배탈이 나는 것이다.

소시씨(少施氏)가 공자에게 밥을 대접하면서 사례(食禮)를 갖추므로 공자가 배불리 먹었으니 음식은 예절을 통하여 맛을 더함을 알 것이다.

21-16-2 ——————————————————— 納幣엔 一束이니 束이 五兩이요
兩은 五尋이니라.

『폐백을 드림에는 한 묶음이니 묶음은 2개씩의 두루마리가 다섯이

요, 두 개씩의 두루마리는 길이 8척이 다섯이니라.』

◉ 이 절은 혼례(昏禮)의 납폐(納幣)에 보내는 비단의 수량을 기술하였으니 곧 다섯 필(匹)을 기준으로 함을 밝혔다.

양(兩)은 비단 두루마리가 두 개이고, 심(尋)은 8척(八尺)이다. 대저 피륙은 40척을 필(匹)이라고 하나니 40척을 반으로 나누어 말면 20척짜리가 두 개가 되니 이것을 양(兩)이라고 한다.

21-16-3────────────────── 婦가 見舅姑할새 兄弟姑姉妹가
皆立於堂下하야 西面北上하나니
是見己니라 見諸父하되 各就其寢이니라.

『신부가 시아버지와 시어머니를 뵐 때에 형제와 고모와 자매가 모두 뜰방 아래에 서서 서쪽을 향하여 북쪽을 위로 하나니 이에 보이기를 마치느니라. 여러 아버지를 뵈되 각각 그 침실로 가서 인사드리니라.』

◉ 이 절은 신부(新婦)가 시집간 다음 날 아침에 시아버지와 시어머니를 뵈는 절차에 형제와 고모와 자매는 동참하여 같은 장소에서 인사드리되 시백부(媤伯父)와 시숙부(媤叔父)는 각각 그 침소(寢所)로 가서 찾아뵈는 절도를 기술하였으니 어른을 존경하는 도리이다.

시현이(是見己)는 신부가 시아버지와 시어머니를 뵌 다음에 형제와 고모와 자매가 뜰방으로 올라가서 서쪽을 향하여 서고, 신부가 동

쪽을 향하여 마주 서서 절하고 인사하여 보기를 마치는 것이다. 제부
(諸父)는 시백부(媤伯父)와 시숙부(媤叔父)이고 기침(其寢)은 그 침
소(寢所)이니 어른을 공경하여 찾아가서 뵈어야 된다.

21-16-4─────────────────── 女가 雖未許嫁라도 年二十而筓하고
禮之하나니 婦人이 執其禮하고 燕則鬈首니라.

『여자는 비록 시집가기를 허락하지 아니했을지라도 나이가 20세면
비녀를 꽂고 성인의 예절로 대접하나니 부인이 그 성년례를 집행하고
평상시에는 머리 단을 양쪽으로 나누어 북상투를 만들어 묶느니라.』

☯ 이 절은 여자가 20세가 되면 비록 혼인을 허락하지 않았을지라
도 반드시 계례(筓禮)를 거행하여 성인(成人)으로 대우해야 됨을 기
술하였다.

예지(禮之)는 성인(成人)을 대하는 예절로 대접함이고, 부인(婦人)
은 여선생(女先生)이나 주변의 예절을 아는 부인이며, 집(執)은 집행
(執行)함이고, 연(燕)은 일상적인 개인생활이며, 권수(鬈首)는 머리
단을 양쪽으로 나누어 북상투를 만들어 묶는 것이니 곧 처녀들의 머
리 모양이다.

살피건대 나이는 어른이 되었으므로 어른으로 대접하되 아직 미혼
이므로 일상생활에서는 처녀로 처신하니 사람의 마음을 편안하게 하
도다.

<ruby>韠<rt>필</rt></ruby>은 <ruby>長<rt>장</rt></ruby>이 <ruby>三尺<rt>삼 척</rt></ruby>이니 <ruby>下廣<rt>하 광</rt></ruby>은 <ruby>二尺<rt>이 척</rt></ruby>이요 <ruby>上廣<rt>상 광</rt></ruby>은 <ruby>一尺<rt>일 척</rt></ruby>이요 <ruby>會<rt>회</rt></ruby>는 <ruby>去上五寸<rt>거 상 오 촌</rt></ruby>이요 <ruby>紕<rt>비</rt></ruby>는 <ruby>以爵韋六寸<rt>이 작 위 륙 촌</rt></ruby>하되 <ruby>不至下五寸<rt>불 지 하 오 촌</rt></ruby>이요 <ruby>純<rt>준</rt></ruby>은 <ruby>以素<rt>이 소</rt></ruby>하고 <ruby>紃<rt>순</rt></ruby>은 <ruby>以五采<rt>이 오 채</rt></ruby>하니라.

『무릎가리개는 길이가 3척이니 아래의 넓이는 2척이요, 위의 넓이는 1척이요, 목의 혼솔은 위에 5촌을 제거하고, 비단무늬는 회색가죽 6촌으로 하되 아래로 5촌에 이르지 아니하고, 선을 두름은 흰 실로 하고, 실로 엮은 띠는 다섯 색깔이니라.』

◐ 이 절은 무릎가리개의 크기와 모양과 색깔을 기술하였다.

필(韠)은 무릎가리개로 앞에 13−10−1에서 이미 해설하였고, 회(會)는 목 부분의 혼솔이며, 비(紕)는 비단무늬요, 순(紃)은 실로 엮은 띠이다.

22. 상대기(喪大記)

　상(喪)은 상례(喪禮)이니 초상범절(初喪凡節)과 장례범절(葬禮凡節)및 거상범절(居喪凡節) 등이며 대기(大記)는 중대한 기록이니 소홀히 하여 생략해서는 안 되는 내용이라는 뜻이다.

　대저 사람은 낳으면서부터 고귀한 사람이 없으므로 성년식(成年式)과 혼인식은 사관례(士冠禮)와 사혼례(士昏禮)뿐이지만 상례(喪禮)는 죽은 사람의 신분으로 거행하고, 제례(祭禮)는 산 사람의 신분으로 거행하는 까닭에 천자(天子)와 제후(諸侯) 및 대부(大夫)와 사(士)의 예절이 각각 다른 것이다.

　그리하여 절도가 다양하고, 절차가 복잡하므로 앞에서 이미 상복소기(喪服小記) 편이 있었음에도 여기에 또 상대기(喪大記) 편이 있으니 비교하여 살피기 바란다.

22-1-1 ──────────────────────────── 疾病이어든 外內를 皆埽하며

君大夫는 徹縣하고 士는 去琴瑟하며

寢東首於北牖下하되 廢牀하며 徹褻衣하고

加新衣하되 體一人하며 男女가 改服하고

屬纊하야 以俟絶氣니 男子는 不死於婦人之手하고

婦人은 不死於男子之手하니라.

　『질병을 앓거든 집 안팎을 모두 청소하며, 임금과 대부는 악기 틀

을 철거하고, 선비는 거문고와 비파를 치우며, 북쪽 창문 아래에 머리를 동쪽으로 눕게 하되 침상을 들어내고 방바닥에 눕히며, 평상복을 벗기고 새 옷을 입히되 팔과 다리를 한 사람씩 들어서 입히며, 남자와 여자가 수수한 옷으로 바꾸어 입고, 솜을 코와 입에 대서 호흡이 끊어지기를 기다리니 남자는 부인의 손에서 죽지 아니하고, 부인은 남자의 손에서 죽지 아니하니라.』

◑ 이 장은 환자가 위독하여 소생의 가망이 없을 때에 임종(臨終)하는 절도를 기술하였다.

소(埽)는 청소함이니 깨끗한 곳에서 인생의 마지막을 임하도록 배려함이요, 철(徹)은 철거함이며, 현(縣)은 악기를 매다는 악기 틀이고, 동수(東首)는 생기(生氣)를 받아서 소생하기를 바라는 뜻이며, 북용하(北牖下)는 북쪽 창문 아래로 음기(陰氣)의 극치에 양기(陽氣)가 태동하기 시작하는 곳이니 역시 양기가 아래에서 소생하기를 바라는 뜻이다. 설의(褻衣)는 평상복이니 여기에서는 환자복이고, 체(體)는 4체(四體)의 두 손과 두 발 가운데 하나이며, 남녀(男女)는 환자를 돌보는 가족들이요, 개복(改服)은 수수한 옷으로 바꾸어 입는 것이다. 촉(屬)은 붙이는 것이고, 광(纊)은 솜이며, 절기(絶氣)는 호흡이 끊어져서 운명(殞命)함이다. 남자는 부인의 손에서 죽지 아니하고, 부인은 남자의 손에서 죽지 아니함은 남녀유별(男女有別)이므로 남자의 임종(臨終)은 남자가 해야 되고, 부인의 임종은 여자가 해야 되는 것이니 각각 죽음에 임하여 인격적 존엄성을 지키면서 편안한 마음으로 떠나가도록 배려하는 깊은 뜻이 있도다.

君夫人은 卒於路寢하시고 大夫世婦는
卒於適寢하고 內子는 未命이어든
則死於下室하거든 遷尸于寢하고
士之妻는 皆死于寢이니라.

『임금과 부인은 로침에서 졸하시고, 대부와 세부는 적침에서 졸하고, 내자는 아직 봉호를 받지 못했거든 아랫방에서 죽거든 시신을 안방으로 옮기고, 선비와 선비의 아내는 모두 안방에서 죽느니라.』

◑ 이 절은 제후(諸侯)와 부인(夫人)은 대궐의 정전(正殿)에서 죽고, 대부(大夫)와 세부(世婦)는 큰 방에서 죽고, 봉호(封號)를 받지 않은 경(卿)의 아내는 아랫방에서 죽은 다음에 시신을 큰 방으로 옮기고, 선비와 선비의 아내는 안방에서 죽은 것을 기술하여 모두 신분에 따라 죽는 장소가 있음을 밝혔다.

노침(路寢)은 대궐에 정전(正殿)이고, 세부(世婦)는 대부(大夫)의 정실(正室)로 내명부(內命婦)의 세부(世婦) 직분을 받은 사람이니 앞에 2-2-1, 2-7-6, 2-9-11, 13-11-3에서 자세히 해설하였으며, 적침(適寢)은 대부집안의 가장 큰 안방이요, 내자(內子)는 경(卿)의 아내이며, 미명(未命)은 아직 봉호(封號)를 받지 못한 것이다. 하실(下室)은 아랫방이고, 침(寢)은 안방이다.

부부(夫婦)는 동등하므로 자기 집의 가장 신성한 방에서 죽는 것이니 인격의 존엄성이 본래 동등하기 때문이다.

 復할새 有林麓이어든 則虞人이
設階하고 無林麓이어든 則狄人이 設階하니라.

『혼을 돌아오라고 부를 때에 숲이 우거진 산기슭이 있거든 곧 산
감독이 사다리를 설치하고, 숲이 우거진 산기슭이 없거든 곧 악기 틀
을 조립하는 사람이 사다리를 설치하니라.』

◉ 이 장은 처음 죽었을 때에 복(復)하는 예절을 기술하였으니 여
기에 초혼(招魂)하기 위하여 지붕에 올라가는 사다리는 튼튼한 나무
사다리나 대나무사다리를 이용해야 됨을 밝혔다.

복(復)은 처음 죽었을 때에 지붕에 올라가서 죽은 사람의 혼을 부
르는 초혼(招魂)이고, 임록(林麓)은 숲이 우거진 산기슭이니 사다리
용 나무가 있는 것이며, 우인(虞人)은 숲을 관리하는 사람이다. 적인
(狄人)은 음악에 종사하는 낮은 일꾼으로 악기 틀을 조립하는 직분
인데 사다리용 대나무를 식별할 능력이 있다.

살피건대 나무나 대나무의 재질을 알아서 사다리를 튼튼하게 만들
어야 안전을 보장할 수 있으니 상례(喪禮)에는 처음부터 끝까지 안
전을 제일로 삼아서 초상집에 소동이 일어나게 하는 사고를 미연에
방지해야 된다.

 小臣이 復하되 復者는 朝服하고
君엔 以卷이요 夫人엔 以屈狄이며
大夫엔 以玄禎이요 世婦엔 以禮衣이며

士엔 以爵弁이요 士妻엔 以稅衣하나니
皆升自東榮하야 中屋履危하야 北面三號하고
捲衣하야 投于前하여 司服이 受之어든 降自西北榮하니라.

『낮은 신하가 혼을 돌아오라고 부르되 혼을 돌아오라고 부르는 사람은 조복을 입고, 임금의 죽음에는 곤룡포로써 하고, 제후의 부인이 죽음에는 굴적 옷으로 하며, 대부에는 현정 옷으로 하고, 세부에는 전의로 하며, 선비에는 작변복으로 하며, 선비의 아내에는 단의로 하나니 모두 동쪽 추녀로부터 올라가서 지붕의 중앙에 높은 곳을 밟고 서서 북쪽을 향하여 세 번 외치고 옷을 말아 앞마당에 던지며 옷을 담당한 사람이 받거든 서북쪽 추녀로부터 내려오니라.』

◑ 이 절은 복(復)하는 절도를 기술하였으니 죽은 사람의 신분에 따라 혼을 부르는 옷이 다름을 밝혔다.

소신(小臣)은 젊고 민첩하여 높은 곳에 잘 올라서고 목소리가 크기 때문이며 더욱이 복(復)에는 죽은 사람의 이름을 불러야 되는 까닭이다. 곤(卷)은 곤(袞)이니 곤룡포요, 굴적(屈狄)은 앞에 13－11－1에서 이미 해설하였으며, 현정(玄頳)은 현의훈상(玄衣纁裳)이고, 전의(襢衣)는 앞에 13－11－2에서, 단의(稅衣)는 단의(褖衣)니 역시 앞에 13－11－2와 20－5－2에서 모두 해설하였으며, 작변(爵弁)은 작변복(爵弁服)이다. 영(榮)은 처마이고, 이위(履危)는 높은 곳을 밟고 서는 것이며, 북면(北面)은 사람이 죽으면 그 혼이 북천(北天)으로 가기 때문에 북쪽을 향하여 찾는 것이요, 3호(三號)는 '아무개의 혼령은 돌아오시오'라고 그 이름을 세 번 외치는 것이니 세 번 청하는

3청(三請)의 예절이다. 권의(捲衣)는 혼령을 옷으로 싸는 의식이요,
투우전(投于前)은 하늘에서 마당으로 내려오는 뜻이며, 수지(受之)는
광주리로 받아서 시신의 가슴을 덮는 것이니 혼(魂)과 백(魄)이 다
시 결합하여 소생하기를 바라는 것이다.

22-2-3 ──────────────────────────── 其爲賓하얀 則公館엔 復하고
私館엔 不復하며 其在野엔
則升其乘車之左轂而復하니라.

『그 손님이 되었을 때에는 곧 공관에서는 혼을 부르고, 사관에서
는 혼을 부르지 아니하며, 그 들판에서는 곧 수레의 왼쪽 바퀴통에
올라가서 혼을 부르니라.』

◉ 이 절은 손님이 되어 객지(客地)에서 죽었을 때에 복(復)하는
절도를 기술하였으니 앞에 7-18-1, 20-1-1에서 이미 해설하였다.

22-2-4 ──────────────────────── 復衣를 不以衣尸하고 不以斂하며
婦人은 不以袡하며 凡復에 男子는
稱名하고 婦人은 稱字하며 唯哭을
先復하고 復而後에 行死事하니라.

『혼을 부르는 옷을 시신을 목욕한 다음에 입히지 않고, 염습할 때

에 입히지 않으며, 부인은 활옷으로 혼을 부르지 아니하며, 무릇 혼을 부름에 남자는 이름을 일컫고, 부인은 자를 일컬으며, 오직 곡만을 혼을 부르는 것보다 먼저 하고, 혼을 부른 다음에 죽음에 관한 일을 거행하니라.』

　◯ 이 절은 혼을 부르는 옷의 절도와 복(復)할 때의 호칭과 절차에 대하여 기술하였다.

　복의(復衣)는 혼을 부를 때에 사용한 옷이고, 불이의시(不以衣尸)는 복의(復衣)를 시신(尸身)의 가슴 위에 덮었으나 끝내 소생하지 않으면 시신을 목욕시켜야 되므로 복의(復衣)를 제거하고 시신을 목욕시킨 다음에는 다시 시신을 덮거나 염습(斂襲)하는 옷으로 쓸 수 없다는 말이다. 염(襜)은 여자가 시집갈 때에 입는 활옷이니 경사스러운 옷이므로 혼을 부를 때는 사용하지 않고 제례복으로 복의(復衣)를 하는 것이며, 칭명(稱名)은 남자에게 있어서 개인의 고유명사(固有名詞)만이 이승과 저승에 공통으로 통용함을 뜻하고, 칭자(稱字)는 부인(婦人)에게 있어서 친정에서 부르던 개인의 고유명사보다는 시집에서 부르는 개인의 애칭(愛稱)이 더욱 공통으로 통용됨을 의미한다. 유곡선복(唯哭先復)은 오직 사람의 죽음을 슬퍼하며 우는 곡(哭)만을 초혼보다 먼저 하는 것이니 사람이 죽으면 가장 먼저 유가족이 모여서 통곡한 다음에 복(復)을 하는 것이다. 그리고 초혼을 한 뒤에 죽은 사람을 초상 치고 장사 지내는 일을 거행하는 것이 사람의 도리이다.

　살피건대 사람이 죽어서 혼(魂)이 나간 것은 가장 슬픈 일이므로 먼저 슬프게 울며 곡(哭)하고, 다음에는 그 혼을 불러서 찾는 것이 가족의 도리이므로 복(復)을 해야 되며, 혼을 세 번 불렀어도 돌아오지 않으면 부득이 초상 치고 장사 지내는 일을 거행하지 않을 수 없는 것이니 만일 떠나간 가족의 혼을 찾지도 않고 초상 친다면 가족으로 대우한 것이 아니라 떠나기를 바랐던 손님으로 대우한 것인즉 얼마나 야박한 짓인가. 그러므로 성인(聖人)이 복(復)을 지극히 중대한 절도로 생각하여 상례(喪禮)에 넣었으니 이승을 떠나고 없는 가족을 찾아보지도 않고 그냥 헤어지는 섭섭함을 없게 하기 위함이다.

22-3-1 ──────────────────── 始卒이어든 主人은 啼하고 兄弟는
哭하고 婦人은 哭踊이니라.

『처음 죽거든 주인은 울부짖고, 형제는 곡하고, 부인은 곡하면서 뛰느니라.』

◉ 이 장은 처음 죽었을 때에 우는 절도를 기술하였으니 앞에서 말한 복(復)보다 먼저 임종(臨終) 시에 우는 것이다.

시졸(始卒)은 처음 죽어서 아직 복(復)을 하기 전이요, 주인(主人)은 상주(喪主)이며, 제(啼)는 오열(嗚咽)하여 목이 메도록 울부짖는 것이고, 곡(哭)은 소리를 내서 우는 것이며, 곡용(哭踊)은 곡하며 뛰는 것이니 상주는 죄책감으로 소리도 못 내고 흐느끼는 것이요, 형제는 죽은 사람의 형제이니 고독감으로 몸이 굳어서 울기만 하며, 부인(婦人)은 상주(喪主)의 아내이니 애도(哀悼)하는 마음으로 몸부림치며 우는 것이고 죄책감이나 고독감은 없으므로 몸을 움직이면서 우는 것이다.

 ──────────────────────── 既正尸어든 子는 坐于東方하고
卿大夫와 父兄과 子姓은 立于東方하고
有司와 庶士는 哭于堂下하되 北面하고
夫人은 坐于西方하시고 內命婦와
姑姉妹와 子姓은 立于西方하고 外命婦는
率外宗하야 哭于堂上하되 北面하니라.

『이미 시신을 방의 가운데로 옮겨 그 머리를 남쪽으로 향하여 혼을 부른 옷을 가슴에 덮었거든 아들은 동쪽에 앉고, 경대부와 아버지와 형과 여러 아들과 손자는 동쪽에 서고, 유사와 여러 선비는 당 아래에서 곡하되 북쪽을 향하고, 부인은 서쪽에 앉고, 내명부와 고모와 자매와 딸과 손녀는 서쪽에 서고, 외명부는 외종을 거느리고 당 위에서 곡하되 북쪽을 향하느니라.』

☯ 이 장은 복(復)한 다음에 시신의 머리를 남쪽으로 향하여 바르게 눕히고 곡(哭)하는 자리를 기술하였으니 여기에서는 제후(諸侯)가 죽었을 때에 곡하는 위치를 밝혔다.

기정시(旣正尸)는 이미 초혼(招魂)하여 시신(尸身)을 방 가운데로 옮겨 머리를 남쪽으로 향하여 바르게 눕히고 초혼한 옷을 가슴 위에 덮는 것이다. 자(子)는 제후의 아들이고, 자성(子姓)은 아들과 손자이며, 내명부(內命婦)는 궁중(宮中)에서 임금의 부인을 보좌하여 궁녀(宮女)를 다스리는 사람으로 임금의 봉호(封號)를 받은 부인이니 자부(子婦)와 세부(世婦)의 등속이요, 외명부(外命婦)는 경대부(卿大夫)의 아내로 임금으로부터 봉호(封號)를 받은 부인이다. 외종(外宗)은 고모와 자매의 딸이다.

살피건대 곡위(哭位)가 남자는 동쪽이요, 여자는 서쪽이니 동쪽은 양방(陽方)이고 서쪽은 음방(陰方)이기 때문이요, 가까운 유가족은 방 안에 있고 먼 친척은 밖에 있으니 가깝고 먼 관계에 따른 것이다. 무릇 상례(喪禮)는 원초적인 질서를 숭상하나니 죽음이란 본디 원초로 되돌아가는 자연현상이기 때문이다. 그러므로 임종(臨終)하여 처음 죽음에는 어린이가 부모와 헤어질 때에 울부짖듯이 목이 쇠도록 울며, 초혼할 때와 명정에는 반드시 성명(姓名)을 사용하며, 곡하는 위치를 자연법칙에 따르는 것이다.

22-4-2 ──────────────── 大夫之喪에 主人은 坐於東方하고
主婦는 坐于西方하니 其有命夫命婦인댄
則坐하고 無則皆立하니라 士之喪엔
主人父兄子姓은 皆坐于東方하고
主婦姑姉妹子姓은 皆坐于西方하나니
凡哭尸于室者는 主人이 二手로 承衾而哭하니라.

『대부의 죽음에 주인은 동쪽에 앉고, 주부는 서쪽에 앉으니 그 봉호를 받은 지아비나 봉호를 받은 지어미가 있거든 곧 앉고, 없으면 모두 서니라. 선비의 죽음에는 주인과 아버지와 형제와 아들과 손자는 모두 동쪽에 앉고, 주부와 고모와 자매와 딸과 손녀는 모두 서쪽에 앉으니 무릇 방에서 시신을 붙들고 곡을 함에는 주인이 두 손으로 홑이불을 받들고 곡을 하니라.』

◑ 이 절은 대부(大夫)의 죽음과 선비의 죽음에 곡하는 위치와 절

도를 기술하였다.

범곡시우실자(凡哭尸于室者)는 무릇 방에서 시신을 향하여 곡을 하는 사람이니 죽었다는 사실을 믿지 못하고 꿈같은 사실에 놀라서 슬퍼하는 사람이다. 승금이곡(承衾而哭)은 상주(喪主)가 의심스러워서 두 손으로 홑이불을 들어 시신의 얼굴을 보면서 살아났는지를 확인하며 우는 것이니 꿈같은 일을 믿지 못하는 마음의 표현이다.

살펴건대 임금은 높으니 아들과 부인(夫人)만 앉고 모두 서며, 대부(大夫)는 높은 벼슬이니 주인과 주부와 명부(命夫)와 명부(命婦)만 앉고 모두 서며, 선비는 낮은 벼슬이므로 모두 앉는 것이며, 특히 대부와 선비는 가통(家統)을 이을 맏아들이 이미 정해 있으므로 주인(主人)과 주부(主婦)가 처음부터 상례(喪禮)를 주관하지만 임금의 죽음에는 아직 왕통(王統)을 이을 후계자가 결정되지 않았기 때문에 아들이라고 자(子) 자만 쓰고 주인과 주부가 없으니 국상(國喪)은 장례위원회가 주관하는 까닭이며, 비록 세자(世子)와 세자빈(世子嬪)이 이미 있다고 하여도 그것은 왕위계승권을 공인하는 것이 아니라 공식적인 추천을 받은 것에 지나지 않으므로 왕위추대위원회에서 하나의 참고사항에 지나지 않는 것이다. 따라서 내각에서 국론에 따라 천자에게 추천하고, 천자의 명을 받아 새로운 임금을 추대할 때까지는 국상(國喪)에 주인과 주부가 없는 것임을 이 장에서 확인하라. 이것이 맹자(孟子)가 설파한 천자에게 신임을 얻어야 제후가 된다는 제후봉토(諸侯封土)제도의 실상이다.

22-5-1 ──────────────── 君之喪에 未小斂이라도 爲寄公國賓하야
出하고 大夫之喪에 未小斂이라도 爲君命하야

出하고 士之喪에 於大夫란 不當斂이어든 則出하니라.

『임금의 초상에 아직 소렴하지 않았을지라도 망명하여 와 있는 제후나 외국 사신의 조상을 받기 위해서는 아들이 마당으로 나아가서 맞이하고, 대부의 초상에 아직 소렴하지 않았을지라도 임금의 명으로 조상하는 사자가 이르면 대문 밖으로 나아가서 맞이하고, 선비의 초상에 대부의 조상에 대하여서는 소렴하는 때에 당하지 아니하거든 곧 나아가서 맞이하니라.』

◑ 이 장은 소렴(小斂)하기 전이라도 상주(喪主)가 나아가서 맞이해야 되는 경우를 기술하였다.

기공(寄公)은 망명(亡命)한 제후(諸侯)가 와서 의탁하고 있는 임금이고, 국빈(國賓)은 외국의 사신(使臣)이 와서 있다가 조문(吊問)하는 사절이며, 출(出)은 시신(尸身)을 지키는 방에서 마당으로 나와서 맞이하는 것이다. 군명(君命)은 임금의 명령으로 조상(吊喪)하는 사자(使者)요, 어대부(於大夫)는 대부의 조상(吊喪)에 대한 예절이며 당렴(當斂)은 소렴을 하는 때를 당하는 것이니 대부(大夫)는 비록 신분이 높은 사람이지만 선비의 초상에 소렴(小斂)도 매우 큰 일이므로 중단할 수 없는 까닭에 행사를 마치고 나아가서 맞이하는 것이니 앞에 4-2-3에서 이미 해설하였다.

22-5-2 ────────────── 凡主人之出也에 徒跣扱衽拊心하야

降自西階하며 君엔 拜寄公國賓于位하고

大夫엔 於君命에 迎于寢門之外하고
使者가 升堂致命이어든 主人이 拜于下하며士엔
於大夫에 親吊어든 則與之哭하며 不逆於門外니라.

『무릇 주인이 나아감에 맨발로 옷깃을 허리띠에 꽂고 가슴을 치며
서쪽 계단으로부터 내려가며, 제후의 초상에는 망명하여 와 있는 제
후나 외국의 사신에게 자리에서 절하고, 대부의 초상에는 임금의 명
으로 조상하는 사자를 안채의 대문 밖에서 맞이하고 사자가 당에 올
라 임금의 명령을 전하거든 주인이 당 아래에서 절하며, 선비의 조상
에는 대부가 조문함에 친히 조문을 왔거든 곧 더불어 곡하며 대문
밖에서 맞이하지 아니하니라.』

◉ 이 절은 제후의 초상과 대부의 초상과 선비의 초상에 주인이
나아가서 맞이하고 절하는 절도를 기술하였다.

도선(徒跣)은 맨발이니 처음 죽음에 유가족은 맨발을 하며, 아직
상복을 입지 않았으므로 신을 신지 않은 것이다. 삽임(扱衽)은 옷깃
을 허리띠에 꽂는 것이니 처음 죽음에 유가족은 옷깃을 허리띠에 꽂
는 것이다. 부심(拊心)은 손으로 가슴을 치는 것이요, 서계(西階)는
아직 동쪽 계단을 이용해서 주인으로 자처할 수 없는 것이니 앞에 1
-25-1에서 이미 해설하였으며, 군(君)은 제후의 상례(喪禮)이고 위
(位)는 조문사절을 맞이하는 자리이니 앞에 20-12-3에서 이미 해
설하였다. 대부(大夫)는 대부의 상례이고, 침문(寢門)은 시신을 안치
한 큰 방이 있는 몸채의 대문이며, 사(士)는 사상례(士喪禮)요, 친조
(親吊)는 대부가 친히 조문하여 온 것이며 영(逆)은 영(迎)이다.

 ――――――――――――――――――― 夫人이 爲寄公夫人하야 出하고
命婦가 爲夫人之命하야 出하고 士妻가
不當斂이어든 則爲命婦하야 出하니라.

『부인이 망명하여 와 있는 제후 부인의 조문을 받기 위하여 당으
로 나아가서 맞이하고, 명부가 임금의 부인의 명으로 조문한 사자를
맞이하기 위하여 당으로 나아가고, 선비의 아내가 소렴하는 때를 당
하지 아니했거든 곧 명부의 조문을 받기 위하여 당으로 나아가니라.』

◑ 이 절은 제후의 초상과 대부의 초상과 선비의 초상에 주부(主
婦)가 나아가서 맞이하고 절하는 절도를 기술하였다.

부인(夫人)은 제후(諸侯)의 정실부인이고, 명부(命婦)는 대부(大
夫)의 아내로 임금으로부터 봉호(封號)를 받은 사람이다. 대저 남자
의 조문은 주인(主人)이 맞이하고, 여자의 조문은 주부(主婦)가 맞이
하는데 부인은 당(堂)을 내려가지 않는 것이므로 당상(堂上)에서 절
한다.

 ――――――――――――――――――― 小斂에 主人은 卽位于戶內하고
主婦는 東面하야 乃斂하나니 卒斂하고
主人이 馮之踊하거든 主婦가 亦如之하며
主人은 袒說髦하야 括髮以麻하고 婦人은
髽帶麻于房中하야 徹帷하고 男女가
奉尸하야 夷于堂하고 降拜하니라.

『소렴에 주인은 방 안의 동쪽 자리로 나아가고 주부는 서쪽 자리
에서 동쪽을 향하여 이에 염습을 하나니 소렴을 마치고 주인이 시신
에 기대어 뛰거든 주부가 또한 그와 같이 하며, 주인이 왼쪽 소매를
벗고 다팔머리를 풀어 삼으로 머리를 묶고, 부인은 방 안에서 머리를
풀어 북상투 쪽을 짓고 삼으로 허리띠를 하며, 장막을 철거하고, 남
자와 여자들이 시신을 받들고 당에 안치하고, 여자는 당 안쪽에 있고
남자는 마당으로 내려와서 조문객을 맞아 절하니라.』

◐ 이 장은 소렴(小斂)하고 조문객을 받는 절도를 기술하였으니
여기에서는 소렴할 때의 위차(位次)와 머리를 풀고 삼 띠를 하는 절
도를 밝혔다.

소렴(小斂)은 사망한 다음 날에 염습(斂襲)하는 것이요, 호내(戶內)
는 실내(室內)이며, 빙(馮)은 빙(憑)과 같으니 시신에 기대어 곡하고
뛰는 것이다. 단(袒)은 왼쪽 소매를 벗은 것이고, 탈모(說髦)는 다팔
머리를 풀어서 어릴 때의 머리 모양을 하는 것이요, 좌(髽)는 북상투
쪽을 짓는 것이니 앞에 3-18-1에서 이미 해설하였으며, 대마(帶麻)
는 마대(麻帶)이니 삼으로 허리띠를 하는 것이고, 철유(徹帷)는 방문
밖에 설치했던 장막을 철거하는 것이다. 남녀(男女)는 아들딸과 손자
손녀들이며 이(夷)는 진(陳)의 뜻이니 안치(安置)하는 것이요, 강배
(降拜)는 주인이 마당으로 내려와서 조문을 받아 절하는 것이다.

22-7-1 ──────────────────────── 君^군이 拜^배寄^기公^공國^국賓^빈大^대夫^부士^사하나니
拜^배卿^경大^대夫^부於^어位^위하고 於^어士^사엔 旁^방三^삼拜^배하며

夫人이 亦拜寄公夫人於堂上하고 大夫內子와
士妻엔 特拜命婦하고 氾拜衆賓於堂上하느니라.

『임금이 망명하여 와 있는 제후와 외국의 조문사절과 대부와 선비의 조문을 받아 절하나니 경과 대부에게는 자리에 각각 맞아 절하고, 선비에겐 옆에서 합동으로 3배하며, 부인은 또한 망명하여 와 있는 제후의 부인을 당상에서 맞아 절하고, 대부의 정실부인과 선비의 아내에게는 임금의 봉호를 받은 부인에게만 각각 맞아서 절하고, 여러 손님에게는 당상에서 합동으로 아울러 맞아 곁에서 3배하니라.』

◉ 이 장은 소렴(小斂)을 마치고 조문객을 맞아 절하는 절도를 기술하였으니 여기에서는 제후의 초상에 조문받는 예절을 밝혔다.

군(君)은 장례위원회와 임금추천위원회의 합동회의에서 임금의 자리를 계승할 새로운 임금으로 추천하여 장차 천자의 임명을 받아 취임할 임금이다. 위(位)는 당(堂) 위에 있는 동쪽 상주(喪主)의 자리이고, 방(旁)은 당(堂) 아래의 동쪽 자리이며, 3배(三拜)는 여러 사람에게 합동으로 세 번 절하는 것이니 선비는 많으므로 당 위에 올라가지 않고 마당에서 일동이 함께 조문하는 것이다. 부인(夫人)은 죽은 임금의 부인이나 또는 새로 즉위한 임금의 부인이며, 특배(特拜)는 일일이 각각 맞아서 절하는 것이요, 범배(氾拜)는 내자(內子)는 내자끼리 합동으로 맞아 절하고, 선비의 아내는 선비의 아내끼리 합동으로 맞아서 절하는 것이다.

 ————————————————————— 主人이 卽位하야 襲帶絰踊하고
母之喪엔 卽位而免하고 乃奠이어든
吊者가 襲裘加武帶絰하고 與主人拾踊하니라.

『주인이 섬돌 아래의 자리로 나아가 그 옷을 껴입고 수질과 요대를 하고 뛰고, 어머니의 초상에는 섬돌 아래의 자리로 나아가서 상관을 쓰고 이에 소렴한 밥상을 올리거든 조문하는 사람이 등거리를 껴입고 무변을 쓰고 수질과 요대를 하고, 주인과 더불어 다시 뛰느니라.』

☯ 이 절은 제후의 초상과 대부의 초상과 선비의 초상에 소렴전(小斂奠)을 올린 다음 용(踊)하는 절도를 기술하였다.

주인(主人)은 초상을 주관하는 상주(喪主)요, 위(位)는 섬돌계단 아래이며, 습(襲)은 겉옷을 껴입는 것이고, 대질(帶絰)은 수질(首絰)과 요질(要絰)이다. 문(免)은 상관(喪冠)이니 아버지보다 낮추는 것이요, 전(奠)은 소렴(小斂)을 마치고 올리는 밥상이며, 조자(吊者)는 소렴(小斂)을 마친 뒤에 정식으로 조문하는 사람이다.

습구(襲裘)는 가죽등거리로 무인(武人)의 옷이고, 가무(加武)는 무인(武人)이 머리에 쓰는 무변(武弁)을 쓰는 것이니 상례(喪禮)는 흉례(凶禮)이므로 무인(武人)의 호위(護衛)를 숭상하여 길복(吉服)인 문인복(文人服)을 입지 않고 무인복(武人服)을 입는 것이며, 겁(拾)은 다시 함이니 겁용(拾踊)은 다시 뛰는 것이다.

 ————————————————————— 君喪엔 虞人은 出木角하고 狄人은
出壺하고 雍人은 出鼎하고 司馬는 縣之하고

乃官이 代哭하니라 大夫엔 官이 代哭하되
不縣壺하고 士엔 代哭하되 不以官이니라.

『임금의 초상에는 산감독이 장작을 내고, 악기 틀을 조립하는 사람이 항아리를 내며, 요리인이 솥을 내고, 사마는 물시계를 매달고, 이에 벼슬아치가 대신 곡하니라. 대부의 초상에는 벼슬아치가 대신 곡하되 물시계 항아리는 매달지 아니하고, 선비의 초상에는 대신 곡하되 벼슬아치로 하지는 아니하니라.』

◑ 이 절은 소렴(小斂)한 뒤에는 대렴(大斂)할 때까지 곡성(哭聲)이 그치지 않도록 상주(喪主)가 지쳐서 곡소리를 내지 못할 때에는 대신하여 곡하는 사람이 있어야 됨을 기술하였다.

우인(虞人)과 적인(狄人)은 앞에 22-2-1에서 이미 해설하였고, 목각(木角)은 장작이니 땔감이며, 호(壺)는 물시계용의 항아리로 밑에 작은 구멍이 있어서 물이 새어나오는 것으로 시간을 측정한다. 옹인(雍人)은 요리를 담당한 사람이고, 정(鼎)은 솥으로 물시계의 물이 겨울에 얼지 않도록 물을 끓여서 넣기 위함이며, 사마(司馬)는 국방 장관으로 국상(國喪)에 대궐을 호위하는 책임을 지는 것이요, 현(縣)은 물시계용 항아리를 매달아 시간을 측정하는 것이다. 관(官)은 벼슬아치인데 대부(大夫)는 해당 관속(官屬)이 있으므로 벼슬아치로 대신 곡하지만 선비는 관속이 없으므로 벼슬아치가 아닌 민간인을 사거나 일가친척이 대신 곡하는 것이다.

살펴건대 소렴으로부터 대렴할 때까지 대신 곡하게 하여 곡소리가 그치지 않게 하는 까닭은 상주의 슬픔을 대신 표현할 뿐만 아니라 초상이 난 것을 널리 알려서 조문객이 찾아오기 쉽게 하기 위함이니 가볍게 여길 일이 아니다.

22-7-4 ──────────────── 君은 堂上에 二燭이요 下에 二燭하고
大夫는 堂上에 一燭이요 下에 二燭하고
士는 堂上에 一燭이요 下에 一燭이니라.

『임금의 상례는 당상에 두 개의 촛불이요, 아래에 두 개의 촛불을 켜고, 대부의 상례는 당상에 한 개의 촛불이요, 아래에 두 개의 촛불을 켜고, 선비의 상례는 당상에 한 개의 촛불이요, 아래에 한 개의 촛불을 켜니라.』

◑ 이 절은 소렴(小斂)한 뒤에는 대렴(大斂)할 때까지는 밤새도록 불을 밝혀 상사(喪事)를 돌보는 사람이나 조문객이 서로 알아보기 쉽게 해야 됨을 기술하였다.

당상(堂上)은 전(奠)을 올리는 상(床)에 촛불을 켜는 것이고, 하(下)는 마당이나 또는 대문인데 마당 가운데는 장작불을 피운다. 대체로 당(堂)과 마당의 크기에 따라 촛불을 두 개도 켜고, 한 개도 켜는 것이니 구태여 차별하려는 것이 아님을 살피기 바란다.

22-7-5 ──────────────── 賓이 出이어든 徹帷하니라.

『손님이 나아가거든 장막을 철거하니라.』

◐ 이 절은 소렴할 때에 설치한 장막을 철거하는 때를 기술하였으니 선비의 초상에는 소렴을 마치면 철거하지만 임금과 대부는 소렴을 마치고 계단을 내려와서 손님을 보낸 다음에 철거함을 밝혔다.

22-7-6 ──────────────── 哭尸于堂上하되 主人은 在東方하고
由外來者는 在西方하며 諸婦는 南鄕하니라.

『시신 곁에서 곡하되 주인은 동방에 있고, 밖에서 조문 온 사람은 서쪽에 있으며, 여러 며느리는 남쪽을 향하니라.』

◐ 이 절은 소렴을 한 다음에 시신 곁에서 곡하는 위치를 기술하였다.
재동방(在東方)은 시신의 동쪽에서 남쪽을 위로하여 서향함이요, 재서방(在西方)은 시신의 서쪽에서 남쪽을 위로 하여 동향하는 것이며, 남향(南鄕)은 시신의 북쪽에서 동쪽을 위로 하여 남향하는 것이다. 본래 며느리의 위치는 시신의 서쪽에서 동향하는 것이나 밖에서 조문객이 왔으므로 그 자리를 비켜 주는 것이다.

22-7-7 ──────────────── 婦人은 迎客送客에 不下堂하나니
下堂하여도 不哭하며 男子는
出寢門外하야 見人하여도 不哭하니라.

『부인은 손님을 맞이하고 손님을 보냄에 당을 내려오지 아니하나
니 당을 내려와도 곡을 하지 않으며, 남자는 안채의 대문 밖에 나아
가 사람을 보아도 곡을 하지 않느니라.』

　◉ 이 절은 부인과 남자가 손님을 맞이하고 보내고 곡하는 절도를
기술하였다.

　부인(婦人)은 당(堂) 이내로부터 방에 이르기까지에서만 조문객을
맞이하고 보내고 곡하는 것이 예절이요, 남자는 비록 마당으로 내려
가서 대문 안쪽까지에서만 조문객을 맞이하고 보내고 곡을 하는 것
이 예절이니 여자가 마당에서 곡을 하거나 남자가 대문 밖에서 곡을
하는 것은 모두 예절이 아니다.

22-7-8 ──────────── 其無女主어든 則男主가 拜女賓于寢門內하고
其無男主어든 則女主가 拜男賓于阼階下하며
子가 幼커든 則以衰抱之하야 人爲之拜하고 爲後者가
不在할새 則有爵者인댄 辭하고 無爵者인댄
人爲之拜하나니 在竟內어든 則俟之하고 在竟外어든
則殯葬이 可也니 喪엔 有無後라도 無無主하니라.

『그 여상주가 없거든 곧 남상주가 여상주가 될 손님을 안채의 대
문 안에서 절하여 부탁하고, 그 남상주가 없거든 곧 여상주가 남상주
가 될 손님을 섬돌계단 아래에서 절하고 부탁하며, 아들 상주가 어리
거든 곧 삼베로 싸서 안고 사람이 대신 절하게 하고, 후계자가 된 사
람이 집에 있지 않을 때에는 그 후계자가 작위가 있는 사람일 때에

는 상주를 대신하는 사람이 절을 사양하고, 그 후계자가 작위가 없는 사람일 경우에는 상주를 대신하는 사람이 절하게 하나니 후계자가 국경 안에 있거든 곧 그가 돌아오기를 기다리고, 국경 밖에 있거든 곧 빈소를 설치하고 장사 지내는 것이 옳으니 초상에는 후계자가 없는 경우는 있어도 상주가 없는 경우는 없느니라.』

◑ 이 절은 초상에 남상주(男喪主)와 여상주(女喪主)가 반드시 있어야만 조문객을 맞이하고, 빈소(殯所)를 설치하며, 장사 지낼 수 있음을 기술하였으니 빈소를 설치하는 기간은 앞에 5−11−1에서 이미 해설하였다.

여주(女主)는 여상주(女喪主)이니 일반적으로 죽은 사람의 부인이나 큰며느리가 되는데 안에서의 일을 주관하므로 안상주라고 한다. 남주(男主)는 남상주(男喪主)이니 일반적으로 죽은 사람의 남편이나 큰아들이 되는데 밖에서의 일을 주관하므로 바깥상주라고 부른다. 부재(不在)는 출타하여 집에 없는 것이고, 유작자(有爵者)는 후계자가 작위가 있는 높은 신분이요, 사(辭)는 상주를 대행하는 사람이 조문객에게 답하여 절하지 않고 사양하는 것이며, 무작자(無爵者)는 후계자가 작위가 없는 낮은 신분이고, 인위지배(人爲之拜)는 상주를 대행하는 섭주(攝主)가 조문객의 절을 받고 답배(答拜)를 하는 것이다. 경(竟)은 국경(國境)이고, 사(俟)는 후계자가 돌아올 때까지 빈(殯)이나 장(葬)을 하지 않고 기다리는 것이요, 가(可)는 후계자가 외국에서 빈(殯)이나 장(葬)의 기일까지 돌아오지 못하면 빈소를 설치하고 장사 지내는 것이 옳다는 말이다. 무후(無後)는 배우자와 자녀가 없는 주검이니 남이 어찌 할 수 없는 일이고, 무주(無主)는 상주(喪主)가 없는 것이니 사람이 죽으면 산 사람이 초상을 치는 것이 친척

의 도리요, 벗의 신의이며, 이웃의 정이고, 국가의 책임이므로 마땅히
상주를 대행할 사람을 세워서 공식적으로 죽음을 확인하고 엄숙한
장례식을 거행하여 인간의 존엄성을 드날려야 되는 것이다.

22-8-1 ──────────────────────── 君之喪엔 三日에 子夫人이 杖하고
五日에 旣殯하고 授大夫世婦杖하나니
子大夫는 寢門之外엔 杖하고 寢門之內엔
輯之하며 夫人世婦는 在其次則杖하고
卽位則使人執之하며 子는 有王命則去杖하고
國君之命則輯杖하며 聽卜과 有事於尸則去杖하고
大夫는 於君所則輯杖하고 於大夫所則杖하니라.

『임금의 초상에는 3일에 아들과 부인이 지팡이를 짚고, 5일에 이
미 빈소를 설치하고 대부와 세부에게 지팡이를 주나니 아들과 대부
는 침문의 밖에서는 지팡이를 짚고, 침문의 안에서는 지팡이를 거두
어 들며, 부인과 세부는 그 머무는 곳에서는 지팡이를 짚고, 영위 앞
에 나아갈 때에는 곧 사람으로 하여금 가지고 있게 하며, 아들은 천
자의 명령이 이르면 곧 지팡이를 땅에 놓고, 이웃나라의 임금의 명령
엔 곧 지팡이를 거두어 들며, 거북점을 들을 때와 시신에 일이 있을
때에는 지팡이를 땅에 놓고, 대부는 임금이 있는 곳에서는 곧 지팡이
를 거두어 들고, 대부가 있는 곳에서는 곧 지팡이를 짚느니라.』

◐ 이 장은 제후상례(諸侯喪禮)와 대부상례(大夫喪禮)와 사상례
(士喪禮)에 있어서 상장(喪杖)을 짚는 절도를 기술하였으니 여기에

서는 제후상례에 있어서 지팡이를 짚는 절도를 밝혔다.

　군지상(君之喪)은 제후상례(諸侯喪禮)이고, 3일(三日)은 사망한 지 3일째 되는 날이며 5일(五日)은 제후가 사망한 지 5일째 되는 날에 빈궁(殯宮)을 설치한다. 침문(寢門)은 빈궁문(殯宮門)이요, 집(輯)은 거두어 드는 것이며, 차(次)는 상차(喪次)이고, 즉위(卽位)는 영위(靈位) 앞에 나아감이며, 유왕명(有王命)은 천자의 명령이 이르는 것이다. 거장(去杖)은 지팡이를 땅에 놓는 것이고, 청복(聽卜)은 장지(葬地)와 장일(葬日)을 점친 결과를 듣는 것이며, 유사어시(有事於尸)는 전(奠)과 우(虞)와 졸곡(卒哭) 등의 일이다. 상장(喪杖)도 역시 높은 어른 앞에서는 버리고, 보통 어른 앞에서는 들고, 동등한 사람 앞에서는 짚는 것이니 노인의 지팡이와 같은 것임을 알 수 있도다.

22-8-2 ──────────────────────────────── 大夫之喪엔 三日之朝에 旣殯하고
主人主婦室老가 皆杖하나니
大夫는 有君命則去杖하고
大夫之命則輯杖하며 內子는 爲夫人之命하얀
去杖하고 爲世婦之命하얀 授人杖하니라.

『대부의 초상에는 3일 아침에 이미 빈소를 설치하고, 주인과 주부와 가신장이 모두 지팡이를 짚나니 대부는 임금의 명령이 이르면 곧 지팡이를 놓고, 대부의 명령에는 곧 지팡이를 거두어 들며, 대부의 아내는 임금 부인의 명령을 위해서는 지팡이를 놓고, 임금 세부의 명령을 위해서는 사람에게 지팡이를 주니라.』

◑ 이 절은 대부상례(大夫喪禮)에 있어서 지팡이를 짚는 절도를 기술하였다.

3일지조(三日之朝)는 죽은 지 3일째 되는 날 아침이니 대부(大夫)는 3일에 빈소(殯所)를 설치한다. 주인(主人)은 큰아들이고, 주부(主婦)는 큰며느리이며, 실로(室老)는 가신장(家臣長)이다. 대부유군명(大夫有君命)의 대부(大夫)는 상주(喪主)의 신분이 대부가 되었을 경우이고, 내자(內子)는 죽은 대부의 아내 또는 상주가 대부가 되었을 경우에 그 아내이다.

22-8-3 ──────────────── 士之喪엔 二日而殯하고 三日之朝에
主人이 杖하고 婦人이 皆杖하나니
於君命과 夫人之命엔 如大夫하며
於大夫와 世婦之命엔 如大夫하니라.

『선비의 초상에는 2일에 빈소를 설치하고, 3일 아침에 주인이 지팡이를 짚고, 부인이 모두 지팡이를 짚나니 임금의 명령과 임금 부인의 명령이 이름에는 대부와 같이 하며, 대부와 세부의 명령이 이름에는 대부와 같이 하니라.』

◑ 이 절은 사상례(士喪禮)의 지팡이에 대한 절도를 기술하였으니 대부상례(大夫喪禮)의 지팡이 절도와 같음을 밝혔다.

2일(二日)은 3일(三日)의 오기(誤記)이니 앞에 5-11-1에서 대부(大夫)와 사(士)와 서인(庶人)은 모두 똑같이 3일이빈(三日而殯)이라고 왕제(王制)에서 밝혔다. 여대부(如大夫)는 임금의 명령과 임금

부인의 명령이 이르면 지팡이를 땅에 놓고 받들어야 하며, 대부와 세부의 명령이 이르면 지팡이를 거두어 들고 받들어야 된다는 뜻이다.

 子가 皆杖하되 不以卽位하고
大夫士는 哭殯則杖하며
哭柩則輯杖하나니 棄杖者는 斷而棄之於隱者니라.

『자녀가 모두 지팡이를 짚되 영위 앞에는 나아가지 아니하고, 대부와 선비는 빈소에서 곡할 때에는 곧 지팡이를 거두어 들고 하나니 지팡이를 버리는 사람은 끊어서 은밀한 곳에 버리느니라.』

◑ 이 절은 여러 아들이 지팡이를 짚는 절도와 버리는 방법을 기술하였다.

자(子)는 상주(喪主)를 제외한 여러 아들과 딸이니 감히 지팡이를 짚고 영위(靈位) 앞에 나아가지 못함은 상주(喪主)를 위하여 피하는 것이다. 곡구(哭柩)는 발인(發靷)하기 위하여 천구(遷柩)함이요, 기장(棄杖)은 대상(大祥)이 되어서 상복을 벗을 때에 상장(喪杖)도 버리는 것이고, 은자(隱者)는 사람의 눈에 보이지 않는 은밀한 장소이다.

 始死어든 遷尸于牀하고 幠用斂衾하고
去死衣하며 小臣이 楔齒하되 用角柶하며
綴足하되 用燕几하나니 君大夫士가 一也니라.

『처음 죽거든 시신을 상 위에 옮기고 홑이불로 덮고 죽을 때 입었던 옷을 버리며 낮은 신하가 이를 벌려서 쐐기를 꽂되 뿔숟가락으로 하며 발을 모으되 연궤로 하나니 임금과 대부와 선비가 동일하니라.』

◉ 이 장은 초상범절(初喪凡節) 가운데 중요사항을 기술하였으니 여기에서는 사망 당일에 거행할 일을 밝혔다.

시사(始死)는 환자가 운명하여 곡(哭)을 하고 복(復)하여 혼을 불러 그 옷을 시신의 가슴에 덮은 때이다. 상(牀)은 침상이니 환자가 위독하면 땅에 옮겨서 지기(地氣)를 받아 소생하기를 기원하고, 죽으면 다시 침상으로 옮긴다. 무(幠)는 덮는 것이요, 염금(斂衾)은 홑이불이며 사의(死衣)는 죽을 때에 입었던 환자복이고, 설치(楔齒)는 이를 벌려서 쐐기를 꽂아 반함(飯含)하도록 하는 것이며, 각사(角柶)는 뿔숟가락인데 길이가 6촌(寸)으로 양쪽 끝의 머리에 굴곡이 있어 위 아래의 이에 끼운다. 철족(綴足)은 시신의 두 발을 모아서 묶는 것이요, 연궤(燕几)는 편안하게 의지하는 안석이다.

22-9-2 ———————————————— 管人이 汲하되 不說繘하고 屈之하며
盡階하고 不升堂하야 授御者하며 御者가
入浴하되 小臣四人이 抗衾하고
御者二人이 浴하나니 浴水는 用盆하고
沃水는 用枓하며 浴用絺巾하고 拭用浴衣를
如他日하고 小臣이 爪足하며 浴餘水는
棄于坎이니 其母之喪엔 則內御者가 抗衾而浴하니라.

『관리인이 물을 길어오되 두레박줄을 풀지 아니하고 그 두레박줄을 굽혀 잡으며 서쪽 계단을 다 올라가서 뜰방에는 오르지 아니하여 담당하는 사람에게 주며, 담당하는 사람이 들어가서 목욕시키되 낮은 신하 네 사람이 홑이불을 들고, 담당하는 사람 두 사람이 목욕시키나니 목욕물은 동이에 담고, 씻은 물은 세수통에 담으며, 목욕은 가는 칡베 수건을 사용하고 닦음은 목욕하는 옷을 사용하나니 살았을 때에 입던 것과 같다. 낮은 신하가 발톱을 모두 깎으며, 목욕하고 남은 물은 웅덩이를 파고 버리니 그 어머니의 초상에는 곧 부인으로 담당한 사람을 정하여 홑이불을 들고 목욕시키니라.』

◑ 이 절은 시신(屍身)을 목욕시키는 절도를 기술하였다.

관인(管人)은 건물관리인이고, 탈(說)은 탈(脫)이니 탈율(說繘)은 두레박줄을 풀지 않는 것이며, 굴지(屈之)는 두레박줄을 굽혀서 움켜 잡은 것이니 금방 샘에서 길은 깨끗한 물임을 증거한다. 어자(御者)는 목욕을 담당하는 사람이고, 항금(抗衾)은 시신을 덮은 홑이불을 들어서 목욕시키게 함이며, 욕수(浴水)는 깨끗한 목욕물이요, 옥수(沃水)는 씻은 물이며, 두(枓)는 세수통이다. 진(挋)은 물기를 닦는 것이고, 욕의(浴衣)는 목욕할 때에 입는 옷이며, 타일(他日)은 살았을 때요, 조족(爪足)은 발톱을 모두 깎는 것이요, 감(坎)은 마당에 구덩이를 판 곳이며, 내어자(內御者)는 부인들로 목욕을 담당하게 정한 사람이다.

대저 사람이 태어날 때에는 어른이 따뜻한 물로 목욕을 시켜서 깨끗한 몸으로 이 세상에 새출발하게 하였으므로 사람이 죽을 때에도 젊은 사람이 차가운 물로 목욕을 시켜서 깨끗한 몸으로 저세상에 새출발하게 하는 것이 사람의 도리이다. 따라서 상례(喪禮)를 거행함에 먼저 시신을 목욕시키는 것이니 그 뜻이 크도다.

22-9-3 ──────────────────── 管人이 汲하야 授御者어든 御者가
差沐于堂上하니 君은 沐粱하고 大夫는
沐稷하고 士는 沐粱하나니 甸人이
爲垼于西牆下하고 陶人이 出重鬲하거든
管人이 受沐하야 乃煮之하며 甸人이
取所徹廟之西北厞하야 薪用爨之하며
管人이 授御者沐하거든 乃沐하나니
沐用瓦盤하고 挋用巾을 如他日하고
小臣이 爪手翦須하고 濡濯棄于坎하니라.

『관리인이 물을 길어 담당하는 사람에게 주거든 담당하는 사람이 뜰방 위에서 머리 감길 뜨물을 비비나니 임금은 기장뜨물로 머리 감기고, 대부는 피뜨물로 머리 감기고, 선비는 기장뜨물로 머리 감기나니 제사답을 관리하는 사람이 서쪽 담장 아래에 부뚜막을 만들고, 질그릇을 만드는 사람이 두 개의 오지병을 내거든 관리하는 사람이 머리 감길 뜨물을 받아 이에 불을 때나니 제사답을 관리하는 사람이 사당의 서북쪽 모퉁이에 버려두었던 나무를 가져가다 땔감으로 사용하여 불을 때서 머리 감길 뜨물을 데워서 관리인이 담당자에게 주거든 이에 머리를 감기나니 머리를 감길 때에는 오지쟁반을 사용하고 닦음에 사용하는 수건은 평상시에 쓰던 것으로 하고 낮은 신하가 손톱을 깎고 수염을 자르니 머리를 감긴 물은 구덩이에 버리느니라.』

◑ 이 절은 시신의 머리를 감기는 절도를 기술하였다.

차(差)는 곡식을 물에 담가 비벼서 뜨물을 만드는 것이요, 목(沐)은 머리 감는 것이니 차목(差沐)은 머리 감을 뜨물을 만드는 것이다. 목량(沐粱)은 기장뜨물로 머리 감는 것이고, 목직(沐稷)은 피뜨물로 머리 감는 것이며, 전인(甸人)은 제사답(祭祀畓)을 관리하는 사람이요, 역(垼)은 부뚜막이며 도인(陶人)은 질그릇을 만드는 사람이다. 중격(重鬲)은 두 개로 한 쌍을 이루는 오지병이고, 철(徹)은 사당에서 나온 나무를 모아서 버려두었던 것이며, 비(朏)는 모퉁이요, 신(薪)은 땔감이며 촌(爨)은 아궁이에 불을 때는 것이다. 와반(瓦盤)은 오지로 만든 세숫대야이고, 조수(爪手)는 손톱을 깎는 것이며 전수(剪須)는 수염을 고르게 다듬는 것이요, 유탁(濡濯)은 머리를 감긴 물이다.

22-9-4 ──────────────────────────── 君은 設大盤하야 造冰焉하고 大夫는
設夷盤하야 造冰焉하고 士는 倂瓦盤하야
無冰하며 設牀禈第有枕하되 含一牀이요
襲一牀이요 遷尸于堂又一牀으로
皆有枕席하니 君大夫士가 一也니라.

『임금은 큰 소반을 설치하여 얼음을 넣고, 대부는 평평한 소반을 설치하여 얼음을 넣고, 선비는 오지항아리를 나란히 놓고 얼음은 넣지 않으며, 침상과 모시홑이불을 편 대평상을 설치하여 베개가 있되 반함하는 평상이 하나요, 염습하는 평상이 하나요, 시신을 당으로 옮김에 또 평상이 하나로 모두 베개와 자리가 있으니 임금과 대부와

선비가 동일하니라.』

　☯ 이 절에서는 초상에 얼음을 사용하는 절도와 평상을 설치하는
법도를 기술하였다.

　대반(大盤)은 큰 소반이고, 조빙(造冰)은 얼음을 그 소반에 넣은
것이며, 이반(夷盤)은 평평한 소반이니 대반(大盤)보다 작은 것이다.
병(倂)은 두 개를 나란히 놓은 것이요, 무빙(無冰)은 얼음이 없으므
로 찬물을 대신 사용함이며, 전(襜)은 모시로 만든 홑이불이고, 자
(笫)는 대나무평상이니 얼음의 냉기(冷氣)가 잘 통하여 시신의 부패
를 막기 위함이다.

　반함(飯含)과 염습(斂襲)과 천시(遷尸)에 평상을 각각 하나씩 사
용하는 것은 깨끗함을 숭상함이다.

22-10-1 ──────────────────────── 君之喪엔 子大夫公子衆士가
　　　　　　　　　　　　　　　　　皆三日不食하고 子大夫公子衆士가
　　　　　　　　　　　　　　　　　食粥하나니 納財하되 朝一溢米요
　　　　　　　　　　　　　　　　　莫一溢米니 食之無算하며 士는
　　　　　　　　　　　　　　　　　疏食水飮하되 食之無算하며
　　　　　　　夫人世婦諸妻도 皆疏食水飮하되 食之無算이니라.

　『임금의 초상에는 아들과 대부와 공자와 뭇 선비가 모두 3일을 먹
지 아니하고, 3일 이후에는 아들과 대부와 공자와 뭇 선비가 죽을 먹
나니 재정을 공급하되 아침에 한 줌의 쌀이요, 저녁에 한 줌의 쌀이
니 먹는 시간은 계산함이 없으며, 선비는 거친 밥과 물을 마시되 먹

는 시간은 계산함이 없으며, 부인과 세부와 여러 아낙네들도 모두 거
친 밥과 물을 마시되 먹는 시간은 계산함이 없느니라.』

◑ 이 장은 초상(初喪)으로부터 거상(居喪)에 이르기까지의 음식
절도를 기술하였으니 여기에서는 제후상(諸侯喪)에 3일을 굶는 대상
과 3일 이후에는 죽을 먹는 사람과 거친 밥을 먹는 사람을 밝혔다.
　자(子)는 사자(嗣子)이고, 납재(納財)는 정부에서 식량을 공급함이며
1일(一溢)은 24분의 1승(升)이니 약 한 움큼이다. 식지무산(食之無算)
은 일정한 식사시간이 없는 것이니 상가(喪家)에는 할 일이 많으므로
일을 하다가 틈틈이 시간이 나면 죽이나 밥을 먹는다는 뜻이다.

22-10-2───────────────── 大夫之喪엔 主人室老子姓은 皆食粥하고
衆士는 疏食水飮하며 妻妾은
疏食水飮하나니 士亦如之하니라.

『대부의 초상에는 주인과 가신장과 자손은 3일을 굶은 다음에 죽
을 먹고, 뭇 선비는 거친 밥과 물을 마시며, 아내와 첩은 거친 밥과
물을 마시나니 선비의 초상에도 또한 그와 같이 하니라.』

◑ 이 절은 대부상(大夫喪)과 사상(士喪)에 있어서 3일을 굶은 다
음에 죽을 먹는 사람과 거친 밥을 먹는 사람을 밝혔다.
　주인(主人)은 상주(喪主)이고, 실로(室老)는 가신장(家臣長)이며,
자성(子姓)은 자손(子孫)이요, 중사(衆士)는 가신(家臣)들이다. 사역

여지(士亦如之)는 사상(士喪)에도 또한 대부상(大夫喪)처럼 3일을 굶은 다음에 상주와 자손은 죽을 먹고 아내는 거친 밥을 먹는 것이다.

대저 애도(哀悼)하는 마음이 지극하면 음식을 먹을 수 없는 것이니 죽이라도 먹게 하여 힘을 내게 한 것이므로 3일을 굶은 다음에는 반드시 먹는 것이 예절임을 깨달을지어다.

22-10-3 ──────────────────────── 旣葬하고 主人은 疏食水飮하고
不食菜果하며 婦人도 亦如之함은
君大夫士가 一也라 練而食菜果하고
祥而食肉하며 食粥於盛은 不盥하고
食於簋者는 盥하며 食菜以醯醬하고 始食肉者는
先食乾肉하며 始飮酒者는 先飮醴酒하니라.

『이미 장사 지내고 주인은 거친 밥과 물을 마시고, 채소와 과일을 먹지 아니하며, 부인도 또한 그와 같이 함은 임금과 대부와 선비가 동일한 것이니라. 1주기가 돌아오면 채소와 과일을 먹고, 2주기가 돌아오면 고기를 먹으며, 죽을 그릇으로 마실 때에는 손을 씻지 않고 대소쿠리에서 밥을 먹을 때에는 손을 씻으며, 채소를 먹음에는 초와 간장으로 무쳐서 먹고, 처음 고기를 먹음에는 먼저 육포를 먹으며, 처음 술을 마시는 사람은 먼저 단술부터 마시느니라.』

◉ 이 절은 장사 지내고 거상(居喪)하는 기간에 음식절도를 기술하였으니 여기에서는 3년의 상복을 입었을 때의 음식 절도를 밝혔다.

부인(婦人)은 주부(主婦)니 곧 안상주이고, 연(練)은 소상(小祥)

이니 1주기이며, 상(祥)은 대상(大祥)이니 2주기로 상복을 벗은 것이다. 성(盛)은 물그릇이나 사발에 담아서 마시는 것이므로 손을 씻을 필요가 없고, 산(篹)은 대소쿠리인데 대소쿠리에 밥은 숟가락으로 떠서 먹기 때문에 손을 씻는 것이다. 채소는 초와 간장으로 버무려서 먹어야 독을 제거하고, 고기는 말린 육포부터 먹기 시작해야 기름기가 적어서 소화가 잘된다. 그리고 술은 갑자기 독한 술을 먹으면 정신을 잃으므로 반드시 순한 단술부터 먹어야 되는 것이다.

22-10-4─────────────── 期之喪은 三不食하다가 食疏食水飮하되
不食菜果하며 三月에 旣葬하고
食肉飮酒하며 期終喪엔 不食肉하며
不飮酒하나니 父在爲母와 爲妻니라 九月之喪에
食飮은 猶期之喪也니 食肉飮酒하되 不與人樂之니라.

『1년의 상복을 입은 사람은 세 끼니를 먹지 않다가 거친 밥을 먹고 물을 마시되 채소와 과일은 먹지 아니하며, 3개월이 되었고 이미 장사를 지냈으면 고기를 먹고 술을 마시며, 1년으로 상례를 마칠 때에는 고기를 먹지 않으며 술도 마시지 아니하나니 아버지가 살아 있을 때에 어머니의 상복을 입음과 아내의 상복을 입은 경우니라. 9월의 상복을 입음에 음식은 1년의 상복을 입을 때와 같은 것이니 고기를 먹고 술을 마시되 사람들과 더불어 즐겁게 놀지는 아니하니라.』

◉ 이 절은 기년복(期年服)과 9월의 상복을 입었을 때에 음식의 절도를 기술하였다.

기지상(期之喪)은 3년의 상복을 입은 사람이 있는 초상에 1년의 상복을 입은 사람이다. 3(三)은 세 끼니이고, 기종상(期終喪)은 3년의 상복을 입은 사람이 없는 초상에 1년의 상복을 입고 상례를 마치는 사람이니 아버지가 살아 있을 때에 어머니의 상복을 입은 경우와 아내의 상복을 입은 경우이다. 예절로 정한 기간은 비록 1년이지만 가슴속에는 3년복의 슬픔이 남아 있으므로 그전에 차마 고기와 술을 먹지 못하는 것이다.

22-10-5 ──────────────────── 五月三月之喪엔 壹不食再不食이

可也요 比葬하야 食肉飮酒하되 不與人樂之하나니

叔母世母故主宗子엔 食肉飮酒하나니라.

『5월과 3월의 상복을 입음에는 한 끼니를 먹지 않음과 두 끼니를 먹지 않음이 옳은 것이요, 장사 지냄에 미쳐 고기를 먹고 술을 마시되 사람들과 더불어 즐겁게 놀지는 아니하나니 숙모와 세모와 옛날에 섬겼던 대부와 종자의 상복을 입음에는 고기를 먹고 술을 마시느니라.』

☯ 이 절은 5월복(五月服)과 3월복(三月服)을 입었을 때의 음식절도를 기술하였다.

1불식(壹不食)은 3월의 상복을 입은 사람이 한 끼를 먹지 않는 것이고, 재불식(再不食)은 5월의 상복을 입은 사람이 두 끼를 먹지 않는 것이다. 비(比)는 급(及)과 같고, 고주(故主)는 옛날에 섬겼던 대

부(大夫)로 본래 주군(主君)으로 호칭하였기 때문에 고주(故主)라고
하였다.

22-10-6━━━━━━━━━━━━━━━━━━ 不能識粥이어든 羹之以菜라도 可也요
有疾이어든 食肉飮酒라도 可也니 五十에
不成喪하며 七十에 唯衰麻在身이니라.

『죽을 먹을 수 없거든 채소로 국을 끓여 먹어도 괜찮고, 질병이
있거든 고기를 먹고 술을 마셔도 되나니 50세가 된 사람은 상례를
모두 갖추지 아니하며, 70세가 된 노인은 오직 상복만 몸에 입고 있
을 뿐이니라.』

◉ 이 절은 상례(喪禮)의 음식절도를 변통할 수 있는 것은 체질과
질병과 나이를 참작하여 죽은 사람 때문에 살아 있는 사람을 해치지
않도록 배려해야 됨을 기술하였다.
　불성상(不成喪)은 상례(喪禮)의 규정과 절도와 범절을 모두 갖추
어 상사(喪事)를 온전히 마칠 수 있는 체력과 정신력이 모자라므로
대강의 형식만 갖추도록 배려함이다.

22-10-7━━━━━━━━━━━━━━━━━━ 旣葬하고 若君이 食之어든 則食之하고
大夫父之友가 食之어든 則食之矣니
不辟粱肉이요 若有酒醴則辭하니라.

『이미 장사 지내고 만약 임금이 먹이시거든 곧 먹고, 대부나 아버지의 벗이 먹이거든 곧 먹나니 기장밥과 고기는 피하지 아니하고, 만약 술과 단술이거든 곧 사양하니라.』

○ 이 절은 이미 장사 지낸 다음에는 임금과 대부와 아버지의 벗이 먹으라고 한 것은 먹되 술은 사양하는 절도를 기술하였다.

피(辟)는 피(避)와 같다. 상주(喪主)의 건강을 위하여 음식을 권하는 것은 사랑하는 마음이니 임금이 신하를 사랑하고, 대부가 선비를 사랑하고, 아버지의 벗이 친구의 아들을 사랑하는 마음은 지극히 간절한 뜻이 있으므로 기장밥과 고기는 먹거니와 술과 단술은 취하는 음식이므로 사양하여 마시지 않는 것이니 이것도 또한 효자의 마음인즉 끝까지 강요할 수 없는 것이다.

22-11-1 ──────────────────── 小斂於戶內하고 大斂於阼하되 君은 以簟席하고 大夫는 以蒲席하며 士는 以葦席하니라.

『소렴은 방문 안에서 하고, 대렴은 섬돌 위의 당에서 하되 임금은 삿자리를 펴고, 대부는 부들자리를 펴며, 선비는 갈자리를 펴고 하니라.』

○ 이 장은 초상범절(初喪凡節)에 있어서 소렴(小斂)과 대렴(大斂) 하는 절도를 기술하였으니 여기에서는 소렴은 방 안에서 하고 대렴은 당(堂) 위에서 하되 당(堂)에 까는 자리가 다름을 밝혔다.

호내(戶內)는 실내(室內)이고, 조(阼)는 섬돌계단 위의 당(堂)이며, 점석(簟席)은 대로 만든 삿자리요, 포석(蒲席)은 부들로 만든 부들자리이며, 위석(葦席)은 갈대로 만든 갈자리이다.

22-11-2 ——————————————— 小斂엔 布絞를 縮者가 一이요
橫者가 三이며 君은 錦衾이요
大夫는 縞衾이며 士는 緇衾이니 皆一이요
衣十有九稱이니라 君은 陳衣於序東하고
大夫士는 陳衣於房中하되
皆西領北上하니 絞衾은 不在列하니라.

『소렴에는 삼베염매를 세로가 한 폭이요, 가로가 세 폭이며, 임금은 비단 홑이불이요, 대부는 흰 비단 홑이불이며, 선비는 검은 홑이불이니 모두 하나이고, 옷은 열아홉 벌이니라. 임금은 복도의 동쪽에 옷을 진열하고, 대부와 선비는 방 가운데에 옷을 진열하되 모두 옷깃이 서쪽을 향하고 북쪽을 위로 하니 염매와 홑이불은 옷을 진열하는 곳에 두지 아니하니라.』

◑ 이 절은 소렴(小斂)을 함에 있어서 삼베염매의 폭 수와 홑이불의 종류와 옷의 벌 수와 진열하는 절도를 기술하였다.

포교(布絞)는 삼베의 전폭(全幅)으로 만든 염매인데 그 끝을 세 가닥으로 쪼개서 묶어 맬 수 있게 하는 것이다. 축(縮)은 종(縱)이니 세로이고, 횡(橫)은 가로이며, 호금(縞衾)은 흰 비단 홑이불이요, 치금(緇衾)은 검은 홑이불이다. 의(衣)는 염습(斂襲)하는 옷이니 곧 시

신에 입히는 것이고, 칭(稱)은 상의(上衣)와 하상(下裳)을 갖춘 한 벌이니 십유구칭(十有九稱)은 천수(天數)의 끝이 9이고 지수(地數)의 끝이 10이므로 합하여 19벌을 진열하지만 모두 입히는 것은 아니고 적당히 필요한 만큼만 입히는 것이다. 서(序)는 건물 내의 통로인 복도(複道)이고, 령(領)은 저고리의 옷깃이며, 열(列)은 옷을 진열한 곳이다.

22-11-3 ──────────────────────── 大斂엔 布絞를 縮者가 三이요
橫者가 五이며 布紟이 二衾이니
君大夫士가 一也라 君은 陳衣于庭百稱이니
北領西上하고 大夫는 陳衣于序東五十稱이니
西領南上하며 士는 陳衣於序東三十稱이니
西領南上이니라 絞紟은 如朝服하고 絞는
一幅爲三하되 不辟하며 紟은 五幅無紞하니라.

『대렴에는 삼베염매를 세로가 세 폭이요, 가로가 다섯 폭이며, 삼베홑이불이 두 개의 홑이불이니 임금과 대부와 선비가 동일하니라. 임금은 옷을 마당에 백 벌을 진열하되 옷깃을 북쪽으로 하여 서쪽을 위로 하고, 대부는 옷을 복도의 동쪽에 오십 벌을 진열하되 옷깃을 서쪽으로 하여 남쪽을 위로 하며, 선비는 복도의 동쪽에 삼십 벌을 진열하되 옷깃을 서쪽으로 하여 남쪽을 위로 하니라. 염매와 홑이불은 조복의 옷감과 같은 것으로 하고, 염매는 한 폭을 세 가닥으로 만들되 끝을 쪼개지 아니하며 홑이불은 다섯 폭으로 만들되 가장자리를 수술로 장식함이 없다.』

◑ 이 절은 대렴(大斂)을 함에 있어서 삼베염매의 폭 수와 홑이불의 종류와 옷의 벌 수와 진열하는 절도를 기술하였다.

포금(布紟)은 삼베로 만든 홑이불이고, 여조복(如朝服)은 조복을 만드는 옷감과 같은 것이니 곧 15승(升)의 삼베이다. 벽(辟)은 벽(擘)과 같으니 끝을 쪼개는 것이요, 담(紞)은 수술을 매달아 장식함이니 홑이불의 가장자리를 실로 엮어 장식함이다.

22-11-4─────────────────────── 小斂之衣에 祭服은 不倒하나니
君은 無襚하고 大夫士는 畢主人之祭服하며
親戚之衣는 受之不以卽陳하나라
小斂은 君大夫士가 皆用複衣複衾이요
大斂은 君大夫士가 祭服을 無算이니
君은 褶衣褶衾이요 大夫士는 猶小斂也니라.

『소렴하는 옷에 제복은 거꾸로 입히지 아니하나니 임금은 증정받은 주검 옷을 입힘이 없고, 대부와 선비는 주인의 제복을 모두 입히고 부족하면 증정받은 주검 옷을 입히되 친척이 증정한 주검 옷은 받아서 곧 진열하지는 아니하나라. 소렴은 임금과 대부와 선비가 모두 겹옷과 겹이불을 사용하고, 대렴은 임금과 대부와 선비가 제복을 입힘에 계산함이 없나니 임금은 옷을 덧입히고 이불을 덧싸며, 대부와 선비는 소렴과 같으니라.』

◑ 이 절은 소렴과 대렴에 제복(祭服)을 입히는 절도와 증정받은 주검 옷을 임금은 입히지 않고, 대부와 선비는 입힐 수 있음을 기술

하였다.

　제복부도(祭服不倒)는 소렴과 대렴에 옷을 모두 입히는 것이 아니고 필요한 곳에 넣을 때라도 제복(祭服)은 존귀한 옷이므로 옷깃이 거꾸로 가는 일이 없도록 상하를 바르게 넣으라는 뜻이다. 군무수(君無襚)는 임금은 옷이 많으므로 자기의 옷으로만 입히고 증정받은 주검 옷을 입힐 필요가 없다는 말이며, 대부(大夫)와 사(士)는 주인의 제복(祭服)까지 모두 입히고도 부족하면 친척이 보내 준 주검 옷을 입혀도 되지만 미리 진열할 필요는 없는 것이다. 복(複)은 겹으로 만든 것이요, 첩(襵)은 거듭하여 덧입히는 것이다. 무산(無算)은 계산함이 없는 것이니 한도가 없는 것이다.

22-11-5————————————————　袍必有表하고 不襌하며
　衣必有裳을 謂之一稱이니라.

『도포가 반드시 겉에 있게 하고 홑옷으로 아니 하며 저고리에 반드시 치마가 있는 것을 일컬어 한 벌이라고 하니라.』

　◉ 이 절은 소렴과 대렴에서 가장 겉에 입히는 옷은 도포임을 밝히고, 옷의 한 벌이란 저고리와 치마가 갖추어진 것임을 기술하였다.
　포(袍)는 도포이니 예복이요, 표(表)는 가장 겉에 입히는 것이며 단(襌)은 홑옷이니 도포를 입히지 않은 상태이다. 의(衣)는 상의(上衣)이고 상(裳)은 하상(下裳)이다.

 ── 凡陳衣者는 實之篋하고 取衣者가 亦以篋하며 升降者는 自西階하며 凡陳衣엔 不詘하며 非列采인댄 不入하며 絺綌紵를 不入하니라.

『무릇 옷을 진열하는 것은 상자에다가 담아서 진열하고, 옷을 가지고 가는 것도 또한 상자째로 들고 가며, 오르고 내리는 사람은 서쪽 계단을 말미암으며, 무릇 옷을 진열함에는 옷을 접지 아니하며, 진열할 채색이 아닐진댄 들이지 아니하며, 칡베옷이나 모시옷은 들이지 아니하니라.』

◑ 이 절은 소렴과 대렴에 진열하는 옷은 상자에 담아서 진열하는 절도와 또한 진열해서는 아니 되는 옷을 기술하였다.

실(實)은 담는 것이요, 협(篋)은 대로 만든 옷상자이며, 굴(詘)은 굽혀서 접는 것이고, 비열채(非列采)는 간색(間色)이나 잡색(雜色)으로 된 옷으로 주검 옷으로 입히기에 부적절한 것이다. 치격저(絺綌紵)는 칡베옷과 모시옷이니 지나치게 얇고 약하여 주검 옷으로 부적당한 것이다.

 ── 凡斂者는 袒하고 遷尸者는 襲하니라.

『무릇 염하는 사람은 윗도리를 벗고, 시신을 옮기는 사람은 겉옷을 입느니라.』

◐ 이 절은 소렴과 대렴을 하는 사람은 일이 복잡하므로 윗도리를 벗고 다부지게 해야 되고, 시신을 옮기는 일은 간단하므로 겉옷을 입고 예의를 갖추어야 됨을 기술하였다.

22-11-8 —————————————— 君之喪엔 大脅이 是斂이어든
衆脅이 佐之하고 大夫之喪엔 大脅이
侍之어든 衆脅이 是斂하고 士之喪엔
脅爲侍하고 士가 是斂하나니라.

『임금의 초상에는 태축이 이에 염습을 하거든 여러 축관이 돕고, 대부의 초상에는 태축이 임하거든 여러 축관이 이에 염습을 하고, 선비의 초상에는 축관이 임하거든 선비가 이에 염습을 하느니라.』

◐ 이 절에서는 죽은 사람의 신분에 따라 염습을 하는 사람의 신분도 다름을 기술하였다.

태축(大脅)은 태축(太祝)이요, 중축(衆脅)은 중축(衆祝)으로 상례(喪禮)를 주관하여 염습(斂襲)과 축문을 관장하는 관직이니 주례(周禮)에 태축(太祝)이 염습과 축문을 관장한다고 하였다. 시(侍)는 임(臨)하여 입회(立會)해서 살피는 것이다.

22-11-9 —————————————— 小斂大斂에 祭服을 不倒하며
皆左衽하며 結絞하되 不紐하나니라.

『소렴과 대렴에 제복을 거꾸로 입히지 아니하며, 모두 왼쪽으로 가는 옷깃을 앞으로 하며, 염매를 묶되 고리를 내서 매지 않느니라.』

◉ 이 절은 죽은 사람이 부활(復活)하거나 시신이 부풀 경우에 대비하여 주검 옷을 입히고 염매를 매는 방법을 기술하였다.

좌임(左袵)은 옷깃이 왼쪽으로 가는 것을 앞으로 나오게 입히는 것이다. 대저 살아서는 오른쪽으로 가는 옷깃을 앞으로 나오게 하니 옷고름을 매기 위함이다. 그러나 주검 옷은 옷고름을 매지 않기 위하여 왼쪽 깃을 앞으로 입히는 것이다. 결교(結絞)는 염매를 묶음에 있어서 왼쪽 가닥을 잡고 오른쪽 가닥으로 그 왼쪽 가닥을 세 번 감아서 그 묶은 줄밑에 찔러 두기만 하는 것이니 부활하거나 부풀었을 때 저절로 염매가 늘어나도록 배려함이다. 뉴(紐)는 옷고름을 접어서 고리를 만들어 묶는 것이니 풀어지지 않도록 꼭꼭 매는 방법인데 만일 시신이 살아났을 경우에도 결코 풀고 나올 수 없게 되고, 또한 시신이 부풀면 염매가 터지는 위험이 있기 때문에 절대로 사용하지 않는 것이니 인간 사랑과 인간 존엄의 지극한 정신이 깃들어 있는 것이다.

22-11-10————————————— 斂者는 旣斂하고 必哭하며 士가
與其執事로 則斂斂하고
焉則爲之壹不食하나니 凡斂者는 六人이니라.

『염습하는 사람은 이미 염습하고 반드시 곡하며 선비가 그 집사로 더불어 곧 염습을 도와서 염습하고 이에 곧 죽은 사람을 위하여 한

끼를 먹지 아니하나니 무릇 염습하는 사람은 여섯 사람이니라.』

　☯ 이 절은 염습을 마치고 염습하는 사람이 애도하여 곡하는 절도를 기술하였다.

　집사(執事)는 염습을 주관하는 축관(祝官)이요, 염렴(斂斂)은 염습하는 일을 도와서 염습을 하는 것이며, 언(焉)은 '이에' 즉 '어시(於是)'이다. 선비는 축관(祝官)보다 직급이 낮은 사람이므로 염습하는 집사(執事)의 일을 담당함에 죽은 사람을 위하여 한 끼를 굶어서 그 애도하는 뜻을 표하는 것이다.

22-11-11 ─────────────────── 君은 錦冒黼殺니 綴旁이 七이요
大夫는 玄冒黼殺니 綴旁이 五요
士는 緇冒赬殺니 綴旁이 三이니 凡冒는
質이 長與手齊하고 殺는 三尺이니
自小斂以往에는 用夷衾하나니
夷衾은 質殺之裁가 猶冒也니라.

『임금은 비단침낭이니 아래 침낭에 도끼 문양을 수놓고 한쪽 옆을 연결함이 일곱이요, 대부는 검은 비단침낭이니 아래 침낭에 도끼 문양을 수놓고 한쪽 옆을 연결함이 다섯이요, 선비는 거무스름한 비단 침낭이니 아래 침낭에 붉은색을 물들이고 한쪽 옆을 연결함이 셋이니 무릇 침낭은 위에 침낭의 길이는 손과 가지런하게 하고, 아래 침낭은 3척이니 소렴을 한 다음에는 평평한 이불을 쓰나니 평평한 이불은 위와 아래의 재단함을 침낭과 같게 하느니라.』

◒ 이 절은 신분에 따라 침낭(寢囊)의 재질과 색깔과 연결함에 차이가 있음을 기술하였다.

모(冒)는 침낭(寢囊)이니 발에서부터 씌어 올리는 주머니를 쇄(殺)라 하고, 머리에서부터 씌어 내리는 주머니를 질(質)이라고 하니 침낭은 상체의 침낭과 하체의 침낭으로 한 벌이 이루어진다. 보(黼)는 도끼의 문양을 수놓은 것이요, 철방(綴旁)은 한쪽을 연결하여 붙이는 것이니 다른 한쪽은 연결하지 않는다. 정(赬)은 붉은색을 물들이는 것이고, 이금(夷衾)은 주머니처럼 만들지 않고 편편하게 만든 이불이며, 재(裁)는 체재니 색깔과 그림의 문양 및 크기이다.

22-11-12 —— 君에 將大斂이어든 子는 弁絰하야 卽位于序端하고 卿大夫는 卽位于堂廉楹西하되 北面東上하고 父兄은 堂下에 北面하고 夫人命婦는 尸西에 東面하고 外宗은 房中에 南面하나니 小臣이 鋪席하면 商祝은 鋪絞紟衾衣하니 士는 盥于盤上하고 士가 擧遷尸于斂上하며 卒斂을 宰告어든 子가 憑之踊하고 夫人도 東面하사 亦如之하시나니라.

『임금의 초상에 대렴을 거행하거든 아들은 흰 고깔 위에 삼으로 머리띠를 하고 동쪽 복도의 남쪽 끝자리에 가서 서고, 경대부는 뜰방의 남쪽 모서리 기둥 서쪽 자리에 가서 서되 북쪽을 향하여 동쪽을 위로 하고, 부형은 당 아래에 북쪽을 향하여 서고, 부인과 명부는 시신의 서쪽에서 동쪽을 향하고, 외종은 방 안에서 남쪽을 향하나니 낮

은 신하가 대렴할 자리를 펴면 상축은 그 위에 염매와 홑이불과 이
불과 옷을 펴니 선비는 소반 위에서 손 씻고 선비가 시신을 들어서
대렴할 자리 위로 옮기며, 대렴을 마쳤음을 태재가 알리거든 아들이
시신에 기대어 뛰며 곡하고, 부인도 동쪽을 향하여 또한 그와 같이
하시니라.』

◑ 이 절은 임금의 초상에 대렴(大斂)하는 절도를 기술하였다.

장(將)은 거행함이고 자(子)는 후계자로 임금의 자리에 오른 아들
이며, 변질(弁絰)은 소변(素弁)에 수질(首絰)을 한 것이니 아직 성복
(成服)을 안 했기 때문이다. 서단(序端)은 동서(東序)의 남두(南頭)
이고, 당렴(堂廉)은 당(堂)의 남쪽 모서리이며, 영(楹)은 건물 내부
에 세운 기둥이니 건물의 변두리에 세운 기둥은 주(柱)이다. 외종(外
宗)은 앞에 21-13-8에서 이미 해설하였고, 상축(商祝)은 앞에 20-
13-1에서 역시 해설하였으며, 졸렴(卒斂)은 대렴(大斂)하여 입관(入
棺)하기 직전이요, 재(宰)는 태재(太宰)이다. 빙(憑)은 시신에 기대
는 것이니 가장 친밀함을 나타낸다.

22-11-13————————————————————— 大夫之喪에 將大斂할새

既鋪絞紟衾衣하고 君이 至어시든

主人이 迎하며 先入門右라 커시든

巫는 止于門外하고 君이 釋采커시든

祝이 先入升堂하고 君이 卽位于序端커시든

卿大夫가 卽位于堂廉楹西하되 北面東上하고

主人은 房外에 南面하고 主婦는 尸西에

東面이어든 遷尸하나니 卒斂을 宰告어든
主人이 降하야 北面于堂下하고 君이
撫之어시든 主人이 拜稽顙하면 君이 降하사
升主人憑之하시고 命主婦憑之하시나니라.

『대부의 초상에 대렴을 거행할 때에 이미 염매와 홑이불과 이불과 옷을 펴고, 임금이 이르시거든 주인이 대문 밖에 나아가 맞이하며, 임금이 주인에게 대문의 서쪽 계단으로 먼저 들어가라고 하시거든 무관은 대문 밖에 멈추고, 축관이 대신 앞장서서 들어가 임금이 대문에 간소한 제물로 고사를 지내시거든 축관이 먼저 당에 오르고, 임금이 동쪽 복도의 남쪽 끝자리에 가서 서시거든 경대부가 뜰방의 남쪽 모서리 기둥 서쪽 자리에 가서 서되 북쪽을 향하며 동쪽을 위로 하고, 주인은 방문 밖에서 남향하고, 주부는 시신의 서쪽에서 동쪽을 향하거든 시신을 옮기나니 대렴을 마쳤음을 태재가 아뢰거든 임금이 시신을 어루만지시거든 주인이 절하고 머리를 조아려 이마를 땅에 대면, 임금이 내려오시어 주인에게 올라가서 시신에 기대라고 하시고 주부에게도 명령하여 시신에 기대라고 하시니라.』

◉ 이 절은 대부(大夫)의 초상에 대렴(大斂)하는 절도를 기술하였다.

문우(門右)는 대문의 서쪽이니 손님의 자리인데 대부(大夫)의 초상에는 국가의 예장(禮葬)으로 거행하여 임금이 주관하는 까닭에 임금이 대문의 동쪽에 선다. 그러나 주인을 손님으로 높여서 대문의 서쪽 계단으로 먼저 오르라고 한 것이다. 무(巫)는 무관(巫官)이니 임금의 조문행차에 앞장서서 잡귀를 쫓는 사람이요, 석채(釋采)는 간소

한 제물로 고사(告祀)를 지내는 것인데 임금이 초상집의 대문을 수
호하는 신령에게 상가(喪家)의 안전을 축원하는 것이다. 무지(撫之)
는 시신을 입관(入棺)하기 전에 마지막으로 어루만져서 친근감을 표
함이니 빙(憑)보다는 덜 친밀함이며 승(升)과 명(命)은 모두 임금이
명령한 것이다.

22-11-14────────────────────── 士之喪에 將大斂이어든
君이 不在하시니 其餘禮는 猶大夫也니라.

『선비의 초상에 대렴을 거행하거든 임금이 이르지 아니하시니 그
남은 예절은 대부와 같으니라.』

◑ 이 절은 선비의 초상에 대렴(大斂)하는 절도를 기술하였다,
　군부재(君不在)는 선비가 죽어서 대렴을 함에는 임금이 임하는 예
절이 없다는 뜻이요, 기여례(其餘禮)는 임금을 제외한 모든 예절절차
이다.

22-11-15──────────────── 鋪絞紟하면 踊하고 鋪衾하면
踊하고 鋪衣하면 踊하고 遷尸하면
踊하고 斂衣하면 踊하고 斂衾하면
踊하고 斂絞紟하면 踊하니라.

『염매와 홑이불을 펴면 뛰고, 이불을 펴면 뛰고, 옷을 펴면 뛰고,

시신을 옮기면 뛰고, 옷을 입히면 뛰고, 이불을 덮으면 뛰고, 염매로
묶어 홑이불을 덮으면 뛰느니라.』

　☯ 이 절은 대렴(大斂)을 할 때에 유가족이 곡(哭)하며 가슴을 치
고 뛰는 절도를 기술하였으니 천자(天子)로부터 서민에 이르기까지
모두 똑같이 애통함을 표현하는 방법이다.
　용(踊)은 벽용(擗踊)하며 곡읍(哭泣)함이니 최고로 슬퍼함이다.

22-11-16───────────────── 君은 撫大夫하시고 撫內命婦하시며
　　　　　　　　　　　　　　　　　大夫는 撫室老하고 撫姪娣하니라.

『임금은 대부의 널을 어루만지시고, 내명부의 널을 어루만지시며,
대부는 가신장의 널을 어루만지고, 조카와 누이동생의 널을 어루만지
니라.』

　☯ 이 절은 대렴(大斂)하여 입관(入棺)하기 직전에 시신을 어루만
져서 친근감을 표시하는 대상을 기술하였다.
　대부(大夫)는 조정의 높은 벼슬이고 내명부(內命婦)는 궁궐의 중
요한 직책이므로 임금이 그 시신을 어루만져서 친근감을 표하는 것
이나 그 이하에는 어루만지지 아니하는 것이며, 가신장(家臣長)은 대
부의 집안일을 관장하는 중요한 사람이고, 조카와 누이동생은 혈연으
로 가까운 사람이므로 대부가 그 시신을 어루만져서 친근감을 표하
는 것이나 그 이하는 어루만지지 아니한다.

君大夫는 馮父母妻長子하고
不馮庶子하며 士는 馮父母妻長子庶子하되
庶子가 有子면 則父母가 不馮其尸하며
凡馮尸者는 父母가 先하고 妻子가 後니라.

『임금과 대부는 부모와 아내와 맏아들의 시신에 기대고, 여러 아들의 시신에는 기대지 아니하며, 선비는 부모와 아내와 맏아들과 여러 아들의 시신에 기대되 여러 아들이 자식이 있으면 곧 부모는 그 시신에 기대지 아니하며, 무릇 시신에 기대는 사람은 부모가 먼저 하고 아내와 아들이 뒤에 하니라.』

◉ 이 절은 대렴(大斂)을 마치고 시신에 기대어 가장 친밀한 관계를 표시하며 애통하고 애석하여 몸부림치는 대상과 순서를 기술하였다.

빙(馮)은 빙(憑)이다. 부모처장자(父母妻長子)는 시신(尸身)의 부모와 아내와 맏아들이요, 서자(庶子)는 차자(次子)로부터 뭇 아들이다. 임금과 대부는 종통(宗統)을 엄중히 세우므로 여러 아들의 시신에는 기대지 아니하고, 선비는 가족애(家族愛)를 중시하므로 여러 아들의 시신에 기대지만 그러나 여러 아들이 자식이 있으면 기대지 않는 것이며, 무릇 부모가 먼저 기대고 처자가 그 뒤에 기대는 것은 애달프게 몸부림치는 순서에 따른 것이다.

君은 於臣엔 撫之하시고 父母는 於子엔
執之하나니 子는 於父母엔 馮之하고

婦는 於舅姑엔 奉之하고 舅姑는
於婦엔 撫之하고 妻는 於夫엔 拘之하고
夫는 於妻와 於昆弟엔 執之하니
憑尸하되 不當君所하며 凡憑尸하고 興必踊하니라.

『임금은 신하의 시신을 어루만지시고, 부모는 아들의 시신을 붙잡나니, 아들은 부모의 시신에 기대고, 며느리는 시부모의 시신을 받들고, 시부모는 며느리의 시신을 어루만지고, 아내는 남편의 시신을 끌어안고, 남편은 아내와 형제의 시신을 붙잡나니 시신에 기대되 임금이 어루만진 곳에는 해당하지 않게 하며, 무릇 시신에 기대고 일어나서 반드시 뛰느니라.』

◉ 이 절은 대렴(大斂)을 마치고 입관(入棺)하기 직전에 마지막으로 시신을 보고 정을 나누는 절도를 기술하였으니 무(撫)와 집(執)과 빙(憑)과 봉(奉)과 구(拘)의 대상을 구체적으로 밝혔다.

대저 입관(入棺)하여 관 뚜껑을 덮으면 그 형체를 다시는 볼 수 없으므로 사람의 감정이 격렬하게 되어 평소에 대하던 정분을 남김없이 쏟는 까닭에 여러 가지 몸부림이 저절로 나타나는 것이다.

임금은 신하를 아까워하므로 어루만지고, 부모는 아들을 안타까워하므로 붙잡으며, 며느리는 시부모를 아쉬워하므로 받들며, 시부모는 며느리를 아까워하므로 어루만지고, 아내는 남편을 애달파하므로 붙잡고 끌어당기며, 남편은 아내와 형제들을 안타까워하므로 붙잡는 것이다.

이에 무(撫)는 손으로 시신의 가슴을 살며시 문지르는 것이고, 집

(執)은 시신의 어깨와 팔다리를 잡는 것이며, 빙(憑)은 시신의 얼굴과 가슴에 몸을 굽혀 기대는 것이요, 봉(奉)은 시신의 옷을 두 손으로 받드는 것이며, 구(拘)는 시신의 옷을 잡고 살며시 끌어당기는 것이다.

22-12-1 ——————————————— 父母之喪엔 居倚廬하되 不塗하고
寢苫枕凷하며 非喪事어든 不言하나니
君은 爲廬하되 宮之하고 大夫士는 襢之하니라.

『부모의 상복을 입음에는 움막에서 거처하되 흙을 바르지 않고 거적자리에서 자고 흙덩이를 베며, 상사가 아니거든 말을 아니 하나니 임금은 움막을 만들되 휘장으로 담장을 치고, 대부와 선비는 드러내니라.』

◉ 이 장은 상복(喪服)을 입은 사람이 상차(喪次)에 거처하는 절도를 기술하였으니 여기에서는 부모의 초상에 장사 지내기 전의 의려(倚廬)제도를 밝혔다.

의려(倚廬)는 중문(中門) 밖의 동쪽 담장 아래에 나무를 기대 세우고 풀을 덮어서 북쪽으로 출입하는 곳을 만든 움막이고, 부도(不塗)는 움막의 내면에 진흙을 바르지 아니함이며, 궁지(宮之)는 휘장을 둘러 움막을 가리는 것이요, 전지(襢之)는 움막을 노출시키는 것이니 곧 휘장으로 가리지 않는다는 뜻이다.

旣葬이어든 柱楣하고 塗廬하되
不於顯者하며 君大夫士가 皆宮之니라.

『이미 장사 지냈거든 기둥을 인중방까지 세우고, 움막의 내부에
진흙을 바르되 나타난 외부에는 바르지 않으며, 임금과 대부와 선비
가 모두 휘장으로 담장을 치느니라.』

◯ 이 절은 부모의 상복을 입은 사람이 장사 지낸 뒤에 거처하는
의려(倚廬)제도를 기술하였다.

주(柱)는 기댄 기둥을 수직으로 세우는 것이고, 미(楣)는 인중방
이니 문 위에 가로지르는 들보인데 이미 장사 지냈으면 슬픔이 덜하
므로 몸을 세울 수 있기 때문에 담에 기대었던 나무를 인중방까지
똑바로 세우고 처마를 만든 것이다. 도려(塗廬)는 움막의 내부를 진
흙으로 발라서 바람과 추위를 막는 것이고, 불어현자(不於顯者)는 움
막의 외부로 나타난 부분은 흙으로 바르지 아니함이다.

凡非適子者는 自未葬으로
以於隱者에 爲廬하니라.

『무릇 맏아들이 아닌 사람은 장사 지내지 않은 때로부터 은밀한
장소에 움막을 짓느니라.』

◯ 이 절은 적장자(適長者)가 아닌 여러 아들의 의려(倚廬)에 대

한 절도를 기술하였다.

자미장(自未葬)은 장사 지내지 않은 때로부터 장사 지낸 이후까지를 모두 포괄하고, 어은자(於隱者)는 중문(中門) 밖의 동남쪽 모퉁이의 그늘진 곳이다.

22-12-4 ——————————————————— 旣葬하면 與人立하되 君은
言王事하시고 不言國事하시며 大夫士는
言公事하고 不言家事하며 君은
旣葬이어든 王政이 入於國하고
旣卒哭而服王事하시며 大夫士는 旣葬이어든
公政이 入於家하고 旣卒哭이어든
弁経帶하야 金革之事를 無辟也니라.

『이미 장사 지냈으면 사람과 더불어 서되 임금은 천자의 일을 말하고 나라의 일은 말하지 아니하시며, 대부와 선비는 임금의 일을 말하고 집안의 일은 말하지 않으며, 임금은 이미 장사 지냈거든 천자의 정사가 나라에 들어가고, 이미 졸곡하고는 천자의 사업에 복무하시며, 대부와 선비는 이미 장사 지냈거든 임금의 정사가 집에 들어가고, 이미 졸곡하였거든 고깔과 수질과 요대를 하고 전쟁하는 일을 피하지 아니하니라.』

☯ 이 절은 상복 입는 기간에 대화하고 명령받고 복무하는 절도를 기술하였다.

여인립(與人立)은 사람과 마당에 서서 면담함이고, 왕(王)은 천자

(天子)이며, 공(公)은 제후(諸侯)이다. 변(弁)은 소변(素弁)이요, 질(絰)은 수질(首絰)이며, 대(帶)는 요대(要帶)이고, 금혁(金革)은 전쟁하는 무기와 갑옷이며, 피(辟)는 피(避)이다.

살피건대 이미 장사 지냈으면 정신을 가다듬어 상부(上部)의 일에도 마음을 써야 되고, 이미 졸곡하였으면 상부의 중대한 일에 복무하여야 되나니 개인의 슬픔으로 인하여 상부의 사업을 돌아보지 않는 것은 무책임한 일이라고 할 것이니 부득이 대화하고 명령받고 복무하는 권도(權道)의 임시방편으로 대처해야 된다.

22-12-5 ──────────────── 既練이어든 居堊室하고 不與人居하며
君은 謀國政하시고 大夫士는 謀家事하며
既祥이어든 黝堊하며 祥而外無哭者하고
禫而內無哭者하나니 樂作矣故也라.

『이미 소상을 지냈거든 악실에 거처하고 사람과 더불어 거처하지 아니하며, 임금은 나라의 정사를 도모하시고, 대부와 선비는 가정의 일을 도모하며, 이미 대상을 지냈거든 악실에 검은 칠을 하며, 대상을 지내고는 중문 밖에 곡하는 사람이 없고, 담제를 지내고는 중문 안에 곡하는 사람이 없나니 음악을 연주하는 까닭이니라.』

◐ 이 절은 소상(小祥)과 대상(大祥)을 지낸 다음에 거처하는 곳과 하는 일을 기술하였다.

연(練)은 1주기(一周期)가 되어 상복(喪服)을 빨아서 입고 소상

(小祥)을 지낸 것이요, 악실(堊室)은 앞에 20-2-4에서 이미 해설하
였는바 중문(中門) 밖의 건물에 붙여서 지은 방으로 겉벽에 흰색을
바른 것이니 1년이 지났으므로 건물에 가까이 옮긴 것이다. 모(謀)는
기획하여 의논함이고, 상(祥)은 2주기가 되어 상복(喪服)을 벗고 대
상(大祥)을 지낸 것이며, 유악(黝堊)은 악실(堊室) 겉벽에 검은색을
바른 것이다. 대저 흰색은 밝은 이 세상을 상징하고, 검은색은 어두
운 저승을 뜻하니 악실(堊室)은 어버이의 생전(生前)을 사모하는 방
이요, 유악(黝堊)은 어버이의 사후(死後)를 추모하는 방이다. 내(內)
와 외(外)는 중문(中門)의 안과 밖이고, 무곡(無哭)은 조문객(吊門
客)을 받지 아니하는 것이니 조문객을 받는 것은 대상(大祥) 이전까
지뿐인데 오직 친척은 담제(禫祭)까지도 조문을 받으니 부득이한 경
우이다.

22-12-6 ─────────────────────────────── 

『담제를 지내면 따르기도 하며 거느리기도 하고, 길제를 지내고는
침실로 돌아가느니라.』

☯ 이 절은 상복(喪服)을 벗은 다음에 정상생활로 돌아가는 절도
를 기술하였다.

담(禫)은 대상(大祥)을 지내고 달을 넘겨서 담담한 마음으로 지낸
제사이며, 종(從)은 종인(從人)이니 남을 따라서 함께하는 것이고,
어(御)는 어인(御人)이니 사람을 거느리고 함께하는 것이다. 정현(鄭

玄)은 종어(從御)를 아내를 사랑하는 것이라고 하였고, 두예(杜預)는 종어(從御)를 정치에 종사하여 직책사무를 처리하는 것이라고 하였으며, 공영달(孔穎達)은 정현의 학설이 옳다고 하였으니 모두 앞에 경문(經文)의 거악실(居堊室)하고 불여인거(不與人居)를 살피지 못한 소치라고 할 것이다. 이미 대상(大祥)을 지내면 악실(惡室)에 검은 칠을 하고 거처하는데 담제(禫祭)를 지낸 다음에는 사람과 더불어 앉아서 의논하고 지시할 수 있다는 뜻이다. 길제(吉祭)는 담제(禫祭)를 지내고 4시정제(四時正祭)가 돌아오면 길제(吉祭)를 지내는 것인데 길제를 지내고서는 본래에 거처하던 침실(寢室)로 돌아가고 유악(黝堊)을 철거하는 것이다.

22-12-7 ──────────────────────── 期에 居廬하며 終喪까지
不御於內者는 父在에 爲母와 爲妻요
齊衰期者와 大功布衰九月者는
皆三月을 不御於內하니라 婦人은
不居廬하며 不寢苫하고 喪父母엔
旣練而歸하고 期九月者는 旣葬而歸하니라.

『1년의 상복을 입음에는 움막에 거처하며 상기를 마칠 때까지 집 안에서 거느리지 아니하는 사람은 아버지가 살아 계심에 어머니의 상복을 입음과 아내의 상복을 입는 것이요, 자최 1년의 상복을 입은 사람과 대공 9월의 상복을 입은 사람은 모두 3개월 동안을 집 안에서 거느리지 아니하느니라. 부인은 움막에 거처하지 아니하며 거적자리를 깔지 아니하고, 친정의 부모가 돌아가심에는 이미 소상을 지냈으

면 시집으로 돌아오고, 1년의 상복을 9월로 낮추어 입은 사람은 이미 장사 지냈으면 시집으로 돌아오느니라.』

☯ 이 절은 기년복(期年服)을 입은 남자와 부인(婦人)의 거상(居喪)범절을 기술하였다.

종상(終喪)은 본래의 상기(喪期)를 마치는 것이니 곧 3년상(三年喪)을 마칠 때까지이다. 아버지가 돌아가신 뒤에 어머니의 상복은 3년이고, 아내의 상복은 1년이지만 그 아들딸의 어머니를 위한 상복은 본래 3년복이니 비록 탈상(脫喪)은 1년 만에 하지만 그 슬픔은 3년이 지나야 다하는 것이므로 종상(終喪)까지 근신하는 것이다. 내(內)는 집 안이니 집 안에서 사람과 더불어 앉아 논의하고 지시하지 아니한다면 외부에 나아가서도 당연히 더불어 처신해서는 아니 될 것이다. 부인(婦人)은 체력이 강인하지 못하므로 특별히 배려하여 안방에서 거처하며 요를 깔고 자게 하였고, 상부모(喪父母)는 친정의 부모가 돌아가신 것이며, 귀(歸)는 시집으로 돌아오는 것이다. 기9월자(期九月者)는 본래 1년의 상복인데 시집을 갔기 때문에 대공9월(大功九月)의 상복으로 낮추어 입는 것이니 여자가 출가(出嫁)하기 전에는 조부모와 형제자매의 상복이 1년복이지만 이미 시집을 갔으면 등급을 낮추어 대공9월을 입는 것이다.

22-12-8─────────────────────────── 公之喪에 大夫는 俟練하고
士는 卒哭而歸하니라.

『공의 상복을 입음에 대부는 소상을 기다리고, 선비는 졸곡을 지내면 돌아가니라.』

◎ 이 절은 가신(家臣)이 주(主)님의 상복(喪服)을 입고 상차(喪次)에 머무르는 기간을 기술하였다.

공(公)은 대부(大夫)로서 채읍(采邑)을 가지고 있는 사람이니 그 채읍을 관리하는 대부(大夫)와 사(士) 등 가신(家臣)이 채읍을 가진 대부를 호칭하여 공(公) 또는 주(主)라고 한다. 따라서 여기에서의 공(公)은 제후(諸侯)로서의 국군(國君)이 아니고 나라의 공경(公卿)으로서 또한 채읍(采邑)의 주군(主君)이다. 그러므로 국군(國君)의 상복을 입고 거상(居喪)하는 절도는 앞에 20−2−4에서 이미 밝혔으니 여기에서 가신(家臣)이 주군(主君)의 상복을 입고 거상하는 절도를 밝힌 것이다. 귀(歸)는 채읍(采邑)으로 돌아가는 것이다.

22−12−9 ──────────────── 大夫士가 父母之喪엔 旣練而歸하고
朔日忌日則歸哭于宗室하며
諸父兄弟之喪엔 旣卒哭而歸하니라.

『대부와 선비가 부모의 상복을 입음에는 이미 소상을 지내면 돌아가고, 초하루와 기일이면 종실에 돌아가서 곡하며 여러 아버지와 형제의 상복을 입음에는 이미 졸곡하거든 돌아가니라.』

◎ 이 절은 대부(大夫)와 선비가 부모의 상복을 입고 거상(居喪)

하는 절도를 기술하였다.

　대부(大夫)와 사(士)는 상주(喪主)를 제외한 여러 아들로 나라에
벼슬한 사람인즉 곧 분가(分家)하여 따로 살기 때문에 소상을 지내
면 돌아가서 자기의 집에 악실(堊室)을 만들어 거처하는 것이다. 종
실(宗室)은 종가(宗家)에 있는 부모의 영위(靈位: 几筵)요, 제부(諸
父)는 큰아버지와 작은아버지이며, 귀(歸)는 자기의 집으로 돌아가는
것이다.

22-12-10─────────────────────── 父는 不次於子하고 兄은 不次於弟니라.

『아버지는 아들의 죽음에 상차에 머물지 아니하고, 형은 아우의
죽음에 상차에 머물지 아니하니라.』

　☯ 이 절은 어른은 젊은 사람의 죽음에 상차(喪次)에 머물지 아니
하는 절도를 기술하였으니 노쇠한 사람의 체력을 배려한 것이다.

22-13-1 ─────────────────── 君은 於大夫世婦엔 大斂焉하시고
爲之賜커시든 則小斂焉하시며 於外命婦엔
旣加蓋어든 而君이 至하시고 於士엔
旣殯而往하시나니 爲之賜커시든 大斂焉이니라.

『임금은 대부와 세부에게는 대렴을 보고 그를 위하여 은혜를 내리

거든 소렴을 보며, 외명부에게는 이미 관 뚜껑을 덮었거든 임금이 이르고, 선비에게는 이미 빈소를 설치하거든 가서 보나니 그를 위하여 은혜를 내리거든 대렴을 보시니라.』

◉ 이 장은 임금과 부인(夫人)이 신하의 초상과 질병에 조상(吊喪)하고 문병(問病)하는 절도를 기술하였으니 여기에서는 임금이 조상(吊喪)하고 은혜를 내리는 예절을 밝혔다.

대렴(大斂)은 대렴을 직접 보는 것이니 앞에 22-11-13에서 이미 서술하였고, 사(賜)는 은혜를 더욱 많이 내리는 것이며, 외명부(外命婦)는 신하의 아내로 봉호(封號)가 있는 것이요, 가개(加蓋)는 구(柩)의 뚜껑을 덮는 것이니 대렴(大斂)이 끝나는 무렵이다. 기빈(既殯)은 대렴이 이미 끝나고 빈소(殯所)를 설치한 다음이니 예절이 무거울수록 빨리 조상(吊喪)하는 것이다.

22-13-2 ———————————————— 夫人은 於世婦엔 大斂焉하시니
爲之賜어시든 小斂焉하시고 於諸妻엔
爲之賜어시든 大斂焉하시며
於大夫外命婦엔 既殯而往하시니라.

『부인은 세부에게는 대렴을 보니 그를 위하여 은혜를 내리거든 소렴을 보고, 여러 아내들에게는 그를 위하여 은혜를 내리거든 대렴을 보며 대부와 외명부에게는 이미 빈소를 설치하거든 가서 조문하니라.』

　◑ 이 절은 제후(諸侯)의 부인이 조상(弔喪)하고 은혜를 베푸는 예절을 기술하였다.

　제처(諸妻)는 동성(同姓)의 조카딸과 며느리 등이니 혈연적으로 가깝기 때문에 특별히 은혜를 내려서 대렴을 보는 것이다.

22-13-3 ──────────────────────── 大夫士에 旣殯이라도 而君이
往焉할새 使人戒之하나니 主人은
具殷奠之禮하고 俟于門外하다가
見馬首하면 先入門右하며 巫는
止于門外하고 祝이 代之先하야
君이 釋菜于門內하시며 祝이 先升自阼階하야
負墉南面하거든 君이 卽位于阼하시되
小臣二人이 執戈하야 立于前하고 二人은
立于後하며 擯者가 進이라거든 主人이
拜稽顙하며 君이 稱言하시고 視祝而踊하시거든
主人이 踊하니라

『대부와 선비가 죽음에 이미 빈소를 설치했을지라도 그 임금이 갈 때에는 먼저 사람을 시켜서 준비하도록 알리나니 주인은 성대하게 전을 드릴 예물을 갖추고 대문 밖에서 기다리다가 임금의 수레를 끄는 말머리를 보고 먼저 대문 안의 서쪽으로 들어가며, 무관은 대문 밖에 멈추고, 축관이 그를 대신하여 앞장서서 임금이 대문 안에서 간소한 제물로 고사를 지내시며, 축관이 먼저 동쪽 계단으로 올라가서 담벼락을 등지고 남쪽을 향하거든 임금이 동쪽 계단 위의 자리로 나아가

시되 낮은 신하 두 사람이 창을 들고 앞에 서고, 두 사람은 뒤에 서
며 주인집의 도우미가 '섬돌계단 아래로 나아가라'고 하거든 주인이
절하고 이마를 땅에 대며 임금이 늦게 조상하게 된 이유를 말하시고
축관이 뛰는 것을 보고 뛰며 곡하시거든 주인도 뛰며 곡하니라.』

　◑ 이 절은 대부(大夫)와 선비가 죽어서 이미 빈소(殯所)를 설치
한 뒤에야 임금이 조상(吊喪)하는 예절을 기술하였다.

　은전(殷奠)은 성대하게 제물을 차려서 전(奠)을 드리는 것이요,
마수(馬首)는 임금의 수레를 끄는 말의 머리이며, 문우(門右)는 대문
의 서쪽이니 임금에게 동쪽의 주인 자리를 양보한 것이다. 무(巫)와
축(祝)과 석채(釋采)는 앞의 22-11-13에서 이미 해설하였으니 무
(巫)는 임금의 조문행차에 잡귀를 쫓는 일을 하므로 대문 밖에서 멈
추어 있고, 축(祝)은 임금의 제사를 돕는 사람이므로 대문에 들어갈
때부터는 무(巫)를 대신하여 앞장서는 것이다. 용(墉)은 건물의 담벼
락이고, 소신(小臣)은 무장한 호위병이며, 빈자(擯者)는 주인을 도와
서 손님을 접대하는 주인집의 도우미이고, 진(進)은 대문 안의 서쪽
자리에서 동쪽 계단 아래로 나아가라는 말이다. 칭언(稱言)은 임금이
대렴(大斂)할 때에 오지 못했던 이유를 밝혀서 늦게야 오게 된 까닭
을 칭탁(稱託)하는 말이고, 시축(視祝)은 축관이 용(踊)하는 것을 보
는 것이니 임금의 말이 끝나면 먼저 축관이 뛰면 임금은 그것을 보
고 역시 뛰고, 또한 주인도 임금이 뛰는 것을 보고 따라서 뛰는 것이
니 지극한 슬픔을 표현하는 방법이다.

大夫인댄 則奠이 可也요 士인댄
則出俟于門外하다가 命之反奠하라거시든
乃反奠하나니 卒奠하고 主人이
先俟于門外하며 君이 退거시든
主人이 送于門外하야 拜稽顙하니라.

『대부의 빈소인댄 곧 주인이 영위 앞에 전을 드리는 것이 옳은 것
이요, 선비의 빈소인댄 곧 대문 밖으로 나와서 기다리다가 임금이 들
어와서 영위에 전을 드리라고 명령하시거든 이에 들어와서 빈소에
전을 드리나니 전을 마치고, 주인이 먼저 대문 밖으로 나아가 기다리
며, 임금이 물러가시거든 주인이 대문 밖에서 보내고 절하여 이마를
땅에 대느니라.』

☯ 이 절은 앞 절에 이어 임금이 늦게 조상(弔喪)할 때 주인이 영
위(靈位) 앞에 전(奠)을 드리는 절도를 기술하였다.

대부(大夫)는 대부(大夫)의 빈소(殯所)이고, 사(士)는 선비의 빈
소이다. 대부(大夫)는 벼슬이 높으므로 임금이 계실 때에 전(奠)을
드리고, 선비는 벼슬이 낮으므로 임금을 기다리게 할 수 없기 때문에
임금이 물러가신 뒤에 전(奠)을 드리는 것이나 임금이 전을 올리라
고 명령하시면 은혜를 내리는 것이니 따르는 것이 옳다.

君은 於大夫疾에 三問之하시고
在殯이어든 三往焉하시며 士가

疾이어든 一問之하시고 在殯이어든
一往焉하시나니 君이 弔어든 則復殯服이니라.

『임금은 대부가 질병을 앓음에 세 번 문병하시고, 빈소에 있거든
세 번 가시며, 선비가 질병을 앓음에 한 번 문병하시고, 빈소에 있거
든 한 번 조문하시나니 임금이 조문하시거든 주인은 다시 대렴할 때
의 옷을 입느니라.』

◉ 이 절은 임금이 대부와 선비가 질병을 앓거나 죽어서 빈소(殯
所)에 있을 때에 문병(問病)하고, 조상(弔喪)하는 정도를 기술하였다.
  3문(三問)은 문병(問病)을 세 번 가는 것이고 3왕(三往)은 조상(弔
喪)을 세 번 가는 것이다. 복빈복(復殯服)은 대렴(大斂)할 때에 상주
(喪主)가 입었던 옷을 다시 입는 것이니 임금은 대부(大夫)와 세부
(世婦)의 초상에 대렴을 보는 것이 예절이므로 비록 빈소를 설치하고
성복(成服)한 다음에 임금이 조상(弔喪)할지라도 주인은 대렴에 임하
시는 것으로 대우하여 성복(成服)하기 이전의 옷을 입고 임금을 맞이
하는 것인즉 앞의 15-11-2, 15-14-5에서 확인하기 바란다.

22-13-6─────────────────── 夫人이 弔於大夫士어시든 主人이
                    出迎於門外하다가 見馬首하고
                   先入門右하며 夫人이 入升堂卽位하시며
                  主婦가 降自西階하야 拜稽顙于下하고
                   夫人이 視世子而踊하시나니 奠은

如君至之禮하며 夫人이 退거시든 主婦가
送于門內하되 拜稽顙하고 主人은
送于大門之外하되 不拜하니라.

『임금의 부인이 대부와 선비의 빈소에 조문하시거든 주인이 대문 밖에 나아가 맞이하다가 부인의 수레를 끄는 말의 머리를 보고 먼저 대문의 서쪽으로 들어가며, 부인이 대분의 동쪽으로 들어가서 동쪽 계단을 올라가 자리에 나아가며, 주부가 서쪽 계단으로부터 내려가 계단 아래에서 절하고 이마를 땅에 대고, 부인이 세자가 뛰는 것을 보고 뛰나니 빈소에 전을 드리는 것은 임금이 이르렀을 때의 예절과 같으며, 부인이 물러가거든 주부가 대문 안에서 보내되 절하고 이마를 땅에 대고, 주인은 대문 밖에서 보내되 절하지 아니하니라.』

☯ 이 절은 임금의 부인(夫人)이 대부와 선비가 죽어서 빈소(殯所)에 있을 때에 조상(吊喪)하는 절도를 기술하였다.

시세자(視世子)는 앞의 22-13-3의 경문(經文)에 시축(視祝)과 같으니 임금은 축관(祝官)이 앞장서고, 부인(夫人)은 세자(世子)가 앞장서는 것이다. 앞의 22-7-7의 경문(經文)에서 부인(婦人)은 조문객을 맞이하고 보냄에 당(堂)을 내려오지 않는다고 하였는데 여기에서는 당(堂)을 내려와서 절하고 대문 안쪽에서 보내니 임금의 부인(夫人)은 신하가 임금을 맞이하고 보내는 예절을 쓰기 때문이다. 그리고 주인이 대문 밖에서 보내되 절하지 아니하는 것은 그 아내가 이미 대문 안에서 절하였기 때문에 중복하는 번거로움을 피하기 위함이다.

大夫君은 不迎於門外하고
入卽位于堂下어든 主人이
北面하고 衆主人은 南面하며
婦人은 卽位于房中하나니 若有君命과
命夫命婦之命과 四隣賓客이어든
其君이 後主人而拜니라.

『대부로서의 임금은 대문 밖에서 맞이하지 아니하고, 대문을 들어가 동쪽 계단 아래의 자리로 나아가거든 주인이 그 남쪽에서 북쪽을 향하고, 여러 주인은 남쪽을 향하며, 부인은 방 안에의 자리로 나아가나니 만약 임금의 명령과 경대부와 봉호를 받은 부인의 명령과 사방의 이웃나라 조문사절이거든 그 대부로서의 임금이 먼저 절하고, 주인은 그 다음에 절하게 하니라.』

◑ 이 절은 대부(大夫)가 그 가신(家臣)의 초상에 나라의 임금과 경대부(卿大夫)와 명부(命婦)와 이웃 나라의 조문사절의 조문(弔問)하는 말씀을 전달받는 절도를 기술하였다.

대부군(大夫君)은 대부로서의 임금이니 곧 대부의 가신(家臣)은 그 채지(采地)를 관리함에 있어 채지의 주인인 대부(大夫)를 주(主) 또는 군(君)이라고 호칭하나니 그러므로 국군(國君)과 구별하여 대부군(大夫君)이라고 하였으니 부군(府君)과 같은 것이다. 불영어문외(不迎於門外)는 국군(國君)과 구별하기 위함이고, 입즉위당하(入卽位堂下)는 스스로 대문의 동쪽 계단으로 들어가서 당(堂)의 동쪽 계단 아래로 나아가 서쪽을 향하여 서는 것이니 곧 주인의 자리이다. 중주인(衆主人)은 여러 아들이며 남면(南面)은 방(房)문의 밖에서 남쪽

을 향하는 것이고, 군명(君命)은 국군(國君)이 조문(弔問)하는 뜻을
전달함이다. 명부(命夫)는 경대부(卿大夫)와 선비요, 명부(命婦)는
봉호(封號)를 받은 부인이며, 4린빈객(四隣賓客)은 이웃 나라의 조문
사절(弔問使節)이고, 기군(其君)은 대부군(大夫君)이며, 후주인이배
(後主人而拜)는 대부군(大夫君)이 먼저 절하여 그 뒤를 따라서 주인
도 절하는 것이다.

22-13-8──────────────── 君이 弔하시되 見尸柩而後에 踊하니라.

『임금이 조상하실 때에 시신이나 널을 보신 다음에 뛰느니라.』

◑ 이 절은 임금이 신하에게 특별히 은혜를 베풀어 그 시신(尸身)
이나 입관(入棺)한 널을 보신 다음에는 뛰어서 애도(哀悼)를 표하는
예절을 기술하였으니 앞의 22-13-3은 일반적인 예절임을 알 것이다.

22-13-9──────────────── 大夫士에 若君이 不戒而往커시든
不具殷奠하고 君이 退어시든 必奠하니라.

『대부와 선비의 초상에 만약 임금이 미리 준비하라고 통지하지 않
고 가시거든 성대하게 절을 드리는 제물은 갖추지 아니하고, 임금이
물러가시거든 반드시 전을 드리니라.』

◑ 이 절은 임금이 미리 준비하라고 알리지 못하고 갔을 때의 절도를 기술하였으니 앞의 22-13-3은 정상적인 예절이고 여기는 특별한 경우이다.

22-14-1 ──────────────────── 君은 大棺이 八寸이요 屬이 六寸이며 椑이 四寸이니라 上大夫는 大棺이 八寸이요 屬이 六寸이며 下大夫는 大棺이 六寸이요 屬이 四寸이며 士는 棺이 六寸이니라.

『임금은 큰 널이 8촌이요, 촉널이 6촌이며, 벽널이 4촌이니라. 상대부는 큰 널이 8촌이요, 촉널이 6촌이며, 하대부는 큰 널이 6촌이요, 촉널이 4촌이며, 선비는 널이 6촌이니라.』

◑ 이 장은 제후(諸侯)와 상대부(上大夫)와 하대부(下大夫)와 사(士)의 관제(棺制)에 대하여 기술하였으니 여기에서는 관(棺)의 두께와 겹 수를 밝혔다.

대관(大棺)은 가장 밖에 있는 널이고 촉(屬)은 대관(大棺)의 속에 붙여 넣은 널이며, 벽(椑)은 또한 촉(屬)의 안에 붙여 넣은 널이니 벽(椑)에는 시신(尸身)을 넣는다.

살피건대 신분에 따라서 널의 규격과 종류가 다른 까닭은 사회에 끼친 공적과 재물의 형편에 알맞도록 배려한 것이니 조금씩 다르게 차별화한 의미가 심장하다.

 君은 裏棺을 用朱綠하며
用雜金鐕하고 大夫는 裏棺을
用玄綠하며 用牛骨鐕하고 士는 不綠이니라.

『임금은 널의 속을 붉은 비단과 초록 비단으로 바르며 잡금의 못을
사용하고, 대부는 널의 속을 검은 비단과 초록 비단으로 바르며 소뼈
로 만든 못을 사용하며, 선비는 초록 비단을 바르지 아니하니라.』

☯ 이 절은 관(棺)의 내부에 비단을 붙이는 절도를 기술하였다.

이관(裏棺)은 관의 내면에 비단을 붙이는 것이니 주록(朱綠)은 붉
은 비단으로 사방을 붙이고 초록 비단으로 모서리를 붙이는 것이며,
잠(鐕)은 못이니 곧 압정으로 비단을 널에 고정시키는 것이다. 현록
(玄綠)은 사방을 검은 비단으로 붙이고 모서리에 초록 비단을 붙이
는 것이며, 불록(不綠)은 선비의 관에는 검은 비단으로만 붙이고 초
록 비단은 사용하지 아니하는 것이다.

 君은 蓋用漆하고 三衽三束하고
大夫는 蓋用漆하며 二衽二束하고
士는 蓋不用漆하고 二衽二束이니라.

『임금은 널 뚜껑에 옻칠을 하며 세 곳의 짤뚝허리에 세 번 묶고,
대부는 널 뚜껑에 옻칠을 하며 두 곳의 짤뚝허리에 두 번 묶고, 선비
는 널 뚜껑에 옻칠을 하지 아니하고 두 곳의 짤뚝허리에 두 번 묶느

니라.』

　◐ 이 절은 관(棺)의 뚜껑과 짤뚝허리에 대한 절도를 기술하였다.
　개(蓋)는 관(棺)을 덮는 뚜껑이요, 임(衽)은 관 뚜껑을 관에 덮어
서 고정시키는 짤뚝허리인데 앞에 3-45-2에서 이미 해설하였으며
속(束)은 짤뚝허리가 빠져나오지 못하도록 베로 묶는 것이다.

22-14-4 ──────────────────────── 君大夫는 鬠爪를 實于綠中하고
土는 埋之니라.

『임금과 대부는 자른 머리털과 손톱, 발톱을 널의 모서리 속에 넣
고, 선비는 무덤 속에 묻느니라.』

　◐ 이 절은 깎은 머리털과 손톱, 발톱을 임금과 대부는 관 속에
넣고, 선비는 무덤 속에 묻는 절도를 기술하였다.
　순(鬠)은 깎아서 모아 놓은 머리털이고, 조(爪)는 깎아서 모아 놓
은 손톱과 발톱이며, 록중(綠中)은 관(棺)의 모서리에 초록 비단으로
붙인 곳이니 곧 널의 네 모서리이다. 매(埋)는 무덤 속에 널과 함께
묻는 것이다.

22-15-1 ──────────────────────── 君은 殯用輴하고 欑至于上하야
畢塗屋하고 大夫는 殯以幬하고

攢至于西序하야 塗不曁于棺하고
士는 殯見衽하고 塗上帷之니라.

『임금의 빈소에는 긴 통나무 두 개를 밑에 깔고 휘추리나무를 쌓아서 위에 이르게 하여 두터운 지붕을 완성하고, 대부의 빈소에는 휘장으로 덮고 휘추리나무를 쌓아서 서쪽 복도에 이르게 하여 진흙을 바르는 부분이 관에 미치지 아니하고, 선비의 빈소에는 짤뚝허리가 보이고 진흙을 바른 부분의 위로 장막을 치니라.』

◑ 이 장은 임금의 빈궁(殯宮)과 대부와 선비의 빈소(殯所)를 만드는 제도에 대하여 기술하였다.

순(輴)과 도옥(塗屋)은 앞의 3-45-7에서 이미 해설하였고, 찬(攢)은 휘추리나무를 묶어서 쌓은 것이니 곧 초빈(草殯)이요, 주(幬)는 휘장으로 덮는 것이며, 도(塗)는 진흙으로 바르는 것이다.

22-15-2 ──────────────────────── 熬를 君엔 四種八筐이요
大夫엔 三種六筐이요 士엔
二種四筐이니 加魚腊焉하니라.

『볶은 곡식을 임금의 빈궁에는 네 가지 곡식이 여덟 광주리이고, 대부의 빈소에는 세 가지 곡식이 여섯 광주리이고, 선비의 빈소에는 두 가지 곡식이 네 광주리이니 물고기의 포를 더하느니라.』

◐ 이 절은 빈궁(殯宮)의 주변에 볶은 곡식을 갖추어 두는 절도를
기술하였다.

오(熬)는 곡식을 불에 살짝 볶아서 구수한 향기가 나는 별식을 널
어 주변에 비치(備置)하여 개미들이 널에 침입하는 것을 방지하는
것이다. 4종(四種)은 기장과 피와 쌀과 메조이고, 8광(八筐)은 한 가
지를 두 광주리씩 담으면 그 수량이 배가 된다. 3종(三種)은 기장과
피와 메조이고, 2종(二種)은 기장과 피이며, 어석(魚腊)은 생선을 말
린 포이다.

22-16-1 ──────────────────────────── <ruby>飾棺<rt>식 관</rt></ruby>하되 <ruby>君<rt>군</rt></ruby>은 <ruby>龍帷三池<rt>룡 유 삼 지</rt></ruby>하며

『널을 실은 상여를 장식하되 임금의 상여는 용을 그린 휘장에 물
받이 통이 세 개이며』

◐ 이 장은 상여(喪輿)의 장식을 기술하였으니 여기에서는 제후
(諸侯)의 상여 장식물을 열거하였다.

식관(飾棺)은 영구(靈柩)를 상여에 싣고 그 영구차(靈柩車)를 장
식함이요, 용유(龍帷)는 상여의 휘장에 용(龍)을 그리는 것이니 곧
비룡(飛龍)을 상징하여 하늘로 올라가는 신령스러운 수레를 상징적
으로 표현한 것이다. 지(池)는 영구차에 물받이 통을 설치하는 것인
데 앞의 3-44-7에서 이미 해설하였으니 천자(天子)의 유거(柳車)
에는 4개를 설치하고 제후(諸侯)의 재궁(梓宮)에는 3개를 설치하며
대부(大夫)의 상여에는 2개이고 선비의 상여에는 1개이다.

『진동하는 모양의 장식을 하며』

  ◐ 이 절은 상여(喪輿)의 물받이 통에 진동하는 모양의 장식을 함을 기술하였다.

  진용(振容)은 진동하는 모양의 장식이니 청색과 황색의 비단으로 길이 1자 정도의 나부끼는 기를 만들어 거기에 꿩을 그려서 영구차의 물받이 통 위에 매달아 장식을 한 것이니 수레가 움직이면 기가 움직이므로 일컬어 진동하는 모양이라고 하였다.

『도끼 문양을 그린 수레덮개에 불꽃을 세 줄로 그리고, 추진체 모양을 세 줄로 그리며』

  ◐ 이 절은 상여(喪輿)의 덮개에 그리는 문양을 기술하였다.

  보(黼)는 흰색과 검은색으로 도끼의 문양을 그려서 결단력을 상징하고, 황(荒)은 덮개인데 가운데가 공처럼 둥글게 솟아오르도록 덮은 것이다. 화(火)는 불꽃 모양이요, 불(黻)은 무한한 추진력을 상징하는 문양인데 검은색과 청색으로 의 모양을 그리는 것이다.

  살피건대 상여(喪輿)는 하늘로 올라가기 때문에 도끼와 같은 강력한 결단력을 바탕으로 화통(火筒)과 같은 화력(火力)과 무한 추진체

가 필요하므로 보불(黼黻)과 화염(火炎)을 그렸으니 천자는 네 줄이
니 4기통이요, 제후는 세 줄이니 3기통이며, 대부는 2줄이니 2기통이
고, 선비는 1줄이니 1기통임을 알 수 있다.

『흰 비단 관 덮개보에 장막 덮개를 더하며』

◉ 이 절은 영구차에 싣는 관(棺)은 이중으로 장식함을 기술하였다.
소금(素錦)은 흰 비단이고, 저(褚)는 관 덮개보이며, 유(僞)는 유
(帷)이니 유황(帷荒)은 관을 덮는 작은 장막이다.

『분홍 비단으로 이어 묶음이 여섯이며』

◉ 이 절은 상여의 위에 덮개와 옆에 장막이 서로 떨어지지 않도
록 여섯 곳을 이어 묶는 제도를 기술하였다.
훈(纁)은 붉은 비단이고, 뉴(紐)는 서로 연결하여 묶은 것이며 6
(六)은 좌우에 각각 세 번씩 묶은 것이다.

『영구차의 덮개 배꼽에 다섯 색깔의 비단과 다섯 줄의 조개껍질을 매달며』

◉ 이 절은 영구차의 가운데가 둥근 공처럼 솟아오른 배꼽 부분에 장식을 매다는 법을 기술하였다.

제(齊)는 제(臍)이니 배꼽이다. 영구차의 덮개는 자라의 등 껍데기처럼 원형의 볼록하게 솟은 중심에 해당한다. 대개 그 높이는 3척(尺)이고, 직경은 2척 남짓한데 앞에서는 황(荒)이라고 하였다. 5채(五采)는 5색의 비단 끈을 매다는 것이요, 5패(五貝)는 다섯 줄의 조개껍질을 매다는 것이니 5색구름과 보배를 상징한다.

『보삽이 둘이요, 불삽이 둘이요, 구름을 그린 삽이 둘이니 모두 옥을 꽂아 장식하며』

◉ 이 절은 영구차에 신령스러운 기능을 상징하는 부호를 부착하는 것을 기술하였다.

삽(翣)은 나무판으로 부채처럼 만들어 영구차에 꽂는 표지판인데 보삽(黼翣)은 도끼를 그린 부채로 조종간(操縱干)을 마음대로 운전함을 상징하여 상여의 전면 중앙에 나란히 세우고, 불삽(黻翣)은 己ㄹ을 그린 부채로 무한한 추진동력을 상징하여 상여의 전면 좌우에 꽂는다. 화삽(畵翣)은 구름의 문양을 그린 부채로 불삽의 추진동력이 불을 뿜으면서 영구차를 날아오르게 하면 뒤에서 연기와 구름이 뿜어져 나오는 것을 상징하여 영구차의 뒤에 좌우로 꽂으며, 대규(戴圭)는 부채에 옥으로 장식을 하여 아름답게 만드는 것이다.

22-16-8———————————————————————————— 魚躍拂池니라.

『물고기가 물받이 통 아래에 매달려 뛰느니라.』

● 이 절은 영구차의 물받이 통 아래에는 물고기의 모양을 매달아 장식함을 기술하였다.

어약(魚躍)은 물고기의 모양을 만들어 매달아 영구차가 움직이면 뛰게 함이고, 불(拂)은 퉁기는 것이며 지(池)는 앞의 22-16-1에서 이미 해설하였다.

22-16-9———————————————————————————— 君은 纁戴가 六이요.

『임금은 분홍 비단으로 널을 영구차에 묶음이 여섯이오.』

◑ 이 절은 널이 흔들리지 않도록 영구차에 묶는 법을 기술하였다.

대(戴)는 실어서 묶는 것이다. 분홍 비단으로 널을 가로로 세 번 묶으니 한 번 묶을 때마다 양쪽의 영구차 바닥 틀에 묶으므로 세 번을 묶으면 여섯 번을 묶게 된다.

훈 피　　　　　 류
繻披가 六이니라.

22-16-10

『분홍 비단을 헤쳐 늘임이 여섯이니라.』

◑ 이 절은 상여가 한쪽으로 쏠림을 방지하기 위하여 잡아당길 수 있도록 대비하는 장치를 기술하였다.

피(披)는 한쪽 가닥을 틀에 묶어 놓고 다른 쪽 가닥은 헤쳐서 늘어뜨린 것이다. 분홍 비단의 한쪽 끝을 앞에 훈대(繻戴)를 묶은 곳마다 묶어 놓고 다른 쪽 끝을 앞뒤로 두 가닥씩 뽑아 늘이고 가운데는 좌우로 각각 한 가닥씩 뽑아 늘이는 것이니 영구차가 앞으로 쏠리면 뒤에 늘어진 줄을 잡아당기고 또 뒤로 쏠리면 앞에 늘어진 줄을 잡아당기며, 왼쪽으로 쏠리면 오른쪽 줄을 당기고, 오른쪽으로 쏠리면 왼쪽 줄을 당기는 것이다.

대 부　　 화 유 이 지　　 불 진 용
大夫엔 畫帷二池하며 不振容하며
화 황　 화 삼 렬　　 불 삼 렬
畫荒에 火三列하고 黻三列하며
소 금 저　　 훈 뉴 이　　 현 뉴 이　　 제
素錦褚하며 繻紐二이요 玄紐二며 齊에

22-16-11

三采三貝하며 黻翣二요 畫翣二니
皆戴綏하며 魚躍拂池니라 大夫엔
戴를 前纁後玄하나니 披亦如之하니라.

『대부의 상여에는 구름 문양을 그린 휘장에 물받이 통이 두 개이
며, 진동하는 모양의 장식을 하지 않으며, 구름 문양을 그린 수레덮
개에 불꽃을 세 줄로 그리고 추진체 모양을 세 줄로 그리며, 흰 비단
관 덮개보를 하며, 분홍 비단으로 이어 묶음이 둘이요, 검은 비단으
로 이어 묶음이 둘이며, 영구차의 덮개 배꼽에 세 가지 색깔의 비단
과 세 줄의 조개껍질을 매달며, 불삽이 둘이요, 구름을 그린 삽이 둘
이니 모두 깃털로 깃발을 늘어지게 하며, 물고기가 물받이 통 아래에
매달려 뛰느니라. 대부의 상여에는 널을 영구차에 묶음이 앞에는 분
홍 비단으로 묶고 뒤에는 검은 비단으로 묶나니 헤쳐 늘임도 또한
같으니라.』

◯ 이 절은 대부(大夫)의 상여(喪輿)를 장식하는 절도를 기술하였
으니 임금의 상여보다는 질박하고 검소하게 하였다.

화유(畵帷)는 구름의 무늬를 그린 장막이고 화황(畵荒)도 역시 구
름의 무늬를 그린 것이며 3채(三采)는 분홍 비단과 노랑 비단과 검
은 비단이요, 대유(戴綏)는 깃털을 엮어서 깃발이 늘어지도록 삽(翣)
의 양변에 매다는 것이며, 피역여지(披亦如之)는 색깔과 수를 모두
대(戴)와 같게 하는 것이다.

士엔 布帷布荒一池하며 揄絞하며
纁紐가 二요 緇紐가 二며 齊에
三采一貝하며 畫翣二니 皆戴綏니라
士엔 戴를 前纁後緇하나니 二披用纁하느니라.

『선비의 상여에는 베로 만든 휘장과 베로 만든 수레덮개와 한 개의 물받이 통이며, 꿩을 그린 비단이 물받이 통 위에 있으며, 분홍 비단으로 이어 묶음이 둘이요, 회색 비단으로 이어 묶음이 둘이며, 영구차의 덮개 배꼽에 세 가지 색깔의 비단과 한 줄의 조개껍질을 매달며, 구름을 그린 삽이 둘이니 모두 깃털을 엮어서 삽의 양변에 매다느니라. 선비의 상여에는 널을 영구차에 묶음이 앞에는 분홍 비단으로 묶고, 뒤에는 회색 비단으로 묶나니 두 개의 헤쳐 늘임도 분홍 비단을 사용하느니라.』

◉ 이 절은 선비의 상여(喪輿)를 장식하는 절도를 기술하였으니 대부(大夫)의 상여보다는 질박하고 검소하다.

포유(布帷)와 포황(布荒)은 모두 삼베나 칡베로 만들되 그림을 그리지 않은 흰색의 천이다. 1지(一池)는 전면에만 있는 것이고, 유(揄)는 적(翟)과 같으니 꿩을 그린 것이며, 교(絞)는 청색과 황색을 섞은 비단이니 곧 꿩을 그린 비단을 물받이 통 위에 매단 것이다. 치(緇)는 거무스레한 회색이니 새까만 현(玄)과는 다르다.

君엔 葬用輴하며 四紼二碑하며
御棺에 用羽葆하고 大夫엔 葬用輴하며
二紼二碑하며 御棺에 用茅하고 士엔 葬用國車하며
二紼無碑하며 比出宮하야 御棺에 用功布니라.

『임금에게는 장사 지냄에 긴 통나무 두 개를 밑에 깔며, 네 개의 관줄과 두 개의 비목으로 하며 관을 모심에 일산을 사용하고, 대부에게는 장사 지냄에 긴 통나무 두 개를 밑에 깔며, 두 개의 관줄과 두 개의 비목으로 하며 관을 모심에 띠를 사용하고, 선비에게는 장사 지냄에 널을 싣는 수레를 사용하며, 두 개의 관줄로 하고 비목은 없으며, 집을 나감으로부터 관을 모심에 공포를 사용하니라.』

◉ 이 장은 장제(葬制)를 기술하였으니 여기에서는 제후(諸侯)와 대부(大夫)와 선비의 널을 하관(下棺)하는 절도의 차이점을 기술하였다.

순(輴)은 앞의 22-15-1에서 해설하였고, 불(紼)은 불(紼)과 같으니 하관(下棺)할 때에 관을 내리는 줄이며, 비(碑)는 나무로 비(碑)처럼 만든 하관 줄을 거는 기둥인데 천자(天子)는 풍비(豊碑)라고 하며, 제후(諸侯)는 환영(桓楹)이라 하니 앞의 4-7-6에서 이미 해설하였다. 어(御)는 모시는 것이요, 우보(羽葆)는 일산(日傘)이며, 모(茅)는 띠자리이고, 천거(國車)는 천거(輲車)이니 널을 싣는 좁은 수레로 앞의 20-1-4에서 해설하였다.

凡封은 用綍하야 去碑負引하나니
君封은 以衡하고 大夫士엔 以咸하며
君은 命毋譁하고 以鼓로 封하고
大夫는 命毋哭하고 士는 哭者가 相止也니라.

『무릇 관을 무덤에 내림은 관줄을 사용하여 비목에 걸어 등지고 당기나니 임금의 널을 하관함에는 평형을 유지하는 저울대나무를 대고, 대부와 선비에게는 관줄로써 평형을 유지하도록 묶으며, 임금의 널은 명령하여 떠들지 못하게 하고 북을 쳐서 하관하며, 대부는 명령하여 곡하지 말게 하고, 선비는 곡하는 사람이 서로 그치게 하는 것이니라.』

◑ 이 절은 하관(下棺)하는 절도와 엄숙한 자세를 기술하였다.

폄(封)은 폄(窆)이니 곧 하관(下棺)함이요, 거비부인(去碑負引)은 관줄을 비목(碑木)에 걸어 등지고 당기는 것이니 사람의 마음에 차마 널을 보면서 땅에 묻을 수 없는 까닭이다. 형(衡)은 큰 나무를 저울대처럼 매달아서 평형을 유지하는 것이고, 함(咸)은 함(緘)이니 관줄로 널을 감싸서 기울지 않게 함이며, 화(譁)는 시끄럽게 떠드는 것이요, 이고폄(以鼓封)은 북소리에 따라 관줄을 뒤로 늦추어 하관(下棺)하는 것이다. 명무곡(命毋哭)은 곡성(哭聲)을 그치도록 명령함이니 신중하게 정신을 통일하여 엄숙하게 함이고, 곡자상지(哭者相止)는 곡하는 사람들이 서로 그치게 하여 조심토록 권함이다.

　　　　　　　　　　　　　　　　　　　　君엔 松椁이요 大夫엔
柏椁이요 士엔 雜木椁이니라.

『임금의 무덤에는 소나무 바깥 널이요, 대부의 무덤에는 잣나무 바깥 널이요, 선비의 무덤에는 잡목 바깥 널이니라.』

◐ 이 절은 바깥 널의 나무가 신분에 따라 서로 다름을 기술하였다.
곽(椁)은 바깥 널이니 천자(天子)의 바깥 널은 잣나무로 만들기 때문에 제후(諸侯)를 소나무로 하였고, 대부(大夫)의 바깥 널이 천자(天子)와 같으나 신분이 낮으므로 참람한 혐의가 없는 것이다.

　　　　　　　　　　　　　　　　　　　棺椁之間을 君은 容柷하고
大夫는 容壺하고 士는 容甒니라.

『속 널과 바깥 널의 사이를 임금의 무덤은 축을 넣을 만하고, 대부의 무덤은 항아리를 넣을 만하고, 선비의 무덤은 단지를 넣을 만하니라.』

◐ 이 절은 속 널과 바깥 널의 사이는 신분에 따라서 크고 작음이 있음을 기술하였다.
축(柷)은 악기로 네 면이 각각 2척 4촌이요, 깊이가 1척 8촌이며, 호(壺)는 술을 담은 항아리로 그 용량이 1석(石)이다. 그리고 무(甒)는 술 단지로 그 용량이 5두(斗)이니 가장 작다.

살펴건대 관(棺)의 외부와 곽(槨)의 내부에는 예로부터 명기(明器)와 술과 곡식 등을 넣었기 때문에 그 신분에 따라 크기가 다르게 하였던 것이다.

22-17-5 ──────────────── 君엔 裏槨虞筐하고 大夫엔
不裏槨하고 士엔 不虞筐하니라.

『임금의 무덤에는 겉 널에 내부 공간을 만들어서 광주리를 갖추고, 대부의 무덤에는 겉 널에 내부 공간을 만들지 아니하고, 선비의 무덤에는 광주리를 갖추지 아니하니라.』

◑ 이 절은 겉 널과 속 널 사이에 명기(明器)를 갖추는 것은 신분에 따라 각각 차이가 있음을 기술하였다.

이곽(裏槨)은 겉 널의 내부에 공간을 만드는 것이요, 우(虞)는 갖추는 것이며, 광(筐)은 예물(禮物)을 담은 광주리니 곧 명기(明器)로 신령이 저승에서 사용할 그릇이다. 제후(諸侯)는 겉 널의 내부에 공간을 만들어 명기(明器)를 갖추고, 대부(大夫)는 겉 널의 내부에 공간을 만들지 않고 명기(明器)와 함께 흙으로 채워 묻으며, 선비는 흙으로 채우기만 하고 명기(明器)를 갖추지 않는 것이다.

23. 제법(祭法)

　제(祭)는 제향(祭享)으로 장자(長子)가 아내와 함께 돌아가신 부모와 직계 조상님께 술과 고기와 밥과 국과 반찬 등을 차려서 잡수시게 하는 향연(饗燕)의 의식절차(儀式節次)인데 천자(天子)는 하느님의 큰아들로서 하느님께 제향을 지내는 것이다.

　따라서 제(祭)는 귀신에게 음식을 공양(供養)하는 행사로 귀신의 안녕을 살피는 사(祀)와 귀신에게 소원을 비는 도(禱)와 귀신의 정신을 기리는 사(祠)보다도 더욱 지극하고 중요한 절도이다.

　법(法)은 천하국가의 일반국민에게 공통적으로 적용하는 강제규범이니 여기에서는 종법(宗法)을 뜻하는바 예로부터 종통(宗統)은 장자승계(長子承繼)를 원칙으로 정하여 선비와 서민은 부모의 제향만 지내고, 대부는 부모와 조부모와 증조부모까지만 제향을 지내며, 제후는 5대까지요, 천자는 7대까지를 종묘에서 제향 지내는 것이 예법이다.

　제향(祭享) 가운데 가장 큰 행사는 천자(天子)가 하느님께 희생(犧牲)을 바치는 교제(郊祭: 天祭)와 종묘대제(宗廟大祭)에 하느님을 배위(配位)하여 희생(犧牲)을 바치는 체제(禘祭)가 으뜸이고, 다음이 길이 사당에서 제향을 모시는 조종(祖宗)의 불천위(不遷位)이며, 그 다음이 사당에 소목(昭穆)으로 모신 가까운 직계 조상의 제향이다. 그러므로 아래 편의 제의(祭義)와 제통(祭統)을 함께 연구하기 바란다.

祭法에 有虞氏는 禘黃帝而郊嚳하시고
祖顓頊而宗堯하시며 夏后氏는
亦禘黃帝而郊鯀하시고 祖顓頊而宗禹하시며
殷人은 禘嚳而郊冥하시고 祖契而宗湯하시며
周人은 禘嚳而郊稷하시고 祖文王而宗武王하시니라.

『제향의 예법에 우나라의 정부를 주재하는 사람은 종묘에서 하느님과 황제를 체제 지내며, 들판에서 하느님과 곡을 교제 지내고, 종묘에서 전욱을 창업주로 섬기고, 요를 계승자로 섬기며, 하나라 왕조의 사람은 또한 종묘에서 하느님과 황제를 체제 지내며, 들판에서 하느님과 곤을 교제 지내고, 종묘에서 전욱을 창업주로 섬기고, 우를 계승자로 섬기며, 은나라 사람은 종묘에서 하느님과 곡을 체제 지내며, 들판에서 하느님과 명을 교제 지내고, 종묘에서 설을 창업주로 섬기고 탕을 계승자로 섬기며, 주나라 사람은 종묘에서 하느님과 곡을 체제 지내며, 들판에서 하느님과 직을 교제 지내고, 종묘에서 문왕을 창업주로 섬기고, 무왕을 계승자로 섬기시니라.』

☯ 이 장은 상고시대의 제법(祭法)에 있어서 체(禘)와 교(郊)의 하느님에 대한 제향과 조종(祖宗)의 조상에 대한 제향의 법도를 기술하였는데 여기에서는 천자(天子)가 이 세상의 만물을 창조하여 주재(主宰)하시는 황천상제(皇天上帝)님과 시조(始祖)와 중시조(中始祖)와 돌아가신 아버님께 제향을 지내는 역사적 사례를 밝혔다.

유우씨(有虞氏)는 순(舜) 임금이요, 황제(黃帝)는 본래 중천제(中天帝)의 이름으로 앞의 6-7-3에서 이미 해설하였고, 전욱(顓頊)은 본래 북천제(北天帝)의 이름으로 앞의 6−11−2에서 이미 해설하였다. 따라서 여기에서는 황제(黃帝)와 전욱(顓頊)은 하늘의 이름을 임금의 시호(諡號)로 사용한 것이니 학자는 하느님과 인격신(人格神)을 혼동하지 말라. 곡(嚳)은 제곡(帝嚳)이니 사마천(司馬遷)의 『사기(史記)』 5제본기(五帝本紀)에 보면 황제(黃帝)는 소전(少典)의 아들로 임금이 되어 25명의 아들을 낳아서 그 가운데 14명이 성(姓)을 얻었으며 황제의 손자가 전욱(顓頊)이요, 전욱의 아들이 제곡(帝嚳)이라고 하였으나 확인할 수 없다. 조(祖)는 태조(太祖)로 모시는 것이고 종(宗)은 현조(顯祖)로 모시는 중시조(中始祖)이니 모두 종묘(宗廟)에 길이 모시는 불천위(不遷位)이며, 곤(鯀)은 우(禹) 임금의 아버지로서 일찍이 치수(治水)사업에 실패하여 유배(流配) 가서 죽었으며, 명(冥)은 사기(史記)의 은본기(殷本紀)에 설(契)의 5대손이라고 하였고, 직(稷)은 후직(后稷)이다.

　살펴건대 체제(禘祭: 11−2−1 참조) 태묘(太廟)의 제향에 황천상제(皇天上帝)와 시조(始祖)나 태조(太祖)나 선왕(先王)을 나란히 배향(配享)하여 제향 지내는 것이므로 그 시조를 하느님과 함께 모셔도 되지만, 교제(郊祭)는 남쪽 교외(敎外)에서 오직 황천상제(皇天上帝)님만 모시고 하늘에 제향 지내거늘 어찌 천자의 현조(顯祖)나 중시조(中始祖)를 함께 나란히 모시겠는가? 따라서 교곡(郊嚳)과 교곤(郊鯀)과 교명(郊冥)과 교직(郊稷)은 결단코 있을 수 없는 일이다.

23−1−2────────────────────────────── 燔柴於泰壇은 祭天也요
瘞埋於泰折은 祭地也니 用騂犢하고

『크나큰 제단에서 장작불을 피우는 것은 하느님께 제향을 지내는 것이요, 크게 꺾인 곳에 묻음은 땅에 제향을 지내는 것이니 붉은 송아지를 제물로 쓰고』

☯ 이 절은 천자(天子)가 5방천(五方天)의 하느님께 여제(旅祭) 지내고 후토신(后土神)께 희생을 바치는 절도를 기술하였다.

번시(燔柴)는 장작불을 피우고 여제(旅祭)를 지내는 것이니 앞의 5-6-3에서 이미 해설하였고, 태(泰)는 크고 평평함이며, 단(壇)은 제단(祭壇)이다. 제천(祭天)은 동서남북과 중앙의 다섯 방면에 계시는 하느님이니 동쪽의 하느님은 태호제(太皞帝)요, 남쪽의 하느님은 염제(炎祭)요, 중앙의 하느님은 황제(黃帝)요, 서쪽의 하느님은 소호제(少皞帝)요, 북쪽의 하느님은 전욱제(顓頊帝)이다. 태절(泰折)은 크게 꺾인 땅이요, 제지(祭地)는 대지(大地)의 후토신(后土神)에게 제사 지내는 것이며 성(騂)은 붉은 소이고 독(犢)은 송아지이다.

대저 천자(天子)는 5년에 한 번씩 사방을 순수(巡守)하여 하늘을 공경하고 땅을 사랑하며 제후를 그리워하고 노인을 따뜻이 하나니 5악(五嶽)에 가서 하늘과 땅에 제향 지내는 시기와 절도는 이미 앞의 5-6-2~10에서 살펴보았다. 전배들은 황천상제(皇天上帝)와 5방천제(五方天帝)를 분별하지 못하여 체(禘)와 교(郊)와 여(旅)를 구별하지 못하였기로 이제 내가 2천여 년 만에 황천상제(皇天上帝)를 제향 지내는 체(禘)와 교(郊)와 동서남북과 중앙의 5방천(五方天)의 하느님께 제향 지내는 여(旅)가 그 법도가 같지 아니함을 밝히노니 세밀히 살펴서 하늘의 뜻을 바로 밝히기 바란다.

埋少牢於泰昭는 祭時也요
相近於坎壇은 祭寒署也요 王宮은
祭日也요 夜明은 祭月也요 幽宗은
祭星也요 雩宗은 祭水旱也요 四坎壇은
祭四方也라 山林川谷丘陵이 能出雲爲風雨하며
見怪物을 皆曰神하시고 有天下者는 祭百神하나니
諸侯는 在其地어든 則祭之하고 亡其地어든 則不祭하니라.

『크게 밝은 곳에 작은 희생을 묻음은 철에 제사 지내는 것이요, 구덩이와 단에서 보내고 맞이함은 추위와 더위에 제사 지내는 것이요, 왕궁의 단에서는 해에 제사 지내는 것이요, 야명의 구덩이에서는 달에 제사 지내는 것이요, 유종의 평지에서는 별에 제사 지내는 것이요, 우종의 평지에서는 홍수와 가뭄에 제사 지내는 것이요, 네 곳의 구덩이와 단은 사방에 제사 지내는 것이니라. 산과 숲, 시내와 골짜기, 크고 작은 언덕이 능히 구름을 내서 바람과 비를 내리게 하며 괴이한 물건을 나타나게 하는 것을 모두 말하여 귀신이라 하고, 천하를 경영하는 사람은 일백 귀신에게 제사 지내나니 제후는 그 땅이 있거든 곧 제사 지내고, 그 땅이 없거든 곧 제사 지내지 아니하니라.』

◉ 이 절은 천자(天子)가 음양(陰陽)의 조화(造化)로 신비로운 자연현상을 일으키는 귀신(鬼神)에게 차례로 제사를 지내서 그 안녕을 보장하는 법도를 기술하였다.

소뢰(少牢)는 양이나 돼지를 희생으로 바치는 것이니 제향(祭享)보다는 간소한 향사(享祀)인데 천자가 직접 거행하거나 또는 해당 기관의 책임자에게 위촉하여 거행한다. 태소(泰昭)는 크게 밝게 보이는 곳이니 봄은 동쪽이요, 여름은 남쪽이며 가을은 서쪽이고 겨울은 북쪽이다. 제시(祭時)는 입춘(立春), 입하(立夏), 입추(立秋), 입동(立冬)에 각각 그 절기(節期)를 맞이하는 행사가 있으니 앞에 월령(月令) 편을 참조하라. 조영(相近)은 조영(祖迎)으로 보았으니 조(祖)는 떠나는 것의 안녕을 기원하는 길제사이고 영(迎)은 오는 것의 안녕을 기원하는 환영년이며, 감(坎)은 음기(陰氣)가 응결(凝結)하는 구덩이요, 단(壇)은 양기(陽氣)가 발양(發揚)하는 둔덕이다. 제한서(祭寒署)는 기한제(祈寒祭)와 기서제(祈暑祭)이고 왕궁(王宮)은 천자의 대궐에 있는 단(壇)이요, 야명(夜明)은 밤에 달빛이 밝게 비치는 구덩이로 달에게 제사 지내는 터이며, 유종(幽宗)은 해도 달도 없는 밤에 오직 별들만 밝게 빛나는 것이 보이는 평지이다. 우종(雩宗)은 기우제를 지내는 터이고, 제수한(祭水旱)은 홍수와 가뭄을 예방하기 위하여 기원제(祈願祭)를 지내는 것이며, 4감단(四坎壇)은 천자의 왕궁을 중심으로 4대문(四大門) 밖에 만들어 놓은 구덩이와 제단이요, 제4방(祭四方)은 동서남북 각 방면의 안녕을 보장하는 기원제이다. 산림과 천곡(川谷)과 구릉(丘陵)에서 구름이 일어 비바람을 내리면서 변화무쌍한 자연현상을 일으키는데 인간의 지능으로는 도저히 헤아려서 측량할 수 없으므로 귀신의 작용이라고 이해할 수밖에 없는 것이다.

 따라서 천자는 인민의 생활을 결정하는 자연변화의 순기능과 역기능을 분석하여 지극한 정성으로 순기능을 증진하고 역기능을 축소하는 길을 미리 찾아서 스스로 천지신명과 만물의 신령을 감통하도록 공경하고 친근히 접하는 길을 활짝 열어야 하는바 이것이 하늘을 섬기는 제향(祭享)과 또한 일백 귀신을 섬기는 향사(享祀)이다. 제후(諸侯)는 지방국가의 임금이므로 하늘을 섬기는 제향은 지내지 못하지만 다만 지방국가의 영토 내에 있는 사직(社稷)과 산천(山川)의 향사는 지낸다. 그러나 제후가 영토를 잃으면 그 사직과 산천의 제사도 지내지 못하는 것이니 그에게 영토 관리의 권능이 없기 때문이다.

23-1-4 ─────────────────── 大凡生於天地之間者를 皆曰命이요
其萬物死를 皆曰折이요 人死를
曰鬼니 此는 五代之所不變也라
七代之所更立者는 禘郊祖宗이요 其餘는 不變也니라.

『대체로 하늘과 땅 사이에서 사는 것을 모두 말하여 생명체라고 하고, 그 만물이 죽는 것을 모두 말하여 (목숨이) 끊어졌다고 하고, 사람이 죽는 것을 말하여 귀신으로 돌아갔다고 하나니 이것은 5대에 변하지 않은 바의 것이니라. 7대에 고쳐 세운 바의 것은 체제와 교제와 시조와 중시조요, 그 나머지는 변하지 않는 것이니라.』

◐ 이 절에서는 만물의 영장(靈長)인 인간의 영혼(靈魂)은 모두 숭고하지만 천하국가의 지도자는 시대에 따라서 교체하지 않을 수 없음을 기술하였다.

생(生)은 지각(知覺) 활동을 하는 것이고, 명(命)은 목숨이 붙어 있는 생명체(生命體)로 동물, 식물, 어류, 곤충과 미생물을 모두 일컬으며, 절(折)은 목숨이 끊어진 것이요, 귀(鬼)는 귀(歸)로 자연의 귀신이 되어 저세상으로 돌아간 것이다. 5대(五代)는 요(堯), 순(舜), 하(夏), 은(殷), 주(周)이고, 소불변(所不變)은 인간의 영혼(靈魂)을

존엄하게 숭상하여 오직 사람의 죽음에만 돌아갔다고 말하고 사람 이외의 만물이 죽었을 때에는 모두 목숨이 끊어졌다고 표현하는 방법이 변함없이 동일한 것이다.

7대(七代)는 5대(五代)의 착오로 보아야 하며 소경립(所更立)은 변경하여 세우는 것이니 곧 역법(曆法)을 고쳐서 연호(年號)를 바꾸고 국호(國號)를 바꾸며 묘호(廟號)를 바꾸는 것이다. 기여(其餘)는 문물제도(文物制度)와 사회규범으로 관혼상제(冠昏喪祭)와 5륜강상(五倫綱常)이다.

23-2-1 ──────────────────────── 天下에 有王하사 分地建國하사
置都立邑하시고 設廟祧壇墠而祭之하시되
乃爲親疏多少之數하시니

『천하에 왕이 있어 땅을 나누고, 나라를 세우니, 국도를 설치하고, 읍을 세우고, 사당과 신주를 옮겨 모실 집과 제단과 제터를 설치하여 제사 지내되 이에 친근하고 소원함과 많고 적음의 도수를 만드시니』

◉ 이 장은 조상을 숭배하여 제사를 지냄에 천자(天子)와 제후(諸侯)와 대부(大夫)와 사서인(士庶人)의 예절도수를 분별하여 제정하였음을 기술하였다.

천하유왕(天下有王)은 성왕(聖王)이 나와서 신성(神聖)한 세계를 건설하기 위하여 정치사업을 경영하는 것이고, 분지건국(分地建國)은 제후(諸侯)를 봉(封)하는 것이며, 치도입읍(置都立邑)은 대부(大夫)

를 임명하는 것이니 모두 어진 이를 등용하고 능력자에게 책임을 맡기는 것이다. 묘(廟)는 종묘(宗廟)이고, 조(祧)는 신주(神主)를 옮겨 모시는 영녕전(永寧殿)이며, 단(壇)은 제단을 쌓은 곳이요, 선(墠)은 제단이 없는 평지의 제터이다. 친소(親疏)는 대수(代數)가 가깝고 먼 것이며, 다소(多少)는 소목(昭穆)의 많고 적음이다.

23-2-2 ─────────────────────────

是故로 王은 立七廟一壇一墠하시나니
日考廟와 日王考廟와 日皇考廟와
日顯考廟와 日祖考廟이니 皆月祭之하시고
遠廟는 爲祧하야 有二祧하니 享嘗乃止하시고
去祧엔 爲壇하고 去壇엔 爲墠이니 壇墠은 有禱焉이어든
祭之하고 無禱어든 乃止하시나니 去墠엔 曰鬼니라.

『이런 까닭으로 왕은 7묘와 1단과 1선을 세우시나니 말하기를 아버님 사당과 말하기를 할아버님 사당과 말하기를 증조할아버님 사당과 말하기를 고조할아버님 사당과 말하기를 시조할아버님 사당이니 모두 달로 제향 지내시고, 먼 조상의 사당은 신주를 옮겨 모시는 방을 만들어 두 개의 옮겨 모시는 방을 두니 가을철에만 제향을 지냄에 그치고, 옮겨 모신 방을 떠남에는 제단을 만들고, 제단을 떠남에는 제터를 만드니 제단과 제터는 기도할 일이 있거든 제사 지내고, 기도할 일이 없거든 이에 그치나니 제터를 떠남에는 말하기를 귀신으로 돌아가셨다고 하니라.』

◉ 이 절은 천자(天子)가 조상을 숭배하여 사당에 신주(神主)를

모시는 방과 제단(祭壇)과 제터를 만들어 제사 지내는 예의법도를 기술하였다.

7묘(七廟)는 중앙의 태조(太祖)를 중심으로 3소(三昭)와 3목(三穆)이요, 고묘(考廟)는 아버님의 사당이며, 왕고묘(王考廟)는 할아버님의 사당이고, 황고묘(皇考廟)는 증조고(曾祖考)의 사당이며, 현고묘(顯考廟)는 고조고(高祖考)의 사당이요, 조고묘(祖考廟)는 시조고(始祖考)의 사당이다. 월제지(月祭之)는 네 철의 중월(仲月)에 지내는 4시정제(四時正祭)를 비롯하여 매월 초하루를 아뢰는 고삭(告朔)과 철이 바뀌어 새로운 음식을 드리는 천신(薦新)까지를 모두 포함한 것이니 월령(月令) 편을 참조하기 바라며, 향상(享嘗)은 가을제향을 지냄이니 오로지 4시정제(四時正祭)만을 지내는 것으로 동지에는 시조요, 춘분에는 증조요, 하지에는 할아버지요, 추분에는 아버지이니 1년에 한 번씩 제사 지내는 것이며, 거조(去祧)는 세대가 두 번 바뀌어 영녕전(永寧殿)에서 떠나는 것이요, 유도(有禱)는 기도(祈禱)하여 소원을 비는 일이 있는 것이며, 귀(鬼)는 앞의 23-1-4에서 해설하였으니 인격신이 자연신으로 변하여 하늘땅의 원기(元氣)로 돌아간 것이다.

살펴건대 시조(始祖)는 백세(百世)에 신주(神主)를 옮기지 않으나 그 밖에 다른 조상은 소목(昭穆)이 다하면 그 신주를 종묘에서 조(祧)로 옮기고, 또 조(祧)에서 2대가 지나면 단(壇)으로 옮기며, 역시 단(壇)에서 2대가 지나면 선(墠)으로 옮기는 것이니 세월이 오래되어 세대관계가 멀어지는 까닭에 제사가 점점 줄어들었다.

諸侯는 立五廟一壇一墠하시나니
曰考廟와 曰王考廟와 曰皇考廟이니
皆月祭之하시고 顯考廟와 祖考廟엔
享嘗乃止하시고 去祖엔 爲壇이요 去壇엔
爲墠이니 壇墠은 有禱焉이어든 祭之하시고
無禱焉이어든 乃止하시나니 去墠엔 爲鬼니라.

『제후는 5묘와 1단과 1선을 세우시나니 말하기를 아버님 사당과 말하기를 할아버님 사당과 말하기를 증조할아버님 사당이니 모두 달로 제향 지내시고, 고조할아버님 사당과 태조할아버님 사당에는 가을철에만 제향을 지냄에 그치시고, 태조할아버님 사당을 떠남에는 제단을 만들고 제단을 떠남에는 제터를 만드니 제단과 제터는 기도할 일이 있거든 제사 지내시고, 기도할 일이 없거든 이에 그치나니 제터를 떠남에는 귀신으로 돌아가셨다고 하니라.』

◐ 이 절은 제후(諸侯)가 조상을 숭배하여 사당에 신주(神主)를 모시는 방과 제단(祭壇)과 제터를 만들어 제사 지내는 예의법도를 기술하였다.

제후(諸侯)의 조고묘(祖考廟)는 처음으로 봉토(封土)를 받아 임금이 된 태조(太祖)의 사당이요, 거조(去祖)는 태조(太祖)의 사당에서 떠나는 것으로 곧 고조(高祖)의 아버지 신주를 옮김에는 일단 태조의 사당 곁방으로 모셔서 4시정제(四時正祭)로 1년에 한 번 제사를 지내다가 세대가 다하면 제단으로 옮기는 것이다. 따라서 제후의 종묘에는 영녕전(永寧殿)이 없고, 태조의 사당 옆 곁방에 모시는 것이니 천자국의 태묘(太廟)와 다른 점이다.

大夫는 立三廟二壇하나니
日考廟와 日王考廟와 日皇考廟이니
享嘗乃止하고 顯考와 祖考엔 無廟하니
有禱焉이어든 爲壇祭之하나니 去壇엔 爲鬼니라.

『대부는 3묘와 2단을 세우나니 말하기를 아버님 사당과 말하기를 할아버님 사당과 말하기를, 증조할아버님 사당이니 가을철에만 제향을 잡수시고 이에 그치며, 고조할아버님과 시조할아버님에게는 사당이 없으니 기도할 일이 있거든 제단에서 지내나니 제단을 떠남에는 귀신으로 돌아가셨다고 하니라.』

◐ 이 절은 대부(大夫)가 조상을 숭배하여 사당에 신주(神主)를 모시는 방과 제단(祭壇)을 만들어 제사 지내는 예의법도를 기술하였다.

살피건대 대부(大夫)로부터 선비와 서민은 월제(月祭)가 없고, 4시정제(四時正祭)만 지내니 천자(天子)와 제후(諸侯)처럼 인력과 물자를 갖출 수 없는 까닭이다. 그리고 대부로부터 이하는 시조(始祖)의 사당이 없고, 제단(祭壇)에 모시며 또한 세대가 멀어서 신주를 옮김에도 영녕전(永寧殿)과 같은 별도의 방이 없고 제단으로 바로 옮기나니 역시 형편을 배려한 제도이다.

適士는 二廟一壇이니 日考廟와
日王考廟이니 享嘗乃止하고
皇考는 無廟하니 有禱焉이어든
爲壇祭之하나니 去壇엔 爲鬼니라.

『큰 선비는 2묘와 1단이니 말하기를 아버님 사당과 말하기를 할아버님 사당이니 가을철에만 제향을 잡수시고 이에 그치며, 증조할아버지는 사당이 없으니 기도할 일이 있거든 제단을 만들어 제사 지내나니 제단을 떠남에는 귀신으로 돌아가셨다고 하니라.』

◉ 이 절은 적사(適士)가 조상을 숭배하여 사당에 신주(神主)를 모시는 방과 제단(祭壇)을 만들어 제사 지내는 4시정제(四時正祭)의 예의법도를 기술하였다.

적사(適士)는 상사(上士)이니 천자국(天子國)의 상중하(上中下) 선비와 제후국(諸侯國)의 상사(上士)는 모두 두 개 사당방을 세운다.

23-2-6 ——————————————————————————— 官師는 一廟인데 曰考廟니
王考는 無廟而祭之하나니 去王考가 爲鬼니라.

『벼슬한 선비는 1묘인데 말하기를 아버님사당이니 할아버님은 사당이 없이 아버님사당의 곁방에서 가을철에만 제향을 지내나니 할아버님을 모신 곁방을 떠나면 귀신으로 돌아가셨다고 하니라.』

◉ 이 절은 관사(官師)가 조상을 숭배하여 사당에 신주(神主)를 모시는 방과 곁방을 만들어 제사 지내는 예의법도를 기술하였다.

관사(官師)는 제후국(諸侯國)의 중사(中士)와 하사(下士)이니 하급부서의 장이요, 일묘(一廟)는 아버님의 사당인데 아버님의 사당 안에 곁방을 만들어 할아버님의 신주(神主)를 모시고 1년에 한 번 제

사를 지내며, 증조(曾祖) 이상은 단(壇)이 없으니 기도(祈禱)할 일이
있으면 사당에 가서 천(薦)하고 기도한다.

23-2-7 ──────────────────────── 庶士와 庶人은 無廟니 死曰鬼니라.

『여러 선비와 여러 사람은 사당이 없고 안방에서 제사 지내나니
죽으면 말하기를 귀신으로 돌아갔다고 하니라.』

☯ 이 절은 벼슬이 없는 초야의 선비와 서민대중은 사당이 없고
안방에서 지방(紙榜)을 써 붙이고 1년에 한 번 제사 지내는 4시정제
(四時正祭)의 예의법도를 기술하였다.

23-3-1 ──────────────────────── 王이 爲群姓하사 立社하시나니
日大社요 王이 自爲立社하시나니
日王社라 諸侯가 爲百姓하사
立社하시나니 日國社요 諸侯가
自爲立社하시나니 日侯社라 大夫以下는
成群立社하나니 日置社니라.

『왕이 인민을 위하사 영토신단을 세우시나니 말하기를 태사라 하
고, 왕이 스스로를 위하사 영토신단을 세우시나니 말하기를 왕사라고
하니라. 제후가 백성을 위하사 영토신을 세우시나니 말하기를 국사라

하고, 제후가 스스로를 위하사 영토신을 세우시나니 말하기를 후사라
고 하니라. 대부 이하는 무리를 이루면 사직단을 세우나니 말하기를
치사라고 하니라.』

◉ 이 장은 사단(社壇)과 5사(五祀)와 하제상(下祭殤)의 제도에 대
하여 기술하였으니 여기에서는 사단(社壇)의 설치와 명칭을 밝혔다.

군성(群姓)은 많은 성씨로 인민을 지칭하고, 사(社)는 사단(社壇)
이니 앞의 5-7-1에서 이미 보았으며, 태사(大社)는 왕궁(王宮)의
서쪽에 있으며, 왕사(王社)는 서경(書經)에 나타난 글월이 없으나 선
배들이 적전(籍田)에 있어서 왕이 스스로 제사 지내어 자성(粢盛)을
공급하는 곳이라고 하였다. 국사(國社)는 공궁(公宮)의 서쪽에 있고
후사(侯社)는 역시 적전(籍田)에 있으며, 치사(置社)는 대부(大夫)
이하로부터 선비와 서민대중을 포함하여 100집 이상이 지역공동체
사회를 형성하면 그들을 위하여 특별히 사단(社壇)을 설치하고 지방
자치를 도모하며, 제사를 지내는 것이다.

23-3-2 ──────────────── 王이 爲群姓하사 立七祀하시나니

曰司命과 曰中霤와 曰國門과 曰國行과

曰泰厲와 曰戶와 曰竈이며 王이

自爲立七祀하시고 諸侯가 爲國하사

立五祀하시나니 曰司命과 曰中霤와

曰國門과 曰國行과 曰公厲이며 諸侯가

自爲立五祀하시고 大夫가 立三祀하나니

曰族厲와 曰門과 曰行이요 適士가

立二祀하나니 曰門과 曰行이요 庶士庶人이
立一祀하나니 或立戶하며 或立竈하니라.

『왕이 인민을 위하사 7사를 세우나니 말하기를 사명과 말하기를
중류와 말하기를 국문과 말하기를 국행과 말하기를 태려와 말하기를
호와 말하기를 조이며, 왕이 스스로를 위하사 7사를 세우시고, 제후
가 나라를 위하사 5사를 세우나니 말하기를 사명과 말하기를 중류와
말하기를 국문과 말하기를 국행과 말하기를 공려이며, 제후가 스스로
를 위하사 5사를 세우고, 대부가 3사를 세우나니 말하기를 족려와 말
하기를 문과 말하기를 길이요, 만 선비가 2사를 세우나니 말하기를
문과 말하기를 길이요, 여러 선비와 서민대중이 1사를 세우나니 혹
방문을 세우며 혹 부엌을 세우느니라.』

☯ 이 절은 5사(五祀)의 제도에 대하여 기술하였으나 앞의 2-12
-1에서 기술한 5사(五祀)는 천자(天子)로부터 서민대중에 이르기까
지 공통이거늘 여기에서 천자는 7사(七祀)요, 제후는 5사(五祀)요,
대부는 3사요, 만 선비는 2사요, 서사(庶士)와 서인(庶人)은 1사라고
하니 경문(經文)이 서로 어긋나는바 차별성을 강조하는 것보다는 공
통성을 강조하는 것이 신성하고 정결한 환경을 조성하는 길이라고
할 것이다.

7사(七祀)는 5사(五祀)에 사명(司命)과 태려(泰厲)를 추가한 것이
니 사명(司命)은 사람의 생명을 관장하는 귀신이고, 태려(泰厲)는 옛
날의 왕으로 자식이 없어서 제삿밥을 얻어먹지 못하여 그 귀신이 저
승으로 돌아가지 못하고 이승을 떠도는 여귀(厲鬼)이다. 공려(公厲)

는 옛날 제후로 자식이 없어서 제삿밥을 얻어먹지 못하여 저승으로 돌아가지 못하고 이승을 떠도는 여귀(厲鬼)이고, 족려(族厲)는 옛날 대부(大夫)로 자식이 없어서 제삿밥을 얻어먹지 못하여 저승으로 돌아가지 못하고 이승을 떠도는 사나운 귀신이다.

살피건대 이 절에서 특별히 여귀(厲鬼)에게 제사를 지내서 사나운 귀신을 달래고 또한 저승으로 돌아가도록 5사(五祀)에 추가하였으니 신계(神界)가 편안해야 인계(人界)가 편안하므로 신성(神聖)하고 안락(安樂)한 세계를 건설하려는 깊은 생각이다.

23-3-3 ──────────────── 王은 下祭殤이 五니 適子와 適孫과
適曾孫과 適玄孫과 適來孫이요
諸侯는 下祭가 三이요 大夫는 下祭가
二요 士及庶人은 祭子而止하나니라.

『왕은 아래로 미성년자로 죽은 자손을 제사 지냄이 다섯이니 적자와 적손과 적증손과 적현손과 적래손이요, 제후는 아래로 제사 지냄이 셋이요, 대부는 아래로 제사 지냄이 둘이요, 선비 및 서민대중은 아들만 제사 지내고 그치느니라.』

◉ 이 절은 손아래 자손이 미성년자로 죽었을 때에 제사 지내는 제도에 대하여 기술하였으니 천자의 덕은 자손에게도 길게 미치고 서민의 덕은 짧게 미치는 것을 밝혔다.

하제(下祭)는 손아래 자손의 제사이고, 상(殤)은 관례(冠禮)를 거

행하기 전에 죽은 미성년자를 장사 지내는 것이다. 적자(適子)는 정실부인이 낳은 맏아들이요, 래손(來孫)은 현손(玄孫)의 아들이며 3(三)은 적증손(適曾孫)까지이고 2(二)는 적손(適孫)까지이다.

23-4-1 ──────────── 夫聖王之制祭祀也는 法施於民則祀之하며
以死勤事則祀之하며 以勞定國則祀之하며
能禦大菑則祀之하며 能捍大患則祀之니라.

『무릇 성왕이 제사법도를 제정함에는 모범법도를 인민에게 베풀었으면 제사 지내게 하며, 죽음으로 부지런히 섬겼으면 제사 지내게 하며, 노력하여 나라가 안정하였으면 제사 지내게 하며, 능히 큰 재앙을 막았으면 제사 지내게 하며, 능히 큰 근심거리를 물리쳤으면 제사 지내게 하리라.』

☯ 이 장은 인류문화 창조에 기여하거나 천하국가의 안녕에 이바지한 도덕을 기리고, 공렬(功烈)을 현창하여 제사 지내는 법도가 있음을 기술하였다.

제(制)는 제도를 만드는 것이고, 법(法)은 헌장(憲章)이 되는 모범법도이니 공명정대한 규범과 성실 정직한 행실이니 도덕이 거룩한 것이며, 이사근사(以死勤事)는 생명을 바쳐서 부지런히 정치사업에 종사하는 것이니 임금은 국토를 수호하기 위하여 죽고, 대부(大夫)는 인민을 보호하기 위하여 죽으며, 선비는 국법을 지키기 위하여 죽는 것이다. 이로(以勞)는 노력하여 있는 힘을 다하는 것이고, 재(菑)는

재앙이며, 한(捍)은 저지하여 물리치는 것이다.

23-4-2 ——————————————————— 是故로 厲山氏之有天下也에
其子曰農이 能殖百穀하더니 夏之衰也에
周棄가 繼之할새 故로 祀以爲稷하고

『이런 까닭으로 여산씨가 천하를 다스림에 그 아들이 농사를 맡아 능히 일백 곡식을 증식했다고 하더니 하나라가 쇠퇴함에 주나라 기가 계속할새 그러므로 제사 지내서 곡식신을 삼았고』

◐ 이 절은 농업을 개발하여 인류의 식생활 문제를 해결한 공덕을 기려서 직단(稷檀)을 설치하게 된 전말을 기술하였다.

여산씨(厲山氏)는 선사시대에 있었던 전설적인 인물이니 사실을 고증할 수 없으며, 농(農)은 농업관리이고, 쇠(衰)는 흥(興)이라고 보아야 시기적으로 타당하다. 기(棄)는 주(周)나라의 시조로 순(舜)임금의 정부에서 농업장관을 역임한 후직(后稷)이고, 직(稷)은 곡식의 신(神)으로 사단(社壇)에 나란히 모시기 때문에 사직(社稷)이라고 한다.

23-4-3 ——————————————————— 共工氏之霸九州也에 其子曰后土가
能平九州할새 故로 祀以爲社하고

『공공씨가 9주를 제패함에 그 아들이 후토를 맡아 능히 9주를 평
안히 했다고 하더니 그러므로 제사를 지내서 땅신을 삼았고』

◑ 이 절은 상고시대에 사단(社壇)을 설치한 전설적인 내용을 기
술하였으나 사실을 고증할 수 없다.

공공씨(共工氏)는 전설적인 인물이고, 9주(九州)는 우(禹)가 낙수
(洛水)에서 신귀(神龜)를 얻어 홍범9주(洪範九州)의 원리를 발견한
뒤에 정전법(井田法)과 더불어 9주(九州)로 땅을 나누었거늘, 공공씨
(共工氏)가 9주를 제패했다는 것은 어느 시대인지 의심스럽다. 후토
(后土)는 땅의 신령이며, 사(社)도 땅의 신령인데 후토(后土)는 하늘
에 있는 땅신이고, 사(社)는 땅에 있는 땅신이다.

23-4-4 ─────────────────────────── 帝嚳이 能序星辰하야 以著衆하시며

『제곡이 능히 별자리를 차례로 밝혀서 서민대중에게 나타내 보이
시며』

◑ 이 절은 봄, 여름, 가을, 겨울 절기마다 별자리가 차례로 옮기
는 천체 운행도수를 관찰하여 일월성신(日月星辰)에게 제사 지내는
역사를 기술하였다.

제곡(帝嚳)은 중국 고대의 전설상의 제왕으로 고신씨(高辛氏)라고
하며 이름은 윤문(允文)인데 황제(黃帝)의 증손(曾孫)이고, 요(堯)
임금의 할아버지라고 한다. 서(序)는 질서 있게 정리함이요, 성(星)

411

은 4방(四方)의 중성(中星)이고, 신(辰)은 해와 달이 서로 마주치는 위치에 있는 별이니 모두 28수(宿)의 성좌(星座)이다. 저(著)는 뚜렷하게 나타내서 절기를 보이는 것이고, 중(衆)은 서민대중이다.

23-4-5 —————————————— 堯가 能賞하시며 均刑法하시며 以義終하시며

『요 임금이 능히 상을 주시며 형법을 균평하게 하시며 정의로써 마치시며』

◉ 이 절은 성실 정직한 천덕(天德)과 공명정대한 왕도(王道)로 정치문화를 창조한 요(堯) 임금의 훈로(勳勞)를 기술하였다.

능상(能賞)은 공적을 정확히 평가하여 빠짐없이 포상(褒賞)해서 착함을 널리 현창하여 기리는 것이고, 균(均)은 균등(均等)하여 차별이 없는 것이며, 형법(刑法)은 범죄를 조사 심문하여 재판해서 처벌하는 법이다. 이의종(以義終)은 요 임금이 왕위(王位)를 순(舜)에게 선양(禪讓)하였으므로 사회정의에 부합되는 길로 임무를 마쳤으니 역시 거룩한 도덕이다.

23-4-6 —————————————— 舜은 勤衆事而野死하시며

『순 임금은 여러 가지 일을 부지런히 하시다가 들판에서 죽으시며』

　◉ 이 절은 순 임금이 천하의 억조만민을 융성하게 다스리기 위하여 천하를 순수(巡狩)하다가 창오(蒼梧)에서 죽은 훈로(勳勞)를 기술하였다.

　근(勤)은 근무(勤務)함이고, 중사(衆事)는 인민을 위한 정치사업이며, 야사(野死)는 도읍이 아닌 지방에서 죽었다는 뜻이니 순 임금은 창오(蒼梧)에서 죽었다.

23-4-7 ─────────────────── 鯀이 鄣鴻水而殛死어늘
禹가 能脩鯀之功하시며

『곤이 홍수를 막히게 하여 귀양 가서 죽거늘 우가 능히 곤의 치수사업을 닦아 성공하시며』

　◉ 이 절은 우(禹)가 그 아버지 곤(鯀)이 실패한 치수(治水)사업을 맡아 과학적으로 추진하면서 많은 기술을 개발하여 능률적으로 순조롭게 성공한 위대한 공적을 기술하였다.

　곤(鯀)은 우(禹)의 아버지 이름이고, 장(鄣)은 막히어 옹색하게 함이며, 홍수(鴻水)는 홍수(洪水)와 같고, 극사(殛死)는 귀양 가서 죽은 것이니 순(舜) 임금이 곤(鯀)을 처형하고 우(禹)를 등용하였다. 수곤지공(脩鯀之功)은 곤(鯀)이 추진하던 치수(治水)사업의 공정과 방법을 과학적으로 치밀하게 다듬어 순조롭게 성공했다는 뜻이다.

23-4-8 ──────────────── 黃帝가 正名百物하사 以明民共財하시거늘
顓頊이 能脩之하시며

『황제가 일백 가지 사물을 바르게 이름 지어 인민에게 공동의 재물임을 밝히거늘 전욱이 능히 그것을 다듬으며』

◑ 이 절은 천하 만물의 실상을 분별하여 정당한 고유명사를 붙여 명실상부(名實相符)하게 해서 억조만민의 공동재물임을 천명한 공렬(功烈)을 기술하였는데 이것은 언어의 발달과 더불어 오랜 세월에 걸쳐 자연적으로 보급된 것이므로 한두 사람의 공로가 아니다.

황제(黃帝)는 본래 중천제(中天帝)의 이름이고, 전욱(顓頊)은 북천제(北天帝)의 이름이거늘 옛날 사람이 임금의 시호(諡號)로 사용하였기 때문에 전설상의 임금이 되었으나 실재인물인지는 고증할 수 없다.

23-4-9 ──────────────── 契이 爲司徒而民成하며

『설이 사도가 되어 인민이 성숙하며』

◑ 이 절은 설(契)이 교육부장관이 되어 인간의 기본윤리인 5륜(五倫)을 교육하므로 인민이 스스로 효제충신(孝悌忠信)의 생활예절과 관혼상제(冠昏喪祭)의 의례예절을 실천하여 성숙된 인격을 갖추게 된 공덕을 기술하였다.

설(契)은 순(舜) 임금이 사도(司徒)로 임명하였으니 사도(司徒)는 교육부장관이요, 민성(民成)은 인민의 품격이 완성되었다는 뜻이다.

23-4-10 ──────────────────────────── 冥^명이 勤^근其^기官^관而^이水^수死^사하며

『명이 그 관직을 부지런히 힘쓰다가 물에 빠져 죽었으며』

☯ 이 절은 수상교통(水上交通)로를 개발하여 인류문화 발전에 기여한 공로를 기술하였다.

명(冥)은 고증할 수 없으나 아마도 물을 관장하는 현명신(玄冥神)을 지칭한 듯하며, 관(官)은 수관(水官)이요, 수사(水死)는 물에 빠져 죽은 것이다.

23-4-11 ──────────────────────────── 湯^탕이 以^이寬^관治^치民^민而^이除^제其^기虐^학하시며

『탕 임금이 너그러움으로 임민을 다스리면서 그 포학을 제거하시며』

☯ 이 절은 은(殷)나라 탕 임금이 폭군 걸(桀)을 정벌(征伐)하여 제거하고 인민을 해방한 공로를 기술하였다.

이관치민(以寬治民)은 탕 임금이 걸(桀)의 법망(法網)을 철거하여 민권(民權)을 신장함이고, 제기학(除其虐)은 포학한 세력을 제거하고

인민을 구원하는 제폭구민(除暴救民)의 혁명을 완수함이다.

23-4-12 ──────────── 文王이 以文治하시고 武王이 以武功으로
去民之菑하시니 此皆有功烈於民者也니라.

『문왕이 문덕으로 다스리고 무왕이 무력 정벌의 공으로 인민의 재앙을 제거하니 이것은 모두 인민에게 공렬이 있는 것이니라.』

◉ 이 절은 문왕의 문덕(文德)과 무왕의 무공(武功)으로 폭군 주(紂)를 제거하여 인민을 해방한 공덕을 기술하고, 이상의 인물은 인민에게 커다란 공렬(功烈)이 있으므로 길이길이 제사를 지내서 그 덕과 공을 기려야 됨을 밝혔다.

이문치(以文治)는 천문(天文)을 본받아 인문주의적 지성으로 문화 정치를 하는 것이고, 이무공(以武功)은 무력정벌을 통하여 혁명을 완수한 것이다.

23-4-13 ──────────── 及夫日月星辰은 民所瞻仰也요
山林川谷丘陵은 民所取財用也니
非此族也어든 不在祀典하니라.

『및 저 해와 달과 별은 인민이 쳐다보며 우러른 바이고, 산림과 천곡과 구릉은 인민이 재물의 씀씀이를 취하는 것이니 이러한 종류

가 아니거든 제사 지내는 의식이 있지 아니하니라.』

◑ 이 절은 앞 절에 이어 사람이 소원을 성취하기 위하여 기도(祈禱)하는 제사를 지내는 대상을 기술하였다.

일월성신(日月星辰)은 한서(寒暑)와 풍우(風雨)에 관계되므로 기도하는 제사를 지내고, 산림(山林)과 천곡(川谷)과 구릉(丘陵)은 인민이 생활용품을 취하는 곳이므로 역시 넉넉하기를 소망하는 제사를 지내는 것이다. 족(族)은 종류(種類)이고, 사전(祀典)은 향사(享祀)의 의전(儀典)이다.

살피건대 제(祭)는 보답의 뜻으로 지내고, 사(祀)는 안전을 보장하는 뜻으로 지내고, 도(禱)는 소원성취를 희망하는 뜻으로 지내고, 사(祠)는 덕과 공을 기리는 뜻으로 지내는 것이니 제향(祭享)은 적자(適子)와 적부(適婦)가 지내는 것이요, 향사(享祀)는 관리책임자가 지내는 것이며, 기도(祈禱)는 누구나 할 수 있으며, 사우(祠宇)는 공론을 모아서 세우고 석전(釋奠), 석채(釋菜)하며 기리는 것이다.

24. 제의(祭義)

    제(祭)는 제사이니 제향(祭享)과 향사(享祀)와 기도(祈禱)와 사우(祠宇)에 드리는 석전(釋奠)과 석채(釋菜)를 모두 포괄하니 앞에 제법(祭法) 편 해제에서 이미 해설하였다.

    의(義)는 본의(本義)로 근본적인 이념과 목적이다. 모름지기 제사의 본의는 지극한 정성으로 하늘을 감응하게 하고, 지극한 공경심으로 귀신을 감격하게 하며, 지극히 정결하게 하여 신성한 정신을 드날려서 거룩한 세계 속에 장엄한 영광을 찬미하는 즐거운 축제로 승화해서 인생의 보람이 충만하게 하기 위함이다. 따라서 제사의 근본 목적은 천인합일(天人合一)하고, 조손일체(祖孫一體)하며, 일백 가지 만물을 바르게 다스려 하늘의 세계와 귀신의 세계와 인간의 세계와 물질의 세계가 하나의 정신으로 융합 관통하여 그 정체(正體)를 확립하는 길이다.

24-1-1   祭不欲數이니 數則煩하고 煩則不敬하며

祭不欲疏니 疏則怠하고 怠則忘하니라

是故로 君子는 合諸天道하야 春禘秋嘗하나니

霜露가 旣降이어든 君子가 履之하고

必有悽愴之心하나니 非其寒之謂也며 春雨露가

旣濡어든 君子가 履之하고 必有怵惕之心하야

如將見之하나니 樂以迎來하고 哀以送往이라

故로 禘有樂하고 而嘗無樂하니라.

『제사는 자주 지내고자 아니 하나니 자주 지내면 번잡하고 번잡하면 공경하지 아니하며, 제사는 드물게 지내고자 아니 하나니 드물게 지내면 태만하고 태만하면 잊어버리니라. 이런 까닭으로 군자는 천도에 합하여 봄에는 체제를 지내고 가을에는 상제를 지내나니 서리와 이슬이 이미 내리거든 군자가 그것을 밟고 반드시 처량한 마음이 있나니 그 날씨가 추워지는 것을 말함이 아닌 것이며, 봄에 비와 이슬이 이미 젖었거든 군자가 그것을 밟고 반드시 두려워하고 근심하는 마음이 있어 마치 장차 뵐 듯이 하나니 음악을 연주하여 오시는 것을 환영하고, 슬퍼하면서 가시는 것을 송별하니라. 그러므로 체제에는 음악이 있고, 상제에는 음악이 없느니라.』

　●　이 장은 제사의 본의가 사랑과 공경을 다하는 정성을 자기의 마음에 갖추는 엄숙한 정신에 있음을 기술하였다.

천도(天道)는 하늘이 운행하는 봄, 여름, 가을, 겨울 네 철이요, 체상(禘嘗)은 앞의 5-12-2에서 이미 해설하였는데 여기에서는 춘체(春禘)라고 하였는바 춘약(春礿)으로 보아야 한다. 체유악(禘有樂)과 상무악(嘗無樂)은 앞의 11-2-1에서 이미 해설하였다.

살피건대 서리와 이슬과 비를 밟으며 돌아가신 부모와 조상을 생각하는 것은 지극한 사랑과 공격이 넘치는 사람이니 어찌 제사를 지내서 정성스러운 사람과 엄숙한 공경을 표현하지 않으리오! 모름지기 제사는 지극한 효자(孝子)의 간절한 마음을 속속들이 살펴서 극진한 사랑과 공경을 표출하는 예절이다.

致齊於內하고 散齊於外니 齊之日에
思其居處하며 思其笑語하며
思其志意하며 思其所樂하며 思其所嗜하야
齊三日에 乃見其所爲齊者하니라.

『마음속에서 극진하게 통일하여 가지런히 하고 외모에서 한가롭게 가지런하니 가지런히 하는 날에 그 머물러 살던 곳을 생각하며 그 웃음과 말을 생각하며 그 뜻과 생각을 생각하며 그 좋아한 바를 생각하며 그 즐기던 바를 생각하여 3일을 재계함에 이에 그 재계한 바의 사람을 나타나 보이도록 하니라.』

◑ 이 절은 제사의 본의는 신령을 감통하여 영접하는 것임을 기술하였다.

치(致)는 극진함이고, 재(齊)는 목욕재계(沐浴齊戒)하여 정결한 마음으로 정신을 통일함이며, 내(內)는 내면의 마음이다. 산(散)은 한산(閑散)함이니 휴무(休務)하면서 홀로 거처함이고, 외(外)는 외모(外貌)이다. 모름지기 치재(致齊)를 하기 위해서는 외부의 번거로움을 피해야 되기 때문에 반드시 산재(散齊)를 함께해야 되는 것이니 대체로 3일 치재(致齊)에 7일 산재(散齊)하는 것이다. 기(其)는 모두 제사 지내는 분을 지칭하는바 생각을 지극히 하면 꿈속이 아니더라도 꿈에서처럼 나타나서 보이는 것이니 지성(至誠)이 감통한 것이다.

祭之日에 入室하야 僾然必有見乎其位하며
周還出戶에 肅然必有聞乎其容聲하며

『제사 지내는 날에 사당방에 들어가서 아련히 그 자리에 나타남이 있기를 기필하며, 주선하여 제물을 올리고 방문을 나옴에 숙연하게 그 용모를 움직이는 소리에서 들림이 있기를 기필하며, 방문을 나와서 들음에 북받치듯이 그 탄식하는 소리에서 들림이 있기를 기필하나니라.』

◉ 이 절은 3일을 치재(致齊)하고 제사를 지내는 날에 제주(祭主)가 신령을 감통하여 영접하고자 하는 간절한 사랑과 공경을 기술하였다.

실(室)은 제사 지내는 사당이나 방이고, 애연(優然)은 아련하게 비슷한 모양이며, 필(必)은 모두 기필(期必)함이다. 위(位)는 신위(神位)이고, 주선(周還)은 제물을 올리는 것이며, 숙연(肅然)은 삼가고 조용한 모양이요, 개연(愾然)은 감격하여 북받치는 모양이다. 귀신은 음양(陰陽)의 정기(精氣)로 본래 보이지 않고 들리지 않는 것이거늘 효자의 마음이 지극하므로 아련하게라도 보려고 하며, 숙연하게라도 들으려고 하며, 개연하게라도 들으려고 하는 것인즉 만일 반드시 보거나 듣는다고 말하면 미신(迷信)으로 오해할 위험이 있도다.

24-1-4   시 고　　　선 왕 지 효 야　　　색 불 망 호 목
是故로 先王之孝也엔 色不忘乎目하며
성 불 절 호 이　　　심 지 기 욕　　　불 망 호 심
聲不絶乎耳하며 心志嗜欲을 不忘乎心하사
치 애 즉 존　　　　　치 각 즉 저
致愛則存하시고 致愨則著하시나니

著存을 不忘乎心이러니 夫安得不敬乎이리오
君子가 生則敬養하고 死則敬享은 思終身弗辱也니라.

『이런 까닭으로 선왕이 효도를 함에는 어버이의 안색을 눈에서 잊지 아니하며, 어버이의 음성을 귀에서 잊지 아니하며, 어버이의 마음과 뜻과 즐김과 하고자 함을 마음에서 잊지 아니하사 사랑을 지극히 하여 곧 계시듯이 하고, 정성을 지극히 하여 곧 나타나듯이 하나니 나타나신 듯하고 계신 듯이 함을 마음에 잊지 아니하거늘 대저 어찌 공경하지 않으리오. 군자가 어버이 생전에는 곧 공경하여 공양하고 돌아가시면 공경하여 제향을 지냄은 죽을 때까지 어버이를 욕되게 아니 할 것을 생각함이니라.』

◉ 이 절은 선왕(先王)이 어버이를 지극히 사랑하고 공경하는 절도를 구체적으로 기술하여 어버이를 욕되게 하지 않으려는 정신적 자세를 밝혔다.

치애(致愛)는 어버이를 지극히 사랑함이고, 존(存)은 돌아가신 어버이가 살아계신 듯이 느껴짐이니 어버이의 얼굴빛과 음성과 마음과 뜻과 즐김과 하고자 함을 잊지 아니함이요, 치각(致慤)은 효도를 지극히 정성스럽게 함이고, 저(著)는 사당에 들어가면 아련히 자리에 계신 듯하고 제물을 올리고 사당문을 나오면 숙연히 그 용모를 움직이는 소리가 들리는 듯하며 그 탄식하는 소리가 들리는 듯함이다. 경양(敬養)은 공경하여 공양(供養)함이고, 경향(敬享)은 공경하여 제향(祭享)을 지내는 것이니 어버이를 공경하지 않고 단지 음식만을 제공한다면 이것은 어버이를 욕(辱)되게 하는 불효막심한 일이다.

 ── 君子는 有終身之喪하니 忌日之謂也라
忌日을 不用은 非不祥也라 言夫日에
志有所至하야 而不敢盡其私也니라.

『군자는 몸이 다하도록 상복을 입음이 있으니 어버이가 돌아가신 날을 일컫느니라. 어버이가 돌아가신 날을 쓰지 아니함은 상서롭지 아니해서가 아니니라. 언컨대 그날은 마음이 가는 바가 있어서 감히 그 사사로운 일을 다 할 수 없는 것이니라.』

☯ 이 절은 군자가 평생토록 어버이가 돌아가신 기일(忌日)이 되면 어버이에 대한 그리움이 더욱 간절하여 잊지 못함을 기술하였다.

상(喪)은 상복(喪服)을 입음이니 평생 동안 상복을 입는다는 말이 아니라 상복을 입은 사람처럼 아무 일도 할 수 없다는 뜻이다. 기일(忌日)은 돌아가신 날이니 꺼리는 날이라는 의미이고, 불용(不用)은 쓰지 않는 것이니 피한다는 말이며, 지(志)는 마음이 가는 것이니 의사(意思)를 결정하여 오로지 나아감이요, 사(私)는 사사로운 개인적인 일이다.

상(喪)에는 3년상(三年喪)으로 정했기 때문에 어버이가 돌아가신 기일(忌日)이 되면 소상(小祥)과 대상(大祥)을 지내면 더 이상의 기일제시(忌日祭祀)가 없고 오로지 군자가 추념(追念)만 하였거늘, 주자(朱子)가 가례(家禮)에서 기제(忌祭)를 지내도록 하므로 난세에 길제(吉祭)인 4시정제(四時正祭)는 자동 폐지되고 오로지 상중(喪中)의 제사인 기제(忌祭)만 남게 되었으니 이제 자주·민주·통일의 새 시대에는 기제(忌祭)보다도 4시정제(四時正祭)를 성대하게 지내야 한다.

唯聖人이라사 爲能饗帝하며 孝子라사
爲能饗親하나니 饗者는 鄕也라 鄕之然後에
能饗焉하나니 是故로 孝子는 臨尸而不怍이니라
君이 牽牲하시며 夫人이 奠盎하며 君이 獻尸시며
夫人이 薦豆하며 卿大夫가 相君하고
命婦가 相夫人하야 齊齊乎其敬也하며
愉愉乎其忠也하며 勿勿諸其欲其饗之也니라.

『오직 성인이라사 능히 하느님께 제향을 지내며, 효자라야 능히 어버이께 제향을 지내나니 제향이라는 것은 바라보는 것이라. 바라본 다음에 능히 제향을 지내나니 이런 까닭으로 효자는 시동에 임하여 부끄러워하지 아니하니라. 임금이 희생을 이끄시며, 부인이 앙제를 진열하며, 임금이 시동에게 술을 드리시며, 부인이 제물을 올리며, 경대부가 임금을 돕고, 명부가 부인을 도와서 가지런하게 공경하며, 기쁘게 충직하며, 간절하게 잡수시게 하고자 하니라.』

◐ 이 절은 성인(聖人)만이 능히 하느님을 잘 사랑하고 공경할 수 있고, 오직 효자(孝子)라야 어버이를 잘 사랑하고 공경함을 기술하였다.

향제(饗帝)는 하느님께 제향(祭享)을 지냄이고, 향친(饗親)은 어버이께 제향을 지냄이다. 향(鄕)은 향(向)하여 바라보는 것이니 곧 망향(望鄕)의 정신이고, 시(尸)는 시동(尸童)이요, 부작(不怍)은 부끄럽지 아니함이니 진실한 감정이 충만하여 떳떳함이다. 앙(盎)은 앙제(盎齊)로 술동이요, 제제(齊齊)는 가지런하고 엄숙한 모양이며, 유유(愉愉)는 화락하고 유순한 표정이고, 물물(勿勿)은 정성을 쏟아 쉬지 않는 모양이니 간절하게 노력함이다.

文王之祭也엔 事死者하시되
如事生하시며 思死者하사 如不欲生하시며
忌日에 必哀하시며 稱諱에 如見親하시니
祀之忠也라 如見親之所愛가 如欲色然은
其文王與인저 詩에 云明發不寐하야
有懷二人이라 하니 文王之詩也라 祭之明日에
明發不寐하사 饗而致之하시고 又從而思之하시니
祭之日엔 樂與哀半하사 饗之必樂하시고 已至必哀하시니라.

『문왕이 제향을 지내심에는 돌아가신 분을 섬기되 살아계신 분을 섬기듯이 하며, 죽은 부모를 사모하사 마치 살고 싶지 않은 듯이 하며, 기일에 반드시 슬퍼하며, 어버이의 이름자를 일컬음에 마치 어버이를 보는 듯이 하니 제사의 진실함이므로 만약 어버이가 사랑하는 바를 보거든 마치 어버이가 하고자 하는 얼굴빛처럼 그렇게 하심은 그 문왕인저, 시에 이르기를 "날이 샐 때까지 잠자지 못하사 두 사람을 그리워하네"라고 하니 문왕을 제향 지낼 때에 부르는 시이다. 제향 지낸 다음 날에 동이 트도록 자지 못하사 제향을 지내서 정성을 바치고 또다시 좇아서 사모하니 제향 지내는 날에는 즐거움과 슬픔을 반씩 하사 제향을 잡수심에는 반드시 즐거워하고 이미 이르렀으면 반드시 슬퍼하시니라.』

☯ 이 절은 문왕(文王)이 어버이를 제향 지내는 지극한 정성과 엄숙한 절도를 기술하여 지극한 효자(孝子)가 어버이를 종묘(宗廟)에서 제향 지내는 모범적인 전형(典型)을 밝혔다.

여불욕생(如不欲生)은 어버이를 잃은 지극한 아픔으로 마치 따라서 죽을 듯이 통곡(痛哭)함이요, 칭휘(稱諱)는 종묘(宗廟)에서 윗대 조상에 대하여는 그 아랫대 조상의 이름을 피하지 않는 것이니 곧 고조(高祖)의 제사에 증조(曾祖) 이하의 이름자를 피하지 않는 것이다. 여욕색연(如欲色然)은 어버이가 생전에 그 사랑하시던 바를 상상하여 어버이의 낯빛처럼 그러한 표정으로 대하는 것이고, 시(詩)는 시경(詩經), 소아(小雅) 소민(小旻)의 십(什)에 있는 소완(小宛) 편이며 문왕지시(文王之詩)는 문왕이 지었다는 말이 아니고 문왕을 제향 지낼 때에 노래하는 시라는 뜻이다. 락(樂)은 어버이가 강림하시어 제향을 잡수시는 것을 즐거워함이요, 애(哀)는 어버이가 제향을 잡수신 다음에 다시 하늘로 떠나시기 때문에 슬퍼함이다. 향례(饗禮)는 본래 주인이 손님에게 술과 음식을 특별히 대접하는 예절이니 제향(祭饗)도 제주(祭主)가 자기의 집에서 부모조상님께 술과 음식을 특별히 대접하는 예절이므로 부모조상의 신령은 제향을 잡수시면 손님처럼 흔쾌하고 즐겁게 바로 떠나가는 것이 예절이다.

24-1-8 ──────────────────────────────── 仲尼가 嘗奉薦而進하사대 其親也가

慤하며 其行也가 趨趨以數하더시니

已祭하고 子贛이 問하야 曰子之言祭엔

濟濟漆漆然이라더니 今子之祭에

無濟濟漆漆은 何也이니고 子가 曰濟濟者는

容也가 遠也요 漆漆者는 容也가 自反也니

容以遠과 若容以自反也는 夫何神明之及交이리오

夫何濟濟漆漆之有乎리오 反饋樂成이라가

薦其薦俎하며 序其禮樂하며 備其百官하야 君子가

致其濟濟漆漆하나니 夫何恍惚之有乎리오
夫言은 豈一端而已리오 夫各有所當也니라.

『중니가 일찍이 가을제사에 제물을 받들고 시동 앞에 나아가시되 그 몸소 하심이 성실하시며 그 걸음걸이가 빠른 걸음으로 자주 걸으시더니 이미 제사를 마치고 자공이 물어 말하기를 부자가 제사를 말함에 엄숙 장엄하고 의젓하게 하라더니 이제 부자의 제사에 엄숙 장엄함과 의젓함이 없음은 무슨 까닭입니까? 부자가 말씀하시기를 엄숙 장엄함은 모양에 신경을 쓰는 것이니 마음에서 멀어지는 것이요, 의젓함은 모양에 신경을 쓰느라고 스스로를 돌아보는 것이니 모양에 신경을 쓰면서 마음이 멀어짐과 모양에 신경을 쓰느라고 스스로를 반성하는 것이 대저 어찌 신명과 교접함에 미치리오. 대저 어찌 엄숙 장엄함과 의젓함이 있으리오. 돌아와서 제물을 바치고 음악을 마친 다음에 그 올리는 제물을 드리며 그 예절과 음악을 차례로 거행하며 그 일백 관직을 갖추어 군자가 그 엄숙 장엄함과 의젓함을 극도로 하나니 대저 어찌 신령을 접하는 황홀함이 있으리오. 대저 말은 어찌 한 가지 뜻만 있으리오. 그것은 각각 마땅한 바가 있는 것이니라.』

◉ 이 절은 공자(孔子)가 어버이를 제향 지내는 지극한 정성과 간절한 사모의 절도를 기술하여 지극한 효자(孝子)가 어버이를 가묘(家廟)에서 제향 지내는 모범적 전형(典型)을 밝혔다.

상(嘗)은 가을제사이고, 봉천이진(奉薦而進)은 제물을 받들고 시동(尸童) 앞으로 나아감이며, 친(親)은 몸소 직접 함이다. 촉촉(趗趨)은 빨리 걸음이고, 삭(數)은 '자주'이며, 이제(已祭)는 제사를 마침이요, 공(贛)은 공(貢)과 같다. 제제(濟濟)는 엄숙 장엄함이고, 칠칠(漆漆)은 의젓하고 능숙함이며, 용(容)은 용모에 신경을 쓰는 것인 즉 용이원(容以遠)은 외적인 용모에 신경을 쓰다가 내면의 마음이 멀어지는 것이요, 약(若)은 급(及)과 같고, 용이자반(容以自反)은 용모에 신경을 쓰기 위하여 스스로 돌이켜 살피는 것이니 내면의 성실성보다 외면의 격식에 더욱 힘쓰는 것이다. 급교(及交)는 교접(交接)함에 미치는 것이고, 반궤(反饋)는 천자나 제후의 종묘제향에 시동(尸童)이 처음에 실(室)에 있다가 나와서 당(堂)에 있다가 다시 실(室)로 들어가거든 제물을 진설함이요, 악성(樂成)은 음악을 연주하여 마침이며 천기천조(薦其薦俎) 이하는 모두 종묘제례에 집사(執事)들이 각각 맡은 일을 봉행함이다. 황홀(恍惚)은 제주(祭主)가 어버이의 신령을 교접(交接)하는 기쁨이다. 각유소당(各有所當)은 임금의 제향을 돕는 집사(執事)들은 외모에 신경을 써서 엄숙 장엄하고 의젓한 자세로 능숙하게 해야 마땅하고, 사대부(士大夫)가 가묘(家廟)에서 몸소 제향을 지냄에는 내면의 성실성에 마음을 써서 신령과 교접하는 황홀경에 들어가는 것이 마땅함을 설파하였다.

24-2-1 ──────────────────────────── 孝子將祭에 慮事를 不可以不豫하며
比時具物하되 不可以不備니 虛中以治之하니라.

『효자가 장차 제향을 지냄에 고려할 사항을 미리 준비하지 않을 수 없으며, 철따라 물건을 갖추되 고루 갖추지 않을 수 없나니 마음 속에 아무 생각이나 꺼림이 없이 치르느니라.』

◑ 이 장은 효자(孝子)가 어버이의 제향을 지냄에 반드시 갖추어야 되는 일반적인 기본자세를 기술하였으니 여기에서는 제사의 예비정신을 밝혔다.

여사(慮事)는 고려할 사항이고, 예(豫)는 예정하여 미리 준비함이며, 비시(比時)는 철따라 제철을 만나는 것이요, 구물(具物)은 물건의 구색을 맞추는 것이다. 허중(虛中)은 마음속에 어떤 생각이나 꺼림이 없는 것이고, 치(治)는 제향을 지내는 행사를 치르는 것이니 효자가 미리미리 준비하여 부족하거나 빠진 것이 없이 고루 갖추어 제향을 지내면 마음속에 아쉬움이나 꺼림이 없이 행사를 치를 수 있는 것이다.

24-2-2 ─────────────────── 宮室이 旣備하며 牆屋이 旣設하며
百物이 旣備어든 夫婦가 齊戒沐浴하야
奉承而進之하되 洞洞乎屬屬乎如弗勝하며
如將失之하나니 其孝敬之心이 至也與인저
薦其薦俎하며 序其禮樂하며 備其百官하야
奉承而進之하야 於是에 諭其志意하야
以其恍惚로 以與神明交하고
庶或饗之하며 庶或饗之니 孝子之志也라.

『사당과 침실이 이미 완비하여 담장을 이미 설치하며 일백 가지 물건을 이미 구비했거든 부부가 재계목욕하야 받들고 나아가되 공손히 조심하고 오로지 한결같이 이기지 못한 듯이 하며 마치 장차 잃을 듯이 하나니 그 효도하고 공경하는 마음이 지극함인저. 그 올리는

제물을 드리며 그 예절과 음악을 차례로 하며 그 일백 관직을 갖추
어 받들고 나아가서 이에 그 뜻을 아뢰어 그 황홀함으로 신명과 더
불어 교접하고, 거의 아마도 흠향하시며, 거의 아마도 흠향하시는가
하니 효자의 뜻이니라.』

　◑ 이 절은 예비정신으로 제향의 준비를 잘하면 제향에 임하여 정
성을 지극히 하여 신령과 더불어 교접(交接)할 수 있음을 기술하였다.
　궁(宮)은 묘(廟)이고, 실(室)은 침(寢)이며, 동동(洞洞)은 공손히
조심함이요, 촉촉(屬屬)은 오로지 한결같이 공경함이다. 봉승이진지
(奉承而進之)는 위에선 제주(祭主)와 주부(主婦)가 올림이고 아래에
선 집사(執事)들이 올림이다. 유기지의(諭其志意)는 축문(祝文)을 읽
고 찬송가(讚頌歌)를 부르는 것이며, 서(庶)는 '거의', 혹(或)은 '아마
도'이며, 향지(饗之)는 신령께서 제향을 잡수시는 것이다.

24-2-3 ────────────────── 孝子之祭也는 盡其愨而愨焉하며
盡其信而信焉하며 盡其敬而敬焉하며
盡其禮而不過失焉하며 進退必敬하야
如親聽命하야 則或使之也니라.

　『효자의 제향은 그 성실함을 다하여 삼가며, 그 믿음을 다하여 진
실하며, 그 공경을 다하여 받들며, 그 예절을 다하며 지나치거나 잃
지 아니하며, 나아가고 물러옴에 반드시 공경하여 몸소 명령을 들어
곧 혹시라도 시키는 듯이 하나라.』

◑ 이 절은 효자의 제향에는 공경을 다하여 어버이의 명령을 들은 듯이 함을 기술하였다.

각(愨)은 성실하여 삼가는 것이고, 신(信)은 진실하게 믿음이며, 경(敬)은 공경하여 받드는 것이다. 명(命)은 어버이의 명령이고, 사(使)는 어버이가 시키는 것이다.

24-2-4 ———————————————— 孝子之祭를 可知也니 其立之也가
敬以詘하며 其進之也가 敬以愉하며
其薦之也가 敬以欲하며 退而立하야
如將受命하며 已徹而退하야 敬齊之色이
不絶於面하나니 孝子之祭也라 立而不詘이면
固也요 進而不愉면 疏也요 薦而不欲이면
不愛也요 退立而不如受命이면 敖也요
已徹而退하야 無敬齊之色이면
而忘本也요 如是而祭면 失之矣니라.

『효자의 제향을 알 수 있는 것이니 그 선 자세가 공경하여 굽히며 그 나아감이 공경하여 기뻐하며, 그 제물을 올림이 공경하여 하고 싶어 하며, 그 물러와서 선 자세가 장차 명령을 받들 듯이 하며, 이미 제물을 거두고 물러옴에 공경하여 가지런한 빛이 얼굴에 끊어지지 아니하나니 효자의 제향이니라. 똑바로 서서 굽히지 않으면 고루한 것이요, 나아감에 기뻐하지 않으면 소원한 것이요, 제물을 올리면서 하고 싶어 하지 않으면 사랑하지 않은 것이요, 물러와서 섬에 명령을 받들 듯이 아니 하면 오만한 것이요, 이미 제물을 거두고 물러와서

공경하여 가지런함이 없으면 근본을 잊은 것이요, 이와 같이 제사를
지내면 잃은 것이니라.』

◑ 이 절은 제사 지내는 자세와 용모를 통해서 효자의 공경심과
불효자의 오만심을 구별할 수 있음을 기술하였다.

굴(詘)은 허리를 굽힘이고, 욕(欲)은 어버이를 잡수시게 하고 싶
어 함이며, 명(命)은 어버이의 명령이요, 철(徹)은 철상(徹床)이니
제향을 마치고 제물을 거두는 것이며, 경제지색(敬齊之色)은 마음을
경건하고 가지런하게 가짐으로써 얼굴에 삼가는 빛이 나타나는 것이
다. 고(固)는 고루(固陋)함이니 예절을 몰라서 천박한 것이고, 소
(疏)는 소원(疏遠)함이며, 오(敖)는 오만(敖慢)함이요, 실(失)은 과
실(過失)이다.

24-2-5 —————————————————— 孝子之有深愛者는 必有和氣하며
有和氣者는 必有愉色하며 有愉色者는
必有婉容이니라 孝子는 如執玉하며
如奉盈하야 洞洞屬屬然하야 如弗勝하며
如將失之하나니 嚴威嚴恪은
非所以事親也라 成人之道也니라.

『효자가 어버이를 깊이 사랑함에는 반드시 온화한 기운이 있으며,
온화한 기운이 있는 사람은 반드시 기쁜 얼굴빛이 있으며, 기쁜 얼굴
빛이 있는 사람은 반드시 어여쁜 모습이 있느니라. 효자는 옥을 잡듯
이 하며 가득 찬 그릇을 받들 듯이 하여 공손히 조심하고 오로지 한

결같이 이기지 못하는 것처럼 하며 장차 잃을 듯이 하나니 엄숙한 권위로 엄격하고 신중함은 어버이를 섬기는 도리가 아니고, 어른의 행실이니라.』

◉ 이 절은 효자가 어버이의 제향을 지냄에 있어 어버이가 살아 계실 때처럼 깊이 사랑하고 높이 공경하여 화기(和氣)가 넘치면서도 공경스럽게 지내야 됨을 기술하였다.

화기(和氣)와 유색(愉色)과 완용(婉容)은 모두 어버이를 깊이 사랑해야만 나타나는 것이요, 여집옥(如執玉)과 여봉영(如奉盈)과 여불승(如弗勝) 및 여장실지(如將失之)는 모두 어버이를 공경하는 마음에서 나오는 것이다. 엄위엄각(嚴威嚴恪)은 엄숙한 권위로 엄격하고 신중함이니 집에서 어버이를 섬기는 도리가 아니고, 사회에 나아가 입신행도(立身行道)하는 방법이다.

24-3-1 ——————————————————— 先王之所以治天下者가 五니 貴有德하며
貴貴하며 貴老하며 敬長하며
慈幼라 此五者는 先王之所以定天下也라
貴有德은 何爲也오 爲其近於道也요
貴貴는 爲其近於君也요 貴老는 爲其近於親也요
敬長은 爲其近於兄也요 慈幼는 爲其近於子也니
是故로 至孝는 近乎王하고 至弟는 近乎霸하니
至孝近乎王은 雖天子라도 必有父하시며
至弟近乎霸는 雖諸侯라도 必有兄하시니
先王之敎는 因而弗改할새 所以領天下國家也니라.

『선왕이 천하를 다스리는 원리가 다섯이니 덕이 있는 사람을 귀히 여기며, 벼슬이 높은 사람을 귀히 여기며, 노인을 귀히 여기며, 어른을 공경하며, 어린이를 자애함이니라. 다섯 가지는 선왕이 천하를 안정하는 원리이다. 덕이 있는 사람을 귀히 여김은 무엇 때문인가? 그 도에 가깝기 때문이요, 벼슬이 높은 사람을 귀히 여김은 그 임금에게 가깝기 때문이요, 노인을 귀히 여김은 그 어버이에게 가깝기 때문이요, 어른을 공경함은 그 형에게 가깝기 때문이요, 어린이를 자애함은 그 아들에게 가깝기 때문이니 이런 까닭으로 지극한 효도는 왕도에 가깝고, 지극한 우애는 패도에 가까우니 지극한 효도가 왕도에 가까움은 비록 천자라고 하여도 반드시 아버지가 있으시며, 지극한 우애가 패도에 가까움은 비록 제후라고 하여도 반드시 형이 있으시니 선왕의 교화는 인습하여 고치지 아니할새 천하국가를 거느리는 원리이니라.』

◑ 이 장은 효도의 가정윤리는 천연적 질서로서 사회윤리의 기초가 되므로 확대하면 곧 정치사회의 윤리가 됨을 기술하였다.

지효(至孝)는 지극한 효도(孝道)이고, 왕(王)은 왕도(王道)이니 효도는 천심(天心)으로 하고 왕도(王道)는 천덕(天德)으로 하는바 지극한 천심은 바로 천덕과 일치하는 것이다. 지제(至弟)는 지극한 우애(友愛)이고, 패(覇)는 패도(覇道)이니 우애는 형을 좇고 패도는 강자(强者)를 따르는바 형을 좇는 태도와 강자를 따르는 자세가 같은 것이다. 교(敎)는 교육과 교화이고, 인(因)은 인습(因襲)이니 옛날의 법률과 제도를 이어받아 지키는 것인데 요순(堯舜)의 효도정치 체제를 계승한 것이다.

子가 曰立愛自親始는 敎民睦也요
立敬自長始는 敎民順也니 敎以慈睦하면
而民이 貴有親하고 敎以敬長하면 而民이
貴用命하나니 孝以事親하며
順以聽命하면 錯諸天下하야 無所不行이니라.

『공자가 말씀하시기를 임금이 사랑의 윤리를 일으킴에 스스로 어버이를 사랑하는 것으로부터 시작함은 인민에게 화목을 가르치는 것이요, 임금이 공경의 윤리를 일으킴에 스스로 어른을 공경하는 것으로부터 시작함은 인민에게 순서를 가르치는 것이니, 자애와 화목으로 가르치면 그 인민이 친함이 있음을 귀히 여기고, 어른을 공경하는 것으로 가르치면 그 인민이 명령을 듣는 것을 귀히 여기나니, 효도로 어버이를 섬기며, 순서로 명령을 들으면 천하에 시행하여 이행하지 않는 것이 없느니라.』

☯ 이 절은 임금이 천하에 사랑과 공경의 윤리를 일으킴에 먼저 어버이를 사랑하고, 형을 공경하는 것으로부터 시작하는 절도를 기술하였다.

입애(立愛)는 천하에 사랑의 윤리를 밝혀서 일으킴이요, 입경(立敬)은 천하에 공경의 윤리를 밝혀서 일으킴이며, 목(睦)은 아버지와 아들이 친함이 있는 것이고, 순(順)은 순서(順序)이니 어른과 어린이가 순서를 지키는 것이다. 유친(有親)은 어버이를 가까이 섬기는 것이고, 용명(用命)은 어른의 명령을 받들어 행함이며, 조(錯)는 시행(施行)함이요, 행(行)은 이행(履行)함이다.

郊之祭也에 喪者가 不敢哭하며
凶服者가 不敢入國門하나니 敬之至也니라.

『천자가 교외에서 하느님께 제향을 지냄에 초상 난 사람이 감히 곡하지 아니하며, 흉한 옷을 입은 사람이 감히 도성의 문 안에 들어가지 아니하나니 공경의 지극함이니라.』

◉ 이 장은 천자(天子)가 교제(郊祭)와 태묘제향(太廟祭享)을 지냄에 도성의 사람이 출입을 삼가며 사랑과 공경을 지극히 하는 절도를 기술하였으니 여기에서는 교제(郊祭)에 지극히 공경하는 사항을 밝혔다.

상자(喪者)는 초상(初喪)이 난 사람이고 흉복(凶服)은 상복(喪服)과 죄수복 등이다. 지극한 공경은 정신을 통일하여 오로지 한결같은 마음이므로 정신이 산만해지고 마음이 슬퍼지는 것을 피하는 것이 좋다. 앞의 11-7-9를 참조하라.

祭之日에 君이 牽牲하시며
穆이 答君하며 卿大夫가 序從하야
既入廟門하야 麗于碑하며 卿大夫가
袒而毛牛하되 尙耳하고 鸞刀로
以刲取膟膋하고 乃退하며
爓祭祭腥而退하나니 敬之至也니라.

『제향날에 임금이 희생을 이끄시며, 세자가 임금에게 응답하며, 경대부가 차례로 쫓아 이미 사당문에 들어가서 희생을 비석에 매어 놓으며 경대부가 윗도리를 벗고 소의 털을 자르되 귀 털을 숭상하고 난도를 찔러 창자기름과 비계를 취하고 이에 물러나며, 데친 고기로 제물로 올리며 날고기를 제물로 올리고 물러나나니 공경의 지극함이니라.』

☯ 이 절은 태묘와 종묘의 제주(祭主)인 임금이 세자와 경대부(卿大夫)를 데리고 직접 희생을 잡아서 제례를 거행해야만 엄숙 장엄한 절도임을 기술하였다.

목(穆)은 소목(昭穆)의 목(穆)이니 임금이 소(昭)이면 세자(世子)는 목(穆)에 해당한다. 따라서 목답군(穆答君)은 임금이 희생을 이끌 때에 세자가 임금의 명령에 응답하여 곁에서 돕는 것이다. 리(麗)는 희생의 고삐를 걸어 매는 것이고 비(碑)는 종묘의 마당에 있는 돌기둥인데 희생을 매기 위한 구멍이 있으며, 단(袒)은 일을 하기 위하여 윗도리를 벗는 것이요, 모우(毛牛)는 소의 털을 베는 것이며 상이(尙耳)는 귀 털을 숭상함이다. 대저 희생의 털을 신령에게 바치는 것은 온전한 소임을 알리는 것이고, 귀 털을 숭상함은 신령에게 들리게 하려는 뜻이다. 규(刲)는 해부함이요, 률료(膟膋)는 창자기름과 비게인데 곡식과 함께 태워서 구수한 향기를 피우는 것이다. 섬제(爓祭)는 희생을 삶아 데쳐서 제물로 바침이고, 제성(祭腥)은 날고기를 제물로 바치는 것이니 신령을 지극히 공경하여 두루 잡수시게 하려는 노력이니 앞의 11-1-2와 11-12-9를 참조하라.

郊之祭엔 大報天而主日하고
配以月하나니 夏后氏는 祭其闇하고
殷人은 祭其陽하고 周人은
祭日하되 以朝及闇하니라.

『교외의 제향에는 하느님께 크게 보답하되 태양을 주장하고 달로써 배향하나니 하나라 왕조는 그 밤에 제향 지내고, 은나라는 그 한낮에 제향 지내고, 주나라 사람은 낮에 제향 지내되 아침으로부터 밤이 미칠 때까지 제향 지내니라.』

◑ 이 절은 교제(郊祭)의 시간이 변천한 역사적 사실을 기술하여 제사 지내는 시간의 의미가 중대함을 밝혔다.

대보(大報)는 대대적으로 보답함이고, 천(天)은 황천상제(皇天上帝)이며, 주일(主日)은 태양을 주향(主享)으로 함이며, 배이월(配以月)은 달을 배향(配享)으로 함이다. 천도(天道)의 운행으로 만물이 생성 변화하나니 그 현상 가운데 가장 큰 것은 해와 달이다. 그러므로 교외에서 하느님께 제향을 지냄에 태양을 주장하고 달을 짝하여 하늘의 은덕에 보답하는 것이다. 암(闇)은 해가 진 저녁이니 하(夏)나라는 검은 흑(黑)색을 숭상하여 어두운 밤에 교제(郊祭)를 지내고, 양(陽)은 한낮이니 은(殷)나라는 흰 백(白)색을 숭상하여 한낮에 교제를 지내며, 이조급암(以朝及闇)은 아침에 붉은 해가 뜨는 때로부터 저녁에 붉은 해가 지는 때까지인데 주(周)나라는 붉은 적(赤)색을 숭상하므로 붉은 해가 뜨고 지는 아침부터 저녁까지 교제를 지낸 것이다. 모름지기 제삿날과 시간을 엄격히 지키는 것이 공경의 정신인즉 시간을 엄수할지어다.

祭日於壇하고 祭月於坎하야

以別幽明하며 以制上下하며

祭日於東하고 祭月於西하야

以別內外하며 以端其位하니

日出於東하고 月生於西하야

陰陽長短이 終始相巡하야 以致天下之和니라.

『태양은 단에서 제향 지내고 달은 구덩이에서 제향 지내어 어둠과 밝음을 분별하며 위와 아래를 제정하며, 태양은 동쪽에서 제향 지내고 달은 서쪽에서 제향 지내어 안팎을 분별하며 그 자리를 살피나니 태양은 동녘에서 뜨고 달은 서녘에서 생기어 음과 양의 길고 짧음이 끝나고 시작함에 서로 돌아 천하의 화합을 지극히 이루게 하니라.』

☯ 이 절은 교제(郊祭)의 장소와 방위를 기술하여 제사의 장소와 제단의 형태 및 방위가 대단히 중대한 사항임을 밝혔다.

단(壇)은 둥글게 흙을 모아 쌓아서 단을 만든 것인 원구단(圓丘壇)이라고 하며, 감(坎)은 둥글게 구덩이를 파서 제터를 만든 것이다. 별(別)은 나누어서 분별함이고, 제(制)는 법도를 정함이니 단(壇)은 밝은 위를 상징하고, 감(坎)은 어두운 아래를 상징한다. 단(端)은 살피는 것이니 태양은 동쪽에서 떠서 밖으로 나아가고 달은 초승달이 서쪽 하늘에서 나왔다가 서녘으로 져서 안으로 들어간다. 따라서 봄과 여름에는 양(陽)이 길고 음(陰)이 짧으며, 가을과 겨울에는 음이 길고 양이 짧은데 양으로 시작한 것은 음으로 끝내고 또한 음으로 시작한 것은 양으로 끝내나니 이것이 음양의 길고 짧음과 끝내고 시작함이 서로 돌고 돌면서 천하의 화합을 지극히 이루는 것이다.

24-5-1 ——————————————————— 天下之禮는 致反始也며 致鬼神也며
致和用也며 致義也며 致讓也니
致反始也는 以厚其本也요 致鬼神은
以尊上也요 致物用은 以立民紀也요
致義는 則上下가 不悖逆矣요 致讓은
以去爭也니 合此五者하야 以治天下之禮也라
雖有奇邪而不治者라도 則微矣니라.

『천하의 예는 시초로 되돌림을 지극히 하며 귀신을 지극히 섬기며 조화롭게 사용함을 지극히 절도 있게 하며 정의를 지극히 밝히며 사양을 지극히 하는 것이니 시초로 되돌림을 지극히 하는 것은 그 뿌리를 두텁게 하는 것이고, 귀신을 지극히 섬김은 조상과 높이는 것이요, 물건을 조화롭게 사용함은 인민의 기강을 확립하는 것이요, 정의를 지극히 밝힘은 곧 위아래가 어그러지고 거슬리지 않도록 함이요, 사양을 지극히 함은 다툼을 멀리하는 것이니 이 다섯 가지를 종합하여 천하의 예를 만드는 까닭에 비록 기이하고 사악하여 가리지 못할 이가 있더라도 곧 미미한 정도에 그치느니라.』

◑ 이 장은 제례(祭禮)의 기본정신이 보본반시(報本反始)에 있음을 기술하였으니 앞의 11-6-6, 11-7-12를 참조하라.

치(致)는 지극히 하여 남김이 없는 것이고, 화용(和用)은 조화(調和)롭게 사용하는 것이며, 물용(物用)은 물건을 고루 절도 있게 사용하여 인민으로 하여금 분수와 절도를 지키게 하여 기강을 확립한다. 기(奇)는 기이(奇異)이며, 사(邪)는 사악(邪惡)이며, 미(微)는 미소(微小)함이다.

24-5-2 ———————————————————— 宰我가 曰吾聞鬼神之名하고
不知其所謂하나이다 子가 曰氣也者는
神之盛也요 魄也者는 鬼之盛也니
合鬼與神이라야 敎之至也니라.

『재아가 말하기를 나는 귀신의 이름을 들어도 그 일컫는 바를 알지 못하나이다. 공자가 말씀하시기를 기라는 것은 신의 왕성함이요, 넋이라는 것은 귀의 왕성함이니 귀와 신을 합해야만 가르침이 지극하니라.』

☯ 이 절은 앞 절에 이어 귀신의 실체를 공자의 말씀으로 분해하였다.

천계(天界)는 이(理)의 세계이고, 신계(神界)는 기(氣)의 세계이며, 인계(人界)는 심(心)의 세계요, 물계(物界)는 질(質)의 세계이니 하느님은 절대지상의 조물주이고, 귀신은 하늘의 뜻을 현상세계에 펼치는 조물공(造物工)이며, 사람은 천명(天命)을 받아 현상세계를 경영하는 주인이요, 만물은 귀신의 피조물임과 동시에 인간의 경영물이다.

천계(天界)의 이세계(理世界)는 혼연한 일리(一理)가 고금에 관철하여 영원무궁하지만 신계(神界)의 기세계(氣世界)는 음양(陰陽)의 2기(二氣)가 순환 교대하여 반복 왕래하므로 그 변화가 끝이 없나니 양기(陽氣)와 음정(陰精)이 엉기면 생물(生物)이 되고, 양기(陽氣)와 음정(陰精)이 분리되어 해체하면 양기는 혼(魂)이 되어 하늘로 날아가고, 음정은 백(魄)이 되어 땅속으로 들어가나니 마침내 생물(生物)이 변하여 사망(死亡)한다. 그러나 혼백(魂魄)의 얼도 때에 따라 변해서 신계(神界)로 올라가나니 혼(魂)은 신(神)이 되고 백(魄)은 귀(鬼)가 되는 것이며, 귀신도 역시 때가 되면 변해서 신(神)은 양기(陽氣)로 환원하고, 귀(鬼)는 음정(陰精)으로 환원하는 것이다.

24-5-3 ———————————————————— 衆生이 必死하고 死必歸土하나니
此之謂鬼라 骨肉이 斃于下하야
陰爲野土하며 其氣가 發揚于上하야
爲昭明焄蒿悽愴하나니 此는 百物之精也니 神之著也라.

『모든 사람은 반드시 죽고 죽으면 반드시 흙으로 돌아가나니 이것을 일컬어 돌아가셨다고 하는데, 뼈와 살이 아래로 쓰러져 은밀하게 들판의 흙이 되며 그 기운이 위로 나타나 나부끼며 밝고 향기롭고 구슬프나니 이것은 일백 가지 사물의 정령이니 신령이 나타난 것이다.』

◉ 이 절은 앞 절에 이어 모든 사람이 반드시 죽어서 그 육체(肉體)는 땅속에 묻혀 흙이 되지만 그 정기(精氣)는 하늘로 올라가서

나타나 드날리는 영혼불멸(靈魂不滅)의 교육적 가치를 기술하였다.

중생(衆生)은 모든 사람이고 필사(必死)는 죽지 않는 사람은 없다는 뜻이니 장생불사(長生不死)와 불생불멸(不生不滅)과 부활영생(復活永生)의 길이 없다는 말이다. 귀토(歸土)는 땅속에 묻어 장사 지냄이고 귀(鬼)는 귀(歸)니 앞의 23-1-4에서 이미 해설하였다. 골육(骨肉)은 육체(肉體), 육신(肉身)이고, 폐(斃)는 쓰러진 것이며, 하(下)는 지하(地下)요, 음(陰)은 은밀(隱密)한 변화이다. 기(氣)는 정신(精神)의 기운(氣運)이며, 상(上)은 천상(天上)이요, 소명(昭明)은 신령의 지각(知覺)이 밝음이고, 훈호(焄蒿)는 신령의 냄새가 향기로운 것이며, 처창(悽愴)은 신령과 헤어지기 섭섭하여 마음이 구슬픈 것이다. 백물(百物)은 만물(萬物)과 같고 정(精)은 정령(精靈)으로 맑고 순수한 원질이며 신(神)은 신령(神靈)이요, 저(著)는 나타난 것이다.

사람은 비록 죽어서 형체가 없어졌지만 그 영혼은 길이 남아서 밝게 감응(感應)하며, 아름다운 향기를 피우고 또한 구슬픈 생각을 가지게 하니 지극하도다. 귀신의 교육적 감화력이여!

24-5-4 ─────────────── 因物之精하사 制爲之極하사 明命鬼神하사
以爲黔首則하시니 百衆이 以畏하며 萬民이 以服하니라.

『사물의 정령을 인연하사 제정하여 지극히 받들어 뚜렷이 밝혀 귀신이라고 이름하사 인간의 법칙으로 삼으시니 일백 민중이 두려워하며 만민이 복종하니라.』

◑ 이 절은 앞 절에 이어 성왕(聖王)이 상례(喪禮)와 제례(祭禮)를 제정한 지혜를 높이 평가하고 그 교육적 효과가 지대함을 기술하였다.

인물지정(因物之精)은 앞 절에서 말한 소명(昭明)과 훈호(焄蒿)와 처창(悽愴)함을 인연함이고, 제(制)는 예법으로 제정함이며, 위지극(爲之極)은 지극히 존엄한 실체로 받들어 모시는 것이니 곧 하느님의 바로 아랫자리요, 인간보다 윗자리에 위치한다. 명명(明命)은 명확하게 이름을 지은 것이니 아무도 의심할 수 없다는 뜻이고, 검수(黔首)는 검은 수건을 머리에 쓴 사람이니 여민(黎民)과 같으며, 측(則)은 법칙(法則) 또는 준칙(準則)으로 사물을 밝게 분별하여 향기롭고 정답게 사는 윤리생활의 규범이다. 백중(百衆)은 모든 민중이고, 외(畏)는 귀신의 신통력에 의한 인간의 길흉화복(吉凶禍福)에 대한 응보(應報)를 두려워하는 것이요, 복(服)은 상례(喪禮)와 제례(祭禮)를 받들어 복무(服務)함이니, 곧 복종하여 천하의 예법을 지키는 것이다.

24-5-5 ──────────── 聖人이 以是로 爲未足也하사 築爲宮室하사
說爲宗祧하사 以別親疏遠邇하사
敎民反古復始하사 不忘其所由生也하시니
衆之服이 自此라 故로 聽且速也니라.

『성인이 이것으로 충분치 못하다고 여기사 사당과 침실을 건축하사 종묘과 조묘를 설치하사 친근하고 소원함을 분별하사 인민에게

옛날에 되돌려 시원에 깊은 도리를 가르쳐서 그 말미암아 태어난 바를 잊지 않게 하시니 민중의 복종이 이것을 말미암은지라 그러므로 들음이 또한 빠른 것이니라.』

◑ 이 절은 앞 절에 이어 성왕(聖王)이 먼저 종묘(宗廟)와 영녕전(永寧殿)을 지어 제향을 받드는 모범을 보이며 인민대중에게 조상을 숭배하는 예절을 가르쳤음을 기술하였다.

이시(以是)는 상제례(喪祭禮)를 제정함이고, 미족(未足)은 인민을 충분히 이해시키지 못함이며, 종(宗)은 종묘(宗廟)요, 조(祧)는 조묘(祧廟)니 영녕전(永寧殿)이다. 반고복시(反古復始)는 옛날로 되돌리고 시원(始源)에 보답하는 것이니 곧 옛날 조상님들의 은덕에 보답하는 것이다. 소유생(所由生)은 말미암아 태어난 바이니 곧 부모와 조상들이고, 중지복(衆之服)은 서민대중이 상제례(喪祭禮)를 받들어 실천함이며, 자차(自此)는 나라에서 임금이 몸소 종묘에서 제향을 거행함으로부터 시작한 것이다.

24-5-6 ──────────── 二端이 旣立이어든 報以二禮하시니
建設朝事하야 燔燎羶薌할새 見以蕭光은
以報氣也니 此는 敎衆反始也라 薦黍稷하며
羞肝肺首心할새 見間以俠甒라 加以鬱鬯은
以報魄也니 敎民相愛하야 上下가 用情하니 禮之至也니라.

『두 실마리가 이미 밝혀지거든 두 가지 예절로 보답하시니 제향날

아침행사를 새로 세워 만들어 뜰에 모닥불을 피워서 노린내와 향기를 피울 때에 쑥과 창자기름을 섞어서 태움은 기운에 보고하기 위함이니 이것은 민중에게 시원으로 되돌리는 것을 가르침이라 기장과 피를 올리며 간과 폐와 머리와 심장을 반찬으로 올릴 때에 두 동이의 술을 나란히 놓고 울창주로써 강신함은 넋에 보고한 것이니 민중에게 서로 사랑하도록 가르쳐서 위와 아래가 정분을 통하게 하니 예절의 지극함이니라.』

　◑ 이 절은 앞 절에 이어 종묘에서 제향 지내는 날 아침에 종묘의 마당에서 모닥불을 피워 하늘의 기(氣)에 제향날임을 보고하고, 또 제향에 임하여 강신주를 땅에 부어 지하의 넋에 제향행사를 보고하는 제례절차를 기술하였다.

　2단(二端)은 기(氣)는 신(神)의 왕성함이고 백(魄)은 귀(鬼)의 왕성함이니 곧 귀신을 감지할 수 있는 두 가지 실마리이다. 보(報)는 보고(報告)함이며 2례(二禮)는 제향날 아침에 모닥불을 피워서 하늘의 기(氣)에 보고하는 조사(朝事)의 예식과 제향을 거행하는 시각에 임하여 먼저 강신주(降神酒)를 땅에 부어서 땅속의 백(魄)에 보고하는 예식이다. 건설(建設)은 새로 세워 만드는 것이고, 조사(朝事)는 아침에 거행하는 행사이며, 간(見)은 섞어서 혼합하는 간(覸)이요, 소광(蕭光)은 쑥을 태우는 불빛이다. 견간(見間)은 본래 간(覸)인데 잘못하여 두 글자로 분리되었고, 협무(俠甒)는 술통 두 개가 나란히 놓인 것이니 예주(醴酒)와 앙주(盎酒)이며, 울창(鬱鬯)은 울창주로 강신주(降神酒)이고, 용정(用情)은 진정(眞情)을 서로 통해서 사랑과 공경을 다하는 것이다.

君子는 反古復始하야 不忘其所由生也라
是以로 致其敬하며 發其情하며
竭力從事하야 以報其親하야 不敢弗盡也니라
是故로 昔者에 天子가 爲藉千畝하사
冕而朱紘하사 躬秉耒하시며 諸侯가
藉百畝하사 冕而靑紘하사 躬秉耒하사
以事天地山川社稷先古하사 以爲醴酪齊盛을
於是乎에 取之하시니 敬之至也니라.

『군자는 옛날에 되돌리고 시원에 보답하여 그 말미암아 태어난 바를 잊지 않는 것이라. 이래서 그 공경을 극진히 하며 그 심정을 굳건히 하며 있는 힘을 다하여 종사해서 그 어버이께 보답하여 감히 다하지 아니함이 없는 것이니라. 이런 까닭으로 옛날에 천자가 제사답 천 이랑을 경작하사 면류관을 쓰고 붉은 관끈을 매시고 몸소 쟁기를 잡으시며, 제후가 제사답 백 이랑을 경작하사 면류관을 쓰고 푸른 관끈을 매시고 몸소 쟁기를 잡으시어 하늘땅과 산과 시내와 사와 직과 선친과 옛 조상을 섬기시어 단술과 우유와 기장과 피를 마련함에 여기에서 취하시니 공경의 지극함이니라.』

◉ 이 절은 천자와 제후가 근본에 보답하는 제향을 지내기 위하여 몸소 제사답(祭祀畓)을 경작하는 지극한 공경심을 기술하였다.

발(發)은 힘차고 씩씩함이고, 정(情)은 심정(心情)이며, 자(藉)는 자전(藉田)이니 제사답(祭祀畓)이요, 굉(紘)은 관면(冠冕)의 끈으로 단단히 묶은 것이다. 천지(天地)는 천자가 섬기고, 산천(山川)은 제후도 섬기며, 선(先)은 선친(先親)을 모신 종묘이고, 고(古)는 옛 조상을 모신 조묘(祧廟)이다. 이위(以爲)는 생각하여 마련함이고, 자성(齊盛)은 자성(粢盛)이니 서직(黍稷)이며, 어시호(於是乎)는 자전(藉田)을 지적한다. 경지지(敬之至)는 천자와 제후가 몸소 쟁기를 잡음에 면류관을 쓴 것이니 고귀한 사람이 경작한 곡식으로 제물을 장만한 것이다.

24-5-8 ─────────────── 古者에 天子諸侯가 必有養獸之官하시니
及歲時하야 齊戒沐浴而躬朝之하야
犧牷齊牲을 必於是에 取之하니 敬之至也라
君이 召牛하사 納而視之하사
擇其毛而卜之吉然後에야 養之하되
君이 皮弁素積으로 朔月月半에
君이 巡牲하시나니 所以致力이니 孝之至也니라.

『옛날에 천자와 제후가 반드시 짐승을 기르는 관직을 두시니 1년의 네 철에 미쳐 마음을 가지런히 경계하고 목욕하여 몸소 찾아가서 뵈고 온전한 짐승으로 제향에 쓸 소와 양과 돼지를 반드시 여기에서 취하니 공경이 지극한 것이라. 임금이 소를 불러서 외양간에 넣고 살펴시어 그 털을 골라서 점을 치고 길한 다음에야 기르되 임금이 가죽고깔을 쓰고 흰 비단치마를 입고 초하루와 보름에 임금이 희생을 순찰하는 것은 노력을 극진히 하는 방법이니 효성이 지극한 것이니라.』

◐ 이 절은 천자와 제후가 근본에 보답하는 제향을 지내기 위하여 몸소 짐승을 골라 온전하게 기르는 지극한 공경심과 효심을 기술하였다.

양수지관(養獸之官)은 소와 말과 양과 돼지와 개와 닭 등의 축산
(畜産) 정책을 관장하는 장관이요, 세(歳)는 1년이고, 시(時)는 네
철이며, 조지(朝之)는 제후가 천자를 찾아가서 뵈듯이 천자가 희생을
찾아가서 뵈는 것이니 지극히 공경함이다. 희(犧)는 털의 빛깔이 순
일한 것이고, 전(牷)은 몸의 체형이 온전한 것이며, 생(牲)은 소와
양과 돼지이다. 소우(召牛)는 희생으로 기르기 위한 좋은 송아지를
선택하기 위하여 소집함이고, 피변(皮弁)과 소적(素積)은 임금의 조
회복이니 앞의 13-1-4, 20-11-8을 참조하라. 삭월(朔月)은 삭일
(朔日)과 같고, 월반(月半)은 보름이며, 치력(致力)은 정성과 노력을
극진히 하는 것이고, 효지지(孝之至)는 근본에 보답하는 제향은 모두
어버이를 섬기는 지극한 효심에서 말미암은 것임을 지적한 것이다.

24-5-9 ──────────────────── 古者에 天子諸侯가 必有公桑蠶室하더니

近川而爲之築宮하되 仞有三尺하고

棘牆而外閉之하고 及大昕之朝하야

君이 皮弁素積으로 卜三宮之夫人世婦之吉者하사

使入蠶于蠶室하야 奉種하야 浴于川하고

桑于公桑하야 風戾以食之하더니라.

『옛날에 천자와 제후가 반드시 나라의 뽕나무밭과 양잠실이 있더
니 시냇물을 가까이해서 누에를 칠 집을 짓되 높이를 3척이 되게 하
는 담장 위에 가시를 얹어서 외부를 폐쇄하고 3월 초하루의 아침에
임금이 가죽고깔과 소적의 차림으로 3궁의 부인과 세부의 길한 사람
을 점쳐서 누에를 잠실에 들여가게 하여 누에씨를 받들고 시내에서

목욕하고 나라의 뽕나무밭에서 뽕을 따서 바람에 말려 누에를 먹이더니라.』

　● 이 절은 천자의 후비(后妃)와 제후의 부인(夫人) 및 궁궐의 세부(世婦)가 나라의 잠실(蠶室)에서 누에를 길러 비단옷으로 제복(祭服)을 만들기 위하여 몸소 양잠하는 지극한 공경과 효심을 기술하였다.
　공상(公桑)은 국가 소유의 뽕나무밭이고, 잠실(蠶室)은 누에를 기르는 집이며, 근천(近川)은 시내에 가까운 곳이니 누에를 치는 그릇과 도구를 깨끗이 씻기 위함이다. 인(仞)은 높이요, 극장(棘牆)은 담장 위에 가시나무를 설치하여 사람이 넘어 다니지 못하게 함이고, 외폐(外閉)는 문을 밖으로 여닫게 하여 안으로 잠그면 밖에서는 문을 열지 못하도록 폐쇄하는 것이다. 대흔(大昕)은 계춘(季春)의 초하루이고, 피변(皮弁)은 앞의 13-1-4에서 이미 해설하였고, 소적(素積)은 흰 비단으로 만든 임금의 조회복이며, 복(卜)은 점을 쳐서 선발함이고, 3궁(三宮)은 왕비궁(王妃宮)과 왕의 모후궁(母后宮)과 세자비궁(世子妃宮)이며, 봉종(奉種)은 누에씨를 받들고 가는 것이요, 상(桑)은 뽕을 따는 것이며, 풍려(風戾)는 바람에 물기를 말리는 것이며, 사(食)는 누에에게 뽕잎을 먹이는 것이다.

24-5-10─────────────────────────── 歲旣單矣어든 世婦卒蠶하야
奉繭하야, 以示于君하고 遂獻繭于夫人하거든
夫人이 曰此所以爲君服與인저 하시며
遂副褘而受之하시고 因少牢以禮之하시니
古之獻繭者가 其率用此與인저.

『해가 이미 다하거든 세부가 누에치기를 마치고 누에고치를 받들어 임금께 보이고, 마침내 누에고치를 부인에게 바치거든 부인이 말씀하시기를 "이것은 임금의 옷을 만들진저"라고 하시며 드디어 첩지와 휘복으로 덮어서 받으시고, 이어서 양과 돼지로 사례하시니 옛날에 누에고치를 바치는 사람이 그 쫓음을 이렇게 하였는저.』

☯ 이 절은 앞 절에 이어 세부(世婦)가 누에고치를 바치는 절도를 기술하였다.

세(歲)는 양잠(養蠶)하는 세월이니 대개 1개월이요, 단(單)은 다함이며 견(繭)은 누에고치이다. 군복(君服)은 임금의 제복(祭服)이고, 부(副)는 첩지이며, 휘(褘)는 꿩을 그린 후비(后妃)의 제복(祭服)이니 누에고치를 첩지와 휘복으로 덮어서 받은 것은 지극히 공경함이다. 소뢰(少牢)는 소뢰(小牢)니 양과 돼지이고, 예(禮)는 양잠의 노고를 치하하여 하사하는 예물이며, 솔(率)은 쫓아서 따르는 것이고, 용차(用此)는 이러한 절도로써 했다는 말이다.

24-5-11 ────────────────── 及良日하야 夫人이 繅三盆手하시고
遂布于三宮夫人世婦之吉者하사
使繅하야 遂朱綠之하며 玄黃之하야
以爲黼黻文章하야 服旣成이어든
君이 服以祀先王先公하시나니 敬之至也니라.

『좋은 날에 미쳐 부인이 고추실을 뽑아 세 번 동이에 손으로 누르

시고 마침내 3궁의 부인과 세부의 길한 사람을 포열하사 고추실을
뽑게 하여 드디어 붉고 푸르게 하며 검고 노란 비단을 짜서 보불문
장을 만들게 하여 옷이 이미 완성되거든 임금이 입으시고 선왕과 선
공에게 제사 지내게 하시나니 공경의 지극함이니라.』

◑ 이 절은 부인(夫人)이 세부(世婦)로 하여금 고추실을 뽑아 비
단을 짜서 임금의 제복(祭服)을 만드는 절도를 기술하였다.

양일(良日)은 날씨가 좋은 날이고, 소(繅)는 고추를 삶아서 명주
실을 뽑는 것이며, 분(盆)은 고추실을 뽑기 위하여 물을 끓이는 오지
동이로 거기에 고치를 넣고 손으로 저어서 고추실의 실마리를 잡아
서 뽑아내는 것이니 3분수(三盆手)는 고치를 동이에 넣어서 손으로
실의 가닥을 뽑아내기를 마치면 또다시 고치를 동이에 넣고 실의 가
닥을 손으로 저어서 뽑아내기를 세 번 하는 것이다. 이것은 임금이
제사답(祭祀畓)을 몸소 경작할 때에 쟁기질을 세 고랑을 하고 그치
듯이 부인이 누에실을 뽑음에 세 번 고치를 넣고 실을 뽑고 그치는
것과 같으니 그 시작하는 정신을 높이 평가할 뿐이고 그 전문적인
능력을 취한 것이 아니다.

24-6-1 ──────────────────── 君子가 曰禮樂은 不可斯須去身이니
致樂以治心하면 則易直子諒之心이
油然生矣요 易直子諒之心이
生則樂하고 樂則安하고 安則久하고
久則天이요 天則神이니 天則不言而信하고
神則不怒而威하나니 致樂以治心者也니라

致禮以治躬하면 則莊敬하고 莊敬則嚴威하나니
心中이 斯須不和不樂이면 而鄙詐之心이
入之矣요 外貌가 斯須不莊不敬이면
而慢易之心이 入之矣니라 故로 樂也者는
動於內者也요 禮也者는 動於外者也니
樂極和하고 禮極順하야 內和而外順하야
則民瞻其顔色而弗與爭也하며
望其容貌而衆不生慢易焉하나니
故로 德輝動於內하야 而民莫不承聽하며
理發乎外하야 而衆莫不承順하나니
故로 曰致禮樂之道하면 而天下가
塞焉하나니 擧而措之가 無難矣니라
樂也者는 動於內者也요 禮也者는
動於外者也니 故로 禮主其減하고
樂主其盈하니 禮減而進하야 以進爲文하고
樂盈而反하야 以反爲文이니 禮減而不進則銷하고
樂盈而不反則放하나니 故로 禮有報而樂有反하니
禮得其報則樂하고 樂得其反則安하나니
禮之報와 樂之反이 其義一也니라.

『군자가 말하기를 예절과 풍류는 잠시 동안이라도 몸에서 떠날 수
없나니 풍류를 연구해서 마음을 다스리면 평이하여 자유스럽고 너그
럽게 사랑하는 마음이 구름처럼 생기는 것이요, 평이하여 자유스럽고
너그럽게 사랑하는 마음이 생기면 즐겁고, 즐거우면 편안하고, 편안
하면 오래하고, 오래하면 진실하고, 진실하면 신성하니 진실하면 말

하지 않아도 믿고, 신성하면 성내지 않아도 두렵나니 풍류를 연구하여 마음을 다스리는 것이니라.

예절을 연구하여 몸을 다스리면 씩씩하고 경건하며, 씩씩하고 경건하면 엄숙하고 의젓하나니 마음속이 잠깐 동안이라도 화평하지 못하고 즐겁지 못하면 그 비루하고 속이는 마음이 들어가고, 바깥 모양이 잠깐 동안이라도 씩씩하지 않고 경건하지 않으면 그 게으른 마음이 들어가니라.

그러므로 풍류는 마음속에서 감동하는 것이요, 예절은 바깥 모양에서 감동하는 것이니 풍류는 화합을 극진히 하고, 예절은 순서를 극진히 하여 안으로 화평하고 밖으로 유순하면 인민이 그 얼굴빛을 쳐다보고 더불어 다투지 아니하며 그 용모를 바라보고 민중이 게으른 마음이 생기지 아니하니라. 그러므로 덕의 아름다운 광채가 마음속에서 감동하여 인민이 받들어 듣지 않음이 없으며, 도리가 외모에서 발산하여 민중이 받들어 순종하지 않음이 없나니 그러므로 말하기를 예절과 풍류의 도를 지극히 이룩하면 천하가 진실하나니 일으켜 시행하기가 어려움이 없다고 하니라.

풍류는 마음속에서 감동하는 것이요, 예절은 외모에서 감동하는 것이니 그러므로 예절은 그 가볍게 덜기를 주장하고, 풍류는 그 가득히 채우기를 주장하니 예절은 가볍게 덜어서 나아가는지라. 나아감으로써 문채를 삼고, 풍류는 가득히 채워서 돌아오는지라 돌아옴으로써 문채를 삼으니 예절은 가볍게 덜어서 나아가지 아니하면 기운이 가라앉고, 풍류는 가득히 채워서 돌아오지 아니하면 흩어지나니 그러므로 예절에는 갚음이 있고, 풍류에는 돌아옴이 있으니 예절이 그 보답을 얻으면 즐겁고, 풍류가 그 돌아옴을 얻으면 편안하나니 예절의 보답과 풍류의 돌아옴이 그 뜻이 한가지니라.』

☯ 이 장은 예절과 음악의 정치 사회적 기능과 역할을 기술하였는데 악기(樂記) 편에 이미 기술하였으니 앞에 19-13-1, 2, 3, 4에서 해설하였다.

24-7-1 ──────────── 曾子가 曰孝有三하니 大孝는 尊親하고
其次는 不辱하고 其下는 能養이니라
公明儀가 問於曾子하야 曰夫子는
可以爲孝乎니까 曾子가 曰是何言與아
是何言與아 君子之所謂孝者는 先意承志하야
諭父母於道어늘 參은 直養者也니 安能爲孝乎리오.

『증자가 말하기를 효자는 세 가지가 있으니 큰 효자는 어버이를 높이고, 그다음은 어버이를 욕되지 않게 하고, 그 아래는 어버이를 잘 봉양하니라. 공명의가 증자에게 물어 말하기를 부자는 효자라고 말할 수 있으리까? 증자가 말하기를 이게 무슨 말인가, 이게 무슨 말인가. 군자가 효자라고 일컬은 사람은 먼저 어버이의 생각을 헤아리고 어버이의 뜻을 받들어 부모를 도덕에 대하여 깨우치게 하거늘 삼은 단지 어버이를 공양만 하거니 어찌 능히 효자가 되리오.』

☯ 이 장은 군자(君子)의 효도(孝道)에 대하여 기술하였으니 여기에서는 대효(大孝)는 어버이를 높이 빛내는 것임을 설파하였다.

대효(大孝)는 가장 위대한 효자(孝子)이고, 존친(尊親)은 어버이를 높이 빛내는 것이며, 불욕(不辱)은 어버이를 욕되게 하지 않는 차효(次孝)이고, 양(養)은 어버이를 공양(供養)하는 하효(下孝)이다.

공명의(公明儀)는 증자(曾子)의 제자(弟子)요, 부자(夫子)는 증자(曾子)를 지칭하며, 증자선의(先意)는 어버이의 생각을 먼저 헤아리는 것이고, 승지(承志)는 어버이의 뜻을 받드는 것이며, 유(諭)는 밝게 깨우침이며, 삼(參)은 증자의 이름이다.

24-7-2 ─────────────────── 曾子가 曰身也者는 父母之遺體也니
行父母之遺體어늘 敢不敬乎아
居處不莊이 非孝也며 事君不忠이
非孝也며 涖官不敬이 非孝也며
朋友不信이 非孝也며 戰陳無勇이
非孝也이니 五者를 不遂하면
災及於親하나니 敢不敬乎아.

『증자가 말하기를 몸이라는 것은 부모가 남겨 주신 육체인 것이니 부모가 남겨 주신 육체로 생활하면서 감히 공경하지 않으랴. 머물러 사는 집에서 씩씩하지 않음이 효도가 아니며, 임금을 섬김에 충직하지 않음이 효도가 아니며, 관직에 임하여 공경하지 않음이 효도가 아니며, 벗과 사귐에 믿지 않음이 효도가 아니며, 전쟁의 대열에서 용기가 없는 것이 효도가 아닌 것이니 다섯 가지를 완수하지 아니하면 재앙이 어버이게 미치나니 감히 공경하지 않으리오.』

　◑ 이 절은 앞 절에 이어 어버이를 욕되게 하지 않는 차효(次孝)를 기술하였다.

　유체(遺體)는 남겨 준 육체이고, 거처(居處)는 살고 있는 집이며

리관(涖官)은 관직에 취임하여 복무함이요, 전진(戰陳)은 전쟁의 대열이며, 수(遂)는 책임을 완수함이다.

24-7-3 ─────────── 亨熟羶薌하야 嘗而薦之는 非孝也요
養也니 君子之所謂孝也者는
國人이 稱願然曰幸哉有子如此라 하면
所謂孝也已니라 衆之本教曰孝요
其行曰養이니 養은 可能也라도
敬爲難하며 敬可能也라도 安爲難하며
安可能也라도 卒이 爲難하니
父母가 旣沒커시든 愼行其身하야
不遺父母惡名이 可謂能終矣니
仁者는 仁此者也요 禮者는 履此者也요
義者는 宜此者也요 信者는 信此者也요
强者는 强此者也니 樂自順此生하고 刑自反此作이니라.

『고기를 삶고 밥을 지어서 맛보고 올리는 것은 효자가 아니고 공양하는 것이니 군자가 이른바 효자라는 것은 나라 사람이 칭찬하고 흠모하면서 말하기를 "행복한저, 자식이 있어 이와 같도다"라고 하면 이른바 효자인 것이니라. 민중의 기본 교육을 말하여 효도라 하고 그 실행을 말하여 공양이라 하나니 공양은 가능할지라도 공경은 하기가 어려우며, 공경은 가능할지라도 편안함은 하기가 어려우며, 편안함은 가능할지라도 마치어 끝내기는 어려우니 부모가 이미 돌아가시거든 그 몸을 신중하게 행동하여 부모에게 악명을 끼치지 않음이 잘 마친

것이라고 말할 수 있는 것이니 어진 사람은 여기에서 어진 것이요,
예절을 지킨 사람은 여기에서 실천하는 것이요, 의로운 사람은 여기
에서 알맞게 하는 것이요, 믿는 사람은 여기에서 믿는 것이요, 힘쓰
는 사람은 여기에서 힘쓰는 것이니 음악은 스스로 여기에 순응하여
살게 하고, 형벌은 스스로 여기에 돌아와서 일어나게 하니라.』

　◐ 이 절은 앞 절에 이어 어버이를 공양(供養)하는 하효(下孝)를
기술하고 부모가 돌아가신 뒤에도 평생 행실을 조심하여 부모에게
악명(惡名)을 끼치지 않아야 됨을 밝혔다.

　칭(稱)은 칭찬함이고, 원(願)은 흠모하여 소원하는 것이며, 행(幸)
은 행복(幸福)함이요, 본교(本敎)는 기본 교육이며, 기행(其行)은 그
기본적인 실천사항이며, 양(養)은 공양(供養)이니 적자(嫡子)가 어버
이를 모시고 그 의식주(衣食住)를 공급하는 일이다. 모름지기 옷과
음식과 거처가 넉넉하되 어버이를 공경하는 마음이 있어야 되고, 넉
넉하고 공경하되 어버이가 편안해야 되며, 어버이가 살아서 편안하되
그 죽은 다음에도 악명(惡名)을 끼치게 해서는 안 된다. 그러므로 능
종(能終)이라고 하였으니 효자(孝子)는 평생토록 어버이의 명예를
더럽히지 않기 위하여 도덕과 윤리와 예절을 바르게 지켜서 유종(有
終)의 미(美)를 거두는 것이다. 인차자(仁此者)의 차(此)는 어버이가
돌아가신 뒤에 효자가 그 몸을 신중히 행동하는 기간을 지칭하니 이
하의 차(此)도 모두 같다. 강(强)은 힘쓰는 것이고, 순(順)은 순응
(順應)함이며, 형(刑)은 나라의 형법이며, 작(作)은 진작(振作)이다.

曾子가 曰夫孝는 置之而塞乎天地하며
溥之而橫乎四海하며 施諸後世而無朝夕하며
推而放諸東海而準하며 推而放諸西海而準하며
推而放諸南海而準하며 推而放諸北海而準하나니
詩에 云自西自東自南自北이 無思不服이라 하니 此之謂也라.

『증자가 말하기를 무릇 효도는 세우면 하늘과 땅에 가득하며, 펼치면 세계를 가로지르며, 후세에 베풀면 아침과 저녁이 없으며, 추진하여 동해에 놓으면 평평하며, 추진하여 서해에 놓으면 평평하며, 추진하여 남해에 놓으면 평평하며, 추진하여 북해에 놓으면 평평하나니 시에 이르기를 서쪽으로부터 동쪽으로부터 남쪽으로부터 북쪽으로부터 와서 사모하여 복종하지 않음이 없다고 하니 이것을 일컫느니라.』

☯ 이 절은 효도(孝道)는 천성(天性)으로 인류세계에 가장 고귀한 가치임을 설파하였다.

치(置)는 곧게 세우는 것이고, 색(塞)은 가득히 충만하여 보람이 있는 것이며, 부(溥)는 넓혀서 펼치는 것이요, 횡(橫)은 가로질러 확산되는 것이다. 시(施)는 베풀어 시행함이고 무조석(無朝夕)은 해가 뜨고 지는 낮과 밤의 변화가 없는 것이니 곧 한결같이 항구불변(恒久不變)한다는 뜻이다. 추(推)는 추진(推進)함이고, 방(放)은 방류(放流)함이며, 준(準)은 평평한 준칙이 되는 것이다. 시(詩)는 시경(詩經) 대아(大雅) 문왕유성(文王有聲)의 편이다.

24-7-5 —————————————————— 曾子가 曰樹木을 以時로 伐焉하며
禽獸를 以時로 殺焉이니 夫子가
曰斷一樹하며 殺一獸를
不以其時면 非孝也라 하니라.

『증자가 말하기를 수목을 때로써 베며 금수를 때로써 죽이니 부자가 말씀하시기를 하나의 나무를 자르며, 한 마리의 짐승을 잡는 것을 그 때로써 하지 아니하면 효자가 아니라고 하니라.』

◉ 이 절은 효심(孝心)은 인애(仁愛)의 천덕(天德)에서 말미암기 때문에 만물을 사랑하는 호생지덕(好生之德)을 베푸는 데까지 이르러 가는 것임을 천명하였다.

시(時)는 겨울철에 나무가 생장을 그치고 짐승이 새끼를 기르지 아니하는 때이니 앞에 5-9-4에서 이미 벌목(伐木)하고 전렵(田獵)하는 시기를 기술하였다. 맹자(孟子)가 말하기를 어버이를 친(親)하여 인민을 인(仁)하고, 인민을 인(仁)하여 만물을 애(愛)한다고 하였으니 사람이 지극한 효심(孝心)으로 어버이를 섬기면 그 극치에 이르러 반드시 측은한 마음이 가슴속에 가득하여 천지만물을 모두 사랑하는 데 이르는 것이다.

24-7-6 —————————————————— 孝有三하니 小孝는 用力하고
中孝는 用勞하고 大孝는 不匱하나니
思慈愛하야 忘勞면 可謂用力矣요

尊仁安義하면 可謂用勞矣요
博施備物하면 可謂不匱矣니라
父母가 愛之어든 喜而不忘하며
父母가 惡之어든 懼而無怨하며
父母가 有過어든 諫而不逆하며
父母가 旣沒이어든 必求仁者之粟하야
以祀之니 此之謂禮終이라.

『효자는 세 가지가 있으니 작은 효자는 체력을 쓰고, 가운데 효자는 정신적인 마음을 쓰고, 큰 효자는 궤 속에 감추지 아니하나니 어버이의 자애심을 생각하여 수고로움을 잊게 하면 체력을 썼다고 할 것이요, 인간성을 높이고 정의에 편안케 하면 정신적 마음을 썼다고 할 것이요, 널리 베풀고 만물을 갖추도록 하면 궤 속에 감추지 않았다고 할 것이니라. 부모가 사랑하거든 기뻐하여 잊지 말며, 부모가 미워하거든 두려워하되 성냄이 없으며, 부모에게 허물이 있거든 간하되 거스르지 아니하며, 부모가 이미 돌아가시거든 반드시 어진 사람의 곡식을 구하여 제사 지내니 이것을 일컬어 예절로 마친다고 하니라.』

◉ 이 절은 효자(孝子)의 세 가지 등급을 구체적으로 분해하였으니 앞에 존친(尊親)과 불욕(不辱)과 공양(供養)의 본질과 예절로 효도를 마치는 법을 밝혔다.

소효(小孝)는 서민대중의 효도이고 역(力)은 육체노동력이며, 중효(中孝)는 사대부(士大夫)의 효도요, 노(勞)는 마음을 쓰는 정신노동이며, 대효(大孝)는 천자(天子)와 제후(諸侯)의 효도이고 궤(匱)는

궤 속에 넣어서 감추는 것인즉 불궤(不匱)는 효도의 자세와 방법을
널리 공개하여 권장하고 보급한다는 말이다. 자애(慈愛)는 부모가 자
녀를 사랑하는 마음이고 망로(忘勞)는 자녀가 어버이의 괴로움을 잊
도록 편안히 모시는 것이며, 박시(博施)는 효도사상을 널리 베풀어
천하국가에 효심이 일어나게 함이요, 비물(備物)은 어버이를 섬기는
데 필요한 물건을 두루 갖추도록 민생정책을 펴는 것이다. 인자지속
(仁者之粟)은 어진 사람의 곡식이니 곧 깨끗한 제물(祭物)로 제사를
지내야만 어버이를 욕되게 하지 않는다는 뜻이요, 예종(禮終)은 예절
로 효도를 마치는 것이다.

24-7-7 ──────────────── 樂正子春이 下堂而傷其足하고 數月을

不出하고 猶有憂色이어늘 門弟子가

曰夫子之足이 瘳矣로되 數月을

不出하사 猶有憂色은 何也이닛고

樂正子春이 曰善如爾之問也여 善如爾之問也여 吾는

聞諸曾子하고 曾子는 聞諸夫子하시니

曰天之所生과 地之所養에 無人爲大하니

父母가 全而生之하시며 子가 全而歸之하면

可謂孝矣요 不虧其體하며 不辱其身이라사

可謂全矣라 하니라 故로 君子는

頃步而弗敢忘孝也하나니 今予는 忘孝之道니라

予는 是以有憂色也니라 壹擧足而不敢忘父母하며

壹出言而不敢忘父母하나니 壹擧足而不敢忘父母라

是故로 道而不徑하며 舟而不遊하며

不敢以先父母之遺體로 行殆하며
壹出言而不敢忘父母라 是故로 惡言을
不出於口하며 忿言을 不反於身하나니
不辱其身하며 不羞其親이면 可謂孝矣니라.

『악정자춘이 뜰방을 내려오다가 그 발을 다치고 몇 달을 외출하지
아니하고 오히려 근심하는 빛이 있거늘 문하에 제자가 말하기를 부
자의 발이 나았는데도 몇 달을 외출하지 않으시고 오히려 근심하는
빛이 있음은 무슨 까닭입니까? 악정자춘이 말하기를 착하도다. 그대
의 질문이여, 착하도다, 그대의 질문이여, 나는 증자에게 들었고 증자
는 공자님께 들으셨나니 말하기를 하늘이 내는 것과 땅이 기른 것에
사람보다 위대한 것은 없으니 부모가 온전한 몸으로 나으시며 자녀
가 온전한 몸으로 돌아가면 효자라고 일컬을 만한 것이요, 그 육체를
이지러지고 덜게 하지 않으며 그 몸을 욕되게 하지 않아야만 온전하
다고 일컬을 만하다고 하시니라. 그러므로 군자는 반걸음을 걸음에도
감히 효도를 잊지 아니하나니 이제 나는 효도를 잊은 행동이니라. 나
는 이래서 근심하는 얼굴빛이 있는 것이다. 한 번 발을 들어 올림에
도 감히 부모를 잊지 아니하며, 한 번 말을 밖으로 내보냄에도 감히
부모를 잊지 아니하나니 한 번 발을 들어 올림에도 감히 부모를 잊
지 않은지라. 이런 까닭으로 큰길로 다니고 지름길로 가지 아니하며,
배를 타고 건너가고 헤엄쳐서 건너지 아니하며, 감히 돌아가신 부모
가 남겨 주신 몸으로 위태로운 길을 가지 아니하며, 한 번 말을 밖으
로 내보냄에도 감히 부모를 잊지 아니하는지라. 이런 까닭으로 사나
운 말을 입에서 나오지 않게 하며 분노하는 말을 몸에 돌아오지 않

게 하나니 그 몸을 욕되게 아니 하며, 그 어버이를 부끄럽게 아니 하면 효자라고 일컬을 수 있을 것이니라.』

◑ 이 절은 모든 효자는 일생 동안 어버이를 생각하여 몸을 온전하고 깨끗하게 간직하는 노력을 계속해야 됨을 강조하였다.

악정자춘(樂正子春)은 증자(曾子)의 제자이고, 추(瘳)는 치료해서 병이 나은 것이며, 무인위대(無人爲大)는 사람처럼 도(道)가 크고 덕(德)이 온전하고 마음이 신령하고 지능이 고귀한 것은 없다는 뜻이다. 규(頃)는 반걸음이요, 경(徑)은 지름길이며, 유(遊)는 헤엄치는 것이고, 선부모(先父母)는 돌아가신 부모이다. 행태(行殆)는 위험한 길로 다니는 것이요, 악언(惡言)은 거칠고 사나운 말로 남을 격분하고 원망케 하며, 분언(忿言)은 분노하여 모독하는 말로 보복당하는 것이다.

24-8-1 ──────────────────────── 昔者에 有虞氏는 貴德而尙齒하시고
夏后氏는 貴爵而尙齒하시고
殷人은 貴富而尙齒하시고 周人은
貴親而尙齒하시니 虞夏殷周는
天下之盛王也이시되 未有遺年者하시니
年之貴乎天下가 久矣니 次乎事親也니라.

『옛날에 우나라 정부는 덕을 귀하게 여기고 나이를 숭상하시고, 하나라 정부는 작위를 귀하게 여기고 나이를 숭상하시고, 은나라 사람은 부유함을 귀하게 여기고 나이를 숭상하시고, 주나라 사람은 어버이를 귀하게 여기고 나이를 숭상하시니 우나라, 하나라, 은나라, 주

나라는 천하의 성대한 왕조이시되 나이를 잊어버림이 있지 아니하시니 나이를 천하에서 귀하게 여긴 지가 오래되었으니 어버이를 섬기는 데에 버금하니라.』

◯ 이 장은 나이를 숭상하여 노인을 공경하는 상치경로(尙齒敬老)의 예절을 기술하였으니 여기에서는 성왕이 나이를 숭상했던 역사적 사실을 밝혔다.

유우씨(有虞氏)는 순(舜) 임금의 정부이고, 귀덕(貴德)은 착한 인격을 구비하여 천하국가에 공헌한 것을 가장 고귀하게 여긴 것이며, 상치(尙齒)는 나이를 숭상하여 노인을 공경하는 것이다. 작(爵)은 5작(五爵)이니 벼슬하여 천하국가의 발전에 이바지하는 사람이고, 부(富)는 재물(財物)이 풍족하여 경제생활이 부유(富裕)한 것이니 산업기술을 개발하고 부존자원을 이용하여 민생경제를 풍요롭게 하는 사람이며, 성왕(盛王)은 공덕이 성대한 왕이요, 유년(遺年)은 나이를 잊어버리고 생각하지 아니함이며, 차(次)는 버금이니 다음 차례로 한 것이다.

24-8-2 ─────────────────── 是故로 朝廷에 同爵則尙齒하며
七十에 杖於朝하고 君問則席하며
八十에 不俟朝하고 君이
問則就之하시나니 而弟達乎朝廷矣하며

『이런 까닭으로 조정에 벼슬이 같으면 나이를 숭상하며, 70에 조

정에서 지팡이를 짚고 임금이 묻거든 곧 자리를 만들어 앉게 하며, 80에 조회를 마치기를 기다리지 아니하고, 임금이 물을 때에는 곧 그 집으로 가시나니 노인공경이 조정에까지 공통하며』

◉ 이 절에서는 조정(朝廷)에서의 경로법(敬老法)을 밝혔으니 조정의 서열을 정함에 작위를 기준으로 하되 작위가 같을 때에는 나이순으로 하고, 또한 70 이상의 노인은 특별히 우대하였음을 기술하였다.
70세면 체력이 쇠약하므로 조정에서 지팡이를 짚게 하고 임금이 질문할 사항이 있으면 자리에 앉아서 대답하도록 배려한 것이다. 80세면 조회를 마칠 때까지 서서 기다릴 수 없으므로 임금을 뵙고 읍한 다음에 곧 퇴조할 수 있게 하며, 취지(就之)는 임금이 늙은 신하의 집으로 나아가는 것이고, 제(弟)는 노인공경이며, 달(達)은 공통사항이다.

24-8-3 ——————————————— 行에 肩而不倂하고 不錯則隨하며
見老者어든 則車徒가 辟하며 斑白者가
不以其任으로 行乎道路하나니 而弟達乎道路矣며

『젊은이가 어른과 더불어 다님에 조금 뒤에 따라서 가며 나란히 가지 아니하고, 옆에서 뒤따르지 않으면 뒤에서 뒤따르며, 노인을 보거든 곧 수레나 발걸음을 피하며, 반백노인이 그 짐을 이고 지고 도로에 다니지 않도록 하나니 그 노인공경이 도로에까지 공통하며』

◉ 이 절은 도로(道路)에서 노인을 공경하는 예절을 기술하였으니 기력(氣力)이 쇠약한 노인은 특별보호의 대상임을 밝혔다.

행(行)은 젊은이가 어른과 더불어 가는 것이고, 견(肩)은 견수(肩隨)니 젊은이가 어른 옆에 조금 뒤에서 따르는 것이며, 착(錯)은 안행(雁行)이니 옆으로 1보, 뒤로 1보 떨어지는 것이요, 수(隨)는 수행(隨行)이니 뒤따르는 것이다. 거(車)는 거마(車馬)이고, 도(徒)는 도보(徒步)이며, 피(辟)는 피(避)요, 기임(其任)은 그 짐을 어깨에 지거나 머리에 이는 것이다.

무릇 서로 맞먹는 사이는 병행(倂行)하고, 형뻘이 되는 어른과 동행함에는 안행(雁行)하며, 아버지뻘이 되는 높은 분과 함께 감에는 수행(隨行)하는 것이니 이것이 도로에서 노인을 공경하는 예절이다.

24-8-4 ——————————————— 居鄕에 以齒하며 而老窮을 不遺하며
强不犯弱하며 衆不暴寡하니 而弟達乎州巷矣하며

『향리에서 삶에 나이로써 하며, 늙고 곤궁한 사람을 버리지 아니하며, 굳센 사람이 나약한 사람을 침범하지 아니하며, 많은 무리가 적은 무리를 포학하게 하지 아니하니 그 공경이 고을과 거리에 공통하며』

◉ 이 절은 향리(鄕里) 사회생활에서 노인을 공경하는 예절을 기술하였다.

노궁(老窮)은 늙고 곤궁한 사람이니 자녀와 재산이 모두 없는 노

인이며, 유(遺)는 버려두고 살피지 않는 것이요, 강약(强弱)은 힘으로 말하고 중과(衆寡)는 형세로 말하며 주(州)는 2,500호(戶)이고, 항(巷)은 여(閭)와 같다.

24-8-5 ──────────────── 古之道에 五十이면 不爲甸徒하며
頒禽隆諸長者하나니 而弟達乎獀狩矣며

『옛날의 도의에 50세면 사냥몰이꾼을 하지 아니하며, 잡은 짐승을 나누어 줌에 어른에게 융성하게 하나니 그 노인 공경이 사냥에도 공통하며』

◐ 이 절은 사냥을 함에도 노인을 공경하는 절도를 기술하였다.

도(道)는 도의(道義)이고, 전도(甸徒)는 사냥몰이꾼인데 본래 4정(四井)을 읍(邑)이라 하고, 4읍을 구(邱)라 하며, 4구를 전(甸)이라고 하였는데 나라에서 수렵을 할 때에는 전민(甸民)을 동원하여 몰이꾼으로 삼았기 때문에 전도(甸徒)라고 하였다. 50세는 체력이 쇠퇴하기 시작하므로 전도(甸徒)에서 제외시켰으며, 반금(頒禽)은 사냥한 짐승을 나누어 주는 것이고, 융(隆)은 더욱 많이 주어서 융성하게 대우함이요, 수(獀)는 봄철사냥이고, 수(狩)는 겨울사냥이다.

24-8-6 ──────────────── 軍旅什五에 同爵則尙齒하나니
而弟達乎軍旅矣니라.

『군단과 여단과 분대와 소조에 계급이 같으면 나이를 숭상하나니 그 어른공경이 군대에도 공통하니라.』

◐ 이 절은 군대(軍隊)에서도 노인을 공경하는 예절이 있음을 기술하였다.

군(軍)은 군단(軍團)이고, 여(旅)는 여단(旅團)이며, 십(什)은 10인으로 편성한 분대(分隊)요, 오(五)는 5인으로 편성한 소조(小組)이다.

24-8-7 ──────────────────────── 孝弟發諸朝廷하야 行乎道路하며
至乎州巷하며 放乎獀狩하며
修乎軍旅하나니 衆이 以義死之하야 而弗敢犯也니라.

『어버이께 효도하고 형을 공경함은 조정에서 출발하여 도로에서 행하며, 마을 거리에까지 이르며, 사냥에 퍼지며, 군대에서 닦으니 민중이 정의롭게 죽어서 감히 어기지 아니하니라.』

◐ 이 절은 앞 절에 이어 효제(孝弟)의 윤리로 천하국가의 사회정의를 바로 세우는 길을 기술하였다.

발(發)은 출발함이고, 방(放)은 방산(放散)하여 퍼지는 것이며, 의(義)는 사회정의이다.

24-9-1 ──────────────────────── 祀乎明堂은 所以敎諸侯之孝也요
食三老五更於大學은 所以敎諸侯之弟也요

^{사 선 현 어 서 학} ^{소 이 교 제 후 지 덕 야}
祀先賢於西學은 所以敎諸侯之德也요

^{경 적} ^{소 이 교 제 후 지 양 야}
耕藉은 所以敎諸侯之養也요

^{조 근} ^{소 이 교 제 후 지 신 야} ^{오 자} ^{천 하 지 대 교 야}
朝覲은 所以敎諸侯之臣也니 五者는 天下之大敎也라.

『명당에서 제사 지냄은 제후에게 효도의 직분을 가르치는 방법이요, 3로5갱을 태학에서 먹임은 제후에게 노인을 공경하는 직분을 가르치는 방법이요, 선현을 서학에서 제사 지냄은 제후에게 덕을 가르치는 방법이요, 제사답을 경작함은 제후에게 어버이를 공양하는 직분을 가르치는 방법이요, 제후가 천자를 조회하고 뵘은 제후에게 신하의 직분을 가르치는 방법이니 다섯 가지는 천하의 큰 가르침이니라.』

◑ 이 장은 효제(孝弟)의 교육방법을 기술하였으니 여기에서는 천자(天子)가 제후(諸侯)에게 효제(孝弟)를 가르치는 다섯 가지 원리를 밝혔다.

사(食)는 사례(食禮)이고, 3로(三老)는 3덕(三德)의 정직(正直), 강(剛), 유(柔)를 아는 늙은이며, 5갱(五更)은 5사(五事)의 모(貌), 언(言), 시(視), 청(聽), 사(思)를 아는 늙은이다. 서학(西學)은 주(周)나라 시대의 소학교(小學校)요, 적(藉)은 적전(藉田)이니 제사답이며, 양(養)은 부모를 공양(供養)함이고, 대교(大敎)는 가장 중대한 교육적 감화력이라는 뜻이다.

24-9-2 ────────

^{사 삼 로 오 갱 어 태 학} ^{천 자}
食三老五更於大學할새 天子가

^{단 이 할 생} ^{집 장 이 궤}
袒而割牲하시며 執醬而饋하시며

執爵而酳하시며 冕而摠干하시나니
所以敎諸侯之弟也라 是故로 鄕里有齒하야
老窮을 不遺하며 强不犯弱하며
衆不暴寡하나니 此는 由大學來者也니라.

『3로와 5갱을 태학에서 먹일 때에 천자가 한쪽 소매를 벗고 희생을 자르시며, 간장을 들고 음식을 드리시며, 술잔을 들고 입안을 양치질하시며, 면류관을 쓰고 방패를 들고 춤을 추시나니 제후에게 노인공경을 가르치는 방법이라. 이런 까닭으로 향리에 나이를 숭상함이 있어서 늙고 곤궁한 사람을 버려두지 아니하며, 굳센 사람이 나약한 사람을 침범하지 아니하며, 많은 무리가 적은 무리를 포학하게 하지 아니하나니 이것은 태학에서 말미암아 온 것이니라.』

☯ 이 절에서는 태학(大學)에서 천자(天子)가 노인을 공경하는 예절의 절차를 구체적으로 기술하였다.

단이활생(袒而割牲)은 천자가 태학에서 선성(先聖)과 선사(先師)에게 석전(釋奠)을 거행한 다음 향음주례(鄕飮酒禮)나 사례(食禮)를 개최하여 3로5갱(三老五更)에게 음식을 드리면서 직접 칼을 들고 희생을 자르는 것이다. 윤(酳)은 식사를 마친 다음에 반주로 입을 헹구어 양치질을 하는 것이요, 총간(摠干)은 방패를 들고 춤을 추는 것이니 천자가 3로5갱과 더불어 밥과 술을 먹고 즐겁게 몸소 춤을 추어 즐거운 자리를 만드는 것으로 노인을 공경하는 지극한 정신을 보이는 것이다.

 ——————————————————— 天子가 設四學하시나니
當入學하야 而大子가 齒하니라.

『천자가 4대에 걸쳐 태학을 설치하시나니 입학할 나이에 당하면 그 태자가 나란히 하니라.』

◉ 이 절은 우(虞), 하(夏), 은(殷), 주(周) 4대에 걸쳐 설립한 학교로 마땅히 학교에 들어갈 나이가 되면 그 태자(太子)도 똑같이 동등한 자격으로 나이를 차례로 하였음을 밝혔다.

4학(四學)은 유우씨(有虞氏)의 상(庠)과 하후씨(夏后氏)의 서(序)와 은(殷)의 고종(瞽宗)과 주(周)의 벽옹(辟雍)이요, 치(齒)는 나란히 동등하게 처우하고 특별히 우대함이 없는 것이니 장유유서(長幼有序)를 지키게 했다는 뜻이다.

 ——————————————————— 天子가 巡守어든 諸侯가 待于竟하나니
天子가 先見百年者하시며 八十九十者가
東行이어든 西行者가 弗敢過하고 西行이어든
東行者가 弗敢過하며 欲言政者인댄 君이 就之可也니라.

『천자가 지방국가를 순시하거든 제후가 국경에서 기다리나니 천자가 먼저 그 나라의 100세 노인을 찾아보시며, 80세나 90세 노인이 동쪽으로 가거든 서쪽으로 가는 사람이 감히 지나가지 못하고, 동쪽으로 가거든 서쪽으로 가는 사람이 감히 지나가지 못하며, 정사에 대하

여 말하고자 할진댄 임금이 찾아가서 보아야 옳으니라.』

◉ 이 절은 천자가 지방국가를 순수(巡狩)할 때에 반드시 그 지방
국가의 100세 노인을 먼저 찾아보는 절도를 기술하여 경로(敬老)사
상을 일으킴을 밝혔다.

경(竟)은 경(境)이요, 불감과(弗敢過)는 80세나 90세 노인이 길을
감에는 반드시 길을 비켜서서 노인이 지나가기를 기다리는 것이 경
로(敬老)의 예절임을 설파한 것이다. 취지가야(就之可也)는 80세나
90세 노인은 임금도 그 집으로 찾아가서 물어야지 감히 불러서 만날
수 없는 것이다. 따라서 8세 이하와 80세 이상은 비록 범법을 하였어
도 처벌하지 않는 것이 예절이었다.

24-9-5 ─────────────────────────── 壹命은 齒于鄕里하고 再命은
齒于族하고 三命은 不齒니라
族有七十者이어든 弗敢先하며 七十者는
不有大故어든 不入朝하며 若有大故而入이어든
君이 必與之揖讓而后에 及爵者니라.

『1명의 초급관리는 고향마을에서 나이순으로 하고, 재명의 중급관
리는 종족모임에서 나이순으로 하며, 3명의 고급관리는 나이순으로
하지 않느니라. 종족에 70노인이 있으면 감히 먼저 하지 아니하며,
70노인은 큰 연고가 있지 아니하거든 조정에 들어가지 아니하며, 만
약 큰 연고가 있어 들어가거든 임금이 반드시 더불어 읍하고 사양하

신 다음에 작위가 있는 사람에게 미쳐 가느니라.』

◑ 이 절은 관작(官爵)의 높고 낮음에 따라 향리(鄉里)와 종족(宗族)의 모임에서 나이순으로 할 때와 벼슬순으로 할 경우가 있음을 기술하였다.

치(齒)는 나이순으로 차례를 정하여 나란히 함이니 1명(壹命)은 초급관리이므로 고향마을에서는 벼슬순으로 하지 않고 나이순으로 하며, 재명(再命)은 중급관리이지만 그래도 종족집단에서는 나이순으로 하고, 3명(三命)은 고급관리이므로 특별히 벼슬순으로 해서 높이는 것이다. 70노인은 종족집단이나 조정에서도 특별히 먼저 대우하는 것이 노인을 공경하는 예절임을 밝혔다. 대고(大故)는 큰 연고가 있는 것이고, 읍양(揖讓)은 서로 만나 보는 예절을 거행함이다.

24-10-1 ———————————————— 天子가 有善이어든 讓德於天하시고
諸侯가 有善이어든 歸諸天子하시고
卿大夫가 有善이어든 薦於諸侯하고
士庶人이 有善이어든 本諸父母하며
存諸長老하나니 祿爵慶賞을 成諸宗廟는 所以示順也니라.

『천자가 착함이 있거든 덕을 하늘에 양보하시고, 제후가 착함이 있거든 천자에게 돌리시고, 경대부가 착함이 있거든 제후에게 드리고, 선비와 서인이 착함이 있거든 부모에게 바탕 하며, 어른에게 간직함으로 하나니 녹봉과 작위와 경하와 포상을 종묘에서 거행함은

정통성을 보이는 방법이니라.』

　◑ 이 장은 모든 사람에게 착한 일이 있으면 그 공덕(功德)을 근본에 돌리는 것이 정체(正體)를 확인하는 미덕(美德)임을 기술하였다.

　천자(天子)는 천명(天命)을 받아서 천자의 자리에 올랐으므로 그 선덕(善德)을 하늘에 양보하는 것이 정체(正體)를 확립하는 길이다. 제후는 천자가 봉(封)하였으니 그 선정(善政)을 천자에게 돌리는 것이 정체(正體)를 확립하는 길이며, 경대부(卿大夫)는 제후가 임명(任命)하였으니 그 선책(善策)을 제후에게 드리는 것이 정체(正體)를 확립하는 길이다. 그리고 선비와 서민대중은 선행(善行)이 있거든 부모에게서 바탕 한 것이고 또한 주변의 장로(長老)에게서 본받아 간직한 것이라고 하는 것이 정체(正體)를 확립하는 길이다. 녹작경상(祿爵慶賞)을 성저종묘(成諸宗廟)는 다음 제통(祭統) 편의 십륜(十倫)에서 말하기를 태묘(太廟)에서 작록(爵祿)을 내리는 것은 천자가 자의적으로 하사한 것이 아님을 밝히기 위함이라고 하였으며, 소이시순(所以示順)은 녹작경상(祿爵慶賞)이 국가의 정체(正體)가 뚜렷한 행사임을 보이는 방법이라는 뜻이다.

24-10-2 ──────────────── 昔者聖人이 建陰陽天地之情하사
立以爲易하시니 易이 抱龜南面이어든
天子가 卷冕北面하사 雖有明知之心하시나
必進斷其志焉은 示不敢專하사 以尊天也라
善則稱人하고 過則稱己는 敎不伐하사 以尊賢也라.

『옛날에 성인이 음양과 천지의 뜻을 파악하여 정립해서 변역의 원리를 삼으시니 역술로 점을 침에는 거북을 안고 남쪽을 향하거든 천자가 곤룡포에 면류관을 쓰고 북쪽을 향하사 비록 밝게 아는 마음이 있으시나 반드시 나아가 그 뜻을 판단함은 감히 오로지 자기의 생각대로 아니 하사 하늘의 뜻을 존중함을 보이는 것이니라. 좋은 일에는 남을 칭찬하고 허물이 있으면 자기의 과실이라고 말함은 뽐내지 아니하사 어진 이를 존경함을 가르치는 것이니라.』

　◯ 이 절은 천자(天子)와 조정신하(朝廷臣下)와 인민대중의 뜻이 서로 일치하지 않을 때에는 하늘의 뜻을 물어 점(占)을 쳐서 그 뜻에 따르는 것이 국가의 정체(正體)를 확립하는 길이요, 이와 반대로 천자가 자의적인 독단으로 전제독재를 하면 마침내 국가의 정체성(正體性)을 상실하여 반정(反正)이나 혁명의 대상으로 전락하는 것을 밝혔다.

　석자성인(昔者聖人)은 복희(伏犧)와 우(禹)와 문왕(文王)과 주공(周公)이다. 건(建)은 학문의 체계를 세우는 것이고 정(情)은 뜻이니 곧 성질이며 역(易)은 변화의 철학이요, 포구(抱龜)는 거북을 태워서 그 등껍질의 균열을 살펴 길흉(吉凶)을 판단해서 점을 치는 사람이며 남면(南面)은 하늘의 뜻을 전하는 것이므로 남쪽을 향하는 것이다. 북면(北面)은 천자가 하늘의 뜻을 받들기 위하여 그 몸을 낮추어 북쪽을 향하여 듣는 것이며, 명지지심(明知之心)은 천자가 스스로 판단하여 밝게 아는 마음이니 자기의 독자적인 주장이 있다는 말이다. 필진단기지(必進斷其志)는 천자가 거북 앞에 나아가 거북점의 뜻으로 자기의 뜻을 삼은 것이니 곧 자기의 본래의 뜻을 버리고, 하늘의 뜻을 따른다는 것이다.

　천자가 자기의 뜻을 버리고 하늘의 뜻을 따르며 민심을 좇아야만
왕도(王道)정치의 체제가 갖추어지는 것이요, 만일 하늘의 뜻을 어기
면서 민의(民意)를 거역하면 독재자가 되어 끝내 나라의 정체성을
상실하는 것이다.

24-11-1 ──────────────── 孝子가 將祭祀할새 必有齊莊之心하야
以慮事하야 以具服物하며 以備宮室하며
以治百事하고 及祭之日하야 顔色을
必溫하며 行必恐하야 如懼不及愛然하며
其奠之也에 容貌를 必溫하며 身必詘하야
如語焉而未之然하며 宿者가 皆出이어든
其立이 卑靜以正하야 如將弗見然하며
及祭之後하야 陶陶遂遂하야 如將復入然하나니
是故로 慤善이 不違身하며 耳目이 不違心하며
思慮가 不違親하야 結諸心하야
形諸色하야 而術省之하나니 孝子之志也라.

　『효자가 장차 제사를 지낼 때에 반드시 예의를 갖추어 근신하는
마음을 가지고 일을 생각하여 의복과 기물을 갖추며, 사당과 침실을
완비하며, 일백 가지 일을 다스리고 제삿날에 당해선 얼굴빛을 반드
시 따뜻하게 하며, 행동을 반드시 두려워하여 마치 사랑이 미치지 못
할까 두려운 듯이 하며, 그 제물을 차림에 용모를 반드시 따뜻하게
하며, 몸을 반드시 굽혀서 마치 말을 하려고 하셔도 못 하시는 듯이
하며, 지키는 사람이 모두 나가거든 그 몸 세움을 낮추며 고요히 바

르게 하여 마치 장차 보지 못할 듯이 하며, 제사 지낸 뒤에 미쳐서는 화락하게 즐거워서 따라다니는 것처럼 마치 장차 다시 들어갈 듯이 하나니 이런 까닭으로 성실하고 착함이 몸에 떨어지지 아니하며, 귀와 눈이 마음에서 떨어지지 아니하며, 생각이 어버이를 떨어지지 아니하여, 마음에 응결하고 얼굴색에 나타나서 계속 생각하며 살피나니 효자의 뜻이니라.』

◯ 이 장은 효자의 제사절도를 기술하여 어버이의 정신을 계승하여 정체(正體)를 확립하는 길을 기술하였으니 어버이의 제사를 정성스럽게 지내지 않은 자식은 정통성(正統性)과 주체성(主體性)을 계승할 수 없음을 밝혔다.

불급애(不及愛)는 어버이의 사랑에 미치지 못함이니 제사에 정성이 부족함이고, 굴(詘)은 굴(屈)이며, 어언(語焉)은 어버이가 말을 하려고 함이요, 숙자(宿者)는 집례(執禮)와 집사(執事)들이며, 기립(其立)은 제주(祭主)가 서 있는 것이요, 불견연(弗見然)은 어버이를 보지 못할 듯이 함이다. 도도(陶陶)는 화락하게 즐거운 모양이고, 수수(遂遂)는 수행(隨行)하여 따르는 모양이며, 각선(慤善)은 성실하고 착한 효심(孝心)이요, 위(違)는 떨어진 것이며, 술(術)은 술(述)이니 계속 이어지는 것이고, 성(省)은 살펴서 생각함이다.

살피건대 제사는 그 정신을 기리고 이어받는 행사이므로 그 정성이 지극하지 아니하면 그 귀신이 이르지 않으므로 효자(孝子)가 되지 못하는 것이다.

24-11-2 ——————————————————————— 建國之神位하되 右社稷而左宗廟니라.

『나라의 신위를 세우되 오른편에는 사직이요, 왼편에는 종묘이니라.』

　◓ 이 절은 사직(社稷)과 종묘(宗廟)를 갖추어야 나라의 정체(正體)가 확립됨을 기술하였다.

　우(右)는 서쪽의 음방(陰方)이니 국토신(國土神)과 곡식신이 거처하고, 좌(左)는 동쪽의 양방(陽方)이니 조상신이 거처하는 것이다. 무릇 지도(地道)는 음방(陰方)을 숭상하므로 사직(社稷)은 북향으로 만들고, 인도(人道)는 양방(陽方)을 숭상하므로 인격신(人格神)의 종묘는 남향으로 만든다.

서정기(徐正淇, 아호: 躍淵·北岳·勳老)────────────────────────────

4·19혁명 선봉 및 민족통일전국학생 성대조직위원장
한국유학연구회 유교사상 편집인
동양문화연구소 연구실장
성균관 전학(典學)
한국청년유도회 회장: 예법(관례, 향음주례, 사상견례)부흥운동 전개
동양문화연구소 부소장 및 소장: 세계 속의 한국학운동 전개
건국대학교 대학원 철학과 박사학위 심사위원
민중유교연합 의장: 한글제사축문 보급운동 전개
성균관유교진흥대책위원회 위원장: 도덕성 회복과 새사람 운동 전개
성균관유교문화연구위원회 위원장, 태학지 번역분과 위원장
민주평화통일 자문위원회 상임위원, 성균관 유교신보 편집인 겸 주간 역임
삼경역주 성균훈로상 수상, 성균관 태학지 번역공로상 수상
현) 동양문화연구소 소장
　　(사)한국예절교육협회 상임고문
　　김동식 장군 기념사업회 상임고문
　　(사)충의무예원 고문

『世界 속의 韓國文化』, 『世界 속의 韓國精神』, 『世界 속의 韓國儒教』, 『世界 속의 韓國禮節』,
『世界 속의 韓國流風』, 『정통가정의례』, 『민중유교사상』,
『實錄기소설 공자』, 『새 시대를 위한 大學·中庸·禮運』, 『새 시대를 위한 春秋』(上·中·下),
『새 시대를 위한 詩經』(上·下), 『새 시대를 위한 書經』(上·下), 『새 시대를 위한 周易』
(上·下), 『새 시대를 여는 길』, 『根源探索』, 『道學統論』,
『成婚錄』, 『김동식 장군』, 『아침 햇살 영롱한 대나무 열매』,
『하늘로 날아라, 못으로 뛰어라』
훈로 서정기 선생 『유교대전』 41권 외 다수

神聖世界

새 시대를 위한
禮記 4

초판인쇄 | 2011년 8월 4일
초판발행 | 2011년 8월 4일

지 은 이 | 서정기
펴 낸 이 | 채종준
펴 낸 곳 | 한국학술정보㈜
주   소 | 경기도 파주시 교하읍 문발리 파주출판문화정보산업단지 513-5
전   화 | 031) 908-3181(대표)
팩   스 | 031) 908-3189
홈페이지 | http://ebook.kstudy.com
E-mail | 출판사업부 publish@kstudy.com
등   록 | 제일산-115호(2000. 6. 19)

ISBN   978-89-268-2405-4 94150 (Paper Book)
          978-89-268-2406-1 98150 (e-Book)
          978-89-268-2397-2 94150 (Paper Book Set)
          978-89-268-2398-9 98150 (e-Book Set)